国家社科基金重点项目（17AZX007）结项成果

湘学与中华民族传统核心价值观

陈代湘 著

人民出版社

目　录

导　论

中华民族生生不息，繁衍不绝，中国文化持续发展，从未中断，数千年来形成了独具特色的核心价值观，这个核心价值观是中华民族赖以生存和发展的精神保障。

中华民族的核心价值观是在漫长的历史长河中逐渐发展和凝聚而成的。在这个发展和凝聚的过程中，呈现出极强的地域性特征。在传说历史中的炎、黄二帝时期，以蚩尤为首的部落联盟"九黎"，就跟炎、黄二帝分属不同地域，有不同的地域文化和价值体系。先秦时期儒、墨、道、法等思想流派也是在不同的地域产生的，有不同的价值观。宋代更是出现地域学派林立的奇特学术景象，如濂学、洛学、关学、闽学、婺学、蜀学、临川学、湖湘学、永康学、永嘉学、江西学等，都是以地域名派的。

历史上不同地域文化都有其核心学术宗旨，众多地域学派经过漫长的交流、冲突和融合，最后汇聚成中华文化的长江大河，其学术宗旨则融合凝结成中华文化的核心价值观。这个核心价值观是在漫长的历史发展中自然形成的，为历朝历代社会各个阶层的人们所信奉和遵行，深入人心，具有强大的生命力。而且，这种传统核心价值观，经过深入研究和现代转换，可以跟我国当代核心价值观有效接轨，可为维护中华民族的团结、反对分裂、推进社会良性运转作出贡献。

一、湘学概说

湘学是指在湖南地区产生和传承，对湖南地区的政治、经济、社会、文化产生了重要影响的学术思想。

湘学是极富湖湘地域特色的学术思想，在中国传统学术思想史上有十分特殊的地位。湘学在近、现代得到了极大的发展，并出现了几波著名的人才群体和相应的思想高峰，对中国近、现代社会变革和经济社会发展起了巨大的作用。这种传承千年、高潮迭起的思想文化现象，成为中国学术史上的一道独特景观。

要了解湘学的概貌，必须先区分三个既有区别又有联系的概念，即"湘学""湖湘学""湖湘文化"。

首先，"湘学"与"湖湘学"的关系。"湖湘学"或称"湖南学"，特指南宋时期以胡安国、胡宏、张栻等人为代表的理学学派的学说，这个名称是朱熹率先提出来的。朱熹有时又称这一派为"湖南学者""湘中学者""湖南一派"。后来黄宗羲在谈论南宋湖南学术状况时，沿用朱熹"湖南一派"的称谓，并且提出"湖湘学派"这一概念①，沿用至今。湖湘学与湘学都是指学术思想，但二者在时间跨度与范围上不同，湖湘学是湘学在南宋时期的代表，是湘学的一个阶段，湘学的范围比湖湘学要宽得多，湘学不仅包含湖湘学，还包含濂溪学、船山学以及近代湘学、现代湘学。

其次，"湘学"与"湖湘文化"的关系。方克立先生认为"湖湘文化"是一个"涵盖面非常广的概念，不仅包括哲学、伦理、政治、法律、文学、艺术、宗教等精神文化的内容，而且包括民风、民俗、民族心理等所谓'俗文化'，甚至将饮食文化、服饰文化、建筑文化、历史遗存、江山胜境、湖南地区的土特产等物质文化的内容都包括在内"②。湖湘文化比湘学概念内涵要宽泛得多，湘学主要是精神文化中的学术思想，而湖湘文化既包含精神文化，也包括物质文化。只不过，尽管湖湘文化概念包罗很广，但其核心则是湘学。

湖湘文化与湘学二者内涵虽有区别，但在产生的时间上却是基本一致的。当下学界一般认为，学理和学术传承意义上的湘学的真正形成在宋代，有一个明确的标志：北宋周敦颐既是理学开山，亦为湘学鼻祖。到了南宋，

---

① 《宋元学案》云："湖湘学派之盛，则先生（指黎明——引者）最有功焉。"（黄宗羲：《宋元学案》卷三十四《武夷学案》，中华书局 1986 年版，第 1191 页）

② 《湘学》第二辑，湖南人民出版社 2002 年版，第 6 页。

以胡安国、胡宏、张栻为代表的湖湘学派,则是湘学兴盛和学派传承的核心。从严格的意义上说,宋代之前,湖南地区的学术文化不能叫湘学,也不能叫湖湘文化,而应该叫"湘楚文化"。湘学是湖湘文化的学术核心,二者虽然范围不同,但在核心思想性质上却有一致性,即都以儒学为核心;湘学或湖湘文化与湘楚文化不同,在性质上有根本的区别,湘楚文化是指打上湖南土著文化特色烙印的楚文化,在先秦时期,楚文化与儒学文化性质是根本不同的。况且,在唐代之前,没有"湖湘"这个地域名称,而只有"湘""楚"等名称。故而,我们认为,应将唐宋以前湖南地区的地域文化称为"湘楚文化"(详见本书第一章第一节)。

湘学与湖湘文化的产生有一个明确的标志性代表人物,即北宋的周敦颐。同时,湘学与湖湘文化的形成又有一个相对较长的酝酿过程,中唐儒学复兴,柳宗元、刘禹锡等人可以说是湘学与湖湘文化形成的先驱人物,到北宋周敦颐开创儒学新形态——理学,湘学与湖湘文化也正式成型。唐宋以前的湘楚文化,是湘学与湖湘文化产生和发展的极其重要的地域文化基础。汉唐时期,随着儒学占据国家主流意识形态位置,尤其是中唐儒学复兴以后,湖南地区的思想文化不断地儒学化,呈现出从"湘楚文化"到"湖湘文化"过渡的特征,我们也可以将其称为"前湘学"或"前湖湘文化"时期。

从历史分期来看,湘学分为古代湘学、近代湘学、现代湘学三个历史时期。

第一个时期:古代湘学。1840年鸦片战争之前的湘学是古代湘学。古代湘学时间跨度很长,唐宋以前的湘楚文化,是湘学的地域文化基础,理应也是古代湘学研究者关注的对象。湘学虽然是一种地域学术思想,但却在中国文化发展和中华民族核心价值观凝聚过程中有过巨大的历史性贡献。譬如,以屈原[①]为代表人物的"湘楚文化",对中国传统价值观中"爱国主

---

　　① 屈原不是湖南人,但他与湖南的关系非同一般,湖南是他的流放地和魂归处,他的大部分作品是在湖南创作的,对湖南的历史文化传统以及湖南人精神气质的塑造起了至关重要的作用。

义""清廉自修"等品格的塑造起了重要作用。到了宋代,学理和学术传承意义的湘学正式产生,古代湘学主要的学术形态包括北宋的濂溪学、南宋的湖湘学以及明末的船山学,都属于理学的范畴。宋明时期的湘学,对宋明理学的形成、发展和总结贡献至大,周敦颐为湘学鼻祖和理学开山,他在前人的基础上进一步阐明或者由他原创性提出的哲学范畴,如无极、太极、阴阳、五行、动静、性命、善恶、主静、鬼神、死生、礼乐、诚、几、理、仁、义、中、和、公、明、敬,等等,皆为尔后的理学家所反复讨论发扬,被誉为宋明理学的"观念库",对宋明理学核心价值观的形成起了奠基性的作用。而以胡安国、胡宏等人为代表的"湖湘学派",则为宋室南渡后第一个有重大影响的理学学派,该学派自身在当时就有无与伦比的学术影响,与湖湘学派同时代的朱熹曾在书信中引述称当时的士子学人常常"深以不得卒业于湖湘为恨"[①],后来黄宗羲也说:"湖南一派,在当时为最盛。"[②]可见湖湘学派影响之大。湖湘学派不但自身在学术界占有重要一席,而且对于宋代理学集大成者朱熹思想的成熟和定型也产生了深刻的影响。近人牟宗三在研究宋明理学时将胡宏所代表的学术流派推为"正宗"圆教,可见湖湘学派在现代仍然为学术界所推重。明代的王船山,被誉为宋明理学的总结者,对传统的价值观进行了全面的反思、批判和总结。

　　第二个时期:近代湘学。1840年鸦片战争至1919年五四运动时期的湘学是近代湘学。近代湘学和中国近代社会与文化的发展是同步的,都是在受到西方文化强烈冲击之后产出的。湘学的近代转型典型代表了中国哲学和中国文化近代转型的进程和特点。西方文化和西方价值观伴随着西方的坚船利炮进入中国,湘学人物魏源率先"开眼看世界",倡导"师夷长技以制夷",紧接着曾国藩、左宗棠、郭嵩焘等洋务派代表人物呕心沥血办洋务,学习西方先进的科学技术;维新运动时期谭嗣同、唐才常等人批判君主专制,宣

---

　　① 朱熹:《答刘公度》,《朱熹集》卷六十四,四川教育出版社1996年版,第3399页。
　　② 黄宗羲按语,见黄宗羲:《宋元学案》卷五十《南轩学案》,中华书局1986年版,第1611页。

称要冲决一切网罗,除了学习西方的科学技术,还主张从政治制度上学习西方;辛亥革命时期,黄兴、陈天华、宋教仁、杨毓麟、蔡锷等湘籍革命志士,为推翻满清专制统治,建立中华民国奔走呼号,甚至抛头颅、洒热血,他们都对中华民族接受和融汇西方价值观中的有益成分作出了尝试性的贡献。

第三个时期:现代湘学。1919 年五四运动之后的湘学是现代湘学。现代中国,在内忧外患交困之中,受到湘学传统影响的毛泽东、蔡和森等人,首先受新文化运动的影响,批判封建专制主义制度与文化,倡导西方民主、科学思想。接着,在五四运动之后,毛泽东等人接受和信仰了马克思主义,并将马克思主义与中国革命的具体实际相结合,取得了伟大的胜利,使中华民族的核心价值观发生了史无前例的深刻变革。

二、核心价值观概念及中华民族核心价值观的内容与特征

本书论述的中华民族核心价值观,是指传统核心价值观。本书旨在探寻湘学在中华民族传统核心价值观凝聚过程中的作用,以湘学为例证,探索地域文化和地域学术思想融合汇聚并进而凝聚成民族核心价值观的历史进程,揭示中华民族核心价值观在思想和文化史上的地域融合特征,为维护中华民族的团结,反对地域割裂和民族分裂提供学理依据和历史例证。作为本书展开论述的前提,必须先对核心价值观的概念以及中华民族核心价值观的内容、特征等问题进行阐析。

(一) 核心价值观的内涵与特征

何谓核心价值观? 要回答这个问题,还得先阐明两个前提性的概念,即价值和价值观。

一般认为,价值就是指在实践基础上形成的主体与客体之间的意义关系,是客体对个人、群体乃至整个社会的生活和活动所具有的积极意义。价值不是一种实体,而是主、客体之间的一种特定的关系,马克思指出:"'价值'这个普遍的概念是从人们对待满足他们需要的外在物的关系中产生的。"①价

---

① 《马克思恩格斯全集》第 19 卷,人民出版社 1963 年版,第 406 页。

值源于主体的需要,但同时客体又必须具有能满足主体需要的属性,是主、客体相互作用的结果,其本质是在实践基础上客体的属性满足主体需要的一种效用关系。

价值观即价值观念的简称,指人们关于某类事物价值的立场、看法与观点。价值观以价值为基础,是价值在人们观念中的反映。价值观的内容表现为价值取向、价值目标、价值追求、价值尺度与评价标准,是主体评判客体是否有价值以及价值大小的观念模式。

价值观从主体角度区分,有个体价值观、群体价值观、社会价值观。社会价值观范围最宽,包含个体价值观与群体价值观。价值观从所处地位看则有核心价值观与一般价值观的区分。一般价值观指处于非主导、从属甚至边缘地位的价值观。从社会价值观来看,一个社会的价值观往往呈现出丰富而复杂的状况,是一个多层次、多方面的价值观体系。

核心价值观是价值观体系中居于核心和主导地位,起支配和统率作用的价值观念,"是一种社会制度、一种社会形态长期普遍遵循的、相对稳定的根本价值准则"①。

核心价值观有四个方面的基本特征:

第一,主导性。核心价值观是价值体系中居于核心和主导地位的价值观,统摄和支配着整个社会的价值体系,对其他非核心价值观具有整合、引导、提升的功能,对国家和社会的和谐与发展能起到统一思想、凝聚人心、坚定信念、引领社会发展方向的作用。

第二,共识性。核心价值观是由国家肯定和提倡,而又得到社会成员普遍认同和自觉接受的价值观。人们普遍将核心价值观的原则内化为自己的思想观念、价值信念、行为准则。全社会形成一种普遍相同的核心价值观评价尺度和评价标准,追求共同的价值目标,形成国家和社会发展的精神

---

① 戴木才:《中国特色核心价值观的传统、现实与前景》,广西人民出版社 2011 年版,第16 页。

力量。

第三,稳定性。核心价值观一旦确定,就会通过各种途径和方式渗透到社会的各个领域和层级,成为人们普遍遵循和维护的价值准则。如果没有发生重大的社会形态变革或者剧烈的异质价值观冲击,一种核心价值观往往会保持相对的稳定性。

第四,理想性。核心价值观来源于社会现实,但又要高于社会现实,有一种价值目标追求,能起到社会引领作用,在一定程度上具有理想性。只不过,这种理想性必须具有现实性的基础。核心价值观的重要原则可能在一个社会中有一部分人难以做到,但不能所有人都做不到。比如,中国古代核心价值观中"仁"的原则,在现实社会中不是人人都能做到仁爱,甚至还有一些不仁不义之人,但是,古代社会也绝对有很多能实行仁爱的仁人志士。核心价值观既有现实的基础,又是全社会追求的理想价值目标,这样才能使社会不断发展完善。

（二）中华民族传统核心价值观的内容

本书讨论的中华民族核心价值观,限定为中华民族的传统核心价值观,时间大致在新文化运动之前（新文化运动起始时间为:1915 年《新青年》杂志创办,标志新文化运动兴起,经过 1919 年五四运动,到 20 世纪 20 年代马克思主义迅速传播为新思潮,标志新文化运动结束）。1840 年鸦片战争之前的价值观,我们称之为古代价值观,鸦片战争之后到新文化之前这一段时期的价值观,我们称之为近代价值观,从古代价值观到近代价值观的转变是价值观的近代转型,主要特征是学习西方科学技术与政治制度,吸收西方民主、科学、平等、自由、博爱等思想,而又不完全放弃中国古代核心价值观。新文化运动是一个价值观剧烈转型的时期,新文化运动前期提倡学习和吸纳西方民主与科学思想,五四运动之后,马克思主义价值观得到迅速传播,马克思主义者倡导以马克思主义价值观为主导,吸纳中、西价值观进行综合创新,形成一种有别于古代和近代价值观,对传统价值观有批判继承和创新发展的新价值观。

中国古代价值观,时间相当漫长,上古时代是古代价值观的奠基和孕育期,到春秋战国时期,我国价值观获得了成熟的系统化理论形态。春秋战国时期,由于天子大权旁落,周王朝无力控制全国,诸侯混战,强者轮番称霸,社会极其混乱,但学术界却呈现出原创性思想喷涌的壮观景象。班固曾重点介绍当时主要的十个思想派别:儒家、道家、阴阳家、法家、名家、墨家、纵横家、杂家、农家、小说家,然后总结各种思想流派产生的缘由曰:"诸子十家,其可观者九家而已。皆起于王道既微,诸侯力政,时君世主,好恶殊方,是以九家之说,蜂出并作,各引一端,崇其所善,以此驰说,取合诸侯。"①各种学派为了让自己的思想学说取得诸侯的信任和重用,相互激荡,各自创新,各种思想流派都有自己的核心价值观。经过时代的选择与历史的积淀,对后世影响最大的是儒、墨、道、法四家。

在西汉"独尊儒术"之前,儒家只是先秦诸子众思想流派的一派,在当时虽有"显学"②之称,但毕竟还没有取得汉代以后的独尊地位。只不过儒家对后世影响深远的核心价值观,在先秦时期就已经形成了。

儒家在先秦时期最大的代表人物是孔子、孟子和荀子,尤其是孔、孟,其思想有直接的传承性,被称为"孔孟之道",历代被认为是儒学正宗。荀子虽然也为儒家价值观作出了贡献,但他的思想却被后世评为"歧出",即偏离了儒学"正宗"道路,这也难怪,荀子讲人性趋恶,强调外在的礼法,他的两个最好的学生韩非与李斯,继承发展荀子思想,却成了法家的代表人物,这说明荀子思想确实与孔孟思想有差别。以孔、孟为"正宗"代表的儒家核心价值观,我们可以归纳为十个字:仁、义、礼、智、信、忠、孝、廉、节、和。这十个字内涵极其丰富,其具体内容和历史起源,在本书后文第一章第二节中有详细阐述。

在先秦时期,除了儒家,还有墨家、道家、法家,也是先秦诸子百家中的

---

① 班固:《汉书·艺文志》,中华书局 1997 年版,第 448 页。

② 《韩非子·显学》曰:"世之显学,儒墨也。"(《诸子集成》第五册《韩非子集解》,中华书局 2006 年版,第 351 页)

佼佼者。

墨家学说在先秦时期与儒学一样，也称"显学"，《韩非子·显学》说当时"世之显学，儒墨也。"孟子也说："杨朱、墨翟之言盈天下。"①可见墨家思想在孟子的时代已经相当风靡了。墨家有一整套与儒家不同的思想学说，其核心价值观思想主要包含兼爱、非攻、尚贤、尚同、节用、节葬、非乐、非命、天志、明鬼等（具体内容详见本书第一章第二节）。只不过，墨家思想跟儒家也有些渊源。墨子早年本来是学习儒学的，《淮南子·要略》云："墨子学儒者之业，受孔子之术，以为其礼烦扰而不说，厚葬靡财而贫民，服伤生而害事，故背周道而用夏政。"②墨子站在小生产者的立场上对儒家所推崇的礼感到不满，于是自创学派，提出与儒家不一样的思想。然而，尽管墨子思想与儒家不一样，有些甚至针锋相对，但墨子有些思想却是从儒家内部生发出来的。如节用，孔子本来就有这种主张："道千乘之国，敬事而信，节用而爱人。"（《论语·学而》）墨子节用思想是对孔子思想的发挥。又如墨子思想的核心"兼爱"，虽然内容跟儒家的"仁爱"大异甚趣，但提倡"爱人"的思想倾向则是一致的。除此之外，《墨子》书中引用《诗》《书》等经典的地方也不少。而且，墨子还使用儒家的核心概念"仁""义"，也重视"忠""孝"等。当然，墨子在使用这些概念时，其含义与儒家是有区别的。如墨子说："兼即仁矣、义矣。"③在墨子看来，兼爱就是仁、义。墨子还常讲"仁人""义人"，指那种能实行兼爱的人。

在先秦时期，道家是一个非常独特的思想流派。与儒、墨的强烈"入世"倾向不同，道家主张"出世"，远离政治和社会的纷扰，追求高蹈远引，精神自由。

从价值观的角度看，道家价值观主要包括道法自然、无为而治、贵柔处弱等原则（详见本书第一章第二节）。道家有时也有进取的一面，汉代班固

---

① 《孟子·滕文公下》，见朱熹：《四书章句集注》，中华书局2012年版，第276页。
② 《诸子集成》第七册《淮南子》，中华书局2006年版，第375页。
③ 《墨子·兼爱下》，《诸子集成》第四册《墨子间诂》，中华书局2006年版，第75页。

甚至视道家为"君人南面之术"①,黄老道家在汉初也曾发挥过特殊的治世效用。道家对宇宙、社会、人生提出了一整套完备的理论,它提倡返"朴"归真,顺应自然,追求个体精神自由,其人生态度是人的生命与生活中不可缺少的一面。但是,从总体和主要思想倾向上看,道家以遁世退隐为基本特征,其价值观的缺陷是过分强调个体的绝对精神自由,不乐意担当社会责任,不切人伦实用。

先秦时期法家的集大成者是韩非。在韩非之前,有一些法家的思想先驱,代表人物有商鞅、申不害、慎到。商鞅重"法",申不害重"术",而慎到则重"势"。韩非融合三派之说,以极端性恶的人性论为基础,形成了以"法"为中心,"法""术""势"结合的"法治"思想(详见本书第一章第二节)。法家重视法制建设,提出在法律面前人人平等,富有极强的变法改革精神,这是它的优点。但其缺点也很明显,《汉书·艺文志》说:"法家者流,盖出于理官,信赏必罚,以辅礼制。《易》曰:'先王以明罚饬法',此其所长也。及刻者为之,则无教化,去仁爱,专任刑法而欲以致治,至于残害至亲,伤恩薄厚。"②班固在这里谈到了法家的优长与缺点。法家的缺点就是推重严刑峻法,不讲仁爱教化,在现实中容易导致暴政。

秦汉至隋唐,是我国传统核心价值观确定和定型的重要时期。秦朝以法家思想治国,过于依赖冷酷无情的严刑峻法,很快便政权崩亡,其存在的时间太短,没有来得及建立完善的核心价值观理论。汉朝代秦而立,吸取秦朝崩亡的教训,初期崇奉黄老学说,道家思想取得了主流意识形态的地位。到汉武帝统治时期,统治者认识到,儒家核心价值观具有特殊的个人修养、伦理建设以及国家与社会治理的功效,汉武帝采纳董仲舒的建议,采取"罢黜百家,独尊儒术"的国家政策,儒家思想登上了国家主流意识形态的位置,自此以后,以"仁、义、礼、智、信、忠、孝、廉、节、和"为具体内容的儒家核

---

① 班固:《汉书》,中华书局 1997 年版,第 445 页。

② 班固:《汉书》,中华书局 1997 年版,第 446 页。

心价值观一直占据着主导地位,从未动摇过。两汉之际佛教传入,汉末道教兴起,魏晋南北朝玄学流行,都是汉唐时期极其重要的文化现象,有时这些思潮也会对儒家思想构成威胁,但儒家经受住了挑战,通过改革创新以及兼容并蓄,在核心价值观层面,始终保持着主导地位。即使是魏晋南北朝时期玄风大盛,儒家孝、礼、忠、义等核心价值原则也仍然大受认同。到唐代,统治者实行三教并奖政策,但始终还是以儒学为主的,学校教育和科举考试都是以儒家经典为核心的(详见本书第二章第一节),最后成熟的格局是以儒学为主,三教并立,佛、道价值观为儒家价值观提供了有益的补充。

宋明理学又被称为"新儒学",是相对于先秦儒学而言的"新",简单来说,宋明理学的"新"体现在本体与工夫两个方面。从本体上说,宋明理学重建了儒学的宇宙论和本体论,目的是为儒家的道德原则寻找天道和本体的依据。从工夫(儒家讲工夫,主要是指修养方法)上说,宋明理学众流派探讨了各种工夫方法,建构了完备的工夫论,其目的则是准确地认识道德本体以及在实际生活中有效地践履道德原则。

宋明理学因对本体的认识和表述不同,以及工夫入路不同,而有"理本论""心本论""性本论""气本论"等学派的划分。南宋时期朱熹与陆九渊两人,分别为理学与心学的代表,他们二人的学术论争,开启后世朱陆之争的序幕,但在核心价值观层面,他们的目标却是一致的,他们是"同植纲常,同扶名教,同宗孔、孟"①。这个"纲常名教"具体说就是指"仁、义、礼、智、信、忠、孝、廉、节、和"这些儒家伦理道德原则。理学家都坚守这些伦理道德原则,他们为了证明这些原则的合法性和合理性,而从宇宙论、本体论视角来论证,从而重建了儒学宇宙论和本体论。同时,也拓深和丰富了儒学工夫论。

作为儒学新形态的理学,在元、明、清时期一直占据着官方哲学的位置,尤其是朱子学,作为理学集大成者,更是在元、明、清时期受到极端推崇。元

---

① 黄宗羲:《宋元学案》卷五十八《象山学案》,中华书局1986年版,第1887页。

成宗大德十一年(1307)封孔子为"大成至圣文宣王",元仁宗延祐年间复科举,诏定以朱熹《四书集注》试士子。明朝延续这一政策,国家科举考试以朱熹等宋代理学家的传注为宗,黄宗羲指出明代学术在阳明心学产生之前的状况是"此亦一述朱,彼亦一述朱"①。阳明心学兴起及其与朱子学的矛盾,也只不过是儒学内部不同派别的争论。到了清代,满清贵族也照样利用儒学来加强统治,康熙皇帝命熊赐履、李光地等编纂《朱子全书》,康熙称赞朱熹"集大成而绪千百年绝传之学,开愚蒙而立亿万世一定之规"。科举考试以儒家经典与朱熹等宋儒传注为主。

儒家核心价值观相应地在元、明、清时期一直拥有国家主流意识形态的地位。其间,尽管也有非理学的思潮出现,并对理学进行批判,但是,却从来未曾动摇儒家核心价值观的官方意识形态地位。然而,到了近代,这种状况就发生了惊天动地的变化,随着西方列强用坚船利炮打破满清王朝国门,层层深入推进输入的西学价值观不断强烈冲击着传统儒学核心价值观,近、现代中国人的价值观在血与火的交织中翻腾演变,呈现出极其复杂多元的状态。

总体而言,中国传统核心价值观以儒家核心价值观为主导,道家、佛家、墨家、法家等流派的价值观,处于非核心的地位,属于"一般价值观",但它们对中国传统核心价值观也起了重要的辅助作用。法家价值观与道家价值观,分别在秦朝与汉初取得过国家核心价值观的地位,但是时间都非常短暂。在漫长的历史发展过程中,儒、道、佛三派的价值观,也在不断地融合,特别是宋明理学,就是吸收融合了佛、道思想而形成的一种儒学新形态。

我们归纳中国传统核心价值观是儒家的仁、义、礼、智、信、忠、孝、廉、节、和这些价值原则,实际上,这十个字在很多情况下并不是单独出现的,它们常常相互联结而呈现,如"仁义""仁义礼智""仁义礼智信""忠孝""忠孝廉节""忠信""礼义",等等。

---

① 黄宗羲:《明儒学案》卷十《姚江学案》,中华书局 1985 年版,第 179 页。

　　还有一个重要的问题需要阐明,那就是,中国文化源远流长,思想观念系统十分庞大,如"道""德""心""性""理""气""阴""阳""天"等,这些概念跟仁义礼智信等概念又是什么关系呢? 唐代韩愈在谈到"仁义"与"道德"的关系时,有很好的说明,我们可以借用来阐述仁义礼智信等儒家核心价值观范畴与其他各种概念的关系。韩愈在《原道》一文中说:

　　　　博爱之谓仁,行而宜之之谓义,由是而之焉之谓道,足乎己无待于外之谓德。仁与义为定名,道与德为虚位。……凡吾所谓道德云者,合仁与义言之也,天下之公言也;老子之所谓道德云者,去仁与义言之也,一人之私言也。①

韩愈在这里将"仁义"与"道德"的关系说得非常明白,即:"仁与义为定名,道与德为虚位。"所谓"定名",就是说"仁与义"概念含义非常具体明确,仁是爱人,韩愈称之为"博爱"(即广大的爱,是儒家的仁爱,不同于西方的博爱);义则是指言行的合宜、恰当、正当。所谓"虚位",指"道与德"为一种框架,其内容不确定,不同的学派使用这些概念,会有不同的规定。韩愈指出他自己所谓道德,内容是仁与义,"道"即仁义的流行和实现("由是而之焉之谓道"),而"德"则是天赋于人的本性之中、内在自足的仁义("足乎己无待于外之谓德")。道家的老子也讲道与德,内容里却没有仁义,不仅如此,老子还反对仁义,要"绝仁弃义"②。由此看来,"道德"仿佛是一个框子,里面可以装不同学派的价值观内容。儒家在"道德"这个框子里面,装的是仁义礼智信等内容,韩愈在这里重点讲仁义,这是儒家学者的一贯思维,他们认为仁是全德,仁义是儒家核心价值观的基石。韩愈接着还对仁义的发用流行范围进行了更加具体的发挥:"其文:《诗》《书》《易》《春秋》;其法:礼、乐、刑、政;其民:士、农、工、贾;其位:君臣、父子、师友、宾主、昆弟、夫妇……其为道易明,而其为教易行也。是故以之为己,则顺而祥;以之为人,则爱而

①　韩愈:《原道》,《韩愈文集汇校笺注》,中华书局 2010 年版,第 1 页。
②　《诸子集成》第三册《老子注》,中华书局 2006 年版,第 10 页。

公;以之为心,则和而平;以之为天下国家,无所处而不当。"①在韩愈看来,以仁义等价值观原则为内容的"先王之教",可以有效运用到修身、齐家、治国、平天下的方方面面,无往而不宜。

韩愈论述的"仁义"与"道德"的关系,可以为我们理解仁义礼智信等传统核心价值观范畴与其他各类传统思想道德概念的关系提供思维的模板。"仁义礼智信、忠孝廉节和"是传统核心价值观的具体内容,而其他各种概念,有的是指示核心价值观的方向,如"善",有的是核心价值观的框架,如上文所述的"道""德",有的则是为论证核心价值观合理性的相关概念系统,如"天""理""气""阴""阳""心""性"等,此处不再详细列举。

总之,"仁义礼智信、忠孝廉节和"是儒家的核心价值观,同时也是整个中国传统社会的核心价值观。除此之外,别的学派的价值观,都处于从属的地位,是一般价值观,而非核心价值观。当然,儒家核心价值观在发展的过程中也有机地吸收了一些别的学派价值观的部分内容,以使儒家核心价值观得到充实,顺应时代的发展需要,如宋明理学对佛、道思想的吸收。到了近代,中国传统核心价值观受到西方价值观的剧烈冲击,近代历史发展的几个阶段,洋务运动、维新运动、辛亥革命,由浅到深地学习西方科学技术与政治制度,但几个阶段的先进代表人物都没有完全放弃中国传统核心价值观的有益成分。譬如,谭嗣同、黄兴等人对封建传统专制主义思想批判是相当激烈的,但他们对儒家核心价值观也不是完全否弃。谭嗣同"仁学"思想主要来源于佛学、基督教、西方自然科学与社会科学、中国的儒道墨三家思想,尤其是儒家最为重要,谭嗣同列举了儒家《易》《春秋公羊传》《论语》《礼记》《孟子》以及周敦颐(茂叔)、张载(横渠)、陆九渊(子静)、王阳明、王船山、黄宗羲(梨洲)等经典和思想家,分量最大。从价值观的角度看,这些儒家思想家和儒家经典都是儒家仁义礼智信等核心价值观的代表者和体现者。由此可见,谭嗣同对儒家核心价值观还是认同的,只不过,他把儒家核

---

① 韩愈:《原道》,《韩愈文集汇校笺注》,中华书局 2006 年版,第 4 页。

心价值观与佛家、道家、墨家以及西方基督教和自然科学、社会科学结合,形成一个庞杂的系统,对儒家核心价值观的内容进行重新阐述,融入了现代自由、平等、民主、科学等内容。黄兴作为务实的革命领袖,在道德伦理建设方面,对中国传统伦理道德和思想价值有极高的崇奉,他说:"德行为学问之根本。据东亚看起来,立国以中国为最古,而道德亦以中国为极完善,中国之道德且为欧西各国所不及。究之道德从何处说起?盖有一定标准,即孝弟忠信礼义廉耻是也……西洋学问发达,于此等道德范围未必完备,亦是缺点。"①黄兴对中国古代"孝弟(悌)忠信礼义廉耻"等儒家核心价值观是相当崇敬的,而且他认为在这方面,西方文化不如中国文化。

(三)　中华民族传统核心价值观的特征

中华民族传统核心价值观除了具有上文所述核心价值观的主导性、共识性、稳定性、理想性四个一般特征外,还有如下三个方面的民族性特征:

一是伦理性。中国文化是一种特别注重伦理的文化,尤其是儒家,孔孟心性道德之说被后世视为正宗儒学,重点在伦理道德的建构上。到了宋明时期,无论是朱熹的理学、陆王心学还是胡宏的性学,他们的首要目标就是内圣成德。朱熹在理学家中是最有科学头脑的人,也有相当大的科学兴趣,《朱子语类》曾记述朱熹通过考察高山上蛎壳之类的化石,推断远古以来地质变迁,跟近代地质科学结论不谋而合;朱熹又认为地之四向底下都是天,还说地随天转,地形像馒头等,与近代天文学有相符之处,揭示了一定的天才猜测式科学结论,但朱熹的目标并不是要研究科学,他的最高目标还是伦理领域的内圣成德。很多人批判儒家这种伦理优先的思想,认为是妨碍近代科学发展的障碍,但是,现在人类科学发展到当下的程度,我们又不得不反思科学的副作用,再来检视儒家思想,又有新的体会,儒家伦理优先的思路,若用在科学研究上,并非全无是处。当代科学发展,出现的核武器、基因

---

①　黄兴:《在周南女校欢迎会上的演说》,《黄兴集外集》,湖南人民出版社 2002 年版,第225 页。

编程、生物克隆、人工智能等,如果不在伦理的控制下,恐怕会给人类带来灭顶之灾。故而,中国古代儒家以伦理优先为目标的核心价值观,是有意义的。

二是实践性。实践或曰践履,是伦理优先价值观的题中之义。伦理不是概念的游戏,而是要落实到社会和生活中去,进行切实的伦理践履。比如孝亲,就要在孝敬父母的生活实践中一点一滴地做,即所谓在事上磨炼。正因如此,儒家哲学,尤其是宋明理学,有本体与工夫两大领域,本体理论是教人如何认识和体征道德本体,而工夫理论则是教人如何践履道德认识,在现实生活中如何使道德本体得到落实。

三是包容性。儒家核心价值观主导中国两千多年,绝大部分时间中国在世界上是强大的、先进的。近代由于满清无能政府统治而一时短暂落后,很多人将原因一股脑儿归咎于儒学,这是不公平的。中华民族能够成为世界上唯一一个延续数千年文明不断的民族,实际上要归功于儒学。儒学价值观具有强大的精神凝聚力和家国情怀,熏陶出一批又一批民族的仁人志士,在民族危难时刻能够挺身而出、舍生忘死、力挽狂澜,使中华民族始终屹立不倒。传统价值观具有极强的包容性,能够随着时代的变迁而不断吸收新的思想元素,更新自己,从而保持生命力不会枯竭。中国传统文化中儒、释、道三家思想能够和平共处,并相互融合,从未发生过宗教战争,就是以儒学价值观为主导的中国传统价值观包容性的最好例证。

第一章　湘楚文化与先秦诸子核心价值观

先秦诸子主要指春秋战国时期的思想家。先秦诸子的时代，就是学术界熟知的、德国哲学家雅思贝尔斯所说的"轴心时代"。雅思贝尔斯在《历史的起源与目标》一书中说，公元前 800 年至公元前 200 年，尤其是在公元前 600 年至公元前 300 年之间，是人类文明的"轴心时代"。之所以把这一时代称为"轴心时代"，是因为这一时期是人类文明精神的重大突破期。这一时期各个文明几乎同时出现了伟大的思想家，古希腊出现了苏格拉底、柏拉图、亚里士多德；古印度出现了释迦牟尼；中国则出现了孔子、老子……他们的思想塑造了各大文明传统，一直影响着人类生活。这确实是一个神奇的时代，尽管中国、希腊、印度等地区山水阻隔，古代交通不便，各自独立，但其文化内容却有很多相通之处。

我国先秦时期思想流派众多，班固《汉书·艺文志》列出十家，依次为儒家、道家、阴阳家、法家、名家、墨家、纵横家、杂家、农家、小说家。[1] 班固在列出众多流派之后，总结这些流派产生的背景曰："诸子十家，其可观者九家而已。皆起于王道既微，诸侯力政，时君世主，好恶殊方，是以九家之说，蜂出并作，各引一端，崇其所善，以此驰说，取合诸侯。"[2]春秋战国时期，周天子大权旁落，诸侯混战，强者轮番称霸，各派思潮也相继出现，呈现出原创性思想喷涌的壮观景象。各种思想流派都有自己的核心价值观。

---

[1] 班固:《汉书·艺文志》,中华书局 1997 年版,第 444—448 页。

[2] 班固:《汉书·艺文志》,中华书局 1997 年版,第 448 页。

　　湘楚文化是对"湖湘"这一名称出现以前的湖南地域文化的称呼。湘楚文化在先秦时期具有鲜明的湖南地域特色,它与先秦诸子在价值观领域有复杂的交融关系。

第一节　湘楚文化

　　湘楚文化是对"湖湘"这一名称出现以前的湖南地域文化的称呼,是指打上古代湖南本土文化烙印的楚文化。湘楚文化是湘学和湖湘文化极其重要的地域文化基础。

　　学术界有人把湖南地区自古至今的物质和精神文化笼统地称为"湖湘文化",但实际上唐宋以前湖南地区的地域文化,称"湘楚文化"更加贴切。原因有二:第一,在唐代之前,没有"湖湘"这个地域名称①,而只有"湘""楚"等名称。战国时期屈原反复提到"湘"之名,如"使湘灵鼓瑟兮"②"且余将济乎江、湘"③"浩浩沅、湘"④,等等。"湘"主要指湘水,也可借指湖南地域。"楚"指楚国或楚地,其范围比"湘"要宽得多。第二,更为重要的是,先秦以及两汉时期的湖南文化,其属性为楚文化,是打上古代湖南地区地域文化烙印的楚文化。唐宋以后的湖南地域文化,则为理学文化,属于儒学系统。从文化属性来看,楚文化与儒家文化是有很大区别的。

　　楚文化在先秦时期是南方文化的代表。当时楚国曾经跻身"春秋五霸""战国七雄"之列,鼎盛时期疆域非常大,领有现今的湖北、湖南全部以及江西、江苏、浙江、安徽、山东、河南、陕西、四川等省的一部分或大部分,而且其政治和文化影响力远及广东、广西、云南、贵州,可以说,现今中

---

　　①　学术界以前都认为最早称湖南为"湖湘"者是五代时任潭州军府事的武陵人周行逢,但实际上早在初唐时,"湖湘"作为湖南地域之名即已出现。(参见聂荣华、万里主编:《湖湘文化通论》,湖南大学出版社2005年版,第33—34页)

　　②　朱熹:《楚辞集注》,上海古籍出版社2001年版,第109页。

　　③　朱熹:《楚辞集注》,上海古籍出版社2001年版,第78页。

　　④　朱熹:《楚辞集注》,上海古籍出版社2001年版,第88页。

国版图的半壁疆域,当时都属于楚国。楚国是当时国土面积最大的"泱泱大国"。

楚国最初以江汉地区为中心,国力强盛后,不断扩张。就楚人与湖南的关系而言,湖南境内原先本来居住有蛮、越、巴、濮等部族,春秋战国时期,楚国军政势力由北而南,越过长江、洞庭湖,逐渐征服占领了整个湖南。据《后汉书》记载,战国早期,楚悼王用吴起为相,楚国即已征服了全部湖南地区:"吴起相悼王,南并蛮越,遂有洞庭、苍梧。"①楚人入湘之后,通过派遣官吏和移民等方式,逐渐成为了湖南地区的主体居民,而原先世居于此的土著人,很多逃进了深山。跟当时湖南的土著部族相比,楚人势力更强大,文化也更先进发达。在春秋之前,湖南土著先民甚至连文字都没有普遍使用,楚人把文字、文献典籍、先进生产技术和生产经验带到湖南地区。楚人因其政治、经济、文化、军事等方面的优势,使楚文化在湖南地区产生了根本性的影响;而湖南的土著部族也顽强地保存着自己固有的文化传统,楚文化与湖南土著民族文化相互影响,交融发展,共同创造了辉煌灿烂的湘楚文化。从总体上看,湘楚文化的根本性质是楚文化,是打上湖南土著民族文化烙印的楚文化。

楚文化在春秋战国时期,是南方文化的代表,而儒家和墨家等则是北方文化的代表,尤其是儒家文化,后来成为中国传统社会最主流的文化系统。春秋战国时期以楚文化为代表的南方文化,与以儒、墨为代表的北方文化区别非常大,主要表现在两个方面:

第一,儒、墨文化注重政治和社会的实用性,不喜谈天道、宇宙等问题;而楚文化则恰好相反,对天道和宇宙问题表现出极大的热情。

《论语》记载:

> 子贡曰:"夫子之文章,可得而闻也;夫子之言性与天道,不可得而闻也。"(《论语·公冶长》)

---

① 范晔:《后汉书·南蛮传》,中华书局1997年版,第732页。

孔子不喜欢谈论"性"与"天道"等本体、宇宙论问题,这种状况一直到后来宋明理学产生才得到根本性改变。至于墨家所讲的兼爱、非攻、节用、非乐等,实际上是一种功利主义思想。① 孟子评价墨子曰:"墨子兼爱,摩顶放踵利天下,为之。"(《孟子·尽心上》)尽管孟子对墨子的兼爱思想颇不以为然,但说墨子摩顶放踵利天下,是一种讲实用的功利主义,则是事实。近人王国维在谈到此问题时说:"古代北方之学派中非无深邃统一之哲学,然皆以实用为宗旨……故孔、墨之徒皆汲汲以用世为事。"②王国维说儒、墨皆以"用世为事",意即关注的是现实社会的实用性事务,对"性与天道"这种宇宙本体问题不甚措意。

但是,在古代楚国,楚人却对天道和宇宙本体等问题表现出非常大的热情。这一点,王国维也说:"惟老、庄之徒生于南方(自注:庄子,楚人,虽生于宋而钓于濮水。陆德明《经典释文》曰:'陈地水也'。此时陈已为楚灭,则亦楚地也。故楚王欲以为相),遁世而不悔,其所说虽不出实用之宗旨,然其言性与道颇有出于北方学者之外者。"③王国维在这里说老子和庄子都"生于南方",这里"南方"的概念应该不同于当今人的地理概念。当今所谓"南方"的范围更窄,而春秋战国时期楚国的版图都可谓是"南方"。如上文所述,那时楚国面积极大,当时的陈国(今属河南省)已被楚国所灭,属于楚地,是楚文化影响范围的地区。老子生于陈国,属楚,所以有人直接称老子为楚人;而庄子虽生于宋,却钓于陈地的濮水,长期在楚地活动,楚王甚至还想聘他为相。老、庄道家思想就是在南方楚文化的影响下产生的,跟北方儒、墨思想有明显区别。恰如王国维所言,孔、墨以用世为事,而老、庄则更加关注"性"与"道"这类宇宙本体问题。

为什么在楚地产生的老、庄道家更倾向于探索"性与天道"问题呢? 我们认为,一个非常重要的原因就是受到楚地神话的影响。中国古代的楚人

---

① 参见冯友兰:《中国哲学史》上册,华东师范大学出版社 2000 年版,第 70 页。
② 《王国维遗书》,《静庵文集》,上海书店出版社 1983 年版,第 80 页。
③ 《王国维遗书》,《静庵文集》,上海书店出版社 1983 年版,第 80 页。

具有极其丰富而富有浪漫色彩的神话想象力,创作了无与伦比、震撼人心的神话传说。现在我们能看到的古代神话,主要保存在《山海经》《楚辞》《淮南子》《庄子》等著作中,《楚辞》《淮南子》《庄子》这三部著作是楚人所作,已为共识。即便是《山海经》,据中国神话学专家袁珂先生考证,其作者也是楚人。① 楚文化是我国神话的渊府,那些脍炙人口的神话故事,如夸父追日、女娲补天、羿射九日,等等,既是楚文化的精品,也是我国神话文化的瑰宝。这些神话传说,是楚地先民探索和解释天道宇宙的方式,对先秦时期以老子、庄子、屈原为代表的楚地思想家产生了巨大的影响。《老子》书中的"谷神""刍狗""玄牝"等用语,就来自神话传说;《庄子》一书则使用了大量神话材料;而屈原的作品《离骚》《天问》《九歌》等,更是把我们带进了一个奇伟瑰丽的神话艺术世界。老、庄是道家创始人,他们的哲学是楚地思想的最高理论成就,他们阐发的"道",是宇宙本体,也是派生宇宙万物的原始基质,天道宇宙论特征极其明显,与儒家的人文之道、伦理之道是不同的。

第二,先秦儒家不喜欢谈论巫怪、死亡、鬼神等问题,而楚人则谈鬼、崇巫,楚地巫风盛行。

《论语》记载:

子不语怪、力、乱、神。(《论语·述而》)

季路问事鬼神。子曰:"未能事人,焉能事鬼?""敢问死。"曰:"未知生,焉知死?"(《论语·先进》)

由此可以看出,孔子不喜欢谈论巫怪、死亡、鬼神等问题,他关注的是人生、社会、伦理、政治等现实视域。楚人则相反,对孔子避而不谈的巫怪、鬼神等问题没有任何忌讳,甚至在楚地还呈现出巫风盛行的景象。这在许多历史文献中有记载。如《诗·陈风·宛丘》:"坎其击鼓,宛丘之下。无冬无夏,值其鹭羽。"《东门之枌》:"东门之枌,宛丘之栩。子仲之子,婆娑其下。"这

_____

① 袁珂:《〈山海经〉写作的时地及篇目考》,《中华文史论丛》第七辑(复刊号),上海古籍出版社 1978 年版。

两首诗描写了受楚文化影响的陈地歌舞娱神的习俗。班固《汉书·地理志》对此有明确说明："陈国，今淮阳之地。陈本太昊之虚，周武王封舜后妫满于陈，是为胡公，妻以元女大姬。妇人尊贵，好祭祀，用史巫，故其俗巫鬼。《陈诗》曰：'坎其击鼓，宛丘之下。亡冬亡夏，值其鹭羽。'又曰：'东门之枌，宛丘之栩。子仲之子，婆娑其下。'此其风也。"①班固在这里提到《诗经》中《宛丘》与《东门之枌》这两首诗，描绘的是陈地巫风的景象。

汉代王逸说："昔楚国南郢之邑，沅湘之间，其俗信鬼而好祀，其祠必作歌乐鼓舞以乐诸神。"②说明了古代湖南大地上湘楚文化中巫风盛行的情况。朱熹也说："昔楚南郢之邑，沅、湘之间，其俗信鬼而好祀，其祀必使巫觋作乐，歌舞以娱神。"③湘楚先民信鬼好祀，有祭祀、邀神、娱神、慰鬼、招魂等巫术活动。这些巫术活动有强烈的情感宣泄，有对神鬼世界的大胆想象，具有自由浪漫的精神特质以及不拘礼法、卓然不屈的独立精神，这些都是湘学的精神传统。

总之，湘楚文化属于楚文化的大范围，湘楚文化既有楚文化的一般性特征，又有湖南本土地域特色。

第二节　先秦诸子核心价值观

先秦诸子，各逞己说，相互激荡，经过时代的选择和历史的积淀，对后世影响最大的当属儒、墨、道、法四家。西汉武帝采纳董仲舒建议，"罢黜百家，独尊儒术"，自此之后，儒学在中国传统社会中取得主导地位，儒学价值观一直起着支配作用。与此同时，墨、道、法等思想流派的价值观也渗透到传统社会中，与儒学价值观共同塑造了中华民族传统核心价值体系。

---

① 班固：《汉书·地理志下》，中华书局1997年版，第425页。
② 王逸：《楚辞章句》，《四库全书》第1062册，上海古籍出版社1987年版，第16—17页。
③ 朱熹：《楚辞集注》，上海古籍出版社2001年版，第31页。

一、儒家核心价值观

在西汉"独尊儒术"之前，儒家只是先秦诸子众思想流派的一派，在当时虽有"显学"之称，但毕竟还没有取得汉代以后的独尊地位。只不过儒家对后世影响深远的核心价值观，在先秦时期就已经形成了。

先秦儒家以孔子为开创者，孔子"祖述尧舜，宪章文武"。① 推崇入世治国之道，孔子在文化上的巨大贡献是整理六经，同时通过讲学授徒，既给六经注入了新内容，又使六经得以流传。孔门弟子纂集《论语》，使孔子的思想得到最真实的保存。可以说，《论语》以及六经（《诗》《书》《礼》《易》《乐》《春秋》），是先秦儒家的基本经典。孔子的继承者有很多，《韩非子·显学》说孔子死后，"儒分为八"②，到战国时期，形成了孟子学派与荀子学派两大派别，孟子学派尊德性，开后世"宋学"之先河；而荀子学派则"道问学"，发后代"汉学"之先声。然而，就孟、荀而言，后世儒者更认同孟子思想，认为荀子偏离了儒家心性之学的"正道"，故而对荀子多有批评。孔子和孟子则成为正宗儒家思想的代表，孔、孟的地位也比任何别的先秦思想家高，其著作《论语》和《孟子》也升格为"经"，列于"十三经"之中，而且在宋代更是与《礼记》中《大学》《中庸》两文组成"四书"，受到极高的推崇，成为"经典中的经典"。其余诸子则没有获得此等"殊荣"。

那么以孔孟为代表的儒家的核心价值观是什么呢？我们认为可以用十个字来概括，即："仁、义、礼、智、信、忠、孝、廉、节、和。"这十个字内涵相当丰富，在《论语》《孟子》以及儒家其他核心经典中得到基础性的阐发，并被后世儒者继承和发扬。

（一）仁

"仁"是孔子哲学的核心思想。"仁"这一概念在《论语》一书中出现的频率非常高，全书有五十八章共计一百零九次谈到"仁"。那么什么是"仁"

---

① 《中庸》，见朱熹：《四书章句集注》，中华书局 2012 年版，第 38 页。
② 《诸子集成》第五册《韩非子集解》，中华书局 2006 年版，第 351 页。

呢？根据孔子的解释，"仁"最基本的涵义是"爱人"。《论语》载："樊迟问仁,子曰:爱人。"(《论语·颜渊》)根据这则引文,我们可以把孔子仁学思想简要概括为"仁者爱人"。

孔子也主张"泛爱众"(《论语·学而》),但却跟西方的"博爱"及墨子的"兼爱"有很大的差别。基于基督教神之爱的西方"博爱",以及中国先秦时期墨子的"兼爱",都主张人与人之间无差别的爱,但儒家的"仁爱"却是有差别的,即所谓"爱有差等"。"仁爱"的基础是"孝悌",即对父母兄弟的爱,孔子的弟子有若说:"孝弟也者,其为仁之本与?"(《论语·学而》)这里的"弟"即"悌"。"孝悌"是"仁"的根本。按照孔子思想,"孝悌"之爱是仁爱的基础、原点,与此同时,还要把这种最基础的爱推而广之,达到"泛爱众"、"四海之内皆兄弟"(《论语·颜渊》)、"仁民而爱物"(《孟子·尽心上》)的境界。

儒家认为这种由孝悌之爱推而广之的"仁爱",最符合人的真实情感和人性本真。他们认为墨子"兼爱"之类的无差别的爱是不真实、不符合人之本性的。正唯如此,儒家"亚圣"孟子对墨子的"兼爱"思想进行了猛烈的批判:"墨氏兼爱,是无父也。无父无君,是禽兽也。"(《孟子·滕文公下》)孟子认为墨子主张无差别的"兼爱",既不真实,也是大逆不道的"无父""禽兽"之举。隔着两千多年的时空,我们还可以感受到孟子的怒火,可见孟子对墨子"兼爱"思想反感到何等程度!我们认为,以"孝悌"为根本的"仁爱",是人的自然情感,是人类正常的爱,善于把这种爱推广到社会大众甚至宇宙自然,则是真正"仁者"的品格。这种爱来源于家庭,家庭是培养"仁爱"的摇篮。所以,儒家特别重视家庭,在古代君臣、父子、兄弟、夫妇、朋友这"五伦"关系中,有三伦是讲家庭关系的。而且,即便是古代"君臣"这一伦,也是用家庭关系来类比的,所谓"家国同构",即为此意。家是微缩的国,国是扩大的家,家庭和谐是国家和社会和谐的基础。

那么,怎样实现"仁"呢?孔子提出"忠恕之道"这一道德"金律"。

子曰:"参乎,吾道一以贯之。"曾子曰:"唯。"子出,门人问曰:"何

谓也?"曾子曰:"夫子之道,忠恕而已矣。"(《论语·里仁》)

在这里,孔子的得意门生曾参提到孔子的"忠恕"之道。"忠"和"恕"是两个密切相关的概念。那么,何谓"忠"? 何谓"恕"? 对于"恕",孔子自己就有定义:

> 子贡问曰:"有一言而可以终身行之者乎?"子曰:"其恕乎! 己所不欲,勿施于人。"(《论语·卫灵公》)

孔子明确讲到,"恕"就是"己所不欲,勿施于人。"对于"忠",孔子则说了这样一段话:

> 夫仁者,己欲立而立人,己欲达而达人,能近取譬,可谓仁之方也已。(《论语·雍也》)

"己欲立而立人,己欲达而达人",即被认为是孔子所说的"忠"。刘宝楠在《论语正义》里也明确说到这一点:"己立己达,忠也"。①

"忠恕"被曾参概括为孔子的"一以贯之"之道,是实现"仁"的方法,也就是上面引文中所说的"仁之方"。"忠"是从内心出发,真心实意、尽心尽意地为人着想,成人之美,自己立世通达,也从内心深处希望别人也立世通达。"恕"是推己及人,自己不想接受的,也不要强行施加给别人(当然,如果是别人主动愿意接受的,又当别论,但也不要违背"仁"的原则)。"忠"着眼于内在的忠心,"恕"则着眼于外推及人,"忠恕"之道就是内外合一之道,前人对此有很好的说明:"忠以尽己,恕以及人。"②

孔子极其重视仁的作用,以至于人们认为孔子的学说是"仁学"。但孔子并没有从理论上说明人为什么需要仁。孟子继承并发展了孔子仁学思想,在哲学上从人性论的角度进行论述。

在人性论上,孟子提出"性善论"来发展孔子的仁学思想。孟子认为人人天生就有善性的端芽,这善性之端芽包含四个方面,这就是著名的"四端

---

① 《诸子集成》第一册《论语正义》,中华书局 2006 年版,第 82 页。
② 叶适:《习学记言序目》,中华书局 1977 年版,第 178 页。

说"，即：恻隐之心是仁之端，羞恶之心是义之端，辞让之心是礼之端，是非之心是智之端。恻隐、羞恶、辞让、是非四心是仁、义、礼、智四德的端芽。而在仁、义、礼、智四德之中，又以仁德最重要，宋代理学大师程颐和朱熹等人甚至提出"仁包四德"的说法。因此，与仁德相对应的恻隐之心在"四心"之中也是最重要的。孟子认为人天生即有恻隐之心，这天生的恻隐之心是仁德的端芽，将这端芽培育扩充，即可成为仁德。

孟子的论证方法被认为是诉诸内心、直觉体证式的方法，这种方法对现代人而言，有些不好理解。那么，从我们当下的认知来看，孟子所说的"先天性善"是否有道理呢？

我们认为，从社会性的人类整体意义上来说，孟子的"先天性善"是有道理的。从哲学的角度看，"善"是人类掌握了客观事物的规律和本质（"真"）之后自身目的的实现和要求的满足，这是对人类整体而言的"利"（功利）。从人类整体和最原初的角度看，"善"只跟"利"相关，一切对人类整体有利的事物和行为都是"善"。或者说，这种对人类整体的"利"就是"义"，"利"和"义"在这个意义上说是相通的。但是，倘若"利"的主体不是人类整体，而是个人或小集团，这时，就要看这种"利"是否跟人类整体相冲突，如果不冲突，这种"利"仍然是"义"；如果冲突，那么这种个人或小集团的"利"就成为"不义"或者"恶"。为什么这么说呢？因为人是一种社会性动物，无数单个的人构成的人类整体具有一种"类本质"（有人把这种"类本质"称为人之所以为人的"性"），个人和小集团的"利"的性质要由人类的"类本质"和人类整体之"利"来评判。

对人类的生存和发展而言，"善"是最根本的，是伴随人类生存和发展始终的；而"恶"则是非根本的，是人类社会发展到一定阶段才产生的。原始社会时期，由于生产力水平很低，人类获得的"利"也少，一切都是为了保障部落的生存和繁衍要求，那时自私的观念还没有产生。后来，生产力水平提高了，人类获得的"利"也增多了，有了剩余产品，慢慢地也就产生了自私的观念，而当这种自私跟部落整体生存和发展相冲突时，它就成了"恶"。

所以,在这个意义上,"善"可以说是"先天"的,而"恶"则可以说是"后天"的。这里所说的"先天"不是脱离人类的绝对永恒,而是伴随人类产生而产生的与人类生存和发展相关的概念。人类的生存和发展,从根本上说必须依赖以人类整体功利为基础的"善",没有"善",就等于说人类整体没有了"利",这是无法想象的。而"恶"只是人类发展到一定阶段而产生的客观存在,它一旦产生,就跟"善"相伴相随,人们没有办法彻底消灭"恶",从而就不能不正视它。只不过,"恶"也有一种特殊的作用,就是刺激人的欲望和创造力,用一种特殊的方式推进人类生产力的发展。

总之,以人类整体为论域,孟子的"先天"性善是合理和深刻的。"善"是人类社会存在和发展的前提和基础,是人类之"性"或人的"类本质"的内在要求和"先天"固有的;"恶"只是"后天"产生的,它是与人类之"性"或人的"类本质"相违的。

如前所言,孟子是从性善论的角度来论证和发展孔子的仁学思想。在孟子看来,人性本善,也就是人天生有恻隐之心,此为"仁"的端芽,实际上就是说人的本性当中先天埋藏着仁德的种子,只不过尚需后天的培育呵护,才能生长出来。

孟子性善理论对中国文化以及中国人的信念产生了重大影响,《三字经》首句"人之初,性本善",即为孟子思想的陈述。然而,既然人性为善,社会上为何有恶? 恶是如何产生的,孟子并没有在理论上解决,他只提出了一种"求放心"的理论,并不能使人十分信服。荀子则提出不同的人性论观点,认为人性趋恶,这种观点当然不被信奉孔孟思想的后世儒者接受。这个问题,直到宋代理学产生,才在理论上得到真正的解决。我们也将此问题留到后文论述理学时详细讨论。

儒家仁学思想在孔、孟思想中得到集中阐发,而在儒家其他早期典籍里也有阐述。《尚书·仲虺之诰》曰:"克宽克仁,彰信兆民。"①这是儒家经典

① 孔安国传,孔颖达正义:《尚书正义》,上海古籍出版社 2007 年版,第 292 页。

最早谈到"仁"的地方,意谓汤有宽厚仁爱之德,能彰明诚信于天下。《国语·周语下》说:"爱人能仁。"①与孔子所说的"仁者爱人"意思一样。《国语·晋语一》说:"爱亲之谓仁。"②这跟孔子仁学中的以孝悌为仁之根本的思想是一致的。另外,《诗经·郑风·叔于田》云:"岂无居人? 不如叔也,洵美且仁。"③《诗经·齐风·卢令》云:"卢令令,其人美且仁。"④都把"仁"(仁爱、仁慈)作为一种美好的品质。

综上可见,孔子建立仁学体系,也是对前人思想的继承和发展。同时,也可以看到,"仁"这一概念及其基本内涵,在孔子之前即已盛行。这个概念经过孔子的阐发成为儒家的核心思想,受孔子思想影响的《礼记》《春秋》三传(《左传》《公羊传》《穀梁传》)以及传为孔子所做的《易传》,这几部核心经典,都大量谈"仁",兹不赘举。

(二) 义

"义"的基本涵义是道义、正义、公平、情义、适宜,是公正的道理,正直而适宜的行为。《中庸》曰:"义者宜也。"⑤"宜"的意思就是适宜、应当,处事得宜,而得宜的标准则是符合道义、公平、正义、情义,这是人应当遵循的准则。孟子说:"仁,人心也;义,人路也。"(《孟子·告子上》)仁是内在于人的善心,而义则是人必走的道路,实际上就是指人必须遵循的道义准则。

"义"这一概念出现甚早。《管子·牧民》中记录的"四维",就有"义":"国有四维……何谓四维? 一曰礼,二曰义,三曰廉,四曰耻。"⑥这里把礼、义、廉、耻作为国之"四维"。孔子大量谈"义",如:"君子义以为质。"(《论语·卫灵公》)主张以义为本;"见利思义"(《论语·宪问》)、"义然后取"(《论语·宪问》)、"不义而富且贵,于我如浮云。"(《论语·述而》)明确提

---

① 徐元诰:《国语集解》(修订版),中华书局 2002 年版,第 89 页。
② 徐元诰:《国语集解》(修订版),中华书局 2002 年版,第 264 页。
③ 《诗经》,上海古籍出版社 2013 年版,第 97 页。
④ 《诗经》,上海古籍出版社 2013 年版,第 121 页。
⑤ 朱熹:《四书章句集注》,中华书局 2012 年版,第 28 页。
⑥ 《管子》,上海古籍出版社 2015 年版,第 2 页。

出见利思义,以义取利的观点;"君子喻于义,小人喻于利。"(《论语·里仁》)以义利区分君子与小人;如此等等。孔子虽然没有给"义"下过明确定义,但他在不同场景中对"义"的表述,已足以揭示儒家之"义"的基本特性。随后,孟子将"仁"和"义"并举,而且着重阐述"义",提倡"舍生而取义"(《孟子·告子上》)。孟子的"四端""四心"理论,着重阐发仁、义、礼、智四德的端芽及其扩充,"义"对应于"羞恶之心"。孟子继承孔子的义利观,把"仁义"与"利"对列起来论说,深化了我国古代"重义轻利"的传统,影响非常深远。以前,有人曾经激烈批判此观念,但反观现实,当人们发现拜金逐利之风愈演愈烈,很多人为了一个"利"字而丧失廉耻,欺瞒诈骗,甚至铤而走险,违法犯罪,导致社会动荡不安,这时,我们再来重新审视孟子的义利观,会有新的体会。

司马迁在《孟子荀卿列传》中说:"余读《孟子》书,至梁惠王问'何以利吾国',未尝不废书而叹也。曰:嗟乎,利诚乱之始也! 夫子罕言利者,常防其原也。故曰'放于利而行,多怨。'自天子至于庶人,好利之弊何以异哉!"①司马迁的感慨,针对《孟子》开篇文字而发:

> 孟子见梁惠王。王曰:"叟! 不远千里而来,亦将有以利吾国乎?"
>
> 孟子对曰:"王何必曰利? 亦有仁义而已矣。王曰'何以利吾国'? 大夫曰'何以利吾家'? 士庶人曰'何以利吾身'? 上下交征利而国危矣。万乘之国,弑其君者,必千乘之家;千乘之国,弑其君者,必百乘之家。万取千焉,千取百焉,不为不多矣。苟为后义而先利,不夺不餍。未有仁而遗其亲者也,未有义而后其君者也。王亦曰仁义而已矣,何必曰利?"(《孟子·梁惠王上》)

梁惠王开口就谈利,孟子则予以反驳。孟子指出,如果一个国家人人都只讲利,是很危险的,"上下交征利而国危"。司马迁则宣称:"利诚乱之始也!"的确,我们可以想象,倘若一个国家人人一切都以利字当头,那就会丧失廉

---

① 司马迁:《史记·孟子荀卿列传》,中华书局1997年版,第594页。

耻道德之心,只要能得利,无所不用其极,人人绞尽脑汁谋利,偷盗抢劫、欺凌诈骗、制假贩假、制毒贩毒、权钱交易,甚至谋财害命、杀人越货,乱象丛生,防不胜防。

孟子在提倡重义轻利的同时,也非常重视百姓的物质生活,他说:"不违农时,谷不可胜食也;数罟不入洿池,鱼鳖不可胜食也;斧斤以时入山林,材木不可胜用也。"(《孟子·梁惠王上》)只不过,孟子认为人们有了物质基础后,就不要那么疯狂追求"利"了,这时就要重视仁义。儒家讲"重义轻利",实际上是提倡"以义取利""以义节利",恰如孔子所言:"富而可求也,虽执鞭之士,吾亦为之。如不可求,从吾所好。"(《论语·述而》)"不义而富且贵,于我如浮云。"(《论语·述而》)

除了孔子和孟子着重阐述了"义",其他儒家早期典籍也大量谈到"义",以下略举数例。《尚书·仲虺之诰》:"以义制事,以礼制心。"①《周易·坤·文言》:"君子敬以直内,义以方外。"②《周易·说卦》:"立人之道,曰仁与义。"③《周礼》:"一曰六德,知、仁、圣、义、忠、和。"④《礼记·曲礼上》:"道德仁义,非礼不成。"⑤

(三)礼

古代所讲之"礼",指社会典章制度以及人们的道德规范与行为准则。中国自古以来就非常强调"礼",号为"礼仪之邦"。"礼"起源甚早,孔子曾谈到这个问题,他说:"殷因于夏礼,所损益,可知也;周因于殷礼,所损益,可知也;其或继周者,虽百世,可知也。"(《论语·为政》)根据孔子的叙述,夏、商、周三代都有完备的"礼"。孔子最推崇周礼,他说:"周监于二代,郁郁乎文哉!吾从周。"(《论语·八佾》)孔子所处的春秋时期,社会秩序遭到

①　孔安国传,孔颖达正义:《尚书正义》,上海古籍出版社 2007 年版,第 295 页。
②　王弼撰,楼宇烈校释:《周易注》,中华书局 2011 年版,第 20 页。
③　王弼撰,楼宇烈校释:《周易注》,中华书局 2011 年版,第 381 页。
④　阮元校刻:《十三经注疏》,中华书局 1980 年影印版,第 707 页。
⑤　《礼记》,上海古籍出版社 2016 年版,第 3 页。

严重破坏,即所谓"礼崩乐坏"。孔子力图恢复周礼,来维护社会秩序。孔子把"礼"和"仁"结合起来,认为"仁"是"礼"的实质内容,而"礼"则是"仁"的外在表现形式。如果没有"仁"的内容,外在"礼"的表现则沦为虚伪的形式,这是没有任何意义的,而且,社会成员也不会发自内心去遵行。孔子说:

> 礼云礼云,玉帛云乎哉?(《论语·阳货》)
>
> 居上不宽,为礼不敬,临丧不哀,吾何以观之哉?(《论语·八佾》)
>
> 林放问礼之本。子曰:"大哉问! 礼,与其奢也,宁俭;丧,与其易也,宁戚。"(《论语·八佾》)

礼的本质在于内心的仁敬内容,而不在于如举行典礼时所献玉帛礼品这类形式。孔子强调遵"礼"而行时,发自内心的仁敬之情是最重要的。

孟子也非常重视"礼",他将"礼"与"仁""义""智"三者并列,作为人所必须遵行的道德准则。在其"四心""四端"理论中,"礼"对应于"辞让之心"。"四心"是人之所以为人的基本特性,就"辞让之心"而言,这是一种在人群当中的恭敬、谦逊的美德,反映出人的一种教养,也是一个社会文明程度的标志。

荀子极其重视"礼"。荀子理论是以其性恶论为基础的。他说:"古者圣王以人之性恶,以为偏险而不正,悖乱而不治,是以为之起礼义、制法度,以矫饰人之情性而正之。"①荀子认为,由于人性本恶,所以要用"礼义""法度"来节制和矫正人性。对于人生、事业和国家治理,荀子认为"礼"是至关重要的:"人无礼则不生,事无礼则不成,国家无礼则不宁。"②"国无礼则不正。礼之所以正国也,譬之犹衡之于轻重也,犹绳墨之于曲直也,犹规矩之于方圆也。"③在荀子看来,"礼"不但是人生、事业得以成功的基础,而且是

---

① 《荀子·性恶》,《诸子集成》第二册《荀子集解》,中华书局 2006 年版,第289—290 页。

② 《荀子·修身》,《诸子集成》第二册《荀子集解》,中华书局 2006 年版,第14 页。

③ 《荀子·王霸》,《诸子集成》第二册《荀子集解》,中华书局 2006 年版,第136 页。

国家安宁的基石,他主张"以礼正国"。

除了孔、孟、荀重视"礼",儒家别的早期典籍对"礼"也有很多阐述。《十三经》中有"三礼"之说,即《仪礼》《周礼》《礼记》三部礼书,足见儒家"礼学"既悠久又丰富。

（四）智

在中国古代,"智"与"知"相通。"智"（知）即智慧,儒家认为智慧的一个重要特性就是能明辨是非,也就是说能正确判断好坏与善恶,从而知道什么事应该做,什么事不应该做。孟子将"智"对应于"四心"中的"是非之心",就是能分辨是非的智慧之"心"。孔子谈到"智"（知）时,把它跟"仁"和"勇"一起视为"君子"的三种美德:"仁者不忧,知者不惑,勇者不惧。"（《论语·宪问》）。智者能正确判断是非善恶,自然不会迷惑。孔子又把具有智德的人与具有仁德的人进行比较:"知者乐水,仁者乐山;知者动,仁者静;知者乐,仁者寿。"（《论语·雍也》）虽然孔子在这里把"智者"与"仁者"作了区别,但实际上对于"君子"而言,是要求"仁""智"结合的,上引君子的"仁""智""勇"三种美德,就是三者结合,君子应兼而有之。

儒家早期典籍谈到"智"（知）的也有很多,如《周礼》:"六德:知、仁、圣、义、忠、和。"①《礼记》:"仁义礼智,人道具矣。"②

（五）信

"信"的基本内涵是诚实守信,真实无妄,言行一致,可分解为诚信、信念、信心、信用等内容。孔子非常重视"信",认为"信"是个人为人处世以及国家治理的基础,他这方面的言论非常多,如:"人而无信,不知其可也。大车无輗,小车无軏,其何以行之哉?"（《论语·为政》）一个没有信用的人,在社会上是无法立足的。"弟子入则孝,出则弟,谨而信,泛爱众而亲仁,行有余力,则以学文。"（《论语·学而》）这段话很有名,后来有一本著名的蒙学

---

① 阮元校刻:《十三经注疏》,中华书局 1980 年影印版,第 707 页。
② 《礼记》,上海古籍出版社 2016 年版,第 702 页。

著作《弟子规》,就是根据孔子这一段话扩展而来的。在这段话中,孝悌、谨信、仁爱是核心道德观念。

孔子说:"道千乘之国,敬事而信,节用而爱人,使民以时。"(《论语·学而》)在这里,孔子认为治理国家首要的一点就是严谨认真和恪守信用。在另一处,孔子把"信"在国家治理中的作用推尊到了无以复加的绝对高度:

> 子贡问政。子曰:"足食、足兵、民信之矣。"子贡曰:"必不得已而去,于斯三者何先?"曰:"去兵。"子贡曰:"必不得已而去,于斯二者何先?"曰:"去食。自古皆有死,民无信不立。"(《论语·颜渊》)

在这里,孔子把治理国家归纳为三条:足食、足兵、民信,而在三条当中,民信这一条最为重要,超过了粮食储备和武装兵备,甚至超越了生命。信用、信念、信心重于一切,足见孔子对"信"的重视。孔子的弟子曾参说:"吾日三省吾身:为人谋而不忠乎? 与朋友交而不信乎? 传不习乎?"(《论语·学而》)孔子的另一弟子子夏也说:"与朋友交,言而有信。"(《论语·学而》)孔子的弟子们把"信"作为跟朋友交往的重要道德准则,也从侧面印证了孔子对"信"德的重视,"信"为孔门核心价值观之一。

继承孔子思想的孟子,对"信"德当然也是很重视的。孟子说:"有天爵者,有人爵者。仁义忠信,乐善不倦,此天爵也;公卿大夫,此人爵也。"(《孟子·告子上》)孟子把"仁义忠信"视为"天爵",比公卿大夫这种"人爵"要更为尊贵。孟子又说:"……教以人伦:父子有亲,君臣有义,夫妇有别,长幼有序,朋友有信。"(《孟子·滕文公上》)在这里,孟子谈到父子、君臣、长幼、朋友这些人伦关系的道德要求。"朋友有信"与孔子及其弟子们的观点是完全一致的。

儒家早期经典对"信"德有很多论述。下面略举数例。《仪礼·士相见礼》:"与众言,言忠信慈祥;与居官者言,言忠信。"[1]这里非常重视"忠

---

[1] 《仪礼》,上海古籍出版社 2016 年版,第 52 页。

信"。《礼记·礼运》:"大道之行也,天下为公。选贤与能,讲信修睦……是谓大同。"①这一段话讲的是在我国历史上影响至为深远的"大同"理想,大同之世非常重要的道德要求之一就是"讲信",即所有人都讲诚信。荀子说:"诚信生神"②非常重视"诚信"。《左传·襄公九年》:"所临唯信。信者,言之瑞也,善之主也。"③

(六) 忠

"忠"就是对自己、他人、国家的忠诚无欺,忠于自己的事业,对他人忠诚相待,对国家忠心不二。

儒家非常重视"忠"。在君主为国家象征的古代社会,"忠君爱国"是知识分子的精神追求,"忠君"成为爱国主义精神的一个重要方面。当然,"忠"和"信"也有密切联系,常常组成一个词"忠信"。

孔子有很多谈"忠"的语录,如:"主忠信,徙义,崇德也。"(《论语·颜渊》)"君使臣以礼,臣事君以忠。"(《论语·八佾》)孔子弟子曾参概括孔子思想的核心要点为"忠恕":"夫子之道,忠恕而已矣。"(《论语·里仁》),曾参谈到每日自省的第一条就是"为人谋而不忠乎"(《论语·学而》)可见,孔子及其弟子在谈论"忠"时,内容是很丰富的,既包含个人修养,对待朋友方面的内容,又有侍奉君主,对待国家方面的内容。

孟子谈到至高无上的"天爵",包含的内容为"仁义忠信",已足见其对"忠"德的重视。孟子又说:"壮者以暇日修其孝悌忠信,入以事其父兄,出以事其长上,可使制梃以挞秦楚之坚甲利兵矣。"(《孟子·梁惠王上》)孟子认为只要让百姓都具备"孝悌忠信"的品德,就可以战无不胜,哪怕是拿着木棍也可以抗击装备着坚甲利兵的军队。

前文所引《仪礼》所云:"言忠信"是先秦时期较早推崇"忠"德的代表

---

① 《礼记》,上海古籍出版社 2016 年版,第 248 页。
② 《荀子·不苟》,《诸子集成》第二册《荀子集解》,中华书局 2006 年版,第 31 页。
③ 《左传》,上海古籍出版社 2015 年版,第 518 页。

性言论。《礼记》中也有很多谈论"忠"德的话语,如:"忠信,礼之本也。"①
"儒有不宝金玉,而忠信以为宝。"②《左传》也有大量谈"忠"德的言论,如:
"忠,德之正也。"(《左传·文公元年》)"孝敬忠信为吉德。"(《左传·文公
十八年》)

（七）孝

"孝"是儒家思想的基础,《论语》记载孔子弟子有若的话:"孝弟也者,其
为人之本与!"(《论语·学而》)这里的"弟"通"悌"。"孝悌"是仁的根本,儒
家的仁爱就是以"孝悌"为基础的。儒家重孝,在中国传统社会得到普遍认
同,十三经中专门有一经《孝经》,社会上盛行"百善孝为先"的观念,制度上有
子女为去世父母守孝三年的规矩,有的时候统治者甚至"以孝治天下"。

"孝"的观念起源甚早,甲骨文中即有"孝"字。上古"圣王"中的舜帝,
被塑造成中华五千年"孝文化"的鼻祖。在《管子》一书中,有"孝弟者,仁之
祖也"③一语,这与上引《论语》中"孝弟也者,其为仁之本与"的说法高度一
致。据《论语》记载,孔子谈到"孝"德的地方非常多,如:"弟子入则孝,出则
弟。"(《论语·学而》)"今之孝者,是谓能养。至于犬马,皆能有养,不敬,
何以别乎?"(《论语·为政》)孔子认为,光能赡养父母,如果没有孝敬的真
心,还不能叫孝:既在物质上对父母有"养",又在心里对父母有"敬",才是
真正的孝。

孟子论孝:"壮者以暇日修其孝悌忠信。"(《孟子·梁惠王上》)"谨庠
序之教,申之以孝悌之义,颁白者不负戴于道路矣。"(《孟子·梁惠王上》)
孟子重视教育以及"孝悌"等道德观念教化。孟子还有一句名言,曰:"不孝
有三,无后为大。"(《孟子·离娄上》)这句话在我国社会和文化史上影响深
远。古代很长一段时间,由于人口少,这句话被奉为金科玉律,对中华民族
的生育观念和人口增长产生了积极影响。

---

① 《礼记》,上海古籍出版社 2016 年版,第 269 页。
② 《礼记》,上海古籍出版社 2016 年版,第 661 页。
③ 《管子·戒》,上海古籍出版社 2015 年版,第 184 页。

在决定我国传统社会价值体系的最重要经典"十三经"中,专门有一部《孝经》,这已足以说明中华民族是一个极其重视孝道的民族,"孝"是中华民族传统核心价值观的重要组成部分。《孝经·开宗明义章第一》云:"夫孝,德之本也,教之所由生也。"①孝为德之本,这跟《论语》中"孝悌为仁之本"的说法是一样的。《开宗明义章》接着又说:"身体发肤,受之父母,不敢毁伤,孝之始也;立身行道,扬名于后世,以显父母,孝之终也。"②保护好身体,不让自己受到无谓的伤害和羞辱,不让父母担忧和蒙羞,这是践行孝道的开始。而进一步立身行道,成就事业,让父母内心喜悦,脸上有光,"光宗耀祖",这是孝道的最终完成。

儒家早期经典还有很多阐述"孝"德的记录,如《尚书·蔡仲之命》:"惟忠惟孝。"③《尚书·微子之命》:"恪慎克孝,肃恭神人。"④《尚书》多处提到"孝",意思就是对父母的孝敬赡养,"孝养厥父母。"⑤

《周礼·地官司徒》:"教三行:一曰孝行,以亲父母;二曰友行,以尊贤良;三曰顺行,以事师长。"⑥"三行"之中,首要的是"孝"行,可见"孝"的重要。又:"以乡八刑纠万民:一曰不孝之刑,二曰不睦之刑……"⑦在乡中实行的刑罚,第一条就是惩罚不孝之人的,可见"孝"在周代不仅是道德要求,也有法律意义上的强制性了。

《诗经》中也有很多讲到"孝"的诗句,如:《诗经·大雅·下武》:"永言孝思,孝思维则。"⑧《诗经·大雅·卷阿》:"有冯有翼,有孝有德。"⑨《左

① 阮元校刻:《十三经注疏》,中华书局1980年影印版,第2545页。
② 阮元校刻:《十三经注疏》,中华书局1980年影印版,第2545页。
③ 孔安国传,孔颖达正义:《尚书正义》,上海古籍出版社2007年版,第661页。
④ 孔安国传,孔颖达正义:《尚书正义》,上海古籍出版社2007年版,第521页。
⑤ 《尚书·酒诰》,见孔安国传,孔颖达正义:《尚书正义》,上海古籍出版社2007年版,第552页。
⑥ 阮元校刻:《十三经注疏》,中华书局1980年影印版,第730页。
⑦ 阮元校刻:《十三经注疏》,中华书局1980年影印版,第707页。
⑧ 《诗经》,上海古籍出版社2013年版,第355页。
⑨ 《诗经》,上海古籍出版社2013年版,第375页。

传》记载"孝"德的地方也有很多，如："君义臣行，父慈子孝，兄爱弟敬，所谓六顺也。"①"孝，礼之始也。"②"孝敬忠信为吉德。"③等等。

（八）廉

"廉"的主要内涵为清廉、廉洁、节俭。段玉裁《说文解字注》曰："廉之言敛也……引伸之为清也，俭也，严利也。"④"廉"德为历代治国者和思想家所推重。《尚书》记载皋陶提出"九德"，即有"简而廉"⑤。管子提出"礼、义、廉、耻"为国之"四维"⑥，对"廉"德是极端重视的。

孔子曾说："古之矜也廉。"（《论语·阳货》）这里的廉是严于律己的意思。孔子直接使用"廉"字的记载不多，但孔子是非常重视"廉"德的，他的很多言语和态度实际上都是讲"廉"的。比如，孔子对待富贵的态度："富与贵，是人之所欲也，不以其道得之，不处也；贫与贱，是人之所恶也，不以其道得之，不去也。"（《论语·里仁》）"富而可求也，虽执鞭之士，吾亦为之。如不可求，从吾所好。"（《论语·述而》）"饭疏食饮水，曲肱而枕之，乐亦在其中矣。不义而富且贵，于我如浮云。"（《论语·述而》）孔子对待富贵利益的态度是以义取利，不汲汲于富贵，以"道义"为标准，即俗语所谓"君子爱财，取之有道。"该是自己的用正常手段取之，不该是自己的，那就宁肯自处贫贱，也不做违背"道义"之事，这完全就是一个清廉之人的品格。

孟子名言："富贵不能淫，贫贱不能移，威武不能屈。此之谓大丈夫。"（《孟子·滕文公下》）孟子在这里所说的"大丈夫"，首先就是廉者的形象。

儒家早期典籍对"廉"还有很多论述，如：《周礼·天官冢宰》："以听官府之六计，弊群史之治。一曰廉善，二曰廉能，三曰廉敬，四曰廉正，五曰廉

---

① 《左传》，上海古籍出版社 2015 年版，第 15 页。
② 《左传》，上海古籍出版社 2015 年版，第 267 页。
③ 《左传》，上海古籍出版社 2015 年版，第 322 页。
④ 许慎撰，段玉裁注：《说文解字注》，上海古籍出版社 1988 年版，第 444 页。
⑤ 孔安国传，孔颖达正义：《尚书正义》，上海古籍出版社 2007 年版，第 147 页。
⑥ 《管子》，上海古籍出版社 2015 年版，第 2 页。

法,六曰廉辨。"①在这里,六项评判官吏的标准,都以"廉"为本。另如《礼记·礼运》:"大臣法,小臣廉,官职相序,君臣相正,国之肥也。"②"廉"在官吏品行和国家治理上非常重要,是我国传统核心价值观之一。

（九）节

"节"是气节、节操。"志士不饮盗泉之水,廉者不受嗟来之食。"是对有气节之人的赞美。小到一个人的日常言行,大到民族国家的生死存亡,中华民族一直非常重视气节。

孔子的弟子曾参说:"可以托六尺之孤,可以寄百里之命,临大节而不可夺也。"(《论语·泰伯》)这个"大节"即指为人的"气节"。做人讲气节,即使面临生死存亡的重大关头,也不会改变气节的人,就是值得托付大事的君子。前文所引孟子名言"威武不能屈",也是讲气节。中华民族自古以来多有尚气节之人,所以在历次民族危难时,才有无数英雄豪杰挺身而出,救国救民,转危为安,中华民族才能生生不息,绵延不绝,中华文化才能连续不断,璀璨夺目。宋代理学大师朱熹在岳麓书院题下"忠孝廉节"四个大字,刻于石碑,至今尚完好无损,说明儒家学者除了推崇"仁义礼智信"这传统五常之德外,对"忠孝廉节"也是相当重视的。这是中华民族在长期的生存和发展中自然形成的,在现实中发挥作用的道德精神。

（十）和

"和"即和谐。这是中华民族非常向往的境界,具体分析有多个层面,包含身心和谐、家庭和谐、邻里和谐、社会和谐、政治和谐、天人和谐(人类与宇宙自然和谐)。

先秦诸子很多学派都讲到"和",比如老子说:"道生一,一生二,二生三,三生万物。万物负阴而抱阳,冲气以为和。"(《老子·四十二章》)当然,道家讲"和"的背景和目的跟儒家有区别,但其重"和"的基本精神是一致

---

① 《十三经注疏》,中华书局 1980 年影印版,第 654 页。
② 《礼记》,上海古籍出版社 2016 年版,第 265 页。

的。只不过,在诸家之中,儒家对"和"的追求最执著,论述最全面,影响也最深远。《尚书·尧典》曰:"克明俊德,以亲九族。九族既睦,平章百姓。百姓昭明,协和万邦。"①这是对社会政治和谐的颂扬。孔、孟也继承了这一传统,首重社会政治的和谐。《论语》记载孔子弟子有若的话:"礼之用,和为贵,先王之道,斯为美,小大由之。"(《论语·学而》)孟子说:"天时不如地利,地利不如人和。"(《孟子·公孙丑下》)特别重视社会政治领域中"和"的重要地位。

儒家讲"和"不仅止于一邦一国的社会政治和谐,而是用一种"天下"意识,将和谐思想扩大到人类整体和宇宙自然领域。

孔子说:

> 善人为邦百年,亦可以胜残去杀矣。(《论语·子路》)
>
> 远人不服,则修文德以来之。既来之,则安之。(《论语·季氏》)

孔子在这里追求的是一种人类不动干戈、和平相处的境界。《礼记·郊特牲》曰:"阴阳和而万物得。"②《礼记·乐记》:"和故百物皆化。"③都是讲阴阳万物之和。儒家典籍中很多没有出现"和"这个字眼的话语,实际上也是讲和谐。比如《中庸》曰:

> 唯天下至诚,为能尽其性;能尽其性,则能尽人之性;能尽人之性,则能尽物之性;能尽物之性,则可以赞天地之化育;可以赞天地之化育,则可以与天地参也。④

这段话揭示了妥善处理人类与自然、人道与天道关系的原则。在儒家看来,人是自然的一部分,自然界的变化会影响到人的生存状态,所以,儒家主张把仁德扩充推广到天地自然,人与自然建立一种有道德情感的和谐关系。孟子说"仁民而爱物",张载说"民胞物与",皆为此意。

---

① 孔安国传,孔颖达正义:《尚书正义》,上海古籍出版社 2007 年版,第 36—37 页。
② 《礼记》,上海古籍出版社 2016 年版,第 290 页。
③ 《礼记》,上海古籍出版社 2016 年版,第 431 页。
④ 朱熹:《四书章句集注》,中华书局 2012 年版,第 33 页。

儒家讲"和",并不是不讲原则的"同一",而是主张"和而不同"。孔子说:"君子和而不同,小人同而不和。"(《论语·子路》)现实生活中差异和矛盾是普遍存在的,"和"是承认这种差异和矛盾,强调矛盾的协调统一,而不是强求一致。

以上对先秦儒家核心价值观"仁、义、礼、智、信、忠、孝、廉、节、和"十个方面的内容作了简约的阐述。实际上,这十个字在很多情况下并不是单独出现的,它们常常相互联结而呈现,如"仁义""仁义礼智""仁义礼智信""忠孝""忠孝廉节""忠信""礼义",等等。

另外,还需特别注意的是,这十个字是儒家核心价值观最简明、最得到普遍认同的表述,而且,从汉代儒家取得统治地位之后,在传统社会一直受到推崇,成为整个社会的核心价值观。但是,在不同时代不同领域,又衍生出许多不同的概念表述,然而,无论有多丰富、多复杂的表述,传统社会核心价值观的内容还是离不开这十个字,有些概念是对这十个字内容的拓展和发展。

二、墨家核心价值观

墨家创始人墨子,名翟,鲁国人,生卒年不可确考。但从其所行事迹以及诸家史料所载,可以断定在孔子之后,孟子之前。《韩非子·显学》说当时"世之显学,儒墨也。"[①]孟子也说:"杨朱、墨翟之言盈天下。"(《孟子·滕文公下》)可见墨家思想在孟子的时代已经相当风靡了。

冯友兰先生说墨子是孔子的第一个反对者[②],的确,作为与儒学并为先秦时期"显学"的墨家学说,有一整套与儒家不同的思想。只不过,墨家思想跟儒家也有些渊源。墨子早年本来是学习儒学的,《淮南子·要略》云:"墨子学儒者之业,受孔子之术,以为其礼烦扰而不说,厚葬靡财而贫民,服伤生而害事,故背周道而用夏政。"[③]墨子本来是学习孔子儒学的,但对儒学

---

① 《韩非子·显学》,《诸子集成》第五册《韩非子集解》,中华书局2006年版,第351页。
② 冯友兰:《中国哲学简史》,《三松堂全集》第六卷,河南人民出版社2000年版,第47页。
③ 《诸子集成》第七册《淮南子》,中华书局2006年版,第375页。

推崇之礼的繁文缛节感到不满,于是自创学派,提出兼爱、非攻、尚贤、尚同、节用、节葬、非乐、非命、天志、明鬼等思想主张,这是墨家的核心价值观。

（一）兼爱、非攻

"兼爱"是墨家思想的核心。所谓兼爱,意谓无差别的爱,即"爱无差等",指无条件、无差别地爱一切人。墨子说得很具体:"视人之国,若视其国;视人之家,若视其家;视人之身,若视其身。"①看待别人的国、家、身就像自己的一样,爱别人的一切就像爱自己的一切一样,这就是兼爱。这种爱与儒家的"仁爱"是不同的。儒家"仁爱"首先肯定"孝悌"是仁之本,然后从孝悌亲情出发,推己及人,达到"老吾老以及人之老,幼吾幼以及人之幼"（《孟子·梁惠王上》）的状态。儒家"仁爱"是从内往外推,从孝悌亲情推扩到天下大爱。墨家"兼爱"则相反,是从外向内推,从天下兼爱内推到亲情孝慈:"若使天下兼相爱,爱人若爱其身,犹有不孝者乎? 视父兄与君若其身,恶施不孝? 犹有不慈者乎? 视弟子与臣若其身,恶施不慈? 故不孝不慈亡有。"②在墨子看来,如果天下人都能做到兼相爱,视人若己,就不会有不孝不慈的人了,因此,"孝慈"是兼爱的结果。从理论和理想状态讲,墨子所言是符合逻辑的。但问题是,在现实中墨子的兼爱理论行得通吗? 孟子认为是行不通的。不但行不通,孟子还认为墨子的兼爱论是极坏的理论:"杨氏为我,是无君也;墨氏兼爱,是无父也。无父无君,是禽兽也。"（《孟子·滕文公下》）孟子认为墨子讲兼爱根本不现实,是"无父",就是禽兽。孟子骂得这么恶毒,足见其对墨子兼爱理论的厌恶和反感。然而,如果考虑到墨家思想产生的背景,用历史和具体的眼光去审视,我们又可以对墨子兼爱思想有一种"同情的理解"。

墨子思想产生的背景有两个方面。第一个方面是时代背景,这方面学者讲得很多,就是当时诸侯国之间相互攻伐,战乱频仍,人民朝不保夕,恰如

① 《墨子·兼爱中》,《诸子集成》第四册《墨子间诂》,中华书局 2006 年版,第 65 页。
② 《墨子·兼爱上》,《诸子集成》第四册《墨子间诂》,中华书局 2006 年版,第 63 页。

孟子描述的情景:"争地以战,杀人盈野;争城以战,杀人盈城。"(《孟子·离娄上》)当时诸侯国之间经常爆发兼并战争,社会上充斥着强凌弱、众暴寡、智诈愚、富侮贫、贵傲贱的现象,墨子认为这都是由于人们"不相爱"引起的,因此,他提出"兼相爱,交相利"的主张,希望以此来救治社会之弊病。

墨家思想产生的第二个方面的背景,就是墨家的社会地位背景。关于这一方面,学者一般都只谈到墨家属于来自社会底层的手工业劳动者,这当然没有问题。只不过,墨家还有另外一种身份,而这一种身份却对墨家思想的形成和特质有重要影响。这种身份就是墨家团体成员的"游侠"身份。冯友兰先生关注到了这个问题。冯先生指出①,在周代,天子、诸侯本来都有世袭的武士组成军队的骨干,但后来天子大权旁落,社会混乱,很多作为军事专家的武士丧失了爵位,流散各地,成为"游侠",谁雇佣就为谁服务。这些游侠都有他们的职业道德,《史记·游侠列传》赞扬他们:"其言必信,其行必果,已诺必成,不爱其躯。"冯先生认为,墨子及其门徒就出身于游侠。他们组成了一个能够进行军事行动的纪律严明的团体,首领叫"巨子",对团体成员有生杀予夺之权。墨子是这个团体的第一任巨子。墨家是一个游侠团体,这些游侠当时的身份已经很低,也能够从事各种手工业生产。而且,墨家的团体跟一般的游侠有两点不同,一是墨家反对侵略,只愿参加自卫性质的战争,不像一般的游侠谁给酬劳帮谁打仗。二是墨子详细阐明和发挥了游侠的职业道德,形成了一个学派。

总的来说,墨子看到了社会的惨状,决心提出一套理论来拯救社会。墨子及其门徒是一些能进行手工业生产和军事行动的游侠,他们在进行军事行动时,出生入死的伙伴关系比温情脉脉的亲情关系显得更重要。因此,墨子讲兼爱,先重无伦理等差的爱,类似于后来江湖义气之爱,然后再推出孝悌亲情之爱,这就可以理解了。其实墨家别的思想,如尚同、尚贤等,都可以

---

① 以下内容参见冯友兰:《中国哲学简史》,《三松堂全集》第六卷,河南人民出版社2000年版,第48—49页。

从墨子团体严密的纪律和"巨子"的至高无上权威这个角度来理解。

前文说到,墨子早年学习儒家学说,后来转而批判儒家,然而,尽管墨子思想与儒家不一样,有时甚至针锋相对,但墨子有些主张却是从儒家内部生发出来的。如节用,孔子本来就有这种主张:"道千乘之国,敬事而信,节用而爱人。"(《论语·学而》)墨子节用思想是对孔子思想的发挥。又如墨子思想的核心"兼爱",虽然内容跟儒家的"仁爱"大异其趣,但提倡"爱人"的思想倾向则是一致的。除此之外,《墨子》书中引用《诗》《书》等经典的地方也不少。而且,墨子还使用儒家的核心概念"仁""义",也重视"忠""孝"等。当然,墨子在使用这些概念时,其含义与儒家是有区别的。如墨子说:"兼即仁矣、义矣。"①在墨子看来,兼爱就是仁、义。墨子还常讲"仁人""义人",指那种能实行兼爱的人。

墨子从"兼爱"的原则出发,在国与国的关系上提出"非攻",即反对侵略战争的主张。兼爱原则要求"视人之国,若视其国",即把别人的国家当成自己的国家一样看待,自然不能去攻打。况且,攻打别国,双方都要造成重大人员伤亡和财产损失,这是与"兼爱"原则相违背的。

当然,需要指出的是,墨子并不是笼统地反对一切战争,而是反对那种"不义"的侵略战争。墨子认为那种为了兼并而侵略"无罪之国"的战争,叫"攻",应予以谴责、反对;而那种讨伐无道暴君的战争,则叫"诛",应予以赞扬和支持。《墨子》一书载:"好攻伐之君,又饰其说以非子墨子曰:'以攻伐之为不义,非利物与?昔者禹征有苗,汤伐桀,武王伐纣,此皆立为圣王,是何故也?'子墨子曰:'子未察吾言之类,未明其故者也。彼非所谓攻,谓诛也……王既已克殷,成帝之来,分主诸神,祀纣先王,通维四夷,而天下莫不宾,焉袭汤之绪,此即武王之所以诛纣也。若以此三圣王者观之,则非所谓攻也,所谓诛也。'"②历史上发生的禹征有苗、汤伐桀、武王伐纣,虽然都是

---

① 《墨子·兼爱下》,《诸子集成》第四册《墨子间诂》,中华书局 2006 年版,第 75 页。

② 《墨子·非攻下》,《诸子集成》第四册《墨子间诂》,中华书局 2006 年版,第 91—95 页。

战争,但在墨子看来,这"三圣王"所发动的战争,是正义的"诛",而不是非正义的"攻"。在这里,墨子明确区分了"攻"与"诛"两种性质的战争。

墨子非攻思想代表的是当时饱受战争摧残的下层人民的呼声,也是对好战君王的一种思想约束,与儒家的和平主义思想有融通之处。

(二) 尚贤、尚同

墨子在"兼爱"思想的前提下,提出"尚贤""尚同"的思想主张。"尚贤""尚同"是墨子"兼爱"思想在政治上的体现,也是"兼爱"思想的组织保障。

所谓"尚贤",就是选拔和任用贤能之人,授予权位,发挥其才能。墨子提出"官无常贵,而民无终贱,有能则举之,无能则下之。"①对于有才能的人,即使"在农与工肆之人",也要"举之"。② 这就要求打破一切贵贱尊卑的等级界限,唯才是举,唯能是用。

那么,什么样的人才称得上是贤能之士呢? 墨子提出三个方面的条件:"厚乎德行,辩乎言谈,博乎道术。"③在这里,墨子把人才的德行放在第一位,这一点跟儒家是一样的。其次是人才的"言谈""道术"等具体的才能。也就是说,墨子谈人才,与儒家一样,也是提倡德才兼备,而以德为先。当然,"德"和"才"的具体内容,儒、墨两家有所区别,但这德才兼备的方向是一致的。

在"尚贤"的基础上,墨子又提出"尚同"的主张。所谓"尚同",就是"上同",将"尚贤"的政治主张推广到全国,使各级行政长官都由德才兼备的贤能之士担当,然后"一同天下之义","上之所是,必皆是之,所非,必皆非之……上同而不下比。"④人们以上级行政长官的是非为是非,自下而上逐级统一,达到天下百姓皆上同于天子,而天子则"总天下之义,以尚同于

---

① 《墨子·尚贤上》,《诸子集成》第四册《墨子间诂》,中华书局 2006 年版,第 27 页。
② 《墨子·尚贤上》,《诸子集成》第四册《墨子间诂》,中华书局 2006 年版,第 26 页。
③ 《墨子·尚贤上》,《诸子集成》第四册《墨子间诂》,中华书局 2006 年版,第 25 页。
④ 《墨子·尚同上》,《诸子集成》第四册《墨子间诂》,中华书局 2006 年版,第 45 页。

天。"①这反映了当时在社会混乱现实中下层民众对社会安定统一的诉求，同时又让人明显地看出了墨家团体的规则思想，他们是一个严密的军事和宗教性质的组织，墨家"巨子"拥有绝对的权威。作为一个团体，这种权威性有利于其行动的组织性和纪律性，也有助于行动的成功。把这种思想推广到国家治理层面，有一定的理想化成分，而且容易导致专制的政治统治。首先，要保证各级行政长官都由贤人担当，已非易事，而且，即便全由贤人担当，一个人的认识能力毕竟有限，贤人也难保证不出现认识上的偏差。其次，自下而上的逐级上同统一，难免出现党同伐异的局面，最后归于以天子一人之是非为是非的专制状态。而且，墨子还提出对那些"不尚同其上者"要施以刑罚②，这是典型的用墨家"巨子"的手段来治理国家，很容易滑入专制主义暴政，这一点和古代法家思想一样。

（三）节用、节葬、非乐

墨子从兼爱原则、功利主义以及当时的社会现实出发，提出"节用""节葬""非乐"的主张。此三者密切相关，可以说，"节葬"和"非乐"都是"节用"的题中之义。

"节用"是"兼爱"思想在经济生活上的反映。当时社会动乱不安，生产力水平也低下，物资匮乏，要"兴天下之利"，实现"兼爱"理想，改善人民生活，就要"节用"，反对铺张浪费。在墨子看来，人们的衣食住行，只要满足基本的物质生产和生存需求即可，多余的即为铺张浪费。他说："古者明王圣人，所以王天下、正诸侯者，彼其爱民谨忠，利民谨厚，忠信相连，又示之以利……是故古者圣王制为节用之法……凡足以奉给民用则止，诸加费不加于民利者，圣王弗为。"③荀子批评墨子"蔽于用而不知文"④，但如果用历史

①　《墨子·尚同下》，《诸子集成》第四册《墨子间诂》，中华书局 2006 年版，第 59 页。
②　《墨子·尚同上》，《诸子集成》第四册《墨子间诂》，中华书局 2006 年版，第 46 页。
③　《墨子·节用中》，《诸子集成》第四册《墨子间诂》，中华书局 2006 年版，第 101—102 页。
④　《荀子·解蔽》，《诸子集成》第二册《荀子集解》，中华书局 2006 年版，第 261 页。

的眼光去分析,墨子的节用思想也是符合当时下层小生产者的实情的。

在"丧葬"问题上,墨家反对厚葬久丧,提出"节葬"的主张。"节葬"是墨家"节用"思想的自然推衍。墨子说:"衣食者,人之生利也,然且犹尚有节。埋葬者,人之死利也,夫何独无节于此乎!"①在生之人的衣食住行都要"节用",死者的埋葬,自然也要"节葬"。墨家认为,厚葬久丧辍民之事,靡民之财,会让国家由富变穷,政治由治变乱。更有甚者,当时的统治者还有"杀殉"的凶习:"天子杀殉,众者数百,寡者数十;将军大夫杀殉,众者数十,寡者数人。"②那些凶恶的当权者,在"厚葬"之风的影响下,杀人殉葬,数目惊人,这是违背墨家"兼爱"原则的。因此,无论是从百姓的利益出发,还是从兼爱的原则来看,墨家都反对厚葬,提倡"节葬"。

墨子还提出"非乐"的思想主张,亦为其"节用"思想的内容。所谓"非乐",即反对一切形式的享乐,包括反对音乐。《墨子》曰:

> 子墨子之所以非乐者,非以大钟、鸣鼓、琴瑟、竽笙之声,以为不乐也;非以刻镂华文章之色,以为不美也;非以犓豢煎炙之味,以为不甘也;非以高台厚榭邃野之居,以为不安也。虽身知其安也,口知其甘也,目知其美也,耳知其乐也,然上考之,不中圣王之事,下度之,不中万民之利,是故子墨子曰:"为乐非也"。③

可以看出,墨子并非不知各种耳、目、口、身所接触感受到的音乐、雕刻、美味、楼榭之愉乐、甘美,而是认为这些享乐上不中圣王之事,下不中万民之利,所以要禁止。墨子说"为乐"上不中圣王之事,恐怕并无根据,而说下不中万民之利,却是墨子所感受到的现实。在当时那种社会现实中,下层小生产者衣食不继,在饥寒交迫中挣扎,而王公大人们却过着骄奢淫逸的享乐生活,当然是墨家要反对的。这种极端的"非乐"思想,用当代的眼光来看,当然是不合适的。但用历史的眼光,并站在墨家团体的立场上,却是可以理解的。

---

① 《墨子·节葬下》,《诸子集成》第四册《墨子间诂》,中华书局2006年版,第117页。
② 《墨子·节葬下》,《诸子集成》第四册《墨子间诂》,中华书局2006年版,第107页。
③ 《墨子·非乐上》,《诸子集成》第四册《墨子间诂》,中华书局2006年版,第155页。

（四）天志、明鬼

前文说到，墨子主张"尚同"，即要求人们逐级与上面统一，直至全天下都"尚同"于天子。全天下都以天子的是非为是非，倘若天子是贤人明君，那还好，而倘若天子不贤，那又该怎么办呢？墨子的解决办法是让天子"尚同"于天，提出天有意志（天志），鬼神存在（明鬼），而且意志之天能赏善罚恶，冥冥鬼神亦能赏贤罚暴的思想。墨子说："当天意而不可不顺。顺天意者，兼相爱，交相利，必得赏；反天意者，别相恶，交相贼，必得罚。"①此处把有意志之天的赏善罚恶的特性说得很明白。当然，墨子所谓善，具体而言是指"兼相爱，交相利"，而不善则是"别相恶，交相贼"。墨子认为，即便是天子，也受到"天"的赏罚制约："天子为善，天能赏之；天子为暴，天能罚之。"②

那么，高高在上的意志之天怎么在人间实行赏罚呢？墨家认为通过鬼神来执行天的意志，实行对人的赏罚。墨家相信鬼神真实存在，而且神通广大，任何人即使在"幽间广泽，山林深谷"中所做的事，鬼神也会了解得清清楚楚。倘若干了坏事，即便"富贵众强，勇力强武"，哪怕有"坚甲利兵"，鬼神之罚也"必胜之"。③

墨家的"天志""明鬼"是一种宗教思想，但却具有明显的政治化和道德化倾向。以"天志"为最高准则，用以衡量统治者的言行，让他们心存敬畏；用鬼神赏善罚暴的威慑，迫使百官和万民因畏惧而不敢胡作非为。这反映了当时社会小生产者的思想和认识水平。这种"鬼神恐吓"的方式，在特定的历史条件下，也会对统治者具有一定的警戒效果，对普罗大众则会起到一定的劝善去恶作用。

三、道家核心价值观

在先秦时期，道家是一个重要且颇为独特的思想流派。与儒、墨的强烈

---

① 《墨子·天志上》，《诸子集成》第四册《墨子间诂》，中华书局2006年版，第120页。
② 《墨子·天志中》，《诸子集成》第四册《墨子间诂》，中华书局2006年版，第123页。
③ 《墨子·明鬼下》，《诸子集成》第四册《墨子间诂》，中华书局2006年版，第151页。

"入世"倾向不同,道家主张"出世",远离政治和社会的纷扰,追求高蹈远引,精神自由。王国维对此曾有一段中肯的论述,他说:

> 我国春秋以前,道德政治上之思想,可分之为二派:一帝王派,一非帝王派。前者称道尧、舜、禹、汤、文、武,后者则称其学出于上古之隐君子,或托之于上古之帝王。前者近古学派,后者远古学派也。前者贵族派,后者平民派也。前者入世派,后者遁世派也。前者热性派,后者冷性派也。前者国家派,后者个人派也。前者大成于孔子、墨子,而后者大成于老子。①

大成于孔子和墨子的儒家和墨家学派,是"热性"和"入世"的,而大成于老子的道家学派,则是"冷性"和"出世"(遁世)的。王国维在这里提到,以老子为开创者的道家学派,其学出于上古之"隐君子",即古代的隐士。这一点很多人都关注到。如冯友兰就认为早期道家就是一些隐者,他们认为这个世界太坏了,于是便离群索居,遁迹山林,并且还提出一套理论来为自己的退隐行为辩护。②

不可否认,在中国古代,有一种成熟发达的"隐逸文化",对中国古代知识分子乃至整个社会影响深远。以隐逸人格为高,入世人格为低,隐居而不愿出仕者为"高士"。这种思想和社会风气的形成,道家思想长期熏陶是一个主要原因。先秦时期道家的主要代表人物老子和庄子,就是隐士的典型,《史记》说老子"以自隐无名为务",庄子辞拒楚威王的征召,都是真隐士的行为。

尽管道家有时也有进取的一面,汉代班固甚至视道家为"君人南面之术"③。黄老道家在汉初也曾发挥过特殊的治世效用,但从总体和主要思想

---

① 王国维:《屈子文学之精神》,《王国维文学美学论著集》,北岳文艺出版社1987年版,第30页。

② 参见冯友兰:《中国哲学简史》,《三松堂全集》第六卷,河南人民出版社2000年版,第57页。

③ 班固:《汉书》,中华书局1997年版,第445页。

倾向上看,以老、庄为代表人物的道家,是以遁世退隐为特征的。只不过,老、庄与一般的隐士不同,老、庄既是隐士,又对宇宙、社会、人生提出了一整套完备的理论,彰显了道家独特的核心价值观。

（一）道法自然

"道"是道家思想的核心概念。道家的"道"具有宇宙本源的形而上品格。《老子》二十五章说:

> 有物混成,先天地生。寂兮寥兮,独立而不改,周行而不殆,可以为天下母。吾不知其名,字之曰道,强为之名曰大。①

这里描述的"道",是先天地而生的,独立存在,周而复始地运行,是天地万物的根源。

庄子也对"道"的这种形上品格进行了描述,《庄子·大宗师》曰:

> 夫道,有情有信,无为无形。可传而不可爱,可得而不可见。自本自根,未有天地,自古以固存。神鬼神帝,生天生地。在太极之先而不为高,在六极之下而不为深,先天地生而不为久,长于上古而不为老。②

这说明"道"无形象而又真实客观存在,不依赖于外物,自己是自己的根据,神妙莫测,独生天地万物。

在道家看来,作为宇宙本源的"道",最根本的属性就是"道法自然"。《老子》二十五章曰:"人法地,地法天,天法道,道法自然。"③道家所谓的"自然",尽管与我们所说的"自然界"有密切联系,但却不能等同。道家之"自然",主要是指一种"自然而然"的法则。"道法自然"不是说在道之上还有一个更高的实体,而是指道以自然为法则,崇尚自然,顺应自然。

道家之"道"是一个含义非常丰富的概念。除了"道法自然"的根本属性,"道"还有很多特性,如道隐无名、反者道之动、为道日损,等等。

---

① 《诸子集成》第三册《老子注》,中华书局 2006 年版,第 14 页。
② 《诸子集成》第三册《庄子集解》,中华书局 2006 年版,第 40 页。
③ 《诸子集成》第三册《老子注》,中华书局 2006 年版,第 14 页。

（二）无为而治

《老子》四十八章曰："为学日益，为道日损。损之又损，以至于无为。无为而无不为。"①"无为"是老子以及道家思想的重要范畴，体现在社会政治治理上，即"无为而治"，这也是道家谈"无为"的主要领域。"无为"的表层意思是"无所作为""不妄为""因任自然"，而其深层意蕴则是要求统治者通过"少私寡欲"和不胡作非为的以身作则的榜样行为来使国家和社会得到有效治理。"无为"（"无为而治"）的表层意思学者们讲得很多，也达成了共识，现在大家都认为老子讲无为，不是纯粹消极意义上的"不作为"，而更多的是任其自然，不妄为。除此之外，"无为"（"无为而治"）还要求统治者具备"帅以正"的榜样行为。这一点，孔子就曾经作过解释，他说："无为而治者，其舜也与？夫何为哉？恭己正南面而已矣。"（《论语·卫灵公》）孔子是儒学创立者，却也讲无为而治，他的意思和老子有区别吗？笔者认为，孔、老在讲"无为而治"时，在"帅以正"（《论语·颜渊》）榜样行为这一点上，他们的意思是一样的。只不过，在具体的内容上，有所区别。孔子提倡的榜样是这样的："上好礼，则民莫敢不敬；上好义，则民莫敢不服；上好信，则民莫敢不用情。"（《论语·子路》）孔子提倡的是"礼""义""信"等伦理道德内容，认为统治者以身作则，带头做到这些道德要求，老百姓自然就跟着来。恰如孔子在另外一处所说："子欲善而民善矣。君子之德风，小人之德草，草上之风，必偃。"（《论语·颜渊》）在上位道德水准高的人，可以带动在下位的人崇德行善，就好像风吹到草上，草必定会跟着风向倒。孔子提倡统治者不要过多干涉老百姓，而只要自己做好榜样，其榜样的具体内容是"善""礼""义""信"等道德和价值观内容。

老子讲"无为"（"无为而治"），其具体内容跟孔子所说有别。《老子》五十七章曰："我无为，而民自化；我好静，而民自正；我无事，而民自富；我

---

① 《诸子集成》第三册《老子注》，中华书局 2006 年版，第 29 页。

无欲,而民自朴。"①《老子》第三章曰:"不尚贤,使民不争;不贵难得之货,使民不为盗;不见可欲,使民心不乱。"②这里讲"无为",要求统治者节制甚至去除奢靡的欲望,清净无欲,甚至连"尚贤"这种在儒家和墨家看来是治国人才基础的思想,道家也认为会引起人民争斗。《老子》十九章曰:"绝圣弃智,民利百倍;绝仁弃义,民复孝慈;绝巧弃利,盗贼无有。此三者以为文不足,故令有所属:见素抱朴,少私寡欲。"③当时社会上假仁假义,逞智巧而行盗实的事情太多了,故而老子说出了这一番愤激之语。从表面上看,老子要把仁义智慧这类儒家提倡的道德准则全部摒弃。也许老子内心深处还是呼唤这些道德准则的,否则他就不会希望"民复孝慈",但毕竟他明面上是表达了对仁义道德否弃的意思,这与儒家大张旗鼓,苦口婆心提倡仁义道德是有区别的。

总之,道家讲"无为"("无为而治"),其最根本的意思是希望统治者"见素抱朴,少私寡欲",用这种"无欲"的榜样行为来引导人民摒弃争斗,让人民自然而然地获得利益。道家的这种无为而治的思想,在汉初获得过良好治理效果,统治者推行"与民休息"政策,出现了被后人称道的"文景之治"。

(三) 贵柔处弱

贵柔处弱是道家思想的独特之处。《老子》书中反复讲到"柔""弱"。如:

天下之至柔,驰骋天下之至坚。(四十三章)

守柔曰强。(五十二章)

柔弱胜刚强。(三十六章)

天下莫柔弱于水,而攻坚强者莫之能胜,以其无以易之。弱之胜强,柔之胜刚,天下莫不知,莫能行。(七十八章)

弱者道之用。(四十章)

---

① 《诸子集成》第三册《老子注》,中华书局 2006 年版,第 35 页。
② 《诸子集成》第三册《老子注》,中华书局 2006 年版,第 2 页。
③ 《诸子集成》第三册《老子注》,中华书局 2006 年版,第 10 页。

这些引文,反复阐述柔弱胜刚强,甚至认为道的功用是柔弱的,道家贵柔处弱的思想特点是非常明显的。

一般认为,《老子》一书作者老子,就是春秋时期的老聃,他所处的时代,社会动荡,战乱频仍,在这种社会大变动的时期,老子提倡采取一种特殊的方法,选取一条特殊的途径来保全自己,进而取得成功。他的这条途径就是贵柔处弱、以曲求伸、以退为进,所谓"圣人后其身而身先,外其身而身存。"①"将欲歙之,必固张之;将欲弱之,必固强之;将欲废之,必固兴之;将欲夺之,必固与之。"②老子所采取的这种方法非常特殊,但对"弱者"来说,却是有效的。弱者开始弱,并不会永远弱,强弱也是可以相互转化的。老子以水为喻,水看起来柔弱,但却具有攻坚克刚的能力。老子提倡贵柔处弱,这是当时"弱者"的哲学,是"弱者"在弱小之时保全自身,争取最后胜利的一种特殊的智慧。

道家是对后世产生较大影响的思想流派,其思想内容是相当丰富的,上述三个方面只是其价值观最核心的部分,其他如"反者道之动"的辩证法思想,"逍遥无待"的人生境界论等等,都是富有特色的思想理论。

四、法家核心价值观

班固《汉书·艺文志》说:"法家者流,盖出于理官,信赏必罚,以辅礼制。《易》曰:'先王以明罚饬法',此其所长也。及刻者为之,则无教化,去仁爱,专任刑法而欲以致治,至于残害至亲,伤恩薄厚。"③班固在这里把法家的优缺点讲得很到位。法家的优点是重视法在社会治理中的作用,而且提倡法律面前人人平等,富有变法改革精神;而其缺点则是推重严刑峻法,不讲仁爱教化,在现实中容易导致暴政。

先秦时期法家的集大成者是韩非。在韩非之前,有一些法家的思想先

---

① 《老子·七章》,《诸子集成》第三册《老子注》,中华书局 2006 年版,第 4 页。

② 《老子·三十六章》,《诸子集成》第三册《老子注》,中华书局 2006 年版,第 20—21 页。

③ 班固:《汉书》,中华书局 1997 年版,第 446 页。

驱,代表人物有商鞅、申不害、慎到。商鞅重"法",申不害重"术",而慎到则重"势"。韩非融合三派之说,以极端性恶的人性论为基础,形成了以"法"为中心,"法""术""势"结合的"法治"思想。

（一）极端性恶论

韩非的"法治"思想,是建立在其人性论基础之上的。韩非是荀子的学生,荀子提出性恶论,韩非则将其师的性恶论发挥到极端的地步。荀子讲性恶,是说人生来就有好利趋恶的倾向,若不加克制,发展下去必然成恶,但这种倾向却是可以向善的方向转化的,因此,荀子提出"化性起伪"的主张,他说:"人之性恶,其善者,伪也。"（《荀子·性恶》）"圣人化性而起伪,伪起而生礼义,礼义生而制法度。"（《荀子·性恶》）可见,荀子虽然讲性恶,但对礼义之类的"善"还是很向往,而且是很有信心的。"化性起伪"就是要通过教化来转变人性之恶,使之向善。荀子的这个路径跟孟子通过扩充存养"四端""四心"而达到仁义礼智之"善"的路径是不同的,但他们的目标却是一致的,可谓殊途同归。

韩非的人性论虽然源于其师荀子,但却走得更远,更极端。韩非认为人人都有一种处处为自己打算的"自为心",根本没有"仁""义""忠""孝"之类的道德观念。他举例说:"舆人成舆,则欲人之富贵;匠人成棺,则欲人之夭死也。非舆人仁而匠人贼也,人不贵则舆不售,人不死则棺不买,情非憎人也,利在人之死也。"①造车的人希望别人富贵,做棺材的人则希望别人早死,这不能说造车的人"仁"而做棺材的人"坏",因为别人不富贵,车就卖不出去,而人若不死,那棺材就没人买。不是做棺材的生来就憎恨别人,而是他们的"利"之所在。

韩非认为,人与人之间的关系,纯粹是一种人人皆自私自利的关系,君臣、父子莫不如此。譬如父母之与子女,韩非说:"且父母之于子也,产男则

① 《韩非子·备内》,《诸子集成》第五册《韩非子集解》,中华书局2006年版,第83—84页。

相贺,产女则杀之,此俱出父母之怀袵,然男子受贺,女子杀之者,虑其后便,计其长利也。故父母之于子也,犹用计算之心以相待也,而况无父子之泽乎?"①在韩非看来,父母对子女是用利害计算之心来对待的,没有仁恩可言。君臣关系也是如此,韩非说:"臣尽死力以与君市,君垂爵禄以与臣市。君臣之际,非父子之亲也,计数之所出也。"②君臣之间,是一种利害计较的买卖关系,即所谓"主卖官爵,臣卖智力。"③在韩非看来,君臣之间绝无仁恩忠信,只有买卖和利害计较。"人主之患在于信人,信人则制于人。"④君臣之间只有利益,没有诚信。人与人之间都是这种自私自利、没有仁恩、没有诚信的关系,故而韩非认为,仁义礼智在治国上根本行不通,他说:"今世皆曰尊主安国者必以仁义智能,而不知卑主危国者之必以仁义智能也。故有道之主,远仁义,去智能,服之以法。"⑤韩非反对用仁义礼智之类的道德来治国,而提倡以"法"治国。

(二) 法、术、势

那么,韩非所谓的"法",其内容为何? 他说:

> 法者,编著之图籍,设之于官府,而布之于百姓者也。⑥

> 法者,宪令著于官府,刑罚必于民心,赏存乎慎法,而罚加乎奸令者也。⑦

这是说,法是由统治者制定的法令制度,由官府公布,百姓知晓,通过赏罚而强制实行。

韩非继承商鞅"法治"思想,将"法"推至社会唯一价值标准和行为规范

---

① 《韩非子·六反》,《诸子集成》第五册《韩非子集解》,中华书局 2006 年版,第 319 页。
② 《韩非子·难一》,《诸子集成》第五册《韩非子集解》,中华书局 2006 年版,第 267 页。
③ 《韩非子·外储说右下》,《诸子集成》第五册《韩非子集解》,中华书局 2006 年版,第 255 页。
④ 《韩非子·备内》,《诸子集成》第五册《韩非子集解》,中华书局 2006 年版,第 82 页。
⑤ 《韩非子·说疑》,《诸子集成》第五册《韩非子集解》,中华书局 2006 年版,第 306 页。
⑥ 《韩非子·难三》,《诸子集成》第五册《韩非子集解》,中华书局 2006 年版,第 290 页。
⑦ 《韩非子·定法》,《诸子集成》第五册《韩非子集解》,中华书局 2006 年版,第 304 页。

的位置上,他说:"明主之国,无书简之文,以法为教;无先王之语,以吏为师。"①不要任何"书简之文""先王之语"的伦理文化,唯有冰冷干枯的法律条文;也没有教育师授,唯有官吏充为人师,宣讲法会制度,这个"以法为教""以吏为师"的社会,没有教化,只有刑法,多么冷酷无情!

韩非继承和发展商鞅"法之不行,自上犯之"②的思想,主张"刑过不避大臣,赏善不遗匹夫"③。具有"法律面前人人平等"的司法平等价值观,这是法家思想的闪光点。

韩非认为,君主统治国家,光有"法"还是不够的,要推行"法",还必须重视"术"和"势"。

何谓"术"?韩非说:

　　术者,因任而授官,循名而责实,操生杀之柄,课群臣之能者也。此人主之所执也。④

　　术者,藏之于胸中,以偶众端,而潜御群臣者也。故法莫如显,而术不欲见。⑤

"术"是由君主掌握的,驾驭百官群臣的权术,其要点是"因任而授官,循名而责实",即君主知人善任,根据群臣的能力授以相应的官职,进而考察其实绩,称职者赏,不称职者罚。"术"与"法"的特点不同,"法"是越公开越好,而"术"则是越隐秘越好,实则是君主统驭群臣的"秘术"。

"法"和"术"是君主的统治工具,"君无术则弊于上,臣无法则乱于下,此不可一无,皆帝王之具也。"⑥但是,"法"和"术"要真正发挥作用,还得有"势"。何谓"势"?韩非说:"凡治天下,必因人情,人情者有好恶,故赏罚可用。赏罚可用,则禁令可立,而治道具矣。君执柄以处势,故令行禁止。柄

---

① 《韩非子·五蠹》,《诸子集成》第五册《韩非子集解》,中华书局 2006 年版,第 347 页。
② 司马迁:《史记·商君列传》,中华书局 1997 年版,第 566 页。
③ 《韩非子·有度》,《诸子集成》第五册《韩非子集解》,中华书局 2006 年版,第 26 页。
④ 《韩非子·定法》,《诸子集成》第五册《韩非子集解》,中华书局 2006 年版,第 304 页。
⑤ 《韩非子·难三》,《诸子集成》第五册《韩非子集解》,中华书局 2006 年版,第 290 页。
⑥ 《韩非子·定法》,《诸子集成》第五册《韩非子集解》,中华书局 2006 年版,第 304 页。

者,杀生之制也;势者,胜众之资也。"①所谓"势",就是君主的权势,君主必须拥有权势,才能运用"赏""罚"二柄,这样也才能运用"术"以推行"法"。在韩非看来,"法""术""势"三者密不可分,缺一不可。他总结前人的教训,指出申不害重"术",但"不擅其法",商鞅重法,但"无术以知奸",都不完备。

（三）改革精神

法家主张变法改革,具有很强的改革精神。法家秉持发展进化的历史观,认为历史是不断发展变化的。韩非把古代历史分为上古之世、中古之世、近古之世三个阶段,他说:

> 上古之世,人民少而禽兽众,人民不胜禽兽虫蛇,有圣人作,构木为巢,以避群害,而民悦之,使王天下,号之曰"有巢氏"。民食果蔬蚌蛤,腥臊恶臭,而伤害腹胃,民多疾病,有圣人作,钻燧取火,以化腥臊,而民悦之,使王天下,号之曰"燧人氏"。中古之世,天下大水,而鲧、禹决渎。近古之世,桀、纣暴乱,而汤、武征伐。②

韩非指出,随着时代的发展变化,人们面临的生活条件也是不同的,这就是"世异则事异";生活条件的不同导致人们解决问题的方法也不同,即"事异则备变"。因此,处理事情的最好方式是"不期修古,不法常可,论世之事,因为之备。"③法家先驱商鞅,也有同样的说法:"圣人不法古,不修今,法古则后于时,修今则塞于势。"④都主张不必效法古代,而要根据时代的变化采取相应的措施。时势已变,倘若还拘泥于"先王之政",那就像守株待兔一般可笑:"欲以先王之政,治当世之民,皆守株之类也。"⑤时势改变,不能拘泥于"先王之政",要根据当时的社会条件进行改革变法。韩非通过分

---

① 《韩非子·八经》,《诸子集成》第五册《韩非子集解》,中华书局2006年版,第330页。
② 《韩非子·五蠹》,《诸子集成》第五册《韩非子集解》,中华书局2006年版,第339页。
③ 《韩非子·五蠹》,《诸子集成》第五册《韩非子集解》,中华书局2006年版,第339页。
④ 《商君书·开塞》,《诸子集成》第五册《商君书》,中华书局2006年版,第16页。
⑤ 《韩非子·五蠹》,《诸子集成》第五册《韩非子集解》,中华书局2006年版,第339页。

析,认定:"上古竞于道德,中世逐于智谋,当今争于气力。"①对于争于气力的"当今",自然要推行严刑峻法以禁暴止乱。

作为法家集大成者,韩非的思想受到秦王的推崇。据《史记·老子韩非列传》载:"人或传其书至秦,秦王见《孤愤》《五蠹》之书,曰:'嗟乎,寡人得见此人与之游,死不恨矣!'"②雄才大略的秦王嬴政,看到韩非的书,居然说要是见到韩非并与之交游,死了都心甘,可见韩非的学说深契秦王之心。但讽刺的是,韩非真到了秦国,却又不被重用,最后还被老同学李斯害死(韩非和李斯皆师事荀子)。韩非虽然在秦国被害死,但秦王却用他的理论统一了当时的中国。只不过,秦王虽然用法家理论统一了国家,却没有很好地守住,关键是没有转换思想,统一之后还用严刑峻法,自然就行不通了。其实,商鞅早就告诫过:"取之以力,持之以义。"③打天下可以用法家思想,但治天下则宜用儒家仁义之道,只是秦王朝统治者不明白这个道理。

第三节　先秦诸子核心价值观对湘楚文化的影响

本章第一节讲到,湘楚文化是打上古代湖南本土文化烙印的楚文化。湘楚文化的性质是楚文化,只不过是具有湖南地域特色的楚文化。同时,还提到,先秦时期楚国版图极其宽阔,楚文化的影响相当广泛,先秦道家老子和庄子,他们的思想都是在楚文化的土壤中产生的,同时又对楚文化(包括湘楚文化)后来的发展产生了深远的影响。

当然,湘楚文化与先秦诸子的思想联系不仅局限于道家,其他如儒家、法家等,都对湘楚文化产生了重要的影响。这种影响通过政治、军事、文化等多种渠道实现,而文化名人在此过程中发挥了至关重要的作用。屈原是先秦湘楚文化的卓越代表,他的思想和文学艺术既与儒、道、法等诸子思想

---

① 《韩非子·五蠹》,《诸子集成》第五册《韩非子集解》,中华书局2006年版,第341页。
② 司马迁:《史记》,中华书局1997年版,第547页。
③ 《商君书·开塞》,《诸子集成》第五册《商君书》,中华书局2006年版,第16页。

有密切联系,也受到湘楚文化的深刻影响,同时又对湘楚文化后续发展产生了巨大的推动甚至塑形的作用。

一、儒家核心价值观对湘楚文化的影响

前文提到,湘楚文化的性质是楚文化,因而自然遵循楚文化的发展规律。在先秦时期,楚文化代表了南方文化,与当时的北方文化有很大的区别,也时常受到当时北方文化圈统治者的轻视和排挤,被视为"蛮夷"。然而,尽管如此,楚文化与北方文化的交流还是很密切的。儒学当时在北方是"显学",它对国家的长治久安和社会的和谐稳定发展有很好的效果,所以楚国贵族也以学习儒学为风尚。《国语·楚语》记载,楚庄王要士亹当太子的老师,怎样对太子进行教育呢?申叔时对士亹说:

> 教之《春秋》,而为之耸善而抑恶焉,以戒劝其心;教之《世》,而为之昭明德而废幽昏焉,以休惧其动;教之《诗》,而为之道广显德,以耀明其志;教之《礼》,使知上下之则;教之《乐》,以疏其秽而镇其浮;教之《令》,使访物官;教之《语》,使明其德而知先王之务,用明德于民也;教之《故志》,使知废兴者而戒惧焉;教之《训典》,使知族类,行比义焉。[1]

这里列举的学习书籍主要是儒家经典和其他周王朝典籍,可以看出,楚国的统治者对儒家文化相当推崇,上层贵族通过学习儒家经典,受到儒家思想影响。

屈原是湘楚文化最杰出的代表。屈原虽然不是湖南人,但他与湖南的关系非同一般,湖南是他的流放地和魂归处,他的大部分作品是在湖南创作的[2],对湖南的历史文化传统以及湖南人的精神气质塑造起了极其重要的作用。

屈原是与楚王同姓的贵族[3],年轻时学习儒家典籍是情理中之事。在

---

[1] 徐元诰:《国语集解》,中华书局 2002 年版,第 485—486 页。

[2] 参见陈代湘主编《湖湘学案·屈原学案》,湖南人民出版社 2013 年版。

[3] 《史记·屈原列传》称:"屈原者,名平,楚之同姓也。"王逸《楚辞章句序》曰:"王族三姓,曰昭、屈、景。"

楚怀王时,屈原又担任过"三闾大夫"之职,是掌管以及教育贵族子弟的官职,对儒家典籍更是熟悉。因此,屈原在其作品中经常流露出儒家的思想观念,如:

> 重仁袭义兮,谨厚以为丰。(《楚辞·怀沙》)
>
> 夫孰非义而可用兮,孰非善而可服。(《楚辞·离骚》)

屈原在诗文中提到"仁""义""善"等原则,这些都是儒家思想文化的核心价值概念。与此相关,屈原在政治上也跟儒家一样,推崇"德政"。他说:

> 皇天无私阿兮,览民德焉错辅;夫维圣哲以茂行兮,苟得用此下土。
> (《楚辞·离骚》)

这是说皇天会眷顾有德之人,让他拥有天下。屈原的这些诗句与儒家经典《左传》里的一段话意思十分相似。《左传·僖公五年》载:

> 公曰:"吾享祀丰洁,神必据我。"对曰:"臣闻之,鬼神非人实亲,惟德是依。故《周书》曰:'皇天无亲,惟德是辅。'又曰:'黍稷非馨,明德惟馨。'又曰:'民不易物,惟德繄物。'如是,则非德民不和、神不享矣。神所凭依,将在德矣。"①

这段对话反复阐明"德"在治国安民中的作用,是典型的"德政"思想,屈原诗句所表达的"德政"思想跟《左传》此段文字的意思完全一致。实际上,德政是儒家的最高政治理想,孔子说:"道之以政,齐之以刑,民免而无耻;道之以德,齐之以礼,有耻且格。"(《论语·为政》)在孔子看来,只用"刑政"来治理国家,老百姓可以暂时躲避惩罚,但内心无耻;而若用"德礼"来治国,则老百姓内心有廉耻,会潜移默化地"迁善",恰如朱熹所言:"德礼,则所以出治之本,而德又礼之本也……德礼之效,则有以使民日迁善而不自知,故治民者,不可徒恃其末,又当深探其本也。"②屈原重德政,也跟儒家一样,希望通过"德礼"而使人向善,从而达到"美政"的理想。屈原对"美政"

---

① 杨伯峻:《春秋左传注》(修订本)(一),中华书局1990年版,第309—310页。
② 朱熹:《四书章句集注》,中华书局2012年版,第54页。

十分向往与执着,甚至不惜以死相殉:"既莫足与为美政兮,吾将从彭咸之所居。"(《楚辞·离骚》)屈原所讲的"美政",首要的内容就是"德政",另外还有一些也是与儒家政治思想一致的内容,如:举贤授能:"举贤而授能兮,循绳墨而不颇"(《楚辞·离骚》);重民、利民:"长太息以掩涕兮,衰民生之多艰。"(《楚辞·离骚》)"瞻前而顾后兮,相观民之计极。"(《楚辞·离骚》)屈原对百姓民众的那份炽热的赤子深情,与儒家爱民、利民、保民的民本思想是融通相合的。

二、道家核心价值观对湘楚文化的影响

道家是在楚文化的土壤中产生的。本章第一节曾阐述,道家创始人老子出生地是当时的陈国,属楚,因而有人直接称老子为楚人;而庄子虽出生于宋国,但却长期在楚地活动,楚王甚至还曾欲聘他为相。老子和庄子所创立和发展的道家学说,是在楚文化的影响下产生的,跟北方儒、墨思想有着明显的区别,恰如王国维所言,孔、墨汲汲以用世为事,而老、庄则关注"性"和"天道"这类宇宙本体问题。老、庄哲学的核心概念"道",既是宇宙本体,同时又是派生万物的原始基质,这种宇宙论和天道论的特质,跟儒家的伦理之道和人文之道是不同的。

老、庄道家这种对宇宙论和天道论的理论追求,影响到楚地思想家,使他们具有一种探讨宇宙大本大原,求索天道的精神。屈原把这种精神带到湖南大地,以极其浓烈的激情,浪漫的手法对天道宇宙进行探索,其不朽名作《天问》,是集中对天道本根进行求索和追问的诗篇,且看其中的诗句:

> 遂古之初,谁传道之?
>
> 上下未形,何由考之?
>
> 冥昭瞢暗,谁能极之?
>
> 冯翼惟像,何以识之?
>
> 明明暗暗,惟时何为?
>
> 阴阳三合,何本何化?
>
> 圜则九重,孰营度之?

惟兹何功,孰初作之?

斡维焉系? 天极焉加?

八柱何当? 东南何亏?

九天之际,安放安属?

隅隈多有,谁知其数?

天何所沓? 十二焉分?

日月安属? 列星安陈?

……

屈原对宇宙起源、天地变化以及自然法则充满了疑问,这些诗句即表达了他对天道宇宙的探索和思考。朱熹曾说:"屈原放逐,彷徨山泽,见楚有先王之庙及公卿祠堂,图画天地山川神灵,琦玮谲诡,及古贤圣怪物行事,因书其壁,呵而问之。"①屈原在流放的时候,看到楚国先王之庙以及公卿祠堂里面所画的"天地山川神灵"和"古贤圣怪物行事"等神话传说,受到启发而一口气写成了滔如江河的《天问》。

神话是楚地原始先民最初探索和解释天道宇宙的思想成果。古代楚地神话极其丰富,我国现今所见的古代神话,主要保存在《山海经》《淮南子》《庄子》《楚辞》等著作中,根据我们在前文中所述楚国的巨大版图,《庄子》《楚辞》《淮南子》为楚人所作,可以确定,而《山海经》的作者,根据神话学研究专家袁珂的考证,也是楚人②。由此可见,我国古代神话大部分是古代楚人创作的。老子、庄子、屈原等先秦时期的楚地思想家,置身于楚地神话的海洋中,自然会受到强烈的影响,《老子》书中的"谷神""玄牝""刍狗"等,即来自神话。《庄子》一书则大量运用神话传说材料,屈原的《离骚》《天问》《九歌》等名篇,更是把我们带进了奇伟瑰丽的神话艺术世界。

楚国先民运用神话来探索和解释天道宇宙,这种传统深深影响了老子、

---

① 朱熹:《楚辞集注》,上海古籍出版社 2001 年版,第 49 页。

② 袁珂:《〈山海经〉写作的时地及篇目考》,《中华文史论丛》第七辑(复刊号),上海古籍出版社 1978 年版。

庄子和屈原等思想家。老庄道家核心价值观中对"道"的重视和阐述，就是这种传统的发扬光大，与此同时，楚文化后续发展对天道宇宙不懈探寻，又受到道家思想深深的影响。湘楚文化是楚文化中极具特色的一部分，在天道宇宙大本大原的求索上，也受到古代楚文化以及道家思想的深刻影响。后世许多湖湘思想家，都承续了这一传统，比如宋明理学开创者周敦颐，构建和凸显宇宙本体论，并以此为基础论述道德心性，开启宋明理学发展的方向。周敦颐在儒学发展史上是一个承上启下的人物，上接孟子"道统"，下启理学端绪，其理论以儒学为基，同时传承了与道家相关的湘楚文化注重探索天道宇宙的传统。受湘楚文化思想传统影响，湖湘思想家周敦颐、胡宏、张栻、王夫之、谭嗣同、毛泽东等人，一直保持着对宇宙人生大本大原求索的传统。

三、法家核心价值观对湘楚文化的影响

法家核心价值观中的"法治"思想和变法改革精神，是许多诸侯国都推崇的。楚国也受法家思想影响，且具有深厚的变法传统。在战国早期楚悼王时代，有吴起变法。《后汉书》载："吴起相悼王，南并蛮越，遂有洞庭、苍梧。"①通过变法，楚国变得很强大，向南兼并，开疆拓土。"蛮越"指现今洞庭湖以南到两广北部广大地区的"荆蛮"以及"扬越"等土著民族。这时，楚国凭借强大的政治和军事实力，完成了对湖南地区的征服。与此同时，楚国还向北兼并了陈国和蔡国，并且还向西讨伐秦国，发展势头十分强劲。只不过，由于楚悼王突然死亡，楚国旧贵族反对并追杀了吴起，吴起变法失败。尽管如此，吴起变法还是使楚国一度强大，而且使楚王有变法图强的思想。到楚怀王时，怀王任命屈原制定变法改革的"宪令"，司马迁《史记》记载说："怀王使屈原造为宪令。"②楚怀王任用屈原起草"宪令"，进行变法改革，本来是可以使国家强大的，可惜后来怀王听信谗言，疏远了屈原，从而使变法改革胎死腹中。

---

① 范晔:《后汉书·南蛮传》，中华书局 1997 年版，第 732 页。
② 司马迁:《史记·屈原贾生列传》，中华书局 1997 年版，第 629 页。

屈原在政治上没有实现变法改革的抱负,原因是君主听信谗言,不再信用他,这在古代是很普遍的现象,因为古代君主集权,只有得到君主的信任和支持,才有实现变法改革的可能。然而,屈原毕竟担当过变法改革的重任,他的思想受到法家深刻的影响,在他的诗歌作品中,经常表露出法家的理论主张,如:

> 固时俗之工巧兮,偭规矩而改错。背绳墨以追曲兮,竞周容以为度。(《楚辞·离骚》)

> 惜往日之曾信兮,受命诏以昭诗。奉先功以照下兮,明法度之嫌疑。(《楚辞·惜往日》)

> 君无度而弗察兮,使芳草为薮幽。(《楚辞·惜往日》)

> 背法度而心治兮,辟与此其无异。(《楚辞·惜往日》)

屈原在诗句中提到的"规矩""绳墨""法度"("度")等内容,跟法家观点是一致的。屈原反对那种无视法度而随心所欲治理国家的行为,反对心治,主张法治,"国富强而法立"(《楚辞·惜往日》),以法治国,富国强兵,这都是法家的主张。

第四节　湘楚文化与爱国主义

爱国主义是湘楚文化的一大特征,湘楚文化最大的代表人物屈原,更是我国爱国主义精神的化身,对中华民族爱国主义传统起了极大的推进作用。

在先秦时期,儒家有丰富的爱国主义思想,只不过,对于先秦儒家,尤其是对孔子而言,爱国是爱周天子为天下共主的"大一统"的国家,而不局限于某个诸侯国。严格来说,各诸侯只不过是周天子统治下的臣属。孔子的理想是恢复周礼,维护周朝"大一统"国家的稳定。孔子说:"天下有道,则礼乐征伐自天子出;天下无道,则礼乐征伐自诸侯出。"(《论语·季氏》)孔子要维护的是周天子的权威和国家的稳定,一切制礼作乐和出兵打仗事务都应由周天子作主决定,而不是由诸侯作主决定。然而,当时已经"礼崩乐坏",周天子大权旁落,"礼乐征伐"由诸侯作主决定了。正因如此,孟子才说:"春秋无义战。"(《孟子·尽心下》)孟子和孔子一样,都反对诸侯国相互攻战,"征者上伐下也,敌国不相征也。"《孟子·尽心下》征讨应由天子"上伐下",各诸侯国地位是相等的,是不能相互攻战的。

先秦孔、孟儒家的爱国是爱周天子为共主的"大一统"之国,而不是某个诸侯国。正因如此,孔子和孟子都曾周游天下,意欲推行自己的政治主张,达到"治国平天下"的目的。尽管他们都没有在政治上取得成功,但他们提倡的忠君爱民、仁爱仁政、杀身成仁、舍生取义等价值理念,蕴含丰富的爱国主义思想,产生了深远的影响。

湘楚文化爱国主义精神的突出代表人物是屈原。屈原的爱国精神,一方面跟儒家忠君爱民、杀身成仁、舍生取义等思想观念相一致,另一方面在爱国的对象上与孔、孟儒者又有区别。屈原不像孔子那样,忠于周天子,一心维护周天子的共主地位,而是心心念念忠于楚国君王,对楚国故国故土深深眷恋,对祖国命运和人民深切关怀,对祖国优秀灿烂的文化寄寓深厚的情感。屈原所爱的祖国,是诸侯国楚国,但是,他这种坚贞不移的爱国精神,却可以推广扩充,最后成为中华民族爱国主义的精神源泉。

屈原不像孔子那样一心想维护周天子的统治,是有历史原因的,主要就是到了屈原的时代,周天子已经名存实亡,诸侯长年争霸,周天子已经无法履行维护社会稳定,保障人民生命财产安全的职责,反而是那些强大的诸侯国可以为人民提供保护,而倘若诸侯国衰弱,遭到敌国入侵,则往往会给本国人民带来深重的灾难。因此,当时诸侯国内的普通民众都非常关心本国的安危存亡,爱国的对象也逐渐转向爱诸侯国,周天子"共主"的权威已经淡出了人们的视野。从王公贵族到普通百姓,这种爱国的事例在史书上有很多记载,如《诗经·鄘风·载驰》描写远嫁到许国的卫国公主许穆夫人,在自己的祖国卫国被狄人攻破后,许国无力相救,她毅然回国吊问,但许国人却不准她去,走到半路被追问,她便写了这首诗,心情极度悲伤,许穆夫人也被誉为我国第一位爱国女诗人。又如《左传·僖公三十三年》记载,郑国商人弦高,在秦国要去攻打自己祖国郑国时,用十二头牛以及四张熟牛皮,以犒师为名,延滞并中止了秦军的进攻,足见弦高这名普通商人对自己祖国的热爱,也可以看出当时的普通民众也抱有国家兴亡,匹夫有责的信念。

在西周及春秋战国时期,楚国一直受到中原各国轻视,被视为"蛮夷"。有时候,楚王干脆以"蛮夷"自居,不听周王朝号令,如楚王熊渠曾说:"我蛮夷也,不与中国之号谥。"①在这种背景之下,楚人独立意识和爱国情感更加强烈浓厚。《左传·庄公十九年》载,楚国贵族鬻拳,曾以兵刃相加强谏楚王,迫使楚王听从,而鬻拳则因自己用兵刃威胁君王,罪过极大,于是自断双腿,楚人让他担任守城门的"大阍"。楚文王率军与巴人作战败归,鬻拳竟不让进城,楚文王只好又带兵去攻打黄国,得了胜利。楚文王在凯旋途中病死,鬻拳也自杀。这个事例说明,楚人认为国家利益至高无上,哪怕是国君,如果打了败仗,给国家利益造成了损失,守城门的人都可以拒绝他进城。鬻拳这样做,并不被视为大逆不道,反而受到称赞,原因就是他忠于楚国的国家利益,他这样做是一种爱国主义行为。

湘楚文化最突出的代表人物屈原的爱国主义思想,就是在楚国的这种爱国历史背景下形成的,他把历史上的爱国主义精神发展到了新的高度。

首先,屈原的爱国主义思想,表现在对故国和故土的深深眷恋上。

在春秋战国时期,各诸侯国的人才离开本国去其他诸侯国发展,是司空见惯的。孔子和孟子都曾周游列国,希望得到重用。孔子说:"苟有用我者,期月而已可也,三年有成。"(《论语·子路》)对孔子来说,只要在政治上重用他,是哪个诸侯用并不重要。当然,如前文所言,孔子是想维护周天子为天下共主的周王朝"大一统"的国家,期盼在政治上施展抱负,实现以仁爱为核心的道德治国理想。但无论如何,离开自己所处的诸侯国,到别国去谋求发展,在当时是没有道德障碍的。事实上,楚国当时人才外流的情况也相当严重,如伍子胥去了吴国,李斯去了秦国,范蠡去了越国。照理说,屈原

---

① 司马迁:《史记·楚世家》,中华书局1997年版,第430页。

也可以离开楚国,去别的国家建功立业。屈原在政治失意的时候,确实也曾思考过这一条道路:"欲从灵氛之吉占兮,心犹豫而狐疑。"(《楚辞·离骚》)他假设上古神巫灵氛为他占卜,灵氛则劝他离开楚国,另投明君,这实际上是屈原自己在进行激烈的思想斗争。最后,屈原终究还是选择对故国不离不弃,即使故国都城破灭了,他依然无法忘怀,而且极其沉痛悲伤。他在《哀郢》一诗中说:

> 去故乡而就远兮,遵江夏以流亡。出国门而轸怀兮,甲之鼂吾以行。(《楚辞·九章·哀郢》)

> 望长楸而太息兮,涕淫淫其若霰。过夏首而西浮兮,顾龙门而不见。(《楚辞·九章·哀郢》)

> 羌灵魂之欲归兮,何须臾而忘反。背夏浦而西思兮,哀故都之日远。(《楚辞·九章·哀郢》)

> 曾不知夏之为丘兮,孰两东门之可芜?(《楚辞·九章·哀郢》)

> 鸟飞反故乡兮,狐死必首丘。(《楚辞·九章·哀郢》)

在政治上遭到排挤,甚至生命危殆之际,屈原也誓死不愿离开楚国,这种对故国故土的深深眷恋,是他九死不悔的选择:"亦余心之所善兮,虽九死其犹未悔!"(《楚辞·离骚》)

其次,屈原的爱国主义思想,还表现在忠君爱民上。

屈原把君王看作国家的象征,同时,屈原又曾得到过楚怀王的信任和重用,因此,他对楚怀主有一种十分特殊的感情。他说:

> 日月忽其不淹兮,春与秋其代序。惟草木之零落兮,恐美人之迟暮。(《楚辞·离骚》)

> 乘骐骥以驰骋兮,来吾道夫先路。(《楚辞·离骚》)

> 岂余身之惮殃兮,恐皇舆之败绩。忽奔走以先后兮,及前王之踵武。(《楚辞·离骚》)

> 余固知謇謇之为患兮,忍而不能舍也。指九天以为正兮,夫唯灵修之故也。(《楚辞·离骚》)

屈原在这里借美人喻怀王,担心怀王虚度光阴,而使国家败亡。他发誓为楚王以及国家效力奔劳,而且也曾得到过怀王的信任和重用,但是怀王却听信谗言,疏放屈原。屈原对楚王一直抱有一线希望,然而现实却总是令他希望破灭。所以,他的诗篇中一方面有对忠君的表白,另一方面又有许多对君王昏聩的谴责。

屈原把君王视为国家的象征,忠君本质上是忠于国家。国家的主体是人民,所以屈原把忠君和爱民密切联系在一起。"长太息以掩涕兮,哀民生之多艰。"(《楚辞·离骚》)祖国的人民,是屈原挚爱和深深同情的对象。

最后,屈原的爱国主义还表现在对祖国文化传统的深厚感情上。

前文已述,在春秋战国时期,楚文化是一个与北方中原文化大异其趣的相对独立的文化系统。屈原受湘楚文化影响,创造了"楚辞"这一骚体诗歌样式,在我国文学史上风格奇绝,独具艺术魅力。在诗歌中,屈原表达了他对楚国文化和习俗的珍爱,细腻而形象地描绘了他自己的精神特质:

> 余幼好此奇服兮,年既老而不衰。带长铗之陆离兮,冠切云之崔嵬,被明月兮珮宝璐。世溷浊而莫余知兮,吾方高驰而不顾。(《楚辞·九章·涉江》)

屈原所戴之"切云"高冠,是楚国的一种特有的服饰,也是楚文化以及楚国风俗的象征之一。屈原对楚国的文化和风俗有极其深厚的感情,故而以戴此冠而自豪。这种对故国风俗习惯的眷恋,表明屈原对故国文化的自豪和挚爱,在此过程中,爱国主义情感得到进一步加强。

屈原在流放之时,当得知楚国郢都被秦兵攻陷时,悲愤不已,自沉于湖南省境内的汨罗江。屈原投江自尽的消息,震惊了世人,百姓们纷纷划船打捞他的尸体,同时还向江水中投掷米饭,希望江鱼不要吃他的躯体。后来,划船演变为纪念屈原的仪式,而投掷米饭则演化成吃粽子的习俗,并因此而产生了一个古老的节日——端午节,为纪念屈原而设的节日,是楚地人民的一个重要节日,也为全国人民所重视,屈原的爱国主义精神,不仅在楚地,而且在中华大地上代代相传。

第二章 汉—唐时期湖南地域文化与汉唐核心价值观

严格学理意义上的,以儒学为核心内容的湘学或湖湘文化是到宋代才产生的,但此前却有一个漫长的地域文化基础阶段。先秦时期的"湘楚文化"、汉唐时期湖南地域文化、湖湘流寓学者以及湖南的宗教文化,对湘学的形成都起了重要的作用。

如前所述,湘学是湖湘文化的学术核心,二者皆以儒学为核心学术思想内容。从两汉至隋唐,这一段湖南地域学术与地域文化时期,可以说是"前湘学"或"前湖湘文化"时期,因为这一时期随着儒学占据国家主流意识形态位置,湖南地区的思想文化不断地儒学化,呈现出从"湘楚文化"到"湖湘文化"过渡的特征。从西汉贾谊被贬到湖南推广儒学教育,到中唐儒学复兴代表人物柳宗元、刘禹锡对湖南地域文化产生影响,儒学价值观在湖南地区思想文化中所占比重逐渐增大,到北宋时期,周敦颐开创性地从学理上真正将儒学重建起来,湘学和湖湘文化也正式成型。

总体而言,汉唐时期湖南地域文化与汉唐核心价值观呈现出一种相互影响的关系,汉代湖南地域文化延续了先秦湘楚文化的传统,对汉初黄老思想产生了重要影响,而自西汉"罢黜百家,独尊儒术"之后,儒家价值观成为国家的主流和起支配作用的核心价值观,湖南地域文化不断受到儒家文化的影响,但同时湖湘流寓学者以及湖湖宗教,对汉唐核心价值观也有贡献。

第一节 汉唐核心价值观

两汉至隋唐,是我国古代核心价值观确定和定型的重要时期。秦朝以法家思想治国,过于依赖冷酷无情的严刑峻法,很快便政权崩亡,其存在的时间太短,没有来得及建立完善的核心价值观理论。汉朝代秦而立,吸取秦朝崩亡的教训,君臣探求长治久安之策,初期崇奉黄老学说,可以说是道家思想取得了主流意识形态的地位。经过一段时间的休养生息,到汉武帝时,统治者实行"罢黜百家,独尊儒术"的政策,儒家思想登上了国家主流意识形态的位置,自此以后,历朝历代统治者皆崇奉儒学,儒家核心价值观一直占据着主导地位,从未动摇过。两汉之际佛教传入,汉末道教兴起,魏晋南北朝玄学流行,都是汉唐时期极其重要的文化现象,有时这些思潮也会对儒家思想构成威胁,但儒家经受住了挑战,通过改革创新以及兼容并蓄,在核心价值观层面,始终保持着主导地位。即使是魏晋南北朝时期玄风大盛,儒家孝、礼、忠、义等核心价值原则也仍然大受认同。到唐代,统治者实行三教并奖政策,但始终还是以儒为主的,学校教育和科举考试都以儒家经典为核心,最后成熟的格局是以儒为主,三教并立,佛、道价值观为儒家价值观提供了有益的补充。

一、汉代核心价值观

汉初黄老之学,西汉"罢黜百家,独尊儒术",两汉之际佛教传入以及东汉末道教产生,汉代这些重大的文化事件,奠定了我国传统核心价值观的基本格局。

(一)汉初黄老之学

前文说过,在我国先秦时代,儒、墨、道、法等诸子百家都有其核心价值观,只不过,那时国家分裂,诸侯异政,没有哪一家思想取得全国性的主导地位。秦朝以法立国,法家思想短暂成为国家占主导地位的价值观,但很快崩亡,说明法家思想不适合成为长期主导的核心价值观,它只能贡献一定的思想资源,比如儒家倡导"德主刑辅",尽管在孔子那里就已经有了这种思想观念,但后世在现实推行中,又吸收了法家的法治思想资源。汉初统治者有鉴于秦朝崩亡的教训,积极寻求长治久安的良策,最初找到黄老之学。

黄老之学产生于战国中期,齐国稷下学宫的一批学者,改造老子道家思想,保留其天道观以及柔顺、无为理论,同时兼采诸子百家,尤其是法家思想,形成"以虚无为本,以因循为用"①的道家新学派,为托名自重以与别的学派抗衡,该新的道家学派借黄帝、老子之名,称其学自黄帝、老子一直流传下来,故名"黄老道家"。

黄老之学在西汉初年极为流行。史籍记载当时上自帝王贵胄,下至野老逸士,多喜好黄老之言。如汉高祖刘邦的重要谋士陈平"好读书,治黄帝、老子之术"②。刘邦另一位得力助手曹参,做齐国相国时,聘请"善治黄老言"的盖公,采用黄老之术治国,取得良好效果:"相齐九年,齐国安集,大称贤相。"③后来,曹参又继萧何之后担任汉中央政府的相国,凡事皆依萧何的旧法,此即世人熟知的"萧规曹随"。曹参作为统治者的高层成员,在实践层面推行黄老之学。另外,还有一位崇奉黄老之学的关键人物窦太后,为汉文帝皇后,历文帝、景帝、武帝三朝,坚定信奉和推行黄老之学,史载:"窦太后好黄帝、老子言,帝及太子诸窦不得不读《黄帝》《老子》,尊其术。"④《史记》又记载当时一位卜筮者也信奉黄老之术:"司马季主者,楚贤大夫,游学长安,通《易经》,术黄帝、老子。"⑤还记载一位未仕高士王生,也"善为黄老言"⑥。

以上史籍记载汉初盛行黄老之学的情况,也得到出土文献的印证。

---

① 司马迁:《史记·太史公自序》引司马谈《论六家要旨》,中华书局 1997 年版,第832 页。

② 班固:《汉书·陈平传》,中华书局 1997 年版,第 522 页。

③ 班固:《汉书·曹参传》,中华书局 1997 年版,第 517 页。

④ 司马迁:《史记·外戚世家》,中华书局 1997 年版,第 501 页。

⑤ 司马迁:《史记·日者列传》,中华书局 1997 年版,第 815 页。

⑥ 司马迁:《史记·张释之冯唐列传》,中华书局 1997 年版,第 698 页。

1973 年,长沙马王堆三号汉墓出土了一批帛书,其中有与《老子》乙本合卷出土的四篇古佚书:《经法》《十六经》《称》《道原》,据考证抄写年代大致在汉惠帝吕后时期①,很可能就是史书有著录但失传已久的《黄帝四经》。《汉书·艺文志》著录"黄帝书"有《黄帝四经》《黄帝铭》《黄帝君臣》,班固自注曰:"起六国时,与《老子》相似也。"②说明这些"黄帝书"是战国时人假托黄帝之名而作,内容与《老子》书相似,实即黄老之学的经典。长沙马王堆汉墓出土的《老子》乙本与"黄帝书"同抄在一个本子上,有力佐证了黄老之学在汉初流行的历史事实。

西汉初期统治者在寻求治国方略时选择黄老之学,有一定的历史必然性。因为汉朝初建时,长期残酷的战争留下的是民生凋敝的窘迫经济现状,再加上秦王朝残暴酷虐、劳民伤财的过度"有为"政策的教训,使汉初统治者认识到黄老道家清静无为、因循休息思想的价值:"黎民得离战国之苦,君臣俱欲休息乎无为。"③

汉初统治者以黄老之学治国,产生了积极的作用,出现了"文景之治"的治世景象。只不过,这时候儒学也并未偃旗息鼓,在汉初仍然占有一席之地。本来,汉朝建国初期,天下始定,战国时代的诸子百家争鸣的景象有所复兴,尤其是先秦诸子学派中的儒、道两家最为兴盛,甚至一度出现兼综儒道的思想潮流。如汉高祖刘邦的谋士兼理论家陆贾,撰著《新语》十二篇,述存亡之道,向汉高祖奏呈,"每奏一篇,高帝未尝不称善,左右呼万岁。"④《新语》一书从总结秦亡汉兴以及历史上成败兴亡经验出发,给汉代统治者提供的治国方针是兼综儒道,兼取儒家"仁义"和道家"无为"思想。只不过,在二者的地位上,"仁义"之术是手段,而"无为"之境则是最高理想,陆贾说:

---

① 伍新福主编:《湘南通史》古代卷,湖南人民出版社 2008 年版,第 246 页。
② 班固:《汉书》,中华书局 1997 年版,第 445 页。
③ 司马迁:《史记·吕太后本纪》,中华书局 1997 年版,第 108 页。
④ 司马迁:《史记·郦生陆贾列传》,中华书局 1997 年版,第 683 页。

> 圣人居高处上,则以仁义为巢;乘危覆倾,则以贤圣为杖……尧以
> 仁义为巢,舜以禹、稷、契为杖,故高而益安,动而益固……杖仁者霸,杖
> 义者强。①

陆贾推行"仁义",是把"仁义"作为治国者的"巢""杖"来看待的,实际上就是作为工具来对待的,"仁义"并不居于陆贾治国方略的最高位置。那么,居于最高位置的是什么呢? 他说:

> 道莫大于无为,行莫大于谨敬。何以言之? 昔虞舜治天下,弹五弦
> 之琴,歌南风之诗,寂若无治国之意,漠若无忧民之心,然天下治。②

显然,在陆贾看来,"无为"才是他治国方略的最高境界。陆贾的思想本质是兼综儒道而归宗黄老。

汉初另一位思想家贾谊(稍晚于陆贾),在理论上对儒家思想的重视又更进了一步。陆贾重"无为",归宗黄老道家,而贾谊则更重"有为",又将"仁义"与"崇礼""重民"思想结合,儒家色彩更浓。从陆贾开始,经贾谊而到董仲舒,儒学在理论上得到不断强化,终于在汉武帝时代获得独尊地位。儒学的这个发展过程并不是一帆风顺的。由于文帝、景帝、窦太后都崇奉黄老之学,那些被分封的藩王也希望中央政府无为而治,好让自己的"独立王国"不要受到中央政府权力的过度管辖,所以黄老道家思想在统治者集团中得到很高的认同,有很大的权势。不过,随着儒学的发展,儒、道两家的矛盾也变得尖锐起来。景帝时,曾发生过一场儒者辕固生和道家黄生的公开争论。《史记》是这样叙述的:

> 辕固生……与黄生争论景帝前。黄生曰:"汤武非受命,乃弑也。"
> 辕固生曰:"不然。夫桀纣虐乱,天下之心皆归汤武,汤武与天下之心
> 而诛桀纣,桀纣之民不为之使而归汤武,汤武不得已而立,非受命为
> 何?"黄生曰:"冠虽敝,必加于首;履虽新,必关于足。何者? 上下之分

---

① 陆贾:《新语·辅政》,《诸子集成》第七册《新语校注》,中华书局 2012 年版,第 5 页。
② 陆贾:《新语·无为》,《诸子集成》第七册《新语校注》,中华书局 2012 年版,第 6 页。

也。今桀纣虽失道,然君上也;汤武虽圣,臣下也。夫主有失行,臣下不能正言匡过以尊天子,反因过而诛之,代立践南面,非弑而何也?"辕固生曰:"必若所云,是高帝代秦即天子之位,非邪?"于是景帝曰:"食肉不食马肝,不为不知味;言学者无言汤武受命,不为愚。"遂罢。①

这段叙述非常生动。黄生是当时黄老之学的代表,辕固生则是儒学代表,他们在景帝面前公开争论,是儒、道两家的一次有代表性的交锋。黄生强调君臣上下之分,君主再失道,臣下也不能造反,这有利于既有政权的巩固,也显示出汉代黄老之学与先秦时期的道家学说有区别,先秦道家是倾向于"无君"的。辕固生则宣扬汤武受命,而且一下子就扯到汉高祖代秦而立是否合法的高度政治敏感问题上,这让景帝相当为难,故而景帝只好和稀泥,制止了他们继续争论这个敏感问题。平心而论,景帝虽然尊奉黄老之学,但他并不反感儒学,故而对儒者有所遮护。有一次喜好黄老之学的窦太后召辕固生问《老子》书,辕固生讥讽《老子》一书为私家言,触怒窦太后,太后命辕固生到兽圈里去跟野猪搏斗,景帝知道太后暴怒而辕固生直言无罪,便派人送给辕固生一把利刃,辕固生到兽圈里一刺正中猪心,野猪应手而倒,太后也就作罢了(事见《史记·儒林外传》)。尽管景帝不反感儒学,但迫于强势的窦太后的压力,在位期间一直没有重用儒生。

汉景帝后元三年(前141)正月,景帝驾崩,太子刘彻即位,是为汉武帝,时年十六岁。武帝虽然自幼即读黄老之书,前引《史记·外戚世家》所载窦太后好黄帝、老子言,"帝及太子诸窦不得不读《黄帝》《老子》,尊其术。"此处的"帝"是景帝,太子则是现在的武帝。但是,武帝受儒学的影响也很大,他的两位重要老师——卫绾和王臧,都是儒生。武帝年轻气盛,一登上帝位就想来一番大作为。汉武帝建元元年(前140),武帝"诏丞相、御史、列侯、中二千石、二千石、诸侯相举贤良方正直言极谏之士。丞相绾奏:'所举贤

---

① 司马迁:《史记·儒林列传》,中华书局1997年版,第790页。

良,或治申、商、韩非、苏秦、张仪之言,乱国政,请皆罢。'奏可。"①这里的"丞相绾"即当了丞相的武帝的老师卫绾,是儒门中人,他上奏要"罢黜百家",且得到了武帝的批准。卫绾所列申、商、韩非为先秦法家,苏秦、张仪为纵横家,虽然没列黄老之学,实际上是有暗指黄老之意的,因为黄老之学的重要特征就是融合道家和法家思想,卫绾提出要把法家主要的代表人物的学说都罢黜,剑指黄老之学的用意明眼人一看便知。年轻的汉武帝与老师卫绾一唱一和,卫绾上奏,武帝批准:"奏可。"同时,此议也得到两大外戚集团重要人物田蚡和窦婴的支持。可是,他们没想到,事情暂时还没那么简单。武帝即位后,窦太后以太皇太后的身份摄政,政治势力还很大。建元二年(前139),一批崇推儒学的人遭到窦太后的严厉打击,御史大夫赵绾和郎中令王臧下狱自杀,田蚡和窦婴则遭罢免,儒者申公亦免归,时年八十余。

(二) 罢黜百家,独尊儒术

建元六年(前135),窦太后崩,情况就发生了转折和变化。在窦太后去世的头一年,即建元五年(前136),汉王朝已正式设置《诗》《书》《礼》《易》《春秋》五经博士。窦太后死后,武帝更是可以放开手脚了,他马上罢免了窦太后封的丞相和御史大夫,启用武帝的舅父田蚡为丞相,"绌黄老、刑名百家之言,延文学儒者数百人。"②第二年,即元光元年(前134),武帝诏举贤良对策,董仲舒便登上儒学发展史上的重要舞台了。《汉书》记载元光元年"五月,诏贤良曰:'朕闻昔在唐虞……贤良明于古今王事之体,受策察问,咸以书对,著之于篇,朕亲览焉。'于是董仲舒、公孙弘等出焉。"③

董仲舒连续上对策三篇,即后世所称"天人三策",从理论上阐发"罢黜百家"思想,他说:

> 《春秋》大一统者,天地之常经,古今之通谊也。今师异道,人异

---

① 司马迁:《史记·武帝纪》,中华书局1997年版,第48页。
② 司马迁:《史记·儒林列传》,中华书局1997年版,第789页。
③ 班固:《汉书·武帝纪》,中华书局1997年版,第49—50页。

论,百家殊方,指意不同,是以上亡以持一统;法制数变,下不知所守。臣愚以为诸不在六艺之科、孔子之术者,皆绝其道,勿使并进。邪辟之说灭息,然后统纪可一而法度可明,民知所从矣。①

董仲舒从"大一统"的角度阐发"罢黜百家"的必要性,可以说是正中汉武帝下怀。当时,武帝本来就为国家思想不统一而忧思,武帝自己曾亲口承认当时社会思想混乱的局面,他说:"朕夙寤晨兴……今阴阳错谬,氛气充塞,群生寡遂,黎民未济,廉耻贸乱,贤不肖浑淆,未得其真。"②武帝自己承认当时社会有诸多弊端,思想混乱,风气塞恶,多有寡廉鲜耻之人,董仲舒提倡政治和思想上的"大一统",明确提出崇儒学,黜百家,正合武帝之意。本来,武帝刚即位时,他的儒学老师卫绾就提出过崇儒而罢黜百家的动议,而且也得到了权臣田蚡和窦婴等人的支持,只不过被窦太后严厉打压下去了。现在窦太后已死,武帝又启用了田蚡为丞相,董仲舒所提建议正是武帝和田蚡等人早就想做的事情,董仲舒的建议受到武帝赏识是顺理成章的事。稍后,另一位治《春秋》的儒者公孙弘,当了丞相,提出为博士官设弟子员,形成一套研究儒家经典,培养儒生的完整的制度。

董仲舒"罢黜百家,独尊儒术"的建议,虽然被汉武帝赏识并采纳,但董仲舒本人却并未受到重用,只是先后担任了江都王相和胶西王相,不过当董仲舒晚年"去位归居",专心著书立说时,"朝廷如有大议,使使者及廷尉张汤就其家而问之。"是朝廷地位尊崇的高级顾问。

董仲舒的著作留存下来的,主要有《天人三策》和《春秋繁露》,他是今文经学《春秋》公羊学的代表人物,董仲舒在儒学发展史上的地位极其重要,他是使儒学在西汉取得官方意识形态地位的重要思想家,而且往后影响中国社会长达两千多年。儒学取得独尊地位后,儒家"仁义礼智信,忠孝廉节和"这些儒学核心价值原则得到统治者的提倡,并在实践中推行,无论统

---

① 班固:《汉书·董仲舒传》,中华书局1997年版,第644页。
② 班固:《汉书·董仲舒传》,中华书局1997年版,第640页。

治者本身是否能践行这些原则,他们在形式上要在全社会提倡,有时甚至要用强制手段来推行,比如人才的选举制度,察举"孝廉"是汉代选拔人才的重要科目,足见统治者对儒家核心价值观的"孝"和"廉"两个道德原则的重视。当然,儒学核心价值观的"仁义礼智信",更是受到重点提倡,董仲舒把这五个核心价值原则称为"五常"。他创立"天人感应"哲学体系,从核心价值观的角度看,董仲舒以"天人感应"为理论基础,来论证儒家核心价值观的"合理性",可以从三个方面来看:

第一,三纲五常。"三纲五常"是由董仲舒阐发论证,汉代统治者推行,对传统社会影响巨大,却又最受现代人们质疑的传统核心价值观。只不过,我们应该把"三纲五常"分成两部分来看,一部分是"三纲",另一部分是"五常","三纲"思想对先秦儒家而言是一种历史的倒退,而"五常"思想却是儒家核心价值观的精髓。

先说"五常"。董仲舒说:"仁、谊、礼、知、信五常之道,王者所当修饬也。"①这里的"谊"通"义","知"通"智"。董仲舒在这里明确提到"仁义礼智信"为"五常",这也是先秦儒家的核心价值观,董仲舒认为"五常"既是个人修养的行为规范,也是实现"礼乐教化"的必由之路。尤其是其中的"仁"和"义",是儒家核心价值观的基石,孔子学说的核心是"仁学",孟子特别重视"仁义",汉初思想家陆贾、贾谊在总结秦亡教训,提出治国方略时认为要施行儒家的"仁义",后世理学家为突出"仁"的基础地位,甚至提出"仁包义礼智"的观点,可见儒家对"仁义"的高度重视。董仲舒与陆贾、贾谊一样,也总结了秦亡的教训,指斥秦朝统治者"师申、商之法,行韩非之说,憎帝王之道,以贪狼为俗,非有文德以教训于天下也。"②董仲舒批评秦朝不用儒家的文德教化天下,而只用法家的严刑峻法威控天下,从而导致迅速败亡。董仲舒所谓文德教化的具体内容是这样的:"南面而治天下,莫不以教化为大

---

① 班固:《汉书·董仲舒传》,中华书局1997年版,第639页。
② 班固:《汉书·董仲舒传》,中华书局1997年版,第640页。

务。立大学以教于国,谨庠序以化于邑,渐民以仁,摩民以谊,节民以礼,故其刑罚甚轻而禁不犯者,教化行而习俗美也。"①董仲舒指出教化的具体方法就是兴办教育,用"仁""义"(谊)"礼"等儒家核心价值观来潜移默化地引导民众崇美俗而不犯禁。总之,董仲舒与其前辈思想家陆贾、贾谊一样,总结秦亡教训,一致认为是不施仁义,纯用苛法而致。他们给统治者的建议都是要推行儒家的仁义之道,董仲舒更是明确提出"仁义礼智信"五常之论,这是对先秦儒家核心价值观的继承和发扬,"五常"是完全没有问题的,是修身、齐家、治国、平天下的常理和常道。

在"五常"之中,董仲舒特别重视"仁"的基础作用。而且,他从"天"的角度来论"仁"。他说:

> 仁之美者在于天。天,仁也。天覆育万物,既化而生之,有养而成之,事功无已,终而复始,举凡归之以奉人,察于天之意,无穷极之仁也。人之受命于天也,取仁于天而仁也。②

董仲舒认为"天"的根本属性就是"仁",天覆化生养成万物,就是"天"的"仁",人受命于天,效法天,从天那里获得了仁。

那么,董仲舒所说的"天"是什么?他所谓的"天",是宇宙万物的总根源,是"万物之祖",是万物的主宰,是众神中的最高神:"天者,百神之大君也。"③董仲舒甚至说得表面很邪乎:"天亦人之曾祖父也。"④说天是人的曾祖父,这里的"曾祖父",应理解为"始祖"。既然天是人的始祖,是产生人类的根源,那么人跟天就是相类的,人的躯干形体和情感意志都是对"天"的模仿,即所谓"人副天数",人与天相类,同类相感,因而"天"与"人"就存在相互感应的关系,此即"天人感应"。天人感应思想是董仲舒哲学理论的基石,他的很多理论观点都是从天人感应理论的角度来论证的,他的"三纲"

---

① 班固:《汉书·董仲舒传》,中华书局1997年版,第639页。
② 董仲舒:《王道通三》,《春秋繁露》,中华书局2012年版,第421页。
③ 董仲舒:《郊语》,《春秋繁露》,中华书局2012年版,第536页。
④ 董仲舒:《为人者天》,《春秋繁露》,中华书局1997年版,第398页。

理论就是如此。

所谓"三纲",即君为臣纲,父为子纲,夫为妻纲。"纲"的本义是指网的大绳,小绳连结在大绳上,以大绳为依归。在董仲舒这里,君、父、夫为臣、子、妻的"纲",即前者为后者的依归,对后者有支配的地位,而后者则依附、顺从前者。董仲舒说:"王道之三纲,可求于天。"①董仲舒是从"天"的角度来为"三纲"思想找理论依据的,他主要以"阴阳"观念为依据来论证"三纲"思想,他说:

> 凡物必有合。合必有上,必有下……阴者,阳之合;妻者,夫之合;子者,父之合;臣者,君之合。物莫无合,而合各有阴阳。阳兼于阴,阴兼于阳;夫兼于妻,妻兼于夫;父兼于子,子兼于父;君兼于臣,臣兼于君。君臣、父子、夫妇之义,皆取诸阴阳之道。君为阳,臣为阴;父为阳,子为阴;夫为阳,妻为阴。阴阳无所独行,其始也不得专起,其终也不得分功,有所兼之义。是故臣兼功于君,子兼功于父,妻兼功于夫,阴兼功于阳,地兼功于天……天为君而覆露之,地为臣而持载之;阳为夫而生之,阴为妇而助之;春为父而生之,夏为子而养之。②

董仲舒认为君、父、夫为阳,而臣、子、妻则为阴。董仲舒主张阳尊阴卑,其《春秋繁露》著作中专有《阳尊阴卑》一篇阐述"阳尊阴卑"之义,甚至公开提出:"丈夫虽贱皆为阳,妇女虽贵皆为阴。"③又说:"诸在上者皆为其下阳,诸在下者皆为其上阳。"④赤裸裸宣扬阳尊阴卑、男尊女卑,在上位者尊,在下位者卑,这种思想是我们厌恶和难以接受的。总之,董仲舒认为君、父、夫因为是阳而居于主导和支配地位,而臣、子、妻因其为阴而只能居于从属和被支配的地位。这与先秦儒家思想是不同的。

本来,在先秦时期,"君臣""父子""夫妻"是指三种最基本的人际关系

---

① 董仲舒:《基义》,《春秋繁露》,中华书局 1997 年版,第 465 页。
② 董仲舒:《基义》,《春秋繁露》,中华书局 1997 年版,第 464—465 页。
③ 董仲舒:《阳尊阴卑》,《春秋繁露》,中华书局 1997 年版,第 414 页。
④ 董仲舒:《阳尊阴卑》,《春秋繁露》,中华书局 1997 年版,第 414 页。

（在君主制社会里自然有"君臣"一伦,在现代社会则转化为上下级关系）。孔子说"君君,臣臣,父父,子子。"(《论语·颜渊》)意谓君要像君,臣要像臣,父要像父,子要像子,也就是说每一种身份或者地位的人,都要尽自己的义务,做好自己份内的事。比如说,君怎么像君,臣怎么像臣呢? 孔子说:"君使臣以礼,臣事君以忠。"(《论语·八佾》)孔子在这里说的是君臣相互都应该承担的义务,并不是对哪一方作单方面的要求。孟子说:"父子有亲,君臣有义,夫妇有别,长幼有序,朋友有信。"(《孟子·滕文公上》)孟子在这里谈到的"五伦",即君臣、父子、夫妇、兄弟、朋友五种人伦关系,囊括了人类最基本的人际联系(朋友亦含陌生人,陌生人是潜在的朋友,儒者本着善心而宣称:"四海之内,皆兄弟也。")孟子讲五伦,实则也是强调各自的义务,只有相互承担各自的义务,才能达到人伦和谐的境界。儒家还赞同"汤武革命"的理论,即倘若君不像君,则臣可以不臣,可以起而推翻失道的君主。与此相应,若父、夫、兄不像父、夫、兄,则子亦可不孝父,妻亦可不顺夫,弟亦可不敬兄,朋友若无信则不交。总之,先秦儒家强调五伦关系中双方对等的义务,只有身份的不同,并无不平等的单对一方的片面伦理要求。

然而,到董仲舒提出"三纲"思想后,"三纲"说却成了片面的义务,即只对臣、子、妻作伦理要求,要求他们绝对服从君、父、夫的权威;即使君、父、夫再怎么失道不堪,臣、子、妻也要绝对"忠",不能有二心,这对于先秦儒家来说,无疑是一种退步。

第二,大一统。"大一统"指一个国家政治、经济、思想文化高度集中、统一。"大一统"有利于保持国家的统一和团结,防止国家政治分裂,保护人民安居乐业。这种观念在传统社会为各阶层人们所崇奉,在当代亦有很强的维护国家统一,防止分裂的现实意义。

"大一统"观念在我国先秦时期即已形成,先秦诸子百家很多都有这种思想,如墨家"尚同"思想虽有专制成分但也包含"大一统"观念。法家不仅有"大一统"思想,而且借助秦朝的政治力量,实际实现了李斯提出的"灭诸侯,成帝业,为天下一统"①的"大一统"基业,只不过,秦朝统治者没弄明白打天下和治天下有不同,得天下后还用法家的严刑峻法来治理,导致很快崩亡。

对"大一统"思想有系统性理论贡献的是儒家。先秦儒家即有很强的"大一统"思想。孔子向往"礼乐征伐自天子出",他编著《春秋》一书,成为后世尊崇的重要经典,在汉代被奉为"五经"之一,《春秋》"大义"中即有"大一统"思想,《春秋》公羊传更是对"大一统"思想进行着重发挥。《春秋》隐公元年经文说:"元年春王正月。"《春秋公羊传》曰:"何言乎王正月?大一统也。"②明确提出"大一统"概念。董仲舒则对此进一步发挥道:

> 《春秋》曰:"王正月。"《传曰》:"王者孰谓?谓文王也。曷为先言王而后言正月? 王正月也。"何以谓之王正月? 曰:王者必受命而后王。王者必改正朔,易服色,制礼乐,一统于天下,所以明易姓非继人,通以己受之于天也。③

董仲舒发挥《春秋公羊传》思想,倡言政治大一统。天下统一于"王",新王统一天下是受命于"天"而实现的,所以王是"天子",即天之子;"德侔天地者称皇帝,天佑而子之,号称天子"④。有德者得天佑,受天命为天子后,就要进行一系列的改制,以显示与旧王朝的区别,改制的内容主要有"改正朔,易服色,制礼乐"。一旦新王朝建立,天子产生后,由于天子是受天之命而代天统治天下,所以天子须对天负责,听命于天,而全天下则听命于天子:"唯天子受命于天,天下受命于天子。"⑤天子是全天下最高权威,这当然十分符合汉武帝的心意。人间已没有什么力量可以节制帝王的权力,董仲舒只有抬出"天"来置于帝王之上,作为节制帝王的神秘力量。

---

① 司马迁:《史记·李斯列传》,中华书局1997年版,第643页。
② 阮元校刻:《十三经注疏》下册,中华书局1980年影印版,第2196页。
③ 董仲舒:《三代改制质文》,《春秋繁露》,中华书局1997年版,第223页。
④ 董仲舒:《三代改制质文》,《春秋繁露》,中华书局1997年版,第243页。
⑤ 董仲舒:《为人者天》,《春秋繁露》,中华书局1997年版,第400页。

与政治大一统相应,思想文化上也要大一统。董仲舒提出以儒家思想作为国家的统治思想,"罢黜百家,独尊儒术",这既符合时代发展的需要,也符合汉武帝以及他身边统治者上层人物(如丞相田蚡等)的想法,自然就顺理成章地被采纳实行了。董仲舒还认为儒家思想具有永恒的价值,他说:"道之大原出于天,天不变,道亦不变。"①董仲舒所说不变之道是什么呢?他说:"王者有改制之名,亡变道之实……孔子曰:'殷因于夏礼,所损益可知也;周因于殷礼,所损益可知也;其或继周者,虽百世可知也。'此言百王之用,以此三者矣。"②可见,董仲舒所说不变之道就是儒圣先王以及孔子传承下来的儒家之道,具体说就是"仁义礼智信,忠孝廉节和"这些儒家核心价值观。董仲舒把其中"仁义礼智信"称为"五常",所谓"常"就是"常理""常道",是有"永恒"价值的道德原则。董仲舒认为儒家这些核心价值原则源出于天,是"百世"(永远)不能改变的。当然,董仲舒在阐发先秦儒学核心价值观时,为了帮助帝王进行专制统治,提出"三纲"理论,把"三纲"也说成出于天,而且不能改变,这在传统君主专制统治社会,很长一段时间被奉为圭臬,但随着时代的发展,在现代社会已经被抛进历史垃圾堆了。

第三,德主刑辅。德主刑辅思想在孔子那里就已经有了。孔子说:"道之以政,齐之以刑,民免而无耻;道之以德,齐之以礼,有耻且格。"(《论语·为政》)朱熹对此有精到的解释:"政者,为治之具。刑者,辅治之法。德礼,则所以出治之本,而德又礼之本也。此其相为终始,虽不可以偏废,然政刑能使民远罪而已。德礼之效,则有以使民日迁善而不自知,故治民者,不可徒恃其末,又当深探其本也。"③朱熹对孔子这段话的理解和阐发是非常到位的。"德礼"和"刑政"虽然不可偏废,但"刑政"只能让人畏惧而一时逃避惩罚,若内心不见德,为恶的念头并未去除;而"德礼"却可以让人日迁于善而不自知,自然就消除为恶的念头了。同时,"德礼"和"刑政"虽然不可

---

① 班固:《汉书·董仲舒传》,中华书局1997年版,第642—643页。
② 班固:《汉书·董仲舒传》,中华书局1997年版,第642页。
③ 朱熹:《四书章句集注》,中华书局2012年版,第54页。

偏废,但从根本上来说,还是应该以"德礼"为本,以"刑政"为辅。

汉初思想家贾谊也倡导德主刑辅,董仲舒远继孔子思想,在汉代则直承贾谊之论,将德主刑辅思想推向高峰,并得到汉代统治者推行,影响极为深远。

与陆贾、贾谊等人一样,董仲舒仍然是从总结秦王朝覆亡教训出发来论述其"德"和"刑"的思想。董仲舒认为,秦王朝覆亡的主要原因,是推行申不害、商鞅以及韩非的严刑峻法思想,纯任刑罚,而废弃德教。汉继秦之后,就要改弦更张,尊王道,任德教。董仲舒又以天道阴阳理论来论证,他说:

> 天道之大者在阴阳,阳为德,阴为刑;刑主杀而德主生。是故阳常居大夏,而以生育养长为事;阴常居大冬,而积于空虚不用之处。以此见天之任德不任刑也。天使阳出布施于上而主岁功,使阴入伏于下而时出佐阳;阳不得阴之助,亦不能独成岁。终阳以成岁为名,此天意也。王者承天意以从事,故任德教而不任刑。①

在董仲舒看来,天有阴和阳两种属性,阳的表现是德和生,而阴的表现则为刑和杀。天有阳和阴两种属性,自然也有生和杀两面,但阳为主,阴为辅,阳起主导作用,阴是佐助阳的。故而从总体上看,天是欲生而不欲杀,以此而显出"天"的"仁德"。君王效法天,所以也就"任德而不任刑"。这里的"任德",应该是以德为主的意思,"任德而不任刑",意谓以德为主,而不是以刑为主。因为董仲舒在这里明确说到阴也会"时出佐阳",也就是刑罚甚至刑杀也不能不用,以德教为主,对那些不遵教化而作奸犯科者,当然也要处以刑罚。董仲舒在别的很多地方也明确提到过这种观点,如:

> 教,政之本也;狱,政之末也。其事异域,其用一也。②
>
> 爵禄以养其德,刑罚以威其恶。③

很明显,董仲舒并未完全忽视刑罚的作用,只不过认为德礼教化是本,而刑

---

① 班固:《汉书·董仲舒传》,中华书局1997年版,第638页。
② 董仲舒:《精华》,《春秋繁露》,中华书局1997年版,第96页。
③ 班固:《汉书·董仲舒传》,中华书局1997年版,第640页。

狱惩罚是末,这是典型的德主刑辅思想。董仲舒思想体系以儒学为主,除了汲取阴阳家、道家等学派的思想养料,对法家思想中的有益成分也有适当的吸收。

董仲舒的思想体系很庞大,以上只是从传统核心价值观的角度选取三个方面予以阐述。自从汉武帝采纳董仲舒的建议而推行独尊儒学政策之后,儒家核心价值观也取得主导地位,而这个地位又与儒家的经学有密切关系。汉武帝设五经博士,博士往往专通一经,弟子可以入朝为官,从此儒经独尊,我国图书分类,即以儒经独占"经"的位置。其他学派典籍,在它们自属的领域可以称经,但在总体的图书分类以及传统社会人们的普遍观念中,"经"则专指《诗》《书》《礼》《易》《春秋》等儒家经典。在我国图书的四部分类中,经、史、子、集四部中以经部为首,经部最重要。因为"经"是规定着一个民族道德精神和价值体系的典籍,儒家典籍独占中华典籍"经"的位置,因而中华民族的道德精神和价值体系是由儒经决定的。汉代经学又有今文经学和古文经学的区别,经学的今、古文之争,是汉代经学的一大特点,此争也贯穿着此后经学发展的全过程。今文经学讲阴阳五行、灾异谴告,发挥经文的"微言大义",为现实政治服务;而古文经学则重文字训诂、典章制度,用实证方法,追求对经典的合理、正确解释,把六经当成信史。董仲舒治《春秋》公羊学,是汉代今文经学的代表人物。在后世逐渐形成的"十三经"系统中,《春秋》三传中的《左传》是古文经,而《公羊传》和《穀梁传》则是今文经,三传皆入"十三经"系统,可见今、古文经学在我国传统经学价值体系中都有崇高地位。

(三) 佛、道宗教价值观

佛教于两汉之际由古印度传入中国,道教则在东汉末产生,一个是外来宗教,一个是本土宗教,都在汉代出现,这既是汉代思想文化领域的重要事件,也是中国文化史上的大事。佛教和道教是在中国影响最大的宗教,它们各自都有自己的宗教价值观,佛教有一整套与中国本土文化迥然异趣的价值观,而道教则继承和改造道家思想,也有其独具特色的价值观。佛、道思想与儒家思想自东汉开始便不断地冲突、融合,到唐代形成儒,释(佛)、道三教并立(儒学为"教化"之"教"之意),而以儒为主的格局,塑造了中国文化的基本模式。佛、道宗教价值观,既对儒家核心价值观贡献了佐助的内容,同时又保留了一定的独立宗教理念,渗透到中国社会和民众心理之中,丰富和完善了中国传统核心价值观。

佛教产生于古代印度,创始人是古印度北部迦毗罗卫国王子乔答摩·悉达多,后世尊称为"释迦牟尼",是"释迦族的圣人"的意思。释迦牟尼的生卒年一般认为是公元前565—前486年,与我国孔子同时代。

佛教的教义有非常复杂的理论表述,其哲学思想也很精深,在宇宙观和人生观两方面都有深入的探讨。简要来说,佛教首先提出宇宙万物的"缘起论",这是佛教教义的理论基石。所谓"缘起",指一切事物和现象的生起,都由相待的互存关系与条件决定,即"此有则彼有,此无则彼无,此生则彼生,此灭则彼灭"。万物皆由因缘和会而生,有因必有果,有果必有因。一切事物都在生起变灭的流迁过程中,没有常住性,即"无常",亦无恒常不变的实体,即"无我",进而佛教宣扬一切皆空。佛教又宣扬人生皆苦,主要有"八苦"之说,即生苦、老苦、病苦、死苦、怨憎会苦(不得不跟憎厌的人在一起的苦)、爱别离苦(不得不跟喜爱的人或事离别的苦)、求不得苦(追求而不得的)、五取蕴苦(亦称"五蕴盛苦"或"五盛蕴苦",指一切痛苦汇合),真是人生一切皆苦,苦海无边。佛教的理想就是要解脱这些痛苦,为了解脱,佛教先寻找痛苦的根源,即"十二因缘":无明、行、识、名色、六入、触、受、爱、取、有、生、老死。佛教认为,从根本上说,人生痛苦的总根源是"无明",即对人生实相的盲目无知。"十二因缘"又与"业力""轮回"思想联系,即"业报轮回"说,佛教宣扬因果报应,善得福报,恶得祸报,今世的祸福归因于前世做的"业",而今世做的"业"又影响来世的祸福,因果相随,三世相续。佛教指出获得人生解脱的途径是"八正道",即正见、正思维、正语、正业、正命、正精进、正念、正定。"八正道"又可归结为"戒""定""慧"三学,通过"戒""定""慧"等方式修行,断绝"贪""瞋""痴",达到"涅槃"的理想境界。

　　佛教思想所呈现的价值观有些与中国传统核心价值观相同或类似,有些则大相径庭。佛教认为人生是苦,所以把人生的解脱作为追求的目的,为实现此理想,提出一套去恶从善的学说。佛教内部有小乘佛教和大乘佛教的区分,小乘佛教强调去除生理欲望,出家苦行,以修持获得个人解脱,对社会群体和民族命运往往采取冷漠视之的态度。大乘佛教则继承并改造了小乘佛教理论,以救苦救难和普度众生为出发点,强调慈悲博爱,自觉觉人,追求个人解脱和众生解脱的统一。大乘佛教的思想取向与儒家更为接近。儒家也强调个人修身,自觉觉人,帮助众人"齐入圣域"。同时,儒家特重仁爱,与佛家一样都注重提倡人心的慈爱恻隐。当然,二者所讲的爱也有所不同,儒家之仁爱是等差之爱,从孝敬父母发端,然后推广到所有人甚至自然万物;佛教慈悲之爱是所谓"众生平等"的"博爱",离弃父母伦常,这一点是儒家特别不能接受的。另外,佛教由"因果报应"论而强调"诸恶莫作""诸善奉行",提倡善,消除恶,这一点也是儒家特别重视的。还有,佛教重戒,其所提倡的"五戒",即不杀生、不偷盗、不邪淫、不妄语、不饮酒,大部分都是与中国本土思想价值一致的,符合伦理和法律要求。然而,毕竟佛教是基于古印度国家法制、社会生活以及习俗风尚而产生的,与中国五伦忠孝等核心价值观有很大的差别,尤其是佛教出离家庭和超越当前社会秩序的思想观念与中国以儒家为主导的核心价值观冲突甚大。佛教初传中国时,人们对其价值思想还了解不深,只是认为它与黄老之学一样,也是一种宣扬"清虚无为"的学说,释迦牟尼被理解为大神,佛教的斋忏等仪式也被视为与祠祀相类似。当时的佛教主要为统治者上层所崇尚,史籍载楚王刘英:"诵黄老之微言,尚浮图之仁祠。"[1]汉武帝虽然推行"罢黜百家、独尊儒术"的政策,所谓"独尊儒术"只是确定儒学为主流国家意识形态,并未将其他学说赶尽杀绝。汉初流行的黄老之学,也一直没有消失,所以东汉时楚王刘英这类统治贵族仍然诵黄老之言,但同时又立佛寺(浮图祠)以祀佛。甚至连当

---

① 范晔:《后汉书·楚王英传》,中华书局 1997 年版,第 379 页。

时的帝王也奉佛:"桓帝好音乐,善琴笙。饰芳林而考濯龙之官,设华盖以祠浮图、老子。"①汉桓帝与楚王刘英一样,也是同时崇奉佛教和黄老。这也可以看出,当时的统治者上层将佛学与黄老之学等同,而佛教初传时也乐于依附已在汉代流行甚久的黄老之学以立足。

后来,随着佛教在中国的传播和人们对佛教思想的进一步了解,儒、道、佛三家的冲突也明显起来。总体来说,道教与佛教的冲突主要是争宗教地位,道教人士提出"老子化胡说"之论,认为老子西出函谷关后教化胡人,佛陀是老子的弟子,或者说老子化身为佛,故而才有佛教的产生。道教的这个说法当然不被佛教徒接受,他们不断地反驳,有时甚至还相当激烈,但这只是道、佛二教争宗教地位的冲突。

儒家和佛教的冲突则涉及价值观问题,儒者批判佛教出离家庭,不孝敬父母,不礼敬帝王,而且不娶妻生子,没有后嗣,这些在儒者看来都是不忠不孝的行为。同时儒家讲究有为进取,要在人伦政治的担当中成就自身,儒家五伦关系君臣、父子、夫妇、兄弟、朋友,其中父子、夫妇、兄弟三伦都是家庭关系,另外两伦中的君臣虽然是政治上的关系,同时也跟家庭关系有关。儒学是崇尚家国同构的,一个人治好了家就可以治好国,君也跟父同构,称"君父"。而朋友关系也是社会伦理关系中极为重要的一伦,这是一个人修身交往和治国平天下必须依靠的人际同盟。佛教价值观讲解脱,否弃现实,离弃伦常,这是儒家所难以接受的。在东晋时代,儒,佛关于僧徒是否要礼拜父母和帝王的所谓"礼制"问题的争论相当激烈,最后是儒家采取宽容态度,而佛家则也在一定程度上调整自己的理论,甚至接受"忠""孝"这些儒家核心价值观原则,后来出现了禅宗这样的中国化佛教流派,而儒家也吸取佛教一些思想理念和修养方法,儒、佛融合更加深入,成为宋明理学产生的重要思想背景。

佛教是外来宗教,一开始跟中国本土文化冲突较大。产生于东汉末年

---

① 班固:《汉书·桓帝纪》,中华书局 1997 年版,第 101 页。

的道教,是中国本土产生的宗教,虽然跟儒家也有冲突,但相较于儒、佛冲突,程度更轻,而且对儒学多有借鉴和辅翼。如道教经典《太平经》强调忠君、孝亲、敬长,《老子想尔注》肯定忠孝仁义,道教代表人物葛洪也说求仙要以忠孝和仁信为本,这些都是对儒家核心价值观的认同与维护。只不过,道教除了对儒学核心价值观有一定程度的认同和维护,道教的根本宗旨还是有极强的独特性,总的来说,道教追求的终极目标是长生不死、羽化登仙,这跟儒家思想以及其他宗教思想都是迥异其趣的。道教之所以有这种思想宗旨,跟它的思想来源有关。道教的思想来源很复杂,主要有以老子思想为代表的道家哲学、战国至秦汉时期的神仙传说和方士方术、古代自然和鬼神崇拜以及民间巫术,还有战国以来的阴阳五行思想,等等。其中,道教以"道"名教,就是吸取《老子》的"道"论。道教还奉老子为教主,把老子神化,可见老子道家思想对道教影响至大,老子思想中有贵生重身,长生久视的观念,而古代的神仙传说描绘神仙可以长生不死,逍遥自在而又神通广大。道教的长生不死、羽化登仙观念就是对上述各家思想的直接继承和发扬。道教对生命的重视以及对精神逍遥的追求,在中国文化史上影响也很大,而且,魏晋玄学之后,道家思想也主要依托于道教而得以延续和发展,使中国传统文化形成儒、释(佛)、道三家交融并立的格局。

总之,汉代是我国古代核心价值观定型的极为重要的时期,儒学价值观被确定为官方主流意识形态,而佛、道宗教思想也已出现,经过魏晋南北朝的发展,初步形成以儒、释、道三家思想为主,同时又以儒学为核心的传统文化格局。

二、魏晋南北朝核心价值观

魏晋南北朝时期中国文化的一个明显的特点就是"玄学"的产生与盛行。现代新儒家代表人物之一冯友兰将魏晋玄学称为"新道家":"'新道家'是一个新名词,指的是公元三四世纪的'玄学'。"[①]"新道家"当然也属

---

① 冯友兰:《中国哲学简史》,《三松堂全集》第六卷,河南人民出版社 2000 年版,第186 页。

于道家,但却不等同于先秦老庄道家,而是有所发展和改造,最主要的改造就是融会吸收了儒家思想。

魏晋玄学思想家崇尚老庄哲学,以《老子》《庄子》《周易》为"三玄",主要围绕有无、本末、体用、动静、言意以及名教与自然等问题展开哲学玄思,构建思想体系。魏晋玄学与当时流行的"清谈"有密切联系,实际上,"玄学"是"清谈"的一个方面,"清谈"包含玄学、人物品藻等多方面内容,是当时所有谈说辩论活动的总称,而"玄学"则是这些辩论活动的一个重要方面。魏晋玄学的发展可分为三个阶段:一是正始时期,这是玄学的形成时期,代表人物为何晏、王弼;二是竹林时期,是玄学的发展时期,代表人物是阮籍、嵇康;三是元康时期,是玄学的成熟时期,代表人物为裴頠、向秀、郭象。

正始时期玄学家何晏和王弼祖述老庄,以"无"为本,但又试图会通儒、道,除了"三玄"中的《老子》和《周易》,他们还非常注重《论语》,何晏著有《论语集解》,王弼著有《论语释疑》《周易注》等,这些都是重要的儒家经典。当然,他们对道家典籍用力更勤,钻研更深,特别是少年天才哲学家王弼,一生才活了短短的24岁,却撰写了《老子道德经注》《老子指略》《周易注》《周易略例》《论语释疑》等标志性著作,被后世学术界奉为圭臬,的确是史上罕见。史载王弼:"幼而察慧,年十余,好老氏,通辩能言。"[1]王弼十多岁就对《老子》有研究。当时的学界泰斗吏部尚书何晏,比王弼大36岁,何晏注《老子》尚未完成时去看望王弼,王弼谈起他自己注《老子》的见解,何晏自愧不如,认为王弼注《老子》的见解远胜自己,于是便放弃注文,改写《道德论》(事见《世说新语·文学》)。此时,王弼年"未弱冠",而何晏已经名动天下,是学界领袖,可见王弼年纪轻轻,就具备了极高的哲学造诣,尤其在对《老子》的研究上,已经超越何晏,让何晏也不得不佩服。

---

[1] 陈寿:《三国志·魏书·王弼传》注引何劭《王弼传》,《三国志集解》卷二十八,上海古籍出版社2009年版,第2108页。

何晏和王弼的学术宗旨,《晋书》中有扼要的总结。《晋书·王衍传》有一段话说:

> 魏正始中,何晏、王弼等祖述老、庄,立论以为天地万物皆以无为本。无也者,开物成务,无往不存者也。阴阳恃以化生,万物恃以成形,贤者恃以成德,不肖恃以免身。故无之为用,无爵而贵矣。①

何晏、王弼祖述老庄,以"无"为本,他们继承了老、庄道家哲学的传统,将"无"视为天地万物包括政治人伦的本体。在注解《老子》第四十章"天下万物生于有,有生于无"一句话时,王弼说:"天下之物,皆以有为生。有之所始,以无为本。将欲全有,必反于无也。"②王弼在这里关注的焦点是"以无为本"的本体问题,他认为"无"是"有"的本体,而"有"则化生天地万物,从这个意义上来说,"无"比"有"更重要,更根本。正因如此,王弼提出"崇本息末"的主张,他说:"以道治国,崇本以息末。"③在王弼看来,本是"无",末是"有"。从"自然"与"名教"的关系来看,王弼以及其他玄学思想家大都认为"自然"是"本",而"名教"则是"末"。"自然"是老子道家之"道",以"无"为本体;而"名教"则是周公、孔子儒家之道,是以正名、仁义、忠孝为核心的儒家价值观。王弼以无为本,崇本息末,并不是说不要"末",而是说"本"比"末"更重要,"本"居于统帅的地位,决定着"末"。从"自然"与"名教"的关系来看,"自然"是"本","名教"出于"自然",二者是统一的,只不过二者地位不同,"自然"更根本。王弼说:

> 本在无为,母在无名,弃本舍母而适其子,功虽大焉,必有不济,名虽美焉,伪亦必生……苟得其为功之母,则万物作焉而不辞也,万物存焉而不劳也。用不以形,御不以名,故仁义可显,礼敬可彰也……故仁德之厚,非用仁之所能也,行义之正,非用义之所成也,礼敬之清,非用

① 房玄龄:《晋书·王衍传》,中华书局1997年版,第322页。
② 《诸子集成》第三册《老子注》,中华书局2006年版,第25页。
③ 王弼:《老子道德经》五十七章注,《诸子集成》第三册《老子注》,中华书局2006年版,第35页。

> 礼之所济也……守母以存其子，崇本以举其末，则形名俱有而邪不生，
> 大美配天而华不作。故母不可远，本不可失，仁义，母之所生。①

王弼在这里讲得非常明白了，无为是"本"，无名是"母"，"本"和"母"是根本性的东西，而仁、义、礼、敬等名教的内容则是派生的东西，如果名教依据无为（自然）来建立，就能更好地发挥作用。这实际上就是调和儒道，论证名教本于自然，二者并不矛盾。或者说，王弼是在理论上为儒家的核心价值观寻找形上本体依据。在王弼看来，单纯推行"仁义""忠孝""刑罚"等礼教原则，已经不可靠，而如果依据本体之"无"（无为、自然），名教就好使了。可见，王弼虽然崇奉道家思想，但对儒家核心价值观并未舍弃，相反还主张通过"崇本举末"的方式使儒家名教在现实中更好地发挥作用。

魏晋玄学发展到以阮籍和嵇康为代表的竹林时期，名教与自然的矛盾达到空前激化的程度，嵇康喊出"非汤、武而薄周、孔"②的口号，提出"越名教而任自然"③的主张，表面上是要超越"名教"，纯任"自然"，反对汤、武、周、孔这些儒家先圣。阮籍也对"名教"进行了猛烈的抨击，对那些虚伪的礼法之士进行了辛辣的讽刺："汝独不见乎虱之处乎裈中，逃乎深缝，匿乎坏絮，自以为吉宅也。行不敢离缝际，动不敢出裈裆，自以为得绳墨也。饥则啮人，自以为无穷食也。然炎丘火流，焦邑灭都，群虱死于裈中而不能出。汝君子之处区内，亦何异夫虱之处裈中乎？"④阮籍和嵇康等名士不但在理论上提出越名教而任自然的主张，而且在行动上也处处蔑视名教，做出惊世骇俗的"越礼"举动。

那么，阮籍、嵇康等人真的是完全、彻底否弃"名教"，或曰彻底反对儒家核心价值观吗？事实并非如此。阮、嵇等人反对的是虚伪的"名教"。当

---

① 王弼：《老子道德经》三十八章注，《诸子集成》第三册《老子注》，中华书局 2006 年版，第 24 页。
② 嵇康：《与山巨源绝交书》，《嵇康集注》，黄山书社 1986 年版，第 122 页。
③ 嵇康：《释私论》，《嵇康集注》，黄山书社 1986 年版，第 231 页。
④ 阮籍：《大人先生传》，《阮籍集校注》，中华书局 1987 年版，第 165—166 页。

时最大的伪名教倡行者就是意欲篡权的司马氏集团,所谓"司马昭之心,路人皆知"。当时曹魏王朝大权旁落,老谋深算的司马懿设计诛灭了曹爽集团,何晏属于曹爽集团中人而直接被杀,王弼也因为与何晏交往过密而受到惊惧,英年夭折。从此,魏王朝的大权就落到了司马氏手中。后来司马懿的两个儿子司马师和司马昭掌握军政大权,特别是司马昭,权倾一时,大肆屠戮异己,嵇康就死在了司马氏集团的屠刀之下。《晋书·阮籍传》曾描述当时的凶险状况:"属魏晋之际,天下多故,名士少有全者。"①寥寥数语,已透露出司马氏专权之时腥风血雨的现实。何晏被杀,王弼遭牵累惊惧而亡,嵇康也被杀了,多位玄学思想领袖人物相继死于非命,阮籍也被迫出仕,用一些不合时俗的行动表达着无力的反抗,但却也是行走在刀刃之上。如《世说新语·任诞》载:

> 阮籍遭母丧,在晋文王坐,进酒肉。司隶何曾亦在坐,曰:"明公方以孝治天下,而阮籍以重丧显于公坐饮酒食肉,宜流之海外,以正风教。"②

这则逸事证明当时司马氏推行"以孝治天下"的政策。按照当时的礼制规定,母丧之时,不能饮酒吃肉,而阮籍遭母丧,却公然在司马昭面前饮酒吃肉,这在当时属于大逆不道的行为,所以礼法之士何曾建议司马昭重罚阮籍,将他流放。幸好那天司马昭没有听从何曾的建议,还为阮籍开脱。倒并不是司马昭仁慈,而是因为阮籍一方面是士林领袖,既然已经"归顺"自己,就要做个宽容的样子;另一方面,阮籍之父阮瑀,是"建安七子"之一,当年与司马昭之父司马懿在曹操手下共事,因此,阮籍算得上是司马昭父辈同事朋友的后代,若不公开反抗,即可视为"自己人"。但是,尽管司马昭对阮籍还算宽容,阮籍的心里却极其鄙视司马氏集团一方面要大谈"名教",另一方面又大肆屠杀镇压异己人士,阮籍口里却不敢说出来,只好"不与世事,

---

① 房玄龄:《晋书·阮籍传》,中华书局1997年版,第354页。
② 徐震堮:《世说新语校笺》,中华书局1984年版,第390—391页。

遂酣饮为常……发言玄远,口不臧否人物"①,采取消极怠工的态度,以酣饮为常。

然而,阮籍和嵇康表面上对待"名教"的反叛态度,并不是他们真实的心理,他们是在残酷的现实面前所不得已而采取的一种佯狂态度,他们反叛和反对的是司马氏集团所推行的虚伪的"名教",而对真正的儒家核心价值观也是服膺的。《世说新语》记载了阮籍遭母丧而饮酒吃肉,不符合当时统治者提倡的"孝"的形式,但又记载了阮籍真正"至孝"的真实情感:"阮籍当葬母,蒸一肥豚,饮酒二斗,然后临诀,直言:'穷矣!'都得一号,因吐血,废顿良久。"②对父母之孝是出于一种真实的内心情感,而不是表面的形式,阮籍这种发自内心的真孝,是符合儒家价值观的。孔子在讲到"礼"的时候,本就注重真实的情感内容,而不是外在的形式;"临丧不哀,吾何以观之哉?"(《论语·八佾》)《世说新语·任诞》还记载:"阮浑长成,风气韵度似父,亦欲作达。步兵曰:'仲容已预之,卿不得复尔!'"③阮浑是阮籍的儿子,也想学父亲放任旷达,阮籍(阮籍曾做过步兵校尉,故而此处称他为"步兵")予以坚决制止,说阮咸(字仲容,阮籍之侄,亦为竹林七贤之一)已经参与到我们当中了,够了! 你不能再这样! 由此可见,阮籍对自己所走的道路是矛盾的,自己任诞放达,却不愿让儿子放弃名教。阮籍自己也谈到过名教不可废,如他说:"礼废则乐无所立。尊卑有分,上下有等,谓之礼……礼踰其制则尊卑乖,乐失其序则亲疏乱……礼乐正而天下平。"④阮籍在这里强调礼乐、尊卑等的重要性,这正是儒家的价值观念。

竹林七贤另一位领袖人物嵇康,在反抗司马氏集团时比阮籍更勇敢,最后被杀害。与阮籍一样,嵇康反对的也是虚伪的"名教",他自己走上了以

① 房玄龄:《晋书·阮籍传》,中华书局1997年版,第354页。

② 刘义庆:《世说新语·任诞》,徐震堮:《世说新语校笺》,中华书局1984年版,第393页。

③ 徐震堮:《世说新语校笺》,中华书局1984年版,第394页。

④ 阮籍:《乐论》,《阮籍集校注》,中华书局1987年版,第89页。

生命相抗争的道路,但他对自己儿子人生道路的期盼却跟自己大不一样,在写给儿子的《家诫》中,嵇康变得絮絮叨叨,谨小慎微,告诫儿子要随和处世,甚至"非义不言。"①表现出遵循中庸之道,认同儒家礼义原则的思想。

玄学发展到第三阶段,即西晋元康时期,针对当时一些浮虚之士对贵无放诞思想的极端理解以及行为上的放荡无束,这一时期的玄学代表人物裴頠和郭象等人起而纠偏救弊。

《晋书·裴頠传》曰:

　　頠深患时俗放荡,不尊儒术,何晏、阮籍素有高名于世,口谈浮虚,不遵礼法,尸禄耽宠,仕不事事。至王衍之徒,声誉太盛,位高势重,不以物务自婴,遂相仿效,风教陵迟,乃著崇有之论以释其弊。②

这里说得很明白,裴頠之所以写作《崇有论》,原因就是他看到当时"时俗放荡","儒术""礼法""风教"遭到否弃甚至破坏,感到忧虑,从而撰著《崇有论》以救时弊。这里提到何晏和阮籍等人,何晏、王弼提出贵无论,阮籍、嵇康表面上抛弃礼法,但他们并不是真正要否弃礼法,而是在一种特殊的情境之下的愤激思想。不过,之后一些浮荡之士不能深刻理解,而只看到阮、嵇等人的表面现象,并以极端化的方式仿效,对社会风气造成了很大的破坏。裴頠提倡尊"儒术",遵"礼法",救"名教",是对儒家核心价值观的推崇。当然,作为玄学家,裴頠仍然没有否定道家思想的价值,在《崇有论》中他论证老子思想与《周易》相合。只不过,裴頠在哲学上一反王弼等人的贵无说,而提出"有"才是世界的本原,也是"道"的本性,这跟老子思想还是不同的。"崇有"哲学表现在政治、伦理上,就是维护"名教",崇奉儒家思想。只不过,裴頠极力阐发老子思想与儒家的协调性,表现出在新的历史时期儒、道合流的趋向。

这一时期提倡儒、道融合的思想家还有郭象。郭象的主要哲学著作是

---

① 嵇康:《家诫》,《嵇康集注》,黄山书社1986年版,第340页。
② 房玄龄:《晋书·裴頠传》,中华书局1997年版,第274页。

《庄子注》,是在竹林七贤之一向秀庄子注释的基础上增改而成的。郭象在哲学上提出"独化"说,意即任何事物的生化都是独立自足的,他说:"凡得之者,外不资于道,内不由于己,掘然自得而独化也。"①这是说,事物的存在既不依赖于任何外部的因素,连"道"都不依赖,也不由任何内部的别的因素决定,而是自然而然地独立存在和变化。郭象又认为,这种无条件的"独化"来自"玄冥之境",每一种事物虽然是独立自足的绝对存在,但只要完满实现和充分发挥其"自性",则对其他事物就有最大的功用:"夫相因之功,莫若独化之至也。"②因此,任何存在的事物,只要存在着,就是合理和必不可少的。就社会生活而言,现存的社会现实是唯一、合理、理想的,《庄子》书中的"神人",就是现实中的"圣人",实即最高统治者。郭象说:

> 夫圣人虽在庙堂之上,然其心无异于山林之中,世岂识之哉! 徒见其戴黄屋,佩玉玺,便谓足以缨绂其心矣;见其历山川,同民事,便谓足以憔悴其神矣,岂知至至者之不亏哉!③

这就是说,圣人虽然身处政治中心,异常忙碌,但其心却在山林之中,超脱世俗,清远高迈,所以,圣人推行"名教",但却又符合"自然","名教"即"自然"。郭象还指出"名教"的具体内容,如"仁义"等是人的本性的一部分,他说:

> 夫仁义者,人之性也。④

> 仁义自是人之情性,但当任之耳。⑤

"仁义"是儒家核心价值观的中心概念,郭象认为"仁义"即内在于人性,人遵仁义而行是自然而然的本性,完全把儒家"名教"与道家"自然"统合在了一起。

---

① 郭象:《庄子注》大宗师章,《庄子注疏》,中华书局2011年版,第138页。
② 郭象:《庄子注》大宗师章,《庄子注疏》,中华书局2011年版,第133页。
③ 郭象:《庄子注》逍遥游章,《庄子注疏》,中华书局2011年版,第15页。
④ 郭象:《庄子论》天运章,《庄子注疏》,中华书局2011年版,第281页。
⑤ 郭象:《庄子注》骈拇章,《庄子注疏》,中华书局2011年版,第174页。

魏晋时期,佛、道二教亦与玄学偕行,获得很大的发展。尤其是从两晋之际到南北朝时期,八王之乱,西北少数民族入主中原,晋室南渡,国家分裂,战乱连年,痛苦的现实促使人们思考生死和解脱的问题。自东晋开始,佛教和道教得到了极大的发展。《世说新语·文学》记载:"正始中,王弼、何晏好庄、老玄胜之谈,而世遂贵焉,至过江,佛理尤盛。"①"过江"指晋室南渡建立东晋,这时佛教尤其盛行。

综观魏晋南北朝,玄学兴盛,佛、道二教也得到很大的发展。魏晋玄学以道家思想为主,主要体现在哲学形上思辨和生命生活形态上,就核心价值观而言,儒家核心价值观并未被抛弃。"仁义礼智信,忠孝廉节和"等儒家核心价值原则,仍然为世所重,尤其是司马氏"以孝治天下",儒家之"孝"几乎被推高到法律的高度,"不孝"是十恶不赦的大罪,不孝者可以被定为杀头之罪,嵇康的好友吕安就是被定为"不孝"罪而遭杀害,而且还牵连到嵇康也被害。尽管统治者可能是"欲加之罪,何患无辞",但他们编造的治罪之"辞"是"不孝",说明"不孝"被普遍认可为重罪。同时,尽管统治者自身阴狠毒辣,不忠不孝,但社会普遍呼唤"忠孝",成为当时人们的价值追求。还是在三国纷争战乱时期,"忠义"就为世所重,关羽成为"忠义"的化身,这些都是儒家核心价值观的内容。而从思想界来看,恰如前文所述,尽管魏晋南北朝时期玄学以及佛、道之学盛行,但儒学因其最适合统治者"治国理政",故而始终为统治者所提倡,这一时期朝廷设置的国子学中的学生,需以儒家经典为学习的主要科目。儒家经学也有发展,在魏晋之际,经学家王肃是司马昭的岳父、晋武帝司马炎的外祖父。利用政治权势,在西晋时代"王学"取得学术霸权地位。魏晋南北朝经学也受到玄学的影响,援引道家思想注解儒经,革除汉儒烦琐注经弊端,提倡"得意忘言",侧重义理阐发,兴起经学的简约之风。到了南北朝的大分裂时期,经学出现南学与北学的

---

① 《世说新语·文学》之"简文称许掾"条注引《续晋阳秋》,徐震堮:《世说新语校笺》,中华书局1984年版,第143页。

区分,《北史·儒林传·序》说:

> 江左,《周易》则王辅嗣,《尚书》则孔安国,《左传》则杜元凯;河
> 洛,《左传》则服子慎,《尚书》《周易》则郑康成。《诗》则并主于毛公,
> 《礼》则同遵于郑氏。南人简约,得其英华,北学深芜,穷其枝叶。①

这里记述了南北朝时期"南学"与"北学"的流行情况。江左,指南朝;河洛,
指北朝。"南学"的特点是简约,提倡阐明义理,自由创新,故"得其英华";
北学的特点是"深芜",注重章句训诂,从而"穷其枝叶"。南学和北学各有
特点,对经学的发展作出了各自的贡献。经学决定着民族的价值系统,魏晋
南北朝经学的发展以及国子学学生对儒经的学习,无疑对儒家核心价值观
的传播和深入人心起了很大的推进作用。

三、隋唐核心价值观

隋朝建立,结束了国家分裂的局面,重新统一了全国。隋朝尽管存续的
时间很短,只有短短的 37 年(公元 581—618),但在政治和文化教育政策上
也有两个值得一提的地方,一是在全国统一范围制定了"三教并奖"的政
策,二是开创科举考试,这两方面的创制皆为唐朝统治者所继承和发展,对
传统核心价值观产生了重大影响。

儒、释(佛)、道"三教并奖"(儒学并非宗教,而取"教化"之"教"意。近
来有学者倡主儒学亦为宗教,认可者尚少,兹不赘述)政策,实自隋代始。
隋文帝开皇二十年,诏曰:

> 佛法深妙,道教虚融,咸降大慈,济度群品,凡在含识,皆蒙覆护。
> 所以雕铸灵相,图写真形,率土瞻仰,用申诚敬。其五岳四镇,节宣云
> 雨;江、河、淮、海,浸润区域;并生养万物,利益兆人。故建庙立祀,以时
> 恭敬。敢有毁坏偷盗佛及天尊像、岳镇海渎神形者,以不道论。沙门坏
> 佛像、道士坏天尊者,以恶逆论。②

---

① 李延寿:《北史·儒林传·序》,中华书局 1997 年版,第 700 页。
② 魏徵:《隋书·帝纪第二·高祖下》,中华书局 1997 年版,第 18 页。

此诏明确规定保护佛、道二教以及山川河海之神像。

隋文帝仁寿二年，又诏曰：

> 礼之为用，时义大矣。黄琮苍璧，降天地之神；粢盛牲食，展宗庙之
> 敬。正父子君臣之序，明婚姻丧纪之节。故道德仁义，非礼不成，安上
> 治人，莫善于礼。①

该诏推崇儒家道德仁义、父子君臣婚姻丧纪之礼。可见隋文帝在政令上既推崇儒家，又敬奉佛、道，实行三教并重政策。此政策为唐朝统治者继承和发展。唐王朝建立，统治者汲取隋朝速亡的教训，注意任贤、廉政，发展经济，调和各种社会矛盾，国力空前强盛。在思想文化上则兼收并蓄，开放宽容，儒、释、道三教并用。

唐太宗李世民本人不信佛教和道教，而笃信儒学。他说："朕今所好者，唯在尧、舜之道，周孔之教，以为如鸟有翼，如鱼依水，失之必死，不可暂无耳。"②唐太宗认为儒学极其重要，得之则生，失之必死，对儒学崇敬到极高的程度。他还认为历史上梁武帝父子因溺佛、道而导致身死，是严重的教训。他说："梁武帝父子，志尚浮华，唯好释氏、老氏之教，武帝末年，频幸同泰寺，亲讲佛经，百寮皆大冠高履，乘车扈从，终日谈说苦空，未尝以军国典章为意……卒被侯景幽逼而死。孝元帝在于江陵，为万纽于谨所围，帝犹讲《老子》不辍，百寮皆戎服以听。俄而城陷，君臣俱被囚絷……此事亦足为鉴诫。"③唐太宗描述梁武帝父子溺佛、道的状况相当生动，太宗自己则吸取教训，"足为鉴诫"。另外唐太宗对道教所宣扬的得道成仙之类的事情，也保持清醒的头脑，他说："神仙本是虚妄，空有其名……神仙不烦妄求也。"④然而，尽管唐太宗本人不信佛教和道教，但他作为杰出的政治家却看到佛、道二教有纯厚风气，安定人心的作用，所以他又极力褒扬礼敬二教。唐太宗

---

① 魏徵：《隋书·帝纪第二·高祖下》，中华书局1997年版，第18页。
② 吴兢：《贞观政要》卷六，中华书局2021年版，第230页。
③ 吴兢：《贞观政要》卷六，中华书局2021年版，第229—230页。
④ 吴兢：《贞观政要》卷六，中华书局2021年版，第230—231页。

非常重视佛教译经,在贞观初年即建立译场,由中天竺僧人波罗颇迦罗蜜多罗主持。贞观十五年(641),文成公主入藏,带去大量佛经和佛像。贞观十九年(645),玄奘法师西行取经归来,受到隆重欢迎,唐太宗在长安慈恩寺为玄奘组织了庞大译场,新译、重译佛经 75 部,1335 卷。太宗还亲自撰写了《大唐三藏圣教序》一文,赞颂佛教功德。太宗之后,武则天利用佛教为她当皇帝制造舆论,从而对佛教特别优礼:"以释教开革命之阶,升于道教之上。"①唐玄宗接受佛教密宗的"灌顶礼"。唐宪宗迎佛骨入京城,"王公士庶奔走舍施如不及。"②当时的王公大臣、士庶百姓也狂热信佛,这当然跟皇帝崇佛有关系。在唐代帝王们前赴后继的崇佛行动推动下,寺院经济得到空前发展,当时的佛教寺院垄断了大量的土地,甚至拥有奴婢,享有免税和免役特权。佛教理论也相当繁荣,形成诸多佛教宗派,主要有三论宗、唯识宗、天台宗、华严宗、禅宗、净土宗、密宗等。这些宗派有的在唐代之前便已存在,到唐代得到新发展,有的则兴起于唐代。在这些宗派中,天台宗、华严宗、禅宗三派最有中国特色。尤其是禅宗,是中国创新的宗派,是佛教中国化的典范,对后世影响极大。另外,华严宗对宋明理学,唯识宗对我国近、现代哲学,都产生了很大的影响。

道教在唐代也受到统治者青睐,得到唐王朝扶植。唐王朝崇奉道教,有两方面的原因,一是政治需要,二是帝王的个人信仰。隋末,社会上流传"杨氏将亡,李氏将兴","天道将改,将有老君子孙治世"等谶言,这种政治谶言,在当时很有影响力,是一种强大的社会舆论,以至于引起隋王朝恐慌,甚至有方士建议隋炀帝"尽诛海内凡李姓者"③。右骁卫大将军李浑因为姓李而遭忌杀,唐高祖李渊也因为姓李而遭疑忌。后李渊干脆起兵反隋,并利用了"李氏将兴"这类谶言,其间有很多道士推波助澜,帮助唐宗室大造政治舆论,并最后取得胜利。唐宗室顺势而为,自称为老子的后裔(老子姓

---

① 司马光:《资治通鉴》卷二百〇四,中华书局 2009 年版,第 2499 页。
② 刘昫等:《旧唐书·宪宗纪》,中华书局 1997 年版,第 137 页。
③ 司马光:《资治通鉴》卷一百八十二,中华书局 2009 年版,第 2199 页。

李,名耳,被道教尊为始祖、"太上老君"),并尊老子为"圣祖"。

唐太宗李世民虽然丝毫不信道教(前文已述),但他在争夺皇位继承权时也利用道士制造舆论,所以太宗也非常礼敬道教。后来,唐高宗崇奉道教,封老子为"太上玄元皇帝"。唐玄宗在其统治期间始终崇信道教,大兴庙观,进一步加封老子称号为"大圣祖高上金阙玄元天皇大帝"。又封庄子为"南华真人",其所著书为《南华真经》;文子为"通玄真人",所著书为《通玄真经》;列子为"冲虚真人",所著书为《冲虚真经》;庚桑子为"洞虚真人",所著书为《洞虚真经》。玄宗又亲自注解《道德经》,颁行天下,令士庶诵习。唐武宗崇道达到极端程度,他即位前就"好道术修摄之事",即位后,崇道抑佛,会昌五年(845),下令毁佛,拆毁寺庙,捣毁佛像,强迫僧尼还俗,将寺院财产充公,史称"会昌法难"。

总之,唐代帝王除了唐武宗反佛,武则天崇佛抑道,大多是崇奉佛、道二教的,故而佛教和道教在唐代发展到高峰。但是,唐代统治者又实行"三教并奖"的政策,注重现实伦理、政治的儒家思想始终占据着意识形态的主导地位,可以从两个方面来看。

第一,经学的统一。在中国文化史上,"经学"特指儒经之学,其他各派虽然在自己所属领域可以称其典籍为"经",但从中华文化总体来看,"经"主要指儒家经典。儒经自西汉取得独尊地位之后,在长期流传的过程中也出现了师法多门,经文互有出入,章句繁杂,义疏纷纭的状况,没有统一标准。隋唐时期,国家统一,长期分立的"南学"与"北学"也逐渐合流。空前强大的唐王朝统治者非常重视意识形态的统一。由于经学是中华民族核心价值系统之所在,因此唐代统一的经学就担负起统一意识形态的重任。在唐代经学统一过程中,出现了三个划时代标志性成果:一是颜师古(581—645)奉敕考定《五经定本》,颁行天下,从文字上统一经典文本,这是经学统一的基础。二是陆德明(约550—630)撰成《经典释文》,统一了五经的文字训诂。三是孔颖达(574—648)奉敕率儒生撰成《五经正义》,与颜师古《五经定本》、陆德明《经典释文》合在一起,由朝廷颁行天下,作为诵读五经和考试取士的标准文本,以往各派异文异说一律废止,经学归于一统。

第二,学校教育与科举考试以儒学为主。学校教育与科举考试内容是意识形态强有力的指挥棒,显示了国家意识形态取向。科举考试发端于隋代,到唐代则得到继承和完善:"大唐贡士之法,多循隋制。"①选举与学校教育密不可分。唐代的科举考试科目以及学校教育情况,《唐书·选举志》有详细记录。

> 唐制,取士之科,多因隋旧……其科之目,有秀才,有明经,有俊士,有进士,有明法,有明字,有明算,有一史,有三史,有开元礼,有道举,有童子……凡学六,皆隶于国子监:国子学,生三百人……太学,生五百人……四门学,生千三百人……律学,生五十人……书学,生三十人……算学,生三十人……凡馆二:门下省有弘文馆,生三十人;东宫有崇文馆,生二十人……凡《礼记》《春秋左氏传》为大经,《诗》《周礼》《仪礼》为中经,《易》《尚书》《春秋公羊传》《穀梁传》为小经……《孝经》《论语》皆兼通之……②

唐代教育比较繁荣,而且还分科办学。国子监(相当于现今教育部)所属六类学校:国子学、太学、四门学、律学(法学院)、书学(书法学院)、算学(数学院),后三者是相关的专业教育学校,学习法律、书法、数学等专业知识,而前三者则以《周礼》《仪礼》《礼记》《春秋左氏传》等为专业课,兼习《周易》《尚书》《公羊传》《穀梁传》;而以《孝经》和《论语》为公共课,《国语》《尔雅》等为选修课。这些学习内容,全部为儒家经典,而且主要是儒家最重要的决定价值观系统的"经学"内容。唐代的地方州府以及县学都以经学为重。另外,唐代还出现一种新的教育形式,即书院教育,其内容也以儒学为主。唐代的科举考试名目较多,但却以"明经"和"进士"两科最为世人所重:"士族所趋向,唯明经、进士二科而已。其初止试策,贞观八年,诏加进

---

① 杜佑:《通典》卷十五《选举三》,中华书局 2016 年版,第 355 页。
② 欧阳修、宋祁:《唐书·选举志上》,中华书局 1997 年版,第 314 页。

士试读经史一部。"①"明经"和"进士"两科最受追捧,明经着重考对儒家经典的记诵,而进士则着重于考诗赋和时务策,但也要读儒经。即便是诗赋和时务策,也常以儒经内容为题。因而,儒家经典是读书人接触最多的典籍,通过儒经而传达的儒家核心价值观,不仅为统治者所着力提倡,也通过对知识界的主导性影响而渗透到社会各阶层之中。

综上所述,隋唐时期虽然三教并重,佛教和道教得到了前所未有的发展,但儒学却始终占据着中心位置,儒家核心价值观是统治阶级和社会民众广泛认同的。

第二节　汉—唐时期湖南地域文化的特征

汉—唐时期(包括魏晋南北朝时段)的湖南地域化有三大特征,一是从湘楚文化到湖湘文化(湘学是湖湘文化的学术核心)的过渡性;二是贬谪文化凸显;三是宗教文化发达。

前文提到,先秦时期湖南地区主要是受楚文化的影响,我们把这一时期在湖南地区起主导作用的,打上湖南土著文化烙印的楚文化称为"湘楚文化"。湘楚文化在汉唐时期持续发展,对湖南的地域文化和民众心理有深刻的影响。尤其是汉初黄老思想盛行,实际上是生长于楚文化这一大文化系统的老子道家思想在汉初时期发挥了奇特的功效。而随着西汉统治者实行"罢黜百家,独尊儒术"的政策,儒家核心价值观取得国家意义上的支配地位,湖南作为一个相对于当时的政治、经济、文化中心来说比较偏远的地区,虽然有湘楚文化的延续,但却不可避免地要受到国家主流价值观,即儒家价值观的影响。当然,这个过程是漫长的。这一时期的湖南地域文化,呈现出从湘楚文化向湖湘文化过渡的特点。湘楚文化的文化属性是楚文化,楚文化在先秦时期跟儒家文化有本质的差别(详见本书第一章第一节);而

---

① 杜佑:《通典》卷十五《选举三》,中华书局 2016 年版,第 356 页。

湖湘文化的界定,有两个要素必须考虑,一是"湖湘"这一地域概念的出现,二是其文化性质应为儒家文化占主导地位。

就"湖湘"地域概念而言,这一概念的大量出现,是在唐代,如初唐诗人王勃(650—676)在《益州德阳县善寂寺碑》中说:"虽复苍梧北望,湖湘盈舜后之歌;绿荇西浮,江汉积文妃之颂。"①晚唐诗人杜牧(803—852)在《贺生擒衡州草贼邓裴表》中说:"伏以湖湘旱耗,百姓饥荒,遂有奸凶,敢图啸聚。"②王勃和杜牧都在文章中提到"湖湘"之名,而且,王勃是初唐诗人,说明在唐初即有"湖湘"的称呼。另外,在唐朝的政府文献中,也有"湖湘"的称谓,如唐僖宗《改元广明诏》曰:"江右、海南,疮痍既甚,湖湘、荆汉,耕织屡空。"③这份诏令明确提到"江右""海南""湖湘""荆汉"等地理概念,足可证明在唐代"湖湘"的称呼已经很正式而且通行了。

从文化的性质来看,唐代是湖湘文化初步形成的时期,这时湖湘地区受国家意识形态影响,在文化上也是儒、释、道三教并行,湖南地区的宗教相当发达,但儒学所占地位还是相当重要的。儒学自西汉时取得独尊地位,一直主导着国家的意识形态,即使是在魏晋玄学大盛的时期,儒家核心价值观如仁、义、忠、孝等原则仍然是在社会上起支配作用的道德观念。到了唐代,特别是因安史之乱而经济文化重心南移之后,湖南的文化教育得到很大的发展,地方的州、府、县学兴盛,特别是唐代书院兴起,湖南书院数量在全国名列前茅,唐代各省书院数,以陕西、湖南、江西为并列第一,都是8所,"湖南与大唐京师所在地的陕西、唐宋文化强省江西并列而居全国之首。"④各种教育机构在科举考试这根指挥棒的影响下,以儒家经典为学习的主要内容。另外,唐代贬谪到湖南来的文人学者,如柳宗元、刘禹锡,也在湖南地区传播儒学,尽管他们也受时代风气影响,对佛学等宗教文化也有所倾心,但他们

---

① 《王子安集注》,上海古籍出版社1995年版,第487页。
② 《樊川文集》,上海古籍出版社1978年版,第223页。
③ 刘昫等:《旧唐书·本纪第十九下·僖宗》,中华书局1997年版,第197页。
④ 邓洪波:《湖南书院史稿》,湖南教育出版社2013年版,第4页。

思想的主流还是儒学。他们是中唐儒学复兴的核心人物,对后来的湖南理学兴盛都有先导之功。

"贬谪文化"凸显是汉唐时期湖南地域文化的特点之一。在这一时期,湖南总体上属于偏远落后的地区,是朝廷各种被贬官吏的流放之所,即所谓的"屈、贾伤心之地"。流放到湖南,对于这类流放文人来说,自然是其人生的不幸,但对于湖湘文化而言,却又是一种"幸运",这些贬员谪客,由于其中一些人拥有深厚的文化功底,著名的有贾谊、柳宗元、刘禹锡等,他们对湖湘文化的形成以及汉唐核心价值观的完善作出了重要的贡献。

除了上述从湘楚文化向湖湘文化过渡、"贬谪文化"凸显两个特点,汉唐时期湖南地域文化还有一个重要特征,就是宗教文化发达。

先看佛教在这一时期湖南地区的传播和发展的情况。据目前所知史料,佛教最早于西晋时期传入湖南,晋武帝泰始四年(268),竺法崇禅师在岳麓山创建麓山寺。南北朝时,慧思(又作惠思)于陈废帝光大二年(568)赴湖南南岳,建般若寺(今福严寺),而其弟子智顗则为天台宗的创始人。两晋南北朝时期,湖南地区兴建了一大批著名寺院,尤以南岳衡山为最。隋唐时期,统治者实行儒、释、道三教并重政策,佛教获得大发展,先后出现天台、禅宗、净土、律宗、唯识、三论、华严、密宗八宗,湖南地区最盛行的是禅宗、天台、净土、律宗。尤其是禅宗,是一个彻底中国化的佛教宗派,在中国佛教史上影响最大,这个宗派在传播和发展创新的过程中,最重要的地域就是湖南南岳。

按照禅宗的传承谱系,印度僧人菩提达摩来华开创禅宗,传慧可、僧璨、道信、弘忍,五祖弘忍门下弟子神秀创渐悟北宗,慧能(又作惠能)则创顿悟南宗。后来北宗渐衰,而慧能所创南宗则获得极大的发展。慧能身后,禅宗南宗分成菏泽、青原、南岳三大系统。菏泽神会(?—760)俗姓高,湖北襄阳人,初师神秀,后改投慧能门下,往岭北弘教,住持洛阳菏泽寺,称"菏泽大师",但此宗后来逐渐消失了。到晚唐五代之时,所有禅宗派别皆汇集为南岳系与青原系,而这两系又都是从南岳创发出来的。

南岳系因开创者是南岳怀让而得名。南岳怀让（677—744），俗姓杜，金州安康（今陕西安康）人。少年出家，往曹溪（今广东韶关）投于慧能门下，随侍 15 年。唐玄宗先天二年（开元元年，713）入南岳，在慧思禅师所创之般若寺（今福严寺）弘教 30 余年，开南岳一系。怀让弟子众多，最著名的是马祖道一。道一（709—788），俗姓马，世称"马祖"，汉州（四川广汉）人。道一来南岳后，独处一庵，终日坐禅，怀让见其神宇不凡，与其展开了一场禅宗史上著名的对话。怀让问："大德坐禅图什么？"道一回答说："图作佛。"怀让便拿一块砖在道一所住庵前磨。开始道一没理会，时间久了，忍不住问怀让磨砖"作什么？"怀让说："磨作镜。"道一惊愕曰："磨砖岂能成镜？"怀让便乘机指点他说："磨砖既不能作镜，坐禅岂能成佛？"道一顿时离座开悟。① 这就是著名的"磨砖作镜"典故，至今在南岳福严寺附近尚存"磨镜台"遗址。道一随侍怀让 10 年，得入堂奥，后来道一聚徒说法，门下弟子众多，著名的有百丈怀海、南泉普愿等。百丈怀海的法嗣沩山灵佑及灵佑的弟子仰山慧寂，先后在潭州沩山（今湖南宁乡）和袁州仰山（今江西宜春）开宗立派，是为"沩仰宗"。百文怀海的另一名弟子黄檗希运，传临济义玄，临济义玄则创"临济宗"，临济宗后来又分出杨岐与黄龙两派。

唐代禅宗青原系的开创者追溯至青原行思（671—740），俗姓刘，吉州庐陵（今江西吉安）人，是禅宗六祖慧能门下五大弟子之一，得法印后回家乡青原山弘法。行思生前影响并不大，其弟子石头希迁是青原系的真正开创者。希迁（700—790），俗姓陈，端州高要（今广东高要）人，为青原行思法嗣。希迁于唐玄宗天宝元年（742）到南岳，结庵于石台之上，号"石头和尚"，住锡南岳 40 余年。禅宗青原行思这一系经石头希迁开创和传承，后来衍创出"曹洞宗""法眼宗""云门宗"，与上述"沩仰宗""临济宗"共为"五宗"，加上"临济宗"下的杨岐、黄龙二派，则为禅宗传承之"五宗七派"。从以上所述可知，这五宗七派中的沩仰、临济二宗以及杨岐、黄龙二派直接

---

① 参见释道原：《景德传灯录》卷五，中华书局 2022 年版，第 163 页。

出自南岳怀让法系,而青原系衍创出的曹洞、法眼、云门三宗,也与住锡南岳的石头希迁有直接的渊源关系,由此可见,湖南南岳在禅宗发展史上具有极其崇高的地位。

南岳成为佛教圣地,晋—唐时期南岳地区寺院创建也相当繁盛,除了前文所述慧思创建的福严寺(般若寺),还有南台寺、上封寺、祝圣寺、方广寺、天台寺等著名寺院。南岳之外湖南别的地区,汉唐时期也兴建了许多寺院,如位于长沙的麓山寺、开福寺、道林寺,位于宁乡的密印寺,位于浏阳的石霜寺,位于湘潭的唐兴寺(又名石塔寺),位于湘乡的东山寺,等等,寺院数量极多,兹不一一列举。总之,经过西晋时期佛教初传湖南,到隋唐五代时期,湖南已经成为全国佛教传播重要的核心地区之一了。

现在再来看道教在汉唐时期湖南地区的传播情况。道教正式产生于东汉末,但在此之前,有很长一段渊源酝酿时期,古代的神仙崇拜和方士方术,是道教的重要渊源之一。在道教产生之前,湖南地区就有方士活动,如西汉方士苏耽,据传在今郴州一座山中修炼成仙,此山因此得名“苏仙岭”。另外,青城山道人皮玄耀与王谷神曾在南岳修炼还元胎息大法,经数年而成,被汉武帝(一说晋武帝)召见,分别被封为“太素先生”与“太微先生”。

东汉末年,五斗米道创立者张道陵尝自天目山游南岳,谒青玉、光天二坛,礼祝融君祠。继之,又有张正礼入衡山修道,服饵黄精,后不知所终。

魏晋南北朝时期,来南岳修炼的道士很多,如“南岳九真人”:陈兴明、施存、尹道全、陈惠度、徐灵期、张昙要、张如珍、王灵舆、邓郁之。另有在南岳修道的女道士魏华存,称“南岳夫人”,被奉为道教上清派第一代宗师。

唐代三教并重,道教因其祖师老子被尊为唐宗室的“圣祖”,道教极为繁荣兴盛。这一时期湖南地区的道教也相当发达,见于史籍的唐代湖南著名道士有近30人[1],其中著名高道司马承桢,在南岳修道,曾受武则天召见,与陈子昂、宋之问、李白、王维、孟浩然、贺知章等人交往甚密,还曾受唐

---

[1] 湖南省地方志编纂委员会:《湖南宗教志》,湖南人民出版社2012年版,第204页。

睿宗、唐玄宗召见,阐析道家学说,理论水平相当高。

湖南南岳衡山,不但是佛教圣地,也是道教要地。佛、道二教并行共处,呈现出兼容共发的景象。特别是南岳大庙,佛、道二教长期共庙分居,在同一座庙宇中,东回廊外有8座道观,供道士居住,而西回廊外则是8座佛寺,供僧人住宿,同一庙中佛、道共居,堪称奇绝。上述内容显示出湖南宗教文化十分发达,而且可以兼容并蓄,共同发展。

第三节　汉—唐时期湖南地域文化与
汉唐核心价值观的相互影响

在汉至唐这一历史时期,湖南一直属于远离政治、经济和文化中心的偏远地区,是朝廷贬谪文人官员的流放之地。总体来说,这一时期湖南地域文化不断地受到中原文化的沾溉,尤其是汉代和唐代这两个国家统一而强大的朝代,国家主流意识形态对湖南地区自然形成强大的统率和辐射作用,湖南地域文化逐渐从以先秦楚文化为核心的"湘楚文化"向以儒家文化为核心的"湖湘文化"过渡。在这一过程中,湖南地域文化对汉唐主流思想文化以及核心价值观的建构也有一定的贡献。

一、湖南地域文化与汉初黄老之学

在西汉初,国家的主流意识形态是黄老之学,其核心价值观自然是黄老道家学说的"清静无为""因循休息"等价值观念。湖南地区这一时期也盛行黄老之学。最有力的证明就是前文所述1973年在长沙马王堆三号汉墓出土了一批帛书,其中与《老子》乙本合卷出土的四篇古佚书《经法》《十六经》《称》《道原》,很可能是史书有著录但失传已久的《黄帝四经》,而把《老子》乙本与"黄帝书"同抄在一个本子上,抄写年代也在汉初,正又佐证汉初的确盛行黄老之学。而黄老之学在长沙汉墓出土,也证明了当时湖南地区流行黄老之学的历史事实。

汉初统治者崇奉黄老之学以及湖南地区流行黄老之学,除了前文阐明国家在长年残酷战乱之后需要休养生息等政治因素外,地域文化的影响也值得关注。湖南在先秦时期的地域文化,我们称之为"湘楚文化",湘楚文化的性质是楚文化,湘楚文化属于楚文化的大系统,湘楚文化在汉代初期的湖南地区还是相当盛行的。包括湘楚文化在内的楚文化与北方中原地区的儒、墨等文化系统的核心价值观是大异其趣的。能够在理论上代表楚文化的先秦诸子学派就是道家学派。黄老道家以老子道家思想为核心,本来就与楚文化关系最为紧密。从这个角度来看,包含湘楚文化在内的楚文化,就是黄老之学的地域文化基础。汉初君臣大多属于楚地人。汉高祖刘邦是"沛丰邑中阳里人"①,当时的"沛"(沛县)属于"西楚"之地:"自淮北沛、陈、汝南、南郡,此西楚也。"②汉高祖刘邦是楚地人,他的得力助手,也是在汉初力推黄老之学的统治高层人物曹参,跟刘邦是同乡,也是"沛人"③。楚文化本就是道家思想的地域文化基础,出生于楚地的汉初君臣,受楚文化潜移默化影响是自然而然的,再加之汉初从政治上也需要休养出息,所以汉初统治者接受并崇奉黄老之学,也就顺理成章了。

当时湖南地区的湘楚文化,既然属于楚文化的大系统,自然具有楚文化的基本特征。湖南地区当时属于"南楚",跟"西楚"的文化风俗极为接近:"衡山、九江、江南、豫章、长沙,是南楚也,其俗大类西楚。"④湖南地区"湘楚文化"与"西楚文化"非常接近,可谓一道同风。西楚是道家开创者老子出生和生活的地方,老子是苦县厉乡曲仁里人,地处现今河南省鹿邑县与安徽省亳县之间,古属陈国。上文引到,陈国也属于西楚之地。楚国曾经数次灭陈而以陈为楚之一县。至此,可以看出,湘楚文化与老子所处的西楚文化极其类似。战国时期庄子生于宋国而钓于楚地的濮水,故亦被视为楚人,楚文化对老、庄道家的产生提供了地域文化养分,而湘楚文化盛行之地湖南,

① 司马迁:《史记·高帝纪》,中华书局 1997 年版,第 10 页。
② 司马迁:《史记·货殖列传》,中华书局 1997 年版,第 826 页。
③ 司马迁:《史记·曹相国世家》,中华书局 1997 年版,第 513 页。
④ 司马迁:《史记·货殖列传》,中华书局 1997 年版,第 826 页。

与黄老道家思想自然有一种渊源有自的亲和关系。

二、汉唐湖南流寓学者与汉唐核心价值观

汉唐时期湖南的"贬谪文化",是湖南地域文化的一大特点。从先秦到汉唐,湖南地区因为处于远离政治、经济、文化中心的偏远地区,是朝廷流放官员和文人的"伤心之地"。对于这些流放文人个人来说,是其人生遭遇的不幸,但对于湖南地域文化而言,却又是一种"幸运"。汉唐时期,流放到湖南并且在文化史上产生巨大影响的人物主要有三个,他们是贾谊、柳宗元、刘禹锡。他们的思想文化贡献是多面而丰富的,我们着重从核心价值观的角度来分析他们对汉唐核心价值观的贡献以及他们与湖南地域文化的关系。

贾谊是中国文化史上难得的少年天才,他只活了 33 岁,但在文化史上的地位却很高,是汉初杰出的思想家、政治家、文学家。贾谊 18 岁即已因博学多才而闻名于郡,22 岁"颇通诸子百家之书,文帝召以为博士。"①这里的"博士"是汉代的官名,《汉书》记载:"博士,秦官,掌通古今,秩比六百石,员多至数十人。"②汉初因循秦官,设博士。贾谊属于这几十个博士中的一员,但他"最为少"。一般情况下"掌通古今"的博士官都经过岁月的积累,年长学高,但贾谊年刚二十余,即任博士,足见其博学早熟。贾谊年少英迈,议论风发:"每诏令议下,诸老先生不能言,贾生尽为之对……诸法定所更定,及列侯悉就国,其说皆自贾生发之。"③可见贾谊此时意气风发,思维敏捷,对国家大政方针颇有建言。汉文帝与贾谊年纪相仿,当时也是年轻的天子,两位二十出头的年轻人,一君一臣,相知甚欢。汉文帝极其赏识贾谊,超迁提拔,一年中就提拔贾谊为"太中大夫",而且还想继续提拔贾谊"任公卿之位"。这时,就遭到了丞相周勃、太尉灌婴、东阳侯张相如、御史大夫冯敬等朝中权臣的集体反对。文帝初登位,其皇位的巩固要仰仗这些权臣,另外,

---

① 司马迁:《史记·屈原贾生列传》,中华书局 1997 年版,第 631 页。
② 司马迁:《汉书·百官公卿表》,中华书局 1997 年版,第 192 页。
③ 司马迁:《史记·屈原贾生刘传》,中华书局 1997 年版,第 631 页。

三人成虎，年轻的皇帝听信了权臣的毁谤，于是疏远了贾谊，贬他到湖南当长沙王太傅。此时的长沙王吴差，是仅存唯一的异姓诸侯王。异姓王在汉初是被猜忌的。汉高祖刘邦在得到天下后封了一些有大功的异姓王，但后来又将那些他不放心的异姓王全部剪除，唯有长沙王因势小又忠心而得幸免。然而，毕竟是非刘姓之王，免不了被猜忌，地位也是风雨飘摇。贾谊从天子近臣骤贬为偏远湖南长沙王太傅，心情相当郁愤，司马迁描述贾谊当时的心态曰："贾生既辞往行，闻长沙卑湿，自以寿不得长，又以适（谪）去，意不自得。"①在这种"意不自得"的心情中，贾谊赴长沙太傅任，过汨罗，渡湘水，他想起了被贬湖南自沉而死的屈原，引起强烈的共鸣，挥笔写下千古名作《吊屈原赋》。在赋文中，贾谊哀叹屈原"遭世罔极""逢时不祥"，用"鸾凤伏窜兮，鸱鸮翱翔"来形容当年屈原所处的黑暗混乱、是非颠倒的时代，并用"横江湖之鳣鲸兮，固将制于蝼蚁"来比喻贤者不容于群小的可悲。但是，即使遭遇人生不幸，却仍然保持人格独立和意志坚强："所贵圣人之神德兮，远浊世而自藏；使麒麟可系而羁兮，岂云异乎犬羊？"②这些描写，皆有贾谊借吊屈原而自况的意味。

贾谊的《吊屈原赋》无疑是受到屈原以及湘楚文化的强烈影响而创作的。贾谊引屈原为同调，而《史记》也将屈原和贾谊合传，后世遂以"屈贾"合称。从艺术形式来看，贾谊的"吊屈原"之文，乃为用"骚体"写作的抒情赋，其体制和语句明显带有模仿楚辞的痕迹，但却大大散文化了，开创了一种新的文体，是汉初赋体形成时期的代表作之一。

贾谊在长沙谪居生活了四年。除了《吊屈原赋》，还创作了不少思想性很强的作品，尤其以《鵩鸟赋》为最。鵩鸟即今之猫头鹰，长沙古俗认为此为不祥之鸟，若飞入房舍，则预示主人即将死去或远去。有一天，一只鵩鸟飞入贾谊的房舍，贾谊触景生情，写下这篇哲学意味极浓的赋文。赋文描述鵩鸟

---

① 司马迁：《史记·屈原贾生列传》，中华书局1997年版，第631页。

② 以上引文均见阎振益、钟夏：《新书校注》，中华书局2000年版，第418页。

飞入房舍，贾谊感到奇怪，所以用策数之书占卜，得到卜辞是："野鸟入室，主人将去。"于是他问鹏鸟，要它告知吉凶和去期迟速。接着，借鹏鸟之口，阐述"祸兮福所倚，福兮祸所伏"以及等荣辱、齐生死的思想，最后得出结论：生死祸福，皆为蒂芥，何必忧疑！贾谊《鹏鸟赋》思想基调为老庄道家思想，这也并不奇怪，因为汉初本来就盛行黄老之学，老庄道家产生于包括湘楚文化在内的楚文化系统，前文已述湖南地区在汉初时期黄老之学相当流行，而贾谊又遭遇人生挫折，自然容易触景生情，用道家思想来排解心中的块垒。

《鹏鸟赋》采用拟人化以及问答方式展开全文，这种艺术形式对汉赋发展有巨大的影响，成为后来汉赋的普遍结构方式。

贾谊谪居长沙的四年时光在其短暂的一生中占据重要位置，明朝人编辑贾谊集而名为《贾长沙集》，足见长沙四年对贾谊的重要性。贾谊谪居长沙四年之后，又被汉文帝召回京师，并被分派到梁国任太傅，此后再也没有回过湖南，但湖南人民对贾谊却是一往情深，长沙的太傅祠、太傅井等与贾谊相关的历史遗迹，从两千多年前一直保存至今，证明湖南人民世世代代怀念着这位才华横溢而又郁郁寡欢的"贾生"。

尽管贾谊谪居长沙期间心情郁愤，在其撰著的《鹏鸟赋》中也流露出强烈的道家思想，但他并没有消沉，而是尽心履职，积极作为，不但继续向朝廷上疏建言，并得到采纳，而且积极在长沙以及湖南地区推进文化教育事业发展，尤其是对于儒家思想在湖南的传播功不可没。贾谊的思想归宿很复杂，其思想体系中有儒家、道家、法家等流派的思想成分，但总体来看他是一个儒者，是一位提倡积极有为，奋发进取而又不计自身得失荣辱的真儒。他在早年撰写的《过秦论》中就推崇儒家的"仁义"思想。贾谊政治思想的鲜明特点是礼法结合，以礼为主，即以儒为主，兼采法家等流派的思想成分。贾谊历任长沙王和梁王太傅，《后汉书·班彪列传》曾言："贾谊教梁王以《诗》《书》。"①贾谊当诸侯王太傅的一个重要职责就是引导上层统治者学习儒

---

① 范晔：《后汉书·班彪列传》，中华书局 1997 年版，第 354 页。

家经典。梁王是汉文帝最疼爱的儿子,让贾谊以儒家经典教梁王,可见汉朝最高统治者教育贵族子弟的思想倾向是以儒学为主的。贾谊在担任长沙王太傅时,承担教育培养王侯子弟的责任,教育的内容自然也主要是儒家思想。贾谊在谈到"先王设教"时曾说:

> 人有仁、义、礼、智、信……先王为天下设教,因人所有,以之为训;道人之情,以之为真。是故内法六法,外体六行,以与《书》《诗》《易》《春秋》《礼》《乐》六者之术以为大义,谓之六艺,令人缘之以自修。①

贾谊在这里把"仁义礼智信"明确连在一起说,同时又说先王设教,内容是儒家最核心的六经,足见贾谊对儒家核心价值观的高度认同。从某种程度上说贾谊崇儒思想是董仲舒独尊儒术思想的先驱理论,亦不为过。对于湖南来说,贾谊到长沙担任王侯贵族子弟教育之任,用儒家典籍作为教育的主要内容,既是朝廷最高统治者的意愿,也是贾谊本人思想的应有之义。贾谊这种饱读儒家典籍的大学者来湖南宣教儒家学说,对湖南地域文化从湖楚文化向以儒学为主的湖湘文化过渡是有巨大推动作用的。

在贾谊之后,被贬到湖南而在湖南地域文化史上有突出影响的文人官员是唐代的柳宗元和刘禹锡。柳宗元是唐代大文豪,古文运动的领袖人物,弱冠之年考中进士,入朝为官,参加政治革新而失败,被贬到湖南为永州司马。与贾谊一样,柳宗元被贬来湖南后,也写了一篇《吊屈原文》,此文立意、思想乃至文辞,与贾谊的《吊屈原赋》如出一辙,柳宗元来到当时湖南这块"屈贾伤心之地",其遭遇和心情与屈、贾有太多相似之处,故而写作此文。

前文已述,唐朝的思想文化政策是儒、释、道并重而以儒为主,从意识形态和价值观的角度看,儒家思想是唐朝的主流意识形态,儒学价值观是唐朝的核心价值。柳宗元是这种思想格局的典型代表。柳宗元所处的中唐之世,尽管儒家思想仍然是国家的主流意识形态,但佛、道二教非常盛行,儒学

---

① 贾谊:《六术》,阎振益、钟夏:《新书校注》,中华书局 2000 年版,第 316 页。

不断受到佛、道的挑战，而尤以佛教为甚。与柳宗元年纪相若的韩愈，站在复兴儒学的立场上对佛学进行了猛烈批判，甚至说得极端绝对："人其人，火其书，庐其居。"①即强迫僧尼、道士还俗，烧掉佛、道的书籍，把佛寺和道观改为民居。这种想法虽然有后来的唐武宗灭佛在行动上实施了，但毕竟是粗暴和难以从根本上奏效的。在韩愈生活的时代，更是不现实的。当时唐宪宗相当佞佛，甚至要把佛骨舍利迎进京师，韩愈以大无畏的勇气上书反对，差点丢了性命，但他矢志不移，作诗明志："欲为圣朝除弊事，肯将衰朽惜残年。"

韩愈的勇气可嘉，志气可佩。在复兴儒学的理论建设方面，他尚未像后来宋明理学家那样对佛、道理论进行深入辨析，但韩愈提出"道统说"，则是一大贡献。他说：

> 斯吾所谓道也，非向所谓老与佛之道也。尧以是传之舜，舜以是传之禹，禹以是传之汤，汤以是传之文、武、周公，文、武、周公传之孔子，孔子传之孟轲。轲之死，不得其传焉。②

韩愈在这里提出从尧、舜、禹到孔、孟所传承的"道"，有一个传道的统绪。这个说法在《孟子·尽心下》中即有说明。韩愈是在孟子之说基础上提出"道统"说的。而且，韩愈认为孟子得道统之传，但孟子死后，道统失传了。谁来继承呢？韩愈自己站出来，宣称当今之世，道统续传"非我其谁"，他说：

> 如使兹人有知乎，非我其谁哉！其行道，其为书，其化今，其传后，必有在矣。③

> 释老之害过于杨、墨，韩愈之贤不及孟子。孟子不能救之于未亡之前，而韩愈乃欲全之于已坏之后。呜呼！其亦不量其力，且见其身之

---

① 韩愈：《原道》，《韩愈文集汇校笺注》，中华书局2010年版，第4页。
② 韩愈：《原道》，《韩愈文集汇校笺注》，中华书局2010年版，第4页。
③ 韩愈：《重答张籍书》，《韩愈文集汇校笺注》，中华书局2010年版，第562页。

危，莫之救以死也！虽然，使其道由愈而粗传，虽灭死，万万无恨。①
可见，韩愈是以续传儒家之"道统"自任的。那么，这个"道"到底是什么呢？
其具体内容究竟为何？韩愈亦有详论。他说：

> 夫所谓先王之教者何也？博爱之谓仁，行而宜之之谓义，由是而之
> 焉之谓道，足乎己、无待于外之谓德。其文：《诗》《书》《易》《春秋》；其
> 法：礼、乐、刑、政；其民：士、农、工、贾；其位：君臣、父子、师友、宾主、昆
> 弟、夫妇……②

韩愈说得很明确，他所说的"道统"之道，就是儒家以"仁义"为核心的"先王
之教"，实即以"仁"和"义"为主的儒家核心价值观。韩愈提出"仁"即"博
爱"。还论到"道""德"与"仁义"的关系："仁与义为定名，道与德为虚
位。"③"道"与"德"是儒家和道家共同使用的概念，其内容空泛而不定，儒
家道德的具体内容是"仁"与"义"等儒家核心价值观内容。总之，韩愈提出
儒家"道统"说，崇奉儒家核心价值观，以继承儒家"道统"为己任，是中唐儒
学复兴运动的核心人物之一，他对待佛、道的态度是坚决反对，猛烈批判。

柳宗元也是中唐儒学复兴运动的代表人物。柳宗元21岁考中进士，入
朝为官，后因参与"永贞革新"失败而贬为永州司马。他在对待佛学态度上
跟韩愈的不同之处在于，柳宗元"统合儒释"，对佛学采取兼容并蓄的态度，
显得比韩愈更为理性。柳宗元曾自言其学佛的经历曰："吾自幼好佛，求其
道积三十年。世之言者罕能通其说，于零陵，吾独有得焉。"④柳宗元自幼
即"好佛"，到零陵（即湖南永州）后对佛学更加有独到的理解。湖南当时
佛教已相当盛行，尤其是南岳更是已成佛教的核心宝地，柳宗元来到离南
岳不远的永州，而且正处在被贬失意之时，故而对佛教产生了更加浓厚的
兴趣，跟佛僧们过从甚密，且对佛教理论多有回护，以至于引起韩愈的不

---

① 韩愈：《与孟简尚书书》，《韩愈文集汇校笺注》，中华书局2010年版，第888页。
② 韩愈：《原道》，《韩愈文集汇校笺注》，中华书局2010年版，第4页。
③ 韩愈：《原道》，《韩愈文集汇校笺注》，中华书局2010年版，第1页。
④ 柳宗元：《送巽上人赴中丞叔父召序》，《柳宗元集》，中华书局1979年版，第671页。

满。柳宗元自道：

> 儒者韩退之与余善，尝病余嗜浮图言，訾余与浮图游。近陇西李生
> 础自东都来，退之又寓书罪余，且曰："见《送元生序》，不斥浮图。"浮图
> 诚有不可斥者，往往与《易》《论语》合，诚乐之，其于性情奭然，不与孔
> 子异道。[1]

韩愈（退之）指责柳宗元嗜浮图（佛教）言，与佛僧游，并且不排斥佛教。柳
宗元认为佛教不能排斥，而且认为佛教理论与孔子之道相合。柳宗元指出
佛教也讲性善[2]，中国式佛教讲孝道[3]，佛之戒律于定慧同于儒之礼于仁
义[4]，等等。总之，柳宗元力证佛教的很多思想理论是与儒家孔子之道相符
的。另外，柳宗元也认为，道家和道教等思想派别跟儒家也不矛盾："余观
老子，亦孔氏之异流也，不得以相抗，又况杨、墨、申、商，刑名纵横之说，其迭
相訾毁、牴牾不合者，可胜言耶？然皆有以佐世。"[5]

柳宗元的基本立场是儒家的，他自己也对其基本理论立场说得很明白：

> 宗元……唯以中正信义为志，以兴尧、舜、孔子之道，利安元元
> 为务。[6]

> 幸而好求尧、舜、孔子之志，唯恐不得；幸而遇行尧、舜、孔子之道，
> 唯恐不慊。[7]

柳宗元终身以振兴"尧、舜、孔子之道"，即振兴儒学为务。当时到湖南来
的，除了像柳宗元这种被贬的文人官员，还有一些派遣来任地方长官的儒学
之士，也兴学崇儒，传播儒学。柳宗元曾记述唐元和年间道州州守薛伯高创

---

① 柳宗元:《送僧浩初序》,《柳宗元集》,中华书局 1979 年版,第 673 页。
② 柳宗元:《曹溪第六祖赐谥大鉴禅师碑》,《柳宗元集》,中华书局 1979 年版,第
150 页。
③ 柳宗元:《送元暠师序》,《柳宗元集》,中华书局 1979 年版,第 678 页。
④ 柳宗元:《南岳大明寺律和尚碑》,《柳宗元集》,中华书局 1979 年版,第 170 页。
⑤ 柳宗元:《送元十八山人南游序》,《柳宗元集》,中华书局 1979 年版,第 662 页。
⑥ 柳宗元:《寄许京兆孟容书》,《柳宗元集》,中华书局 1979 年版,第 779 页。
⑦ 柳宗元:《送娄图南秀才游淮南将入道序》,《柳宗元集》,中华书局 1979 年版,第
656 页。

办学校,传习儒学之事,柳宗元对之给予高度评价:"由是邑里之秀民,感道怀和,更来门下,咸愿服儒衣冠,由公训程。公摄衣登席,亲释经旨,丕渝本统。父庆其子,长励其幼,化用兴行,人无诤讼。"①柳宗元赞扬州守薛伯高创建学校,招收学生,并亲自讲解儒家经典要旨,通过儒家思想的教化,使地方风俗醇和,民知礼义孝悌,鲜有争端,自然不会诤讼于公堂。柳宗元对儒学的教化功能相当推崇。

柳宗元在谪居湖南永州期间,思想趋于成熟,撰写了大量脍炙人口的作品,如《永州八记》《捕蛇者说》这类文学作品,几乎家喻户晓。另外,柳宗元在此期间还创作了很多哲学论文,如《天对》《天说》等,对天人关系进行探索,在哲学史上也占有一席之地。《天对》是对先秦时期湘楚文化代表人物屈原创作的奇文《天问》所提问题的一一对答。《天说》则是针对韩愈近乎天人感应的"天论"主张而发。柳宗元天人观的主要观点是天人"其事各行不相预。"②即天与人互不相干,天的生植与灾荒,与人类社会的治乱吉凶没有联系。这种思想在当时是有很强进步意义的,它冲破了自汉代以来盛行的天人感应以及谶纬神学的天人理论,剥落了笼罩在儒学天人观上的神学外衣,恢复儒学以仁义道德为政治和伦理标准的本来面目。

> 功者自功,祸者自祸,欲望其赏罚者大谬;呼而怨,欲望其哀且仁者,愈大谬矣! 子而信子之仁义以游其内。③

> 是故受命不于天,于其人;休符不于祥,于其仁。惟人之仁,匪祥于天;匪祥于天,兹惟贞符哉! 未有丧仁而久者也,未有恃祥而寿者也。④

柳宗元认为统治者"受命"不在天而在人,践行仁义之道才是最贞祥的"符命",这是直接针对董仲舒君权天授思想而发的。柳宗元的天人观引起了他的好友,同时被贬到湖南来的刘禹锡的兴趣,刘禹锡也撰写《天论》一文

---

① 柳宗元:《道州文宣王庙碑》,《柳宗元集》,中华书局 1979 年版,第 121 页。

② 柳宗元:《答刘禹锡天论书》,《柳宗元集》,中华书局 1979 年版,第 817 页。

③ 柳宗元:《天说》,《柳宗元集》,中华书局 1979 年版,第 443 页。

④ 柳宗元:《贞符》,《柳宗元集》,中华书局 1979 年版,第 35 页。

来参加柳宗元和韩愈的"天人之辩"。

刘禹锡长柳宗元一岁，二人于唐德宗贞元九年（793）同登进士第，此时柳宗元 21 岁，刘禹锡 22 岁，都是意气风发的翩翩青年。后二人都因参与"永贞革新"失败而被贬，而且都被贬到湖南生活十年，柳宗元被贬为永州司马，刘禹锡被贬为朗州（今湖南常德）司马。刘禹锡自己说明了他撰《天论》的缘由：

> 余之友河东解人柳子厚作《天说》，以折韩退之之言，文信美矣，盖有激而云，非所以尽天人之际，故余作《天论》，以极其辩。①

刘禹锡说得明白，他是有感于柳宗元（子厚）与韩愈（退之）的辩论，认为柳宗元的《天说》尚未深入阐述"天人之际"问题，所以写作《天论》，目的是"极其辩"，即深入引申发挥。

柳宗元看到刘禹锡的《天论》文章后，认为刘禹锡之文："凡子之论，乃《天说》传疏耳，无异道焉。"②柳宗元认为刘禹锡的《天论》只不过是自己《天说》的"传疏"，在思想上并没有越出柳宗元天人观的藩篱，这个说法也有一定的道理。刘禹锡在《天论》中提出的主要观点是"天与人交相胜"，意即"天"与"人"各有所长，亦有所短；各有所能，亦有所不能。"天"与"人"各有擅胜之领域，彼此不可取代。这种天人交相胜的观点实则是柳宗元天与人不相预思想的发挥，刘、柳二人在天人观上的思想总体上是一致的，主张天人二分，反对天人感应的神学理论。只不过，刘禹锡的《天论》比柳宗元的《天说》在理论上说得更具体、细致，是对柳宗元天人观的有益补充和完善。

刘禹锡和柳宗元对天人理论的深入探索，与湖南地区传统的湘楚文化注重探索天地宇宙大本大原的精神传统是一致的。尤其是对于湘楚文化代表人物屈原，刘、柳二人共同景仰，深受其影响。《旧唐书·柳宗元传》评价

---

① 刘禹锡：《天论上》，《刘禹锡全集编年校注》，中华书局 2019 年版，第 1686 页。

② 柳宗元：《答刘禹锡天论书》，《柳宗元集》，中华书局 1979 年版，第 816 页。

柳宗元受屈原影响曰：

> 宗元……既罹窜逐，涉履蛮瘴，崎岖堙厄，蕴骚人之郁悼，写情叙事，动必以文。为骚文十数篇，览之者为之凄恻。①

柳宗元深受屈骚精神影响，写作了大量"骚文"，读之者为之动容，其中的《吊屈原文》，以及回答屈原的《天问》而创作的《天对》，直接承续屈子文学和精神传统。

刘禹锡被贬到朗州（今湖南常德），正是当年屈原流放生活过的地方，刘禹锡从内在精神到诗赋创作的外在形式，都受到屈原的深刻影响。刘禹锡在湖南期间创作了大量的赋，与屈原楚辞有明显的继承关系，如刘禹锡的《何卜赋》与《问大钧赋》，明显就是仿照屈原的《卜居》与《天问》而作。另外，刘禹锡的诗歌创作也深受屈原影响，如："昔日居邻招屈亭，枫林橘树鹧鸪声。"②刘禹锡自言曾与"招屈亭"比邻而居。"屈平祠下沅江水，月照寒波白烟起。"③屈平（屈原）祠在招屈亭附近，这是刘禹锡经常游览的地方。"宁知楚客思公子，北望长吟澧有兰。"④刘禹锡在这里自称"楚客"，诗句化用了《楚辞·九歌·湘夫人》。"沅有茝兮澧有兰，思公子兮未敢言"的典故。"唯有《九歌》词数首，里中留与赛蛮神。"⑤屈原流放沅湘时曾作有《九歌》，刘禹锡在此处诗句中说自己也作有《九歌》，实际上是指刘禹锡仿照屈原《九歌》而创作的《竹枝词九首》。刘禹锡在《竹校词九首》的引言中说："昔屈原居沅湘间，其民迎神，词多鄙陋，乃为作《九歌》，到于今荆楚鼓舞之。故余亦作《竹枝词》九篇，俾善歌者飏之。"⑥刘禹锡在这里说得很明

---

① 刘昫等：《旧唐书·柳宗元传》，中华书局1997年版，第1079页。

② 刘禹锡：《酬朗州崔员外与任十四兄侍御同过鄙人旧居见怀之什时守吴郡》，《刘禹锡全集编年校注》，中华书局2019年版，第1007页。

③ 刘禹锡：《采菱行》，《刘禹锡全集编年校注》，中华书局2019年版，第322页。

④ 刘禹锡：《早春对雪奉寄澧州元郎中》，《刘禹锡全集编年校注》，中华书局2019年版，第244页。

⑤ 刘禹锡：《别夔州官吏》，《刘禹锡全集编年校注》，中华书局2019年版，第559页。

⑥ 刘禹锡：《竹枝词九首》并引，《刘禹锡全集编年校注》，中华书局2019年版，第546页。

白,他仿照屈原作《九歌》之故事,也作《竹枝词》九首,可见刘禹锡受屈原影响之深。另外,刘禹锡还谈到他受湖湘山水激发而创作《武陵书怀五十韵》诗篇的经过,他说:"武陵当翼、轸之分。其在春秋及战国时,皆楚地……永贞元年,余始以尚书外郎出补连山守,道贬为是郡司马。至则以方志所载而质诸其人民,顾山川风物皆骚人所赋,乃具所闻见而成是诗。"①武陵即湖南常德,刘禹锡说他想到这里的山川风物,乃为屈原的创作之地,于是诗兴大发,创作了《武陵书怀五十韵》。总之,湖南的山川风物,历史悠久的湘楚文化,以及湘楚文化的代表人物屈原,为刘禹锡提供了创作的源泉和典范。同时,刘禹锡的诗文创作也对湖湘地域文化的丰富产生了良好的影响,《旧唐书·刘禹锡传》曾对此有评价:"禹锡在朗州十年,唯以文章吟咏,陶冶情性。蛮俗好巫,每淫祠鼓舞,必歌俚辞。禹锡或从事于间,乃依骚人之作,为新辞以教巫祝。故武陵溪洞间夷歌,率多禹锡之辞也。"②在刘禹锡来湖南的时代,湖湘之地人民仍然好巫,在各种巫术活动中,由于当地人文化水平有限,常常歌唱"俚辞",即相对粗俗的俚语。刘禹锡是有名的大文豪,他效仿屈原,写作高雅的诗歌来教当地的"巫祝",其歌词遂在湖南当地流行。

从核心价值观的角度来说,刘禹锡与柳宗元一样,也是中唐儒学复兴的核心人物,自然也是崇奉儒家核心价值观的。刘禹锡与柳宗元都"好佛",但他们"好佛"而不"佞佛",他们的理论立场是儒家的。他们讨论的天人关系问题,实际上是汉代以来儒学的中心问题之一,他们关于天人问题的理论主张,也标示着中唐儒学发展的新趋向。只不过,虽然他们的理论立场是儒家的,但他们也提倡要正视佛、道等学派的优点,吸收其长处,统合会归。刘禹锡说:

> 素王立中区之教,懋建大中;慈氏起西方之教,习登正觉。至哉!
> 乾坤定位,而圣人之道参行乎其中,亦犹水火异气,成味也同德,轮辕异

---

① 刘禹锡:《武陵书怀五十韵》并引,《刘禹锡全集编年校注》,中华书局 2019 年版,第 119 页。

② 刘昫等:《旧唐书·刘禹锡传》,中华书局 1997 年版,第 1078 页。

象,致远也同功。①

刘禹锡认为儒、佛两家思想可以融合同功。同时,他又指出了儒学的不足
之处:

> 儒以中道御群生,罕言性命,故世衰而浸息;佛以大悲救诸苦,广启
> 因业,故劫浊而益尊。②

刘禹锡指出儒学的不足是"罕言性命",实即儒家在心性本体方面的理论探
索不足,后来宋明理学家着重重建儒学宇宙和心性本体理论,开创儒学发展
新形态,就是正视到儒学在心性和宇宙本体(性与天道)方面的不足才下大
功夫重建的。刘禹锡虽然看到了问题的症结,但他尚无力重建儒学本体理
论。只不过,刘禹锡能以理性的态度认识到儒学的理论不足,可以说是儒学
理论重建的发先声者。

刘禹锡虽然在思想理论上有一些创见,但由于他是以文学家名世,其哲
学思想的系统性不够。只不过,他的儒家立场是坚定的,他所崇奉的儒家核
心价值观融入其诗文创作中,起到了很好的"诗教"作用,这正是儒家所提
倡的文学的思想教化功能。

三、汉—唐时期湖南佛教与汉唐核心价值观

汉唐时期湖南地域文化的重要特征之一就是宗教文化发达。尤其是佛
教禅宗,唐代湖南是禅宗传播和发展最重要的核心地区,对唐代核心价值观
有一定的贡献。

在汉代佛教初传中国时,湖南地区尚无佛教传播,佛教最早在西晋时传
入湖南。南北朝时期,慧思到湖南南岳建般若寺(今福严寺),其弟子智顗
为天台宗创始人。隋唐时期,湖南地区盛行禅宗、天台、净土、律宗。到晚唐
五代时,所有禅宗派别皆汇集为南岳系和青原系,这两系都是从南岳创发出

---

① 刘禹锡:《袁州萍乡县杨岐山故广禅师碑》,《刘禹锡全集编年校注》,中华书局 2019
年版,第 1547 页。

② 刘禹锡:《袁州萍乡县杨岐山故广禅师碑》,《刘禹锡全集编年校注》,中华书局 2019
年版,第 1547 页。

来的。禅宗传承之"五宗七派"中的沩仰、临济二宗以及杨岐、黄龙二派直接出自南岳怀让法系,而青原系衍创出的曹洞、法眼、云门三宗,也跟住锡南岳的石头希迁有直接的渊源关系,由此可见湖南南岳在禅宗发展史上具有极其崇高的地位(详见本章第二节)。

禅宗是彻底中国化的佛教宗派,是在中国佛教史上影响最大的宗派,同时对中国文化以及传统价值观也有一定的影响。印度佛教只有禅学,没有禅宗。禅宗是南北朝时天竺僧人菩提达摩来中国创立的,传到唐代五祖弘忍之后,开始分化为北宗和南宗,北宗以神秀为代表,南宗则以六祖慧能为代表。弘忍晚年欲寻衣钵传人,曾令众弟子作偈。上座弟子神秀作偈曰:"身是菩提树,心如明镜台。时时勤拂拭,勿使惹尘埃。"此偈表达的是渐悟修习的倾向。当时慧能是一名不识字的伙头僧,请别人代笔,也作一偈曰:"菩提本无树,明镜亦非台。本来无一物,何处惹尘埃?"①弘忍欣赏慧能见解更深刻,于是便把衣钵传给他,是为禅宗六祖。

神秀的北宗一度受到唐王朝最高统治者青睐,武后曾请神秀去长安传法,中宗亦礼重之。但是,由于北宗缺少理论创新发展,不久便被在理论上全面创新,在社会上影响越来越大的南宗取代。

禅宗南宗创始人慧能,可谓中国佛教改革第一人。慧能出身低微,本为不识字的樵夫,初投弘忍门下开始并未受到重视,只是充当一名伙头僧,后因作偈而震惊四座,得传弘忍衣钵。慧能的出身和经历使他更了解普通大众的想法,从而促使他进行宗教改革。慧能的宗教改革,实际上是要打破贵族特权阶层在佛教领域的控制,使佛教教义大众化、简易化。比如,佛教提倡研读经典,对佛经进行烦琐注解和分析,这只有那些拥有文化特权的士族贵族才能做得到。再如,佛教讲布施,给寺院捐献财物越多,积善就越多,从而成佛的可能性也越大,这样首先成佛的自然就是那些拥有经济特权的贵

---

① 以上两偈见《坛经·行由品第一》,《佛教十三经》,中华书局 2010 年版,第 96—97 页。

族,平民百姓就困难得多了。慧能禅宗的教义就要打破这些特权,主张一切众生皆有佛性,成佛也不必依赖于布施财物和累世修行,以及烦琐的宗教仪式,甚至不立文字,不讲念经拜佛,不讲坐禅,而只要"顿悟"真如本性即可:

> 一闻言下便悟,顿见真如本性。是以将此教法流行,令学道者顿悟菩提,各自观心,自见本性……三世诸佛,十二部经,在人性中本自具有……若自悟者,不假外求。①

自悟不假外求,一切现象都在自心、自性当中,只要顿悟内在本有的真如本性,即可成佛解脱,这种方法极其方便,也不必依赖于外在的条件,众人皆可自我施行。慧能有一首《无相颂》曰:

> 心平何劳持戒? 行直何用修禅? 恩则孝养父母,义则上下相怜。让则尊卑和睦,忍则众恶无喧。若能钻木取火,淤泥定生红莲。苦口的是良药,逆耳必是忠言。改过必生智慧,护短心内非贤。日用常行饶益,成道非由施钱。菩提只向心觅,何劳向外求玄。听说依此修行,西方只在目前。②

这首偈颂,内容融合了传统儒家价值观念,如讲"孝""义""尊卑""改过"以及反省内求,等等。而且,此经也把慧能禅宗的教义精髓通俗地表达了出来,修行只追求向内直悟本心、本性,不必外求,只要心平行直,不必定要持戒修禅,成道也不看是否布施钱财,而是"见性成佛"③如此简单法门,自然容易为普通大众所信奉。同时,由于慧能禅宗思想与孟子"尽心、知性、知天""万物皆备于我,反身而诚"以及儒家"仁""义""孝""智"等价值观相合,另外,禅宗思想还契合老子"静观""玄览"等思维方式,所以中国传统知识分子也容易接受。唐代佛教受到"会昌法难"打击后,别的流派衰落了,唯有禅宗迅速恢复,五代后一枝独秀,至宋代"禅"几乎成了"佛"的代名词,其原因就是禅宗的彻底中国化和大众化。

---

① 《坛经·般若品第二》,《佛教十三经》,中华书局 2010 年版,第 101 页。
② 《坛经·疑问品第三》,《佛教十三经》,中华书局 2010 年版,第 104 页。
③ 《坛经·般若品第二》,《佛教十三经》,中华书局 2010 年版,第 102 页。

慧能之后禅宗的传播和发展,中心地域是湖南南岳,前文说到,晚唐五代时禅宗派别汇集的南岳系和青原系,都是从南岳创发出来的。禅宗传承的"五宗七派",沩仰、临济二宗以及杨岐,黄龙二派直接出自南岳怀让法系,青原系衍创出的曹洞、法眼、云门三宗,也跟住锡南岳的石头希迁有直接渊源关系。可以说,慧能之后禅宗发展影响最大的南岳、青原两系衍创出的所有宗派,都可溯源至湖南南岳。这些宗派继承慧能开创的禅宗南宗的基本意旨,对禅宗的发展作出过独特的贡献。如南岳怀让再传弟子百丈怀海,创设禅院,制定《禅门规式》,即后世影响极大的《百丈清规》,对禅门规式作出了巨大贡献。怀海又倡导"一日不作、一日不食"的"农禅"生活,通过农耕自食其力,改革了僧人的生活方式,提高了禅宗的生存能力,特别是在"会昌法难"中,能够使禅宗通过自力度过危机。

百丈怀海门下的沩山灵佑与仰山慧济创立了沩仰宗,曾经繁盛一时。百丈怀海门下另外一支则是黄檗希运和临济义玄创立的临济宗,非常兴盛,直到当代仍在传播。此宗宗风以机锋峻烈,棒喝凌厉而闻名于世,《古尊宿语录》载:

> 僧问:"如何是佛法大意?"师竖起拂子。僧便喝,师便打。又僧问:"如何是佛法大意?"师亦竖起拂子。僧便喝,师亦喝。僧拟议,师便打。师乃云:"大众,夫为法者,不避丧身失命。我二十年在黄檗先师处,三度问佛法的大意,三度蒙他赐杖,如蒿枝拂著相似。如今更思得一顿棒吃,谁人为我行得?"时有僧出众云:"某甲行得。"师拈棒与他,其僧拟接,师便打。[①]

这里记载得非常生动具体,为了促使僧众领悟禅理,有时语言是无法表达的,用"当头棒喝"的方式来使人"顿悟",这是禅宗极其特别的修习方法。

临济宗六传而至湖南浏阳石霜山楚圆禅师,门下分出黄龙、杨岐二派。

---

① 赜藏:《古尊宿语录》卷四《镇州临济(义玄)慧照禅师语录》,中华书局 1994 年版,第 56 页。

禅宗南宗五宗七派,沩仰、临济二宗以及黄龙、杨岐二派皆出自南岳怀让法系。另三宗曹洞、法眼、云门则出自住锡南岳的石头希迁。湖南的确对禅宗的发展起了至关重要的作用。这些宗派共同促进了禅宗进一步与中国文化结合,对唐代三教并重而以儒为主的思想格局起了推进作用,对宋明理学的形成也贡献了思想资源。

第三章　湘学与宋明理学核心价值观

我国传统核心价值观在春秋战国时期获得了成熟的理论形态,在诸子百家中,以儒、墨、道、法四家对后世的影响最大。西汉时,汉武帝采纳董仲舒的建议,"罢黜百家,独尊儒术",儒学获得主导和支配地位。在此后的中国传统社会中,儒学价值观始终占据着主导地位,只不过,在一些特定时期,儒学价值观也会遭到挑战,譬如来自魏晋玄学的挑战,还有佛学的挑战,尽管在魏晋南北朝以及隋唐时期,玄学和佛学的挑战尚未从根本上动摇和颠覆儒学的价值观,但一些有远见的儒家学者也感受到了危机。宋明理学正是在应对这种危机以及重振儒学的背景下产生的。

汉唐时期,湖南地区仍然是贬谪文人官员流放之地,此一时期湖南地区的文化底色还是本土源远流长的湘楚文化,但在众多贬谪官员的影响下,也受到中原儒家文化的沾溉。当然,这一时期湖南地域文化本身对中国传统价值观也有一定的贡献,而湖南真正对中国传统价值观产生系统性影响,则是从宋明理学开始的。

第一节　宋明理学核心价值观

宋明"理学"又有"道学""新儒学"等别称。冯友兰先生在出版于1934年的《中国哲学史》下册中,既使用"道学",有时又使用"新儒学"来指宋明理学,如该书第十章标题为"道学之初兴及道学中'二氏'之成分"①,章标

---

① 冯友兰:《中国哲学史》(下),《三松堂全集》第三卷,河南人民出版社2000年版,第250页。

题即以"道学"为名,而且内容中多使用"道学"和"道学家"之名。但同时又使用"新儒学"之名,如:"及乎北宋,此种融合儒释之新儒学,又有道教中一部分之思想加入。此为构成新儒学之一新成分。"①陈寅恪在冯友兰该书的审查报告中,也使用"新儒学"之名称。② 冯友兰先生 1946 年 9 月开始在美国宾西法尼亚大学讲授中国哲学史,后来其英文讲稿 *A Short History of Chinese Philosophy*(《中国哲学简史》)出版,使用 Neo-Confucianism("新儒学")来指称宋明理学,而且这一称呼为海外学界广泛使用。冯友兰分别于1931 年出版的《中国哲学史》上册以及于 1934 年出版的《中国哲学史》下册,合起来是一部完整的中国哲学史著作,而且是我国第一部完整的具有现代学科意义的中国哲学史著作(此前虽有胡适作《中国哲学史大纲》,但只有上卷,并不完整)。冯友兰在美国写作英文稿中国哲学简史之前,他已经著有《中国哲学史》(上下册)以及"贞元六书"(《新理学》《新原人》《新事论》《新世训》《新原道》《新知言》),此时,冯友兰既有哲学史家的眼光,又有哲学家的思想,其《中国哲学简史》虽名为"简史",实则极富创见,对中国哲学的认识十分精到,他使用"道学"这一名称时,本来即为以前的称呼③,

---

① 冯友兰:《中国哲学史》(下),《三松堂全集》第三卷,河南人民出版社 2000 年版,第259 页。

② 参见《三松堂全集》第三卷,河南人民出版社 2000 年版,第 460 页。

③ "道学"和"理学"都在宋明时期已经出现。如北宋张载所说:"朝廷以道学、政术为二事,此正自古之可忧者。"(《答范巽之书》,《张载集》,中华书局 1978 年版,第 349 页)程颐说:"家兄学术才行,为时所重……其功业不得施于时,道学不及传之书,遂将泯没无闻,此尤深可哀也。"(《上孙叔曼侍郎书》,《二程集》,中华书局 2004 年版,第 603 页)不过,张载和程颐在这里所说的"道学",还不是指某种学术系统或学术流派。但程颐在另外一个地方说:"自予兄弟倡明道学,世方惊疑。"(《祭李端伯文》,《二程集》,中华书局 2004 年版,第 643 页)这里已经具有学术系统的含义了。到南宋,理学家已经广泛使用"道学"来指称"传圣人之道"的学问系统了。如胡宏:"道学衰微,风教大颓,吾徒当以死自担。"(《与谈子立书》,《胡宏集》,中华书局 1987 年版,第 147 页)又如朱熹:"二先生唱明道学于孔孟既没,千载不传之后,可谓盛矣。"(《程氏遗书后序》,《朱熹集》,四川教育出版社 1996 年版,第 3937 页)后来,《宋史》专立《道学传》,以周敦颐、二程、张载、朱熹、张栻等人为主,未包含心学、浙东学派等现在看来属于宋代理学的儒家学派,而且,把张载纳入道学,而张栻的老师胡宏,以及胡宏的父亲胡安国,这两个湖湘学派的开创者,却被排除在道学之外(在《儒林传》),这也显得奇怪。可见,

而使用"新儒学"来指称"宋明理学"（我们也可以称宋明新儒学，以区别于现代新儒学），新儒学之"新"是有所指的。那么，它"新"在何处呢？实际上，此新是相对于先秦孔孟儒学而言的。宋明理学是儒学的一种新的形态，所以称"新儒学"。那么，它的"新"具体表现在哪里呢？关于这个问题，现代新儒家代表人物牟宗三先生有相当具体的论述。

首先，牟宗三先生认为不能说宋明理学杂佛老而为新，他说："若谓其因杂有佛老而为新，则是虚妄。"①

其次，牟宗三指出宋明理学的两点外部形式之新：一是"对先秦之庞杂集团，齐头并列，并无一确定之传法统系，而确定出一个统系，藉以决定儒家生命智慧之基本方向，因而为新。"②具体说，传承孔子生命智慧，以曾子、子思、孟子以及《中庸》《易传》《大学》为传承之正宗。二是相较于汉儒以传经为儒，宋明理学家则"直接以孔子为标准，直就孔子之生命智慧之方向而言成德之教以为儒学。"③"宋以前是周、孔并称，宋以后是孔、孟并称。周、孔并称，孔子只是尧、舜、禹、汤、文、武、周公之骥尾……孔、孟并称，则是以孔子为教主。"④这一点是说把孔子的地位抬升到"教主"的高度，实际上也是一种观念的更新。

上述两点是牟宗三所说的宋明理学的外部形式之新，还不是客观内容之新。那么，宋明理学客观内容之新如何呢？牟宗三总结为五点。

第一，孔子践仁知天，未说仁与天合一或为一，而宋、明儒则认为其完全

《宋史》的《道学传》，其范围很窄，主要指伊洛系统。"理学"之名也出现得很早，南宋时朱熹曾说："理学最难。"（《朱子语类》卷六十二，中华书局1994年版，第1482页）陆九渊曰："惟本朝理学，远过汉唐。"（《与李省干》，《陆九渊集》，中华书局1980年版，第14页）朱陆在这里所说的"理学"，指义理之学，但也开启了作为学术系统的理学概念的端绪。到了明代，黄宗羲等人著《宋元学案》，已广泛使用"理学"这一概念，如："其于理学渊源，冥搜隐索，务有根据。"（《宋元学案》卷十四《明道学案下·庄靖李鹤鸣先生俊民》，中华书局1986年版，第583页）这里所讲的理学，明显是指学术系统和学术流派。

① 牟宗三：《心体与性体》（上），上海古籍出版社1999年版，第10页。
② 牟宗三：《心体与性体》（上），上海古籍出版社1999年版，第11—12页。
③ 牟宗三：《心体与性体》（上），上海古籍出版社1999年版，第12页。
④ 牟宗三：《心体与性体》（上），上海古籍出版社1999年版，第12页。

合一,或即是一。

第二,孟子言尽心知性知天,心性是一,但未显明地表示心性与天是一。宋、明儒则认为心性天是一。

第三,《中庸》说"天命之谓性",但未显明地表示天道性命通而为一,宋、明儒则明确地如此表示。

第四,《易传》说"乾道变化,各正性命",未显明表示此所正之"性"即是乾道实体或天道实体内在于各个体而为其性,所正之"命"亦即是此实体所定之命,但宋、明儒则显明地如此表示。

第五,《大学》言"明明德",未表示"明德"即是吾人之心性,而宋、明儒则认为"明德"是"就因地之心性说,不就果地之德行说。"①

上述牟宗三所说两点外部形式之新,的确如此。宋明理学直承孔、孟,抬升孔子的地位,这是事实。但这两点的确也不是内容之新。而牟宗三所说五点客观内容之新,尽管里面有真切的内容,但却说得冗杂,甚至有重复,如第四点就《易传》而讲的新,牟宗三自己也认为与第三点"在《中庸》处同"②。

我们认为,宋明理学(新儒学)相对于先秦儒学而言的"新",可以简明而言,体现在本体和工夫两个方面。从本体上说,宋明理学重建了儒学的宇宙论和本体论,目的则是为儒家的道德原则寻找天道和本体的依据。从工夫(儒家讲工夫,主要是指修养方法)上说,宋明理学众流派探讨了各种工夫方法,建构了完备的工夫论,其目的则是准确地认识道德本体以及有效地践履道德原则。

为什么说宋明理学重建了儒学的宇宙论和本体论呢? 因为就先秦儒学而言,其宇宙论和本体论并不发达。对于孔子来说,他并不喜欢讲这个问题,用传统儒学的概念,就是"性与天道"的问题,孔子不喜欢讲"性与天道",所以他的学生子贡说:"夫子之文章,可得而闻也;夫子之言性与天道,

---

① 牟宗三:《心体与性体》(上),上海古籍出版社1999年版,第14—15页。

② 牟宗三:《心体与性体》(上),上海古籍出版社1999年版,第15页。

不可得而闻也。"(《论语·公治长》)孔子不讲"性与天道",对于超越的本体不甚措意,而把重心放在人道、伦理、社会、政治等世俗领域。在先秦时期,即有以道家为代表的思想流派比较注重天道理论的探寻,后来道教也是借助道家思想而发展为本土的宗教。在两汉之际,佛教传入,经东汉和魏晋南北朝这一漫长时期的发展,佛教的影响力日益强大,到了隋唐时期,佛教与儒学分庭抗礼,这时,一些有忧患意识的儒家学者,开始反对佛学,并提出重建儒学的主张。中唐时期韩愈、柳宗元、刘禹锡等人倡导的儒学复兴,就是在这种背景下产生的。前文所述牟宗三认为若谓宋明理学杂佛老而为新则为虚妄,固然有一定道理,仅仅说宋明理学是因为杂糅了佛老思想而为新,当然不全面,但佛老思想的冲击的确是一个主要的刺激因素,而且在重建儒学的过程中,儒家学者的确吸收了佛、道的思想内容,这个也毋庸讳言。中唐开始的重建儒学运动,一开始理论深度还不够,真正从理论上重建儒学,是到了两宋时期才完成的。北宋周敦颐,张载、二程,南宋胡宏、朱熹、张栻、陆九渊等人,接续努力,构建了"理学"这一新的儒学形态。他们首要的一点就是克服先秦儒学宇宙论和本体论不足的缺陷,重建儒学宇宙论和本体论。这个重建的目的就是要为儒学的伦理道德核心价值观寻找形而上的天道性理依据,以证明儒家核心价值观的道德秩序出自天道宇宙秩序,因而是放之四海而皆准的普遍原则,有天道宇宙的形上权威作保证。而且,更进一步,理学家们又探索了多种体认道德本体和践履道德原则的方法,即所谓修养工夫。在这个过程中,因对本体的认识和表述不同,以及工夫入路不同,而出现"理本论""心本论""性本论""气本论"等理学派系,但无论派系如何不同,无论对本体的认识和表达以及工夫入路如何不同,理学家们的目标却是一致的,黄宗羲在《宋元学案》里说得好,即使是朱熹和陆九渊这两位开启朱陆之争数百年学术历史的理学家,他们也是"同植纲常,同扶名教,同宗孔、孟"[1]。

---

[1] 黄宗羲:《宋元学案》卷五十八《象山学案》,中华书局 1986 年版,第 1887 页。

那么,理学家同植之"纲常",同扶之"名教"为何?此纲常名教显然就是指儒家伦理道德原则,具体说就是本书第一章所总结的仁、义、礼、智、信、忠、孝、廉、节、和十个字。这十个字就是十条准则,包含极其丰富的伦理道德内容。宋明理学既然又被称为新儒学,当然有新之为新之处,但同时其基本的性质又必须为"儒学"。其为儒学的基本性质不变,原因就是理学家都坚守儒学这些本质的伦理道德原则,而其为新则是他们为了深入论证这些伦理原则的合法性和合理性,而从宇宙论、本体论视角来论证,从而重建了儒学宇宙论和本体论,同时也拓深和丰富了儒学工夫论。本体和工夫本来是不可分离的,有什么样的本体理论就有什么样的工夫入路。

在宋明理学家重建儒学的过程中,他们在"同宗孔、孟"的共同认识下,推崇"仁义礼智信,忠孝廉节和"这些普遍性的道德原则。他们以这些儒家核心价值观为基本遵循,又根据时代的需求进行理论创新,他们在著作和讲论中,大量反复讨论这些问题,同时阐述和创新了一系列相关范畴,如理气、太极、阴阳、道器、体用、心性、天命之性、气质之性、性情、未发、已发、道心、人心、理欲、知行、格物致知、德性之知、闻见之知、动静、性命、善恶、中和、诚、公、敬、明,等等。这些范畴和儒学核心价值观范畴"仁义礼智信,忠孝廉节和"一起,构成宋明理学庞大的概念体系。这个概念体系不仅仅只代表一种理学知识系统,更重要的是一种智慧系统,是人生修养和社会、政治运行所应遵行的原则,体现的是儒家天人合一、内圣外王的理想境界。我们以"仁"这一概念为例,来看看理学家是如何从宇宙论、本体论角度来论述它,用窥一斑而知全豹的方式来展示理学家是如何继承和创新儒家核心价值观的。

仁是孔、孟儒家思想的核心概念,也是儒家核心价值观最重要的内容。宋明理学家为了证明"仁"的绝对性和与生俱来的"先天性",纷纷从宇宙论和本体论的高度来寻找依据。在理学家的思想体系里,宇宙论包含宇宙生成论和宇宙本体论,宇宙生成论讲宇宙自然的生成和发展,是一个实证问题,最后通向科学;宇宙本体论讲世界的本源和第一存在,是思辨问题,与哲学紧密相联。理学家还有一个很重要的致思方向,有时把与人相关的"性"和"心"也提升到本体的高度,形成心性本体论。相对而言,把"性"视为本体更为普遍,而"心"则被心学家提到了本体的高度,构建了"心本论"哲学体系。以前讲理学,主要讲"理本论""心本论""气本论",现今又加上以胡宏为代表的"性本论",理、气、心、性四系都有了。当然,这四系的明朗化,应从南宋开始,在北宋,理学尚未如此分系,只是以地域而划分,如濂学、洛学、关学等,闽学则到南宋而成型。不过,尽管宋代理学流派众多,地域纷繁,但在认可"性"为本体概念这一点上,是一致的,"性"与"仁""生""理""道""虚空之气""本体之心"等概念处于同一层次。理学开创者周敦颐说:"天以阳生万物,以阴成万物。生,仁也;成,义也。"①这已经是把"仁"从人道概念提升为天道概念了,将"仁"与《易传》中的"生生之谓易""天地之大德曰生"等命题联结起来,实际上就是从宇宙论的角度来理解"仁",是天人合一思想的一种体现。

"气本论"代表人物张载曾说:"仁义人道,性之立也。"②"仁义"是"性"之所以立,意即仁义之德乃"性"中自有,是"性"的属性,而"性"又是由太虚之气构成的:"合虚与气,有性之名。"③"太虚"和"气"是张载哲学的最高本体范畴,太虚聚则为气,气散则为太虚。张载认为人的仁义本性根源于太虚本性,这就把仁义原则提升到了宇宙论和本体论的高度了。张载论"性"还有一个重大的发明,就是提出"天地之性"和"气质之性"这一对范畴,来解决仁义之善性本有以及恶从何处而来的难题,他说:"形而后有气质之性,善反之则天地之性存焉。"④"天地之性"指得之于天命,本然至善的性,而"气质之性"则是指气积聚而为形,就人而言杂有刚柔缓急之偏的现实人

① 周敦颐:《通书·顺化》,《元公周先生濂溪集》,岳麓书社 2006 年版,第 60 页。
② 张载:《横渠易说·说卦》,《张载集》,中华书局 1978 年版,第 235 页。
③ 张载:《正蒙·太和篇》,《张载集》,中华书局 1978 年版,第 9 页。
④ 张载:《正蒙·诚明篇》,《张载集》,中华书局 1978 年版,第 23 页。

性,"仁义"之性属于"天地之性",是纯善无恶的,恶只能存在于"气质之性"中。这种思想后来为朱熹继承和发展,从理论上解决了自孟子以来的人性论难题,即孟子讲性善,但恶从何而来? 孟子没有很好地论证,历史上也出现很多争论,朱熹极其赞赏张载首倡的"天地之性"和"气质之性"理论,认为这种理论一出,则所有争论便可以终结了:"张、程之说立,则诸子之说泯矣。"①

二程在讨论"仁"的本体属性时说得更明确。学术界习称的"二程",他们的学术思想实际上是有差别的,程颢(明道)的学术思想倾向于心学,而程颐(伊川)的学术思想则倾向于理学,现代新儒家的两位代表人物冯友兰和牟宗三,都曾指出二程学术思想有差异②。但是,在讨论"仁"的本体属性问题时,二程观点却相对一致。程颢说:"学者须先识仁。仁者,浑然与物同体。义、礼、智、信皆仁也。识得此理,以诚敬存之而已。"③程颢的这段话很有名,学者先识仁,就是所谓"先立其大",先要认识到道德本体,然后再"以诚敬存之",同时,又"浑然与物同体",程颢的本体论、工夫论、境界说,在这里都有极精炼的揭示。程颢又说:"仁、义、礼、智、信五者,性也。仁者,全体;四者,四支。仁,体也。"④此段话未标明是明道语还是伊川语,这正是当年冯友兰也感到困惑的地方:"遗书中'二先生语',未知果为二先生中何人所说。"⑤然牟宗三却鉴别出:"凡属二先生语者大体皆是明道语,至少亦当以明道为主。"⑥根据牟宗三的鉴别,我们认为《二程集》中这段话为程颢(明道)所说。在这里,他说仁义礼智信都是"性",而且说"仁"是体。

---

① 《朱子语类》卷四,中华书局 1994 年版,第 70 页。

② 参见陈代湘、方红姣:《湖湘学派的起源与流衍》,中国社会科学出版社 2020 年版,第197—198 页。

③ 《河南程氏遗书卷第二上·二先生语》标为明道语,《二程集》,中华书局 2004 年版,第 16 页。

④ 《河南程氏遗书卷第二上·二先生语》,《二程集》,中华书局 2004 年版,第 14 页。

⑤ 冯友兰:《中国哲学史》(下),《三松堂全集》第三卷,河南人民出版社 2000 年版,第302 页。

⑥ 牟宗三:《心体与性体》(中),上海古籍出版社 1999 年版,第 4 页。

那么,"性"又是什么呢?"性即理也,所谓理,性是也。"①"性即理"在这里虽然是程颐(伊川)之语,但却是二程思想的共同观点。"理"或"天理"是二程思想的基石,程颢曾说"吾学虽有所受,天理二字却是自家体贴出来。"②程颢颇为自得地说"天理"是自家体贴出来,可见"天理"或"理"在他思想中的重要性。在这一点上,二程思想是一致的,理是他们哲学的最高范畴,在天为理,在人为性,程颢说:"上天之载,无声无臭,其体则谓之易,其理则谓之道,其用则谓之神,其命于人则谓之性。"③程颢在这里所说"其命于人则谓之性",当然是来自《中庸》"天命之谓性"的说法。在二程看来,"理""道""性"等皆为同一层次的概念,而与人相连的"性",又自然包含"仁义礼智信"之"善":"自性而行,皆善也。圣人因其善也,则为仁义礼智信以名之。"④程颐认为,性即理,性中本有善,善即仁义礼智信。而且,二程又都认为,在仁义礼智信五者之中,仁最为根本,因此经常把"仁"与"理""道"直接等同:"仁,理也。"⑤"仁即道也,百善之首也。"⑥"仁"既是"理",是"道",也是"性":"仁自是性。"⑦另外,程颐又说:"爱自是情。"⑧仁性爱情,这是程颐提出的另一个重要命题,明确把"仁"看成本体之"性",而"爱"则是发用之"情"。因而,"仁义礼智信"这类道德原则,在二程这里具有本体意味,也就是说,这些道德原则是人性中固有的,像"天理"和"天道"那样具有永恒性和权威性。这就是从宇宙论和本体论的高度来论证道德原

---

① 《河南程氏遗书卷第二十二上·伊川先生语》,《二程集》,中华书局 2004 年版,第292 页。

② 《河南程氏外书卷第十二》,《二程集》,中华书局 2004 年版,第 424 页。

③ 《河南程氏遗书卷第一》,《二程集》,中华书局 2004 年版,第 4 页。

④ 《河南程氏遗书卷第二十五·伊川先生语》,《二程集》,中华书局 2004 年版,第318 页。

⑤ 《河南程氏外书卷第六》,标为伊川语,《二程集》,中华书局 2004 年版,第 391 页。

⑥ 《河南程氏遗书卷第二十二上·伊川先生语》,《二程集》,中华书局 2004 年版,第283 页。

⑦ 《河南程氏遗书卷第十八·伊川先生语》,《二程集》,中华书局 2004 年版,第 182 页。

⑧ 《河南程氏遗书卷第十八·伊川先生语》,《二程集》,中华书局 2004 年版,第 182 页。

则,将道德秩序等同于宇宙秩序,实则也是"天人合一"思想的一种表现。

到了南宋,理学家都是沿着这一思路来论证仁义礼智信等道德原则的,无论是"性学派"的胡宏、张栻,"理学派"的朱熹,还是"心学派"的陆九渊以及明代心学代表人物王阳明,在这个问题上概莫能外,这也是他们"同植纲常,同扶名教"的体现。为节省篇幅,我们以朱熹为例来说明。朱熹被誉为"致广大,尽精微,综罗百代"的理学集大成者,他对"仁义礼智信,忠孝廉节和"这些道德原则的阐析,在宋明理学家中最具代表性。朱熹一生著述宏富,保存完整,他对这些道德原则有大量的阐述,我们在这里仍然以其对"仁"的阐发为例。

由于"仁"是儒家核心价值观的基石,朱熹对"仁"极为重视,从很早就开始对仁学进行研讨。朱熹在从学李侗期间,师生之间就反复讨论"仁"的问题。今存《延平答问》一书,是朱熹编定的他跟李侗自宋高宗绍兴二十七年丁丑(1157,朱熹28岁)至宋孝宗隆兴元年癸未(1163,朱熹34岁)期间的书信集,其中就有很多讨论"仁"学问题的书信。宋孝宗乾道三年(1167),朱熹到长沙拜访张栻,进行学术会讲,讨论的学术问题就包含"仁",《朱子语类》记载了朱熹自己追忆在长沙论仁之事:"问:'先生旧与南轩反复论仁,后来毕竟合否?'曰:'亦有一二处未合。敬夫说本出胡氏。胡氏之说,惟敬夫独得之,其余门人皆不晓,但云当守师之说。向来往长沙,正与敬夫辩此'。"①在这条语录中,朱熹说"向来往长沙",即是指乾道三年到长沙拜访张栻,讨论了很多学术问题,其中就包括"仁"。该语录又提到,朱熹与张栻(南轩、敬夫)"反复论仁",这也是事实,朱熹除了乾道三年往长沙与张栻讨论了仁的问题,随后一段时间还继续与张栻、吕祖谦等人通过书信讨论仁。朱熹与张栻还著有同名文章《仁说》,经过反复辩论,两人《仁说》文章定稿后思想非常接近。现录朱熹《仁说》部分文字如下:

> 天地以生物为心者也,而人物之生,又各得夫天地之心以为心者

---

① 《朱子语类》卷一百三,中华书局1994年版,第2606页。

也。故语心之德，虽其总摄贯通，无所不备，然一言以蔽之，则曰仁而已矣。请试详之。盖天地之心，其德有四，曰元、亨、利、贞，而元无不统。其运行焉，则为春、夏、秋、冬之序，而春生之气无所不通。故人之为心，其德亦有四，曰仁、义、礼、智，而仁无不包。其发用焉，则为爱恭宜别之情，而恻隐之心无所不贯。故论天地之心者，则曰乾元、坤元，则四德之体用不待悉数而足。论人心之妙者，则曰仁，人心也，则四德之体用亦不待遍举而该。盖仁之为道，乃天地生物之心，即物而在。情之未发，而此体已具；情之既发，而其用不穷。诚能体而存之，则众善之源、百行之本莫不在是。此孔门之教所以必使学者汲汲于求仁也……或曰："若子之言，则程子所谓爱情仁性，不可以爱为仁者，非与？"曰："不然。程子之所诃，以爱之发而名仁者也。吾之所论，以爱之理而名仁者也。"……①

朱熹在此文中集中阐述了其仁学思想。结合朱熹在别的地方论"仁"之言，我们可以归纳出朱熹仁学思想的三点要义：

第一，仁体爱用，仁为心之德，爱之理。

朱熹《仁说》中"语心之德"，"曰仁而已"；"人之为心，其德有四，曰仁、义、礼、智"；"以爱之理而名仁"等语，所说乃仁为"心之德、爱之理"的命题。朱熹在很多地方明确提到这一命题，如："仁者，心之德，爱之理。"②这是朱熹仁说思想的核心意蕴，是从体用的角度来论仁。朱熹明确区分体用，并提出仁体爱用的主张："仁是体，爱是用。"③所谓"心之德"，也就是心之理，与爱之理一样，把"仁"看成是与"理""性"等同的本体概念，这个意思朱熹也说得很明白："仁，性也，性只是理而已。"④朱熹认为"仁"是"性""理"

---

① 《朱熹集》卷六十七《仁说》，四川教育出版社 1996 年版，第 3542—3543 页。
② 朱熹：《四书章句集注》，中华书局 2012 年版，第 201 页。又见《朱子语类》卷二十，中华书局 1994 年版，第 471 页。
③ 《朱子语类》卷二十，中华书局 1994 年版，第 464 页。
④ 《朱子语类》卷二十，中华书局 1994 年版，第 464 页。

"体",而爱则是"情""用":"爱是情,情则发于用。"①又从未发、已发的角度来说:"性者指其未发,故曰'仁者爱之理';情即已发,故曰'爱者仁之用'。"②朱熹这一类的言论很多,我们不必多举,意思已经非常明确,朱熹把"仁"提升到与"性""理"同等高度的本体层次。与此同时,他又从"生"这个角度来论仁,其《仁说》开头即言天地以生物为心,而人物之生,又各得夫天地之心以为心,这是把仁的价值源头上推到天地宇宙生生不息之道,天地宇宙以使万物生生不息为仁,而人则效法天地之仁,将天地之仁在人生社会以及自然万物中推行,这实际上还是一种天人合一的思想。

第二,仁包义礼智。

朱熹继承前代儒学思想家特重"仁"的思想。倡言"仁包义礼智""仁包四德"。他说:

> 盖仁义礼智四者,仁足以包之。③

> 未发而言仁,可以包义礼智;既发而言恻隐,可以包恭敬、辞逊、是非。四端者,端如萌芽相似,恻隐方是从仁里面发出来底端。④

> 圣门却只以求仁为急者,缘仁却是四者之先。⑤

朱熹认为"仁"在仁、义、礼、智四德中最重要,最根本,而与之相应的恻隐、羞恶、辞让、是非之情,又是恻隐之情最重要、最根本,仁可包义、礼、智,恻隐也可以包羞恶、辞让、是非。就人类的道德而言,"怵惕恻隐之仁心"是最为重要和关键的,自这种仁心出发,所行之事就很容易达成义、礼、智之原则。

第三,公则仁。

朱熹说:"仁是爱底道理,公是仁底道理。故公则仁,仁则爱。"⑥这里将"公"与"仁"的关系和"仁"与"爱"的关系作了一个类比,但却不能完全用

---

① 《朱子语类》卷二十,中华书局 1994 年版,第 464 页。
② 《朱子语类》卷二十,中华书局 1994 年版,第 464 页。
③ 《朱子语类》卷六,中华书局 1994 年版,第 113 页。
④ 《朱子语类》卷二十,中华书局 1994 年版,第 465 页。
⑤ 《朱子语类》卷六,中华书局 1994 年版,第 110 页。
⑥ 《朱子语类》卷六,中华书局 1994 年版,第 116 页。

理解"仁"与"爱"的方式来理解"公"与"仁"。就"仁"与"爱"而言,"仁"是"体","爱"是用,是体用关系;但"公"与"仁"却不能理解为体用关系。"公是仁底道理"也只是随文而言,意谓能公即为仁,仁必须公,若有私,便不仁,所以朱熹说:"做到私欲净尽,天理流行,便是仁。"①

需要注意的是,朱熹说"公则仁",不能看作"公"即"仁"。"公"不能等同于"仁"。朱熹说:"公不可谓之仁,但公而无私便是仁。"②仁可以通过"公"来体现,但"仁"与"公"却不能等同。"仁"是本体,"公"只是"仁"的一个重要特性,二者不能混同为一。

从上述论述可知,朱熹非常明确地从宇宙论、本体论的高度来论证仁、义、礼、智等道德原则的合理性,尤其注重包含义、礼、智的"仁"。从核心价值观的角度来看,以朱熹为代表的理学家,继承和高度认同自先秦孔孟以来儒家肯认的"仁、义、礼、智,信、忠、孝、廉、节、和"核心价值观(除了仁、义、礼、智,朱熹对信、忠、孝、廉、节、和等范畴也有非常多的论述。岳麓书院至今还保存有朱熹手书的"忠、孝、廉、节"四个大字石碑,足见朱熹对这些道德原则的重视)。理学家在论证这些道德原则的过程中,从哲学上重建了儒学的宇宙论、本体论、工夫论,使儒家哲学更趋深刻和精密。当然,他们也创新了很多概念范畴来深入阐发儒家的核心价值观以及构建儒家哲学体系。

第二节　湘学与宋明理学

宋明理学又被称为"新儒学",它之所以"新",乃在于它吸收了佛、道思想精华,重建了儒学的宇宙论和本体论,深化和精细化了儒学的心性论和工夫论。在这个过程中,湘学发挥了至关重要的作用。

---

① 《朱子语类》卷六,中华书局1994年版,第117页。
② 《朱子语类》卷六,中华书局1994年版,第117页。

湘学在宋明时期出现了三个高峰,一是湘学鼻祖周敦颐开创了理学;二是南宋湖湘学派在宋明理学中独树一帜,并对朱子学和浙东学派产生了重大影响;三是明代湘学代表人物王船山总结宋明理学,开启儒学近代转型的先声。

一、周敦颐:理学开山与湘学鼻祖

周敦颐是北宋湖南道州营道(今湖南省永州市道县)人,他在中国思想史上是一个十分独特的人物。他的著作很少,哲学著述只有一篇二百多字的《太极图说》以及不满三千字的《通书》。① 但是,他在思想史上的地位却很高,被誉为"理学开山"和湘学鼻祖。

周敦颐是理学的开山祖师,这个评价发端甚早。最早关注和推尊周敦颐的,当推宋代湖湘学派开创者胡安国和胡宏父子。胡安国在宋高宗绍兴二年(1132)辞官寓居江西丰城时,询问曾任道州知州的向子忞是否知晓周敦颐的遗事:"濂溪先生,舂陵人也,有遗事乎? 对以未闻。后读河南语录,见程氏渊源,自濂溪出,乃知先生学极高明,因传《通书》诚说,味于其所不味。"②这段记载说明了两个问题,一是胡安国关注到了周敦颐,主动询问其事迹;二是周敦颐在当时学术地位尚未受到推崇,甚至还少有人知。正因为有胡安国的询问和关注,向子忞后来修建了道州周濂溪祠堂。

胡安国关注到周敦颐,开启了推尊周敦颐的端绪,但没有对周敦颐做深入研究。真正把周敦颐推到崇高学术地位的人是胡安国的儿子胡宏。他说:

> 我宋受命,贤哲乃生,舂陵有周子敦颐,洛阳有邵子雍,大程子颢、小程子颐,而秦中有横渠张先生。③

胡宏首次把周敦颐、邵雍、二程(程颢、程颐)、张载并称为"贤哲",此为后世

---

① 周敦颐:《太极图说》249 字,《通书》2832 字,另外《太极图》标注 24 字。

② 胡铨:《澹庵文集》卷四,文渊阁《四库全书》第 1137 册,上海古籍出版社 2003 年版,第 36 页。

③ 胡宏:《横渠正蒙序》,《胡宏集》,中华书局 1987 年版,第 162 页。

"北宋五子"称谓之先声,而且胡宏将周敦颐置于"五子"之首,足见其对周敦颐学术地位之推崇。另外,胡宏还刊行周敦颐著作《通书》,并在序言中对周敦颐作了极高的评价:

> 今周子启程氏兄弟以不传之学,一回万古之光明,如日丽天,将为百世之利泽,如水行地。其功盖在孔、孟之间矣。人见其书之约也,而不知其道之大也;人见其文之质也,而不知其义之精也;人见其言之淡也,而不知其味之长也……人有真能立伊尹之志,修颜回之学,然后知《通书》之言包括至大,而圣门之事业无穷矣。故此一卷书,皆发端以示人者,宜度越诸子,直与《易》《诗》《书》《春秋》《语》《孟》同流行乎天下。①

在胡宏看来,周敦颐启二程不传之学,功劳可比孔、孟。周敦颐的《通书》,跟《周易》《诗经》《尚书》《春秋》《论语》《孟子》等儒家最权威的经典有同等地位。从这里可以看出,胡宏对周敦颐的推崇已经达到无以复加的地步了。

胡宏对周敦颐的评价和推崇直接影响到张栻和朱熹。张栻是胡宏最重要的弟子,张栻对周敦颐的评价,与其师如出一辙。张栻撰写了很多宣传和赞扬周敦颐学术成就和历史地位的文章,如《南康军新立濂溪祠记》《道州重建濂溪周先生祠堂记》《永州州学周先生祠堂记》《周子太极图解序》《通书后跋》,等等,张栻对周敦颐进行了全面研究,评价极高。如在《南康军新立濂溪祠记》中,张栻写道:

> 淳熙五年秋,诏新安朱侯熹起家为南康守,越明年三月至官……力立濂溪周先生祠于学官,以河南二程先生配,贻书其友人张某曰:"濂溪先生尝领是邦,祠像之立,视他州尤不可以缓,子盍为我记其意?"某既不克辞,则以平日与侯习讲者述之以复焉。自秦汉以来,言治者汩于五伯功利之习,求道者沦于异端空虚之说,而于先王发政施仁之实,圣

---

① 胡宏:《周子通书序》,《胡宏集》,中华书局1987年版,第161—162页。

人天理人伦之教,莫克推寻而讲明之……惟先生崛起于千载之后,独得微旨于残编断简之中,推本太极,以及乎阴阳五行之流布,人物之所以生化,于是知人之为至灵,而性之为至善,万理有其宗,万物循其则,举而措之,则可见先生之所以为治者,皆非私知之所出。孔孟之意,于以复明。①

此记作于淳熙六年(1179),这一年朱熹到南康军(宋代与州、府并列的地方行政区划)任职,整顿军学,立濂溪祠于学宫,并请张栻写了这篇记文。张栻在记文中赞扬周敦颐"崛起于千载之后,独得微旨于残编断简之中",于是"孔孟之意,于以复明",明确肯定周敦颐为继承孔孟道统,复兴儒学的第一人,这与胡宏对周敦颐的评价是一致的。张栻在记文中还提到"以平日与侯习讲者述之以复",这说明张栻以前经常同朱熹谈论这篇记文中的相关问题,核心思想就是周敦颐重续孔孟道统,复兴儒学。与张栻此记写作差不多同时,朱熹也写了一篇《知南康牒》,朱熹在牒文中说:"濂溪先生虞部周公,心传道统,为世先觉。"②朱熹在此高度赞扬周敦颐,认为他"心传道统,为世先觉",这个评价也是相当高的。另外,在《邵州州学濂溪先生祠记》中,朱熹又说:"秦汉以来,道不明于天下而士不知所以为学……有濂溪先生者作,然后天理明而道学之传复续……其所以上接洙泗千岁之统,下启河洛百世之传者,脉络分明而规摹宏远矣。"③这里的意思更加明朗,点明秦汉以来道统失传(这是自韩愈以后儒家道统说的通论),周敦颐重续孔孟道统,并下启二程儒学,实为宋明理学开创者。

张栻和朱熹推尊周敦颐,是对胡宏之论的继承和发展。张栻是胡宏最器重的学生,继承老师的思想自不待言。朱熹受到胡宏影响而推尊周敦颐,也是很明确的。朱熹在《周子太极通书后序》一文中说:

五峰胡公仁仲作《通书序》……胡公所论《通书》之指曰:"人见其

---

① 《张栻全集》,长春出版社1999年版,第706页。
② 《朱熹集》卷九十九《知南康牒》,四川教育出版社1996年版,第5055页。
③ 《朱熹集》卷七十九《邵州州学濂溪先生祠记》,四川教育出版社1996年版,第4105页。

书之约而不知其道之大也,见其文之质而不知其义之精也,见其言之淡
而不知其味之长也。人有真能立伊尹之志,修颜子之学,则知此书之言
包括至大,而圣门之事业无穷矣。"此则不可易之至论。①

朱熹在这里先是引用了胡宏《通书序》中"人见其书之约而不知其道之大"
一段话,然后评论认为这是"不可易之至论"。可见朱熹高度认可胡宏对周
敦颐的评价。

综上所述,周敦颐理学开山祖师地位的确定,南宋湖湘学派首发其论,
朱熹接续推尊,周敦颐的学术史地位便日益隆显。比朱熹、张栻略晚的另外
一位南宋理学家真德秀,在《劝学文》中说:

> 窃惟方今学术源流之盛,未有出湖湘之右者。盖前则有濂溪先生
> 周元公生于舂陵,以其心悟独得之学,著为《通书》、《太极图》,昭示来
> 世,上承孔孟之统,下启河洛之传。中则有胡文定公以所闻于程氏者,
> 设教衡岳之下,其所为《春秋传》,专以息邪说,距诐行,扶皇极,正人心
> 为本。自熙宁后,此学废绝,公书一出,大义复明。其子致堂、五峰二先
> 生,又以得于家庭者,进则施诸用,退则淑其徒,所著论语详说、读史、知
> 言等书,皆有益于后学。近则有南轩先生张宣公寓于兹土,晦庵先生朱
> 文公又尝临镇焉。二先生之学,源流实出于一,而其所以发明究极者,
> 又皆集诸老之大成,理义之秘,至是无复余蕴。此邦之士,登门墙、承謦
> 欬者甚众,故人材辈出,有非他郡国所可及。②

真德秀说周敦颐(濂溪)以心悟独得之学,上承孔孟之统,下启河洛之传,这
个评价与湖湘学派以及朱熹对周敦颐的评价是一致的,意思也是认为周敦
颐为理学的开创者。而且,真德秀在这里还点出了周敦颐为湘学鼻祖的意
思。当然,真德秀没有说出"湘学"这一概念,这个概念是近代以来才出现
的,但真德秀说湖湘学术的源流,从周敦颐开始,这就是周敦颐为湘学鼻祖

① 朱熹:《周子太极通书后序》,《朱熹集》卷七十五,四川教育出版社 1996 年版,第
3943 页。

② 《真西山集》卷七,商务印书馆 1936 年版,第 106 页。

的先声。前文已经说明,周敦颐之前的湖南地区学术文化,我们把它称为"湘楚文化",湘楚文化的性质跟周敦颐开创的理学文化性质是不同的,理学属于儒学,理学家以复兴儒学为职志,而湘楚文化的性质则是古代的楚文化,楚文化的性质与儒家文化是有很大区别的(详见本书第一章第一节)。周敦颐接续孔孟道统,开创了儒学的新形态,即宋明理学。湘学就是从这里开始的,湘学的性质也是理学。

自湖湘学派以及朱熹、真德秀之后,周敦颐是理学开山和湘学鼻祖的观点便流传开来,成为学术界高度认可的"定论"。如《宋史·道学传》说:

> 孔子没,曾子独得其传,传之子思,以及孟子,孟子没而无传。两汉而下,儒者之论大道,察焉而弗精,语焉而弗详,异端邪说起而乘之,几至大坏。千有余载,至宋中叶,周敦颐出于舂陵,乃得圣贤不传之学,作《太极图说》、《通书》,推明阴阳五行之理,命于天而性于人者,了若指掌。①

《宋史》作者认为,孔孟之道在孟子去世之后就失传了,直到周敦颐出世,才"得圣贤不传之学",开创儒学新形态。这个说法是对唐代韩愈和南宋胡宏、张栻、朱熹等人观点的综合。韩愈在《原道》一文中说,儒学道统从尧、舜、禹传到汤、文、武、周公,再传到孔子和孟子,孟子死后便失传了。胡宏、张栻、朱熹等人则认为此失传之道被周敦颐重新继承,上引《宋史》这段话则综合韩、胡、张、朱之说,认为道统自孟子死后失传,至周敦颐重续道统。这种说法在此后的学术界得到公认。如《宋元学案》称:

> 孔、孟而后,汉儒止有传经之学,性道微言之绝久矣。元公崛起,二程嗣之,又复横渠诸大儒辈出,圣学大昌。故安定、徂徕卓乎有儒者之矩范,然仅可谓有开之必先。若论阐发心性义理之精微,端数元公之破暗也。②

---

① 脱脱等:《宋史·道学传》,中华书局1997年版,第3235页。
② 黄宗羲:《宋元学案》卷十一《濂溪学案上》,中华书局1986年版,第482页。

这段话为黄百家按语,继承前人之论,也认为周敦颐(元公)崛起而开创理学,二程则嗣继周敦颐之学,而且,周敦颐阐发心性义理极其精微,有"破暗"之功。

上文已述周敦颐为理学开山,南宋理学家真德秀不但认为周敦颐开创理学,而且点出周敦颐为湘学鼻祖。后世凡谈理学和湘学者,大都认同此论。如杨毓麟(1872—1911)在《新湖南》中说:

> 我湖南有特别独立之根性……其岸异之处,颇能自振于他省之外,自濂溪周氏,师心独往,以一人之意识,经纬成一学说,遂为两宋道学不桃之祖。胜国以来,船山王氏以其坚贞刻苦之身,进退宋儒,自立宗主。当时阳明学说遍天下,而湘学独奋然自异焉。[①]

杨毓麟在这里谈到湖南学术,认为周敦颐和王船山是两座高峰,周敦颐为"两宋道学不桃之祖",即宋明理学开创者。周敦颐和王船山代表的湖南学术,"颇能自振于他省之外"。而且,杨毓麟认为周敦颐是湖南这种"岸异"学术(即湘学)的发端者。实际上,依杨毓麟之论,周敦颐既是两宋道学开创者,又是湘学鼻祖。

钱基博(1887—1957)在《近百年湖南学风》导言中说:

> 天开人文,首出庶物以润色河山,弁冕史册者,有两巨子焉:其一楚之屈原……其一宋之周敦颐……一为文学之鼻祖,一为理学之开山,万流景仰,人伦楷模,风声所树,岂徒一乡一邑之光哉!然为生民立极,为天地立心,而辅世长民,一本修己者,莫如周敦颐之于宋,其次王夫之于明。周敦颐以乐易恬性和,王夫之以艰贞挂世变;周敦颐探道原以辟理窟,王夫之维人极以安苦学。故闻夫之之风者,顽夫廉,懦夫有立志;闻敦颐之风者,鄙夫宽,薄夫敦也。[②]

钱基博在这里谈湖南学术,提到湖南古代的三个人物:屈原、周敦颐、王夫

---

① 《杨毓麟集》,岳麓书社 2001 年版,第 35 页。
② 钱基博:《近百年湖南学风》,中国人民大学出版社 2004 年版,第 3 页。

之。屈原是文学鼻祖,而周敦颐则为理学开山。从思想史上看,周敦颐亦为湘学开创者。

20 世纪 40 年代,研究湖南学术的著名学者李肖聃(1881—1953),撰写了一本以"湘学"命名的著作《湘学略》,该书以《濂溪学略》为第一,显然认为周敦颐是湘学的开创者。除此之外,该书还讲到了南宋湖湘学派以及王船山、近代湖湘诸贤,也提到朱熹和王阳明对湘学的影响,论述范围较全面。

二、湖湘学派与宋明理学

湖湘学派专指南宋时期以胡安国、胡宏、张栻等人为代表的地域性理学学派。湖湘学派的开创者是胡安国、胡宏父子,尤其是胡宏,为湖湘学派的理论代表人物,发扬光大者是胡宏的得意门生张栻。湖湘学派在宋明理学史上地位非常独特,一方面,它本身是理学的一个派别,近代学术界对这一派的理论关注度不够,自从现代新儒家代表人物牟宗三推尊胡宏,认为胡宏之学为儒学"正宗"圆教,而判程颐、朱熹是"别子为宗",胡宏的学术地位越来越受到人们的重视,其学说被认为是"性本论"哲学体系,与学界共知的"理本论""心本论""气本论"并列。另一方面,湖湘学派是南宋最早出现的理学学派,对朱子学产生了"抽关启键"的作用,同时,对浙东永嘉、永康、金华等学派也有很大的影响。下文略述以上结论。

首先,牟宗三推尊胡宏,湖湘学派地位凸显。

牟宗三被誉为现代新儒家的理论重镇,他在研究宋明理学时,得出两个"石破天惊"的结论,一个是判程颐(伊川)和朱熹是"别子为宗",另一个是把胡宏(五峰)、刘宗周(蕺山)视为与程朱、陆王并列的独立系统,并推尊为"正宗"圆教。牟宗三认为,伊川(程颐)和朱熹将道体性体只收缩提炼为一本体论的存有,即"只存有而不活动"之理,而将孟子之本心视为实然的心气之心,于工夫则重后天之涵养以及格物致知之认知的横摄,这跟宋明儒"大宗"不合,也不同于先秦儒家旧义,所以是"歧出",是"别子为宗"。①

---

① 牟宗三:《心体与性体》(上),上海古籍出版社 1999 年版,第 42—43 页。

在牟宗三看来,陆王之学只是一心之朗现、伸展和遍润,而于客观地自"於穆不已"之体言道体性体者无兴趣,所以客观面不能挺立而有虚歉之感。牟宗三认为只有胡宏第一个消化承续程颢(明道)之圆教模型,客观地讲性体和主观地讲心体两面都圆满,又提出"以心著性"以明心性所以为一之实,在工夫论上则重"先识仁之体",正式言"逆觉体证"。① 因此,牟宗三认为,五峰、蕺山系具有极高的独立价值,是宋明儒学"正宗"圆教。

我们抛开谁是"正宗"的争论,单看牟宗三对胡宏的推崇,是很有道理的。胡宏在南宋儒家学者中有很高的地位,全祖望评价胡宏说:"绍兴诸儒,所造莫出五峰之上。其所作《知言》,东莱以为过于《正蒙》,卒开湖湘之学统。"②全祖望认为胡宏是当时理论水平最高的儒家学者,吕祖谦(东莱)认为胡宏的代表作《知言》胜过张载的《正蒙》,他们对胡宏的评价不可谓不高。胡宏所代表的湖湘学派,在当时也被认为是儒学第一大派:"湖南一派,在当时为最盛。"③朱熹曾记述说当时的士人学子"深以不得卒业于湖湘为恨。"④当时的湖南,是全国读书人向往的求学圣地,足见湖湘学派在那个时候的影响之大。

其次,湖湘学派对朱子学的影响。

朱子学是朱熹和他的门人后学创立的学说,朱熹本人的原创性贡献最大,而其门人后学则对朱子学的完善、传播和发展也作出了很大的贡献。朱子学"致广大,尽精微,综罗百代。"⑤尽管现代新儒家代表人物牟宗三判朱子为"别子为宗",否认其儒学"正宗"地位,但是,朱熹思想的全面深刻和巨大影响却是举世公认的。只不过,"综罗百代"的朱子学,在发展成熟的过程中,湖湘学派起了"抽关启键"⑥的作用。

---

① 牟宗三:《心体与性体》(上),上海古籍出版社 1999 年版,第 39—40 页。
② 黄宗羲:《宋元学案》卷四十二《五峰学案》,中华书局 1986 年版,第 1366 页。
③ 黄宗羲:《宋元学案》卷五十《南轩学案》,中华书局 1986 年版,第 1611 页。
④ 《朱熹集》卷六十四《答刘公度》,四川教育出版社 1996 年版,第 3399 页。
⑤ 黄宗羲:《宋元学案》卷四十八《晦翁学案》,中华书局 1986 年版,第 1495 页。
⑥ 《朱熹集》卷三十二《答张敬夫》,四川教育出版社 1996 年版,第 1374 页。

由于朱熹思想发展过程的文献资料保存得比较丰富和完整,转折点时间线索也很清晰,因此我们可以清楚地了解朱子学与其他地域学派的学术联系和相互影响。就湖湘学派而言,朱子学与其关系极其复杂,总体来说,朱熹在其思想成熟定型之前,深受湖湘学派影响,而朱熹思想成熟定型之后,反过来对湖湘学派的部分观点进行批判,与湖湘学者进行论战,又深刻影响了湖湘学派后来的发展。

朱子学的发展和成熟,有两个重要的标志性节点,即中和旧悟与中和新悟。牟宗三在谈到此问题时曾说,朱子对中和问题的思考有旧说和新说之别,中和新说一旦定了,他的体系便大体定了。①"中和问题"来自《中庸》:"喜怒哀乐之未发谓之中,发而皆中节谓之和。"中和问题又叫未发已发问题,是宋明理学家研讨的核心问题之一。朱熹哲学思想的发展成熟,是从参究中和问题开始的。在这个过程中,朱熹经历了一个曲折的历程,有两次重要的思想演变,他自己在《中和旧说序》中说得很明白:

> 余蚤从延平李先生学,受《中庸》之书,求喜怒哀乐未发之旨,未达而先生没。余窃自悼其不敏,若穷人之无归。闻张钦夫得衡山胡氏学,则往从而问焉。钦夫告予以所闻,余亦未之省也。退而沉思,殆忘寝食。一日喟然叹曰:"人自婴儿以至老死,虽语默动静之不同,然其大体,莫非已发,特其未发者为未尝发耳。"自此不复有疑,以为中庸之旨果不外乎此矣。后得胡氏书,有与曾吉父论未发之旨者,其论又适与余意合,用是益自信。虽程子之言,有不合者,亦直以为少作失传而不之信也。然间以语人,则未见有能深领会者。乾道己丑之春,为友人蔡季通言之,问辨之际,予忽自疑……则复取程氏书虚心平气而徐读之,未及数行,冻解冰释。②

朱熹在此序文末尾注明了写作时间:"壬辰八月丁酉朔。"③此为宋孝宗乾道

---

① 牟宗三:《中国哲学十九讲》,上海古籍出版社 1997 年版,第 381 页。
② 《朱熹集》卷七十五,四川教育出版社 1996 年版,第 3949 页。
③ 《朱熹集》卷七十五《中和旧说序》,四川教育出版社 1996 年版,第 3950 页。

八年(1172),朱熹43岁。序文中所说的"一日喟然叹曰",就是朱熹中和思想第一次演变,即中和旧说。因为朱熹的中和旧说悟于乾道二年丙戌,朱熹37岁,所以又称"丙戌之悟"。朱熹获得丙戌之悟后,立即给张栻写信,阐述自己的想法,前后共写了四封信,即朱子文集中答张钦夫(敬夫)第三、四、三十四、三十五书,这四封信即为朱熹中和旧说最重要的文献。序文中所说的"己丑之春……冻解冰释",则被称为"己丑之悟",也叫中和新说。

朱熹早年耽于禅学,拜师李侗(延平)时,李侗教他"于静中看喜怒哀乐未发时作何气象",朱熹当时不能理解。李侗去世后,朱熹感到苦闷彷徨,于是远道访问张栻。张栻是湖湘学派开创者胡宏的得意门生,朱熹向张栻请教"衡山胡氏学",即向张栻请教胡宏的思想。这里的"衡山"我们要说明一下,很多人用当代的地理概念去理解那时人们所说的"衡山",认为就是指南岳,实则不然。实际上,胡宏居住在湖南湘潭碧泉,建碧泉书院而讲学授徒,著书立说,那时人们讲"衡山",不是当今意义上的南岳,而是包括湘潭碧泉在内的大衡山地域概念,在古人的著述中这种表达非常普遍,例证很多,可参阅湘潭地方文化研究会何歌劲《碧泉胡氏迁湘史事考》一文。①

朱熹这次向张栻请教胡宏之学,胡宏在中和问题上主张"性为未发,心为已发",在已发之心上做工夫,于日用处发现良心萌蘖苗裔而扩充正好与朱熹夙昔所思相合,当时得到朱熹的高度认可,这就是朱熹中和旧说的基本思想。但是,中和旧说在一个很短的时期又被朱熹自己否定了,他是在与弟子蔡元定(季通)问辩的时候忽然自疑而悟新说,即所谓己丑之悟,朱熹时年四十。己丑新悟后,朱熹主张性为体,情为用,心分体用而贯之,并极为称赞张载"心统性情"之说。

朱熹思想的发展成熟,是在与湖湘学派学者张栻等人的交往以及学习湖湘学派创始人胡宏理论的过程中完成的。虽然朱熹在悟得中和新说后,

---

① 何歌劲:《碧泉胡氏迁湘史事考》,《湘学》第七辑,湘潭大学出版社2017年版,第104—105页。

对胡宏的代表作《知言》进行了批判,并联合张栻、吕祖谦而作《知言疑义》,但是,朱熹中和新说却是在中和旧说的理论基础上发展而来的,也是对胡宏"性体心用"思想的改造。

除了在中和问题上朱熹受到湖湘学派的直接启发,在另外一些理论问题上,朱熹也通过张栻而接受湘学人物的影响。如道统问题,朱熹受到胡宏和张栻的影响而推尊周敦颐为重续孔孟道统,下启二程儒学的理学开创者。又如朱熹的太极理论,理论来源是周敦颐的太极学说,而朱熹深入了解和接受周子之学,也是通过湖湘学派而实现的。朱熹早年就读过周敦颐的著作,他在《周子通书后记》中记述道:

> 通书者,濂溪夫子之所作也……熹自蚤岁即幸得其遗编而伏读之,初盖茫然不知其所谓,而甚或不能以句。壮岁获游延平先生之门,然后始得闻其说之一二。①

根据朱熹自述,他早年即读过周敦颐的著作,但"不知其所谓"。后来拜师李侗,在李侗的指导下,才对周敦颐思想领略一二。但是,朱熹真正深入理解和接受周敦颐理论,是受到湖湘学派影响而实现的。前文说过,胡宏曾极为赞赏周敦颐曰:"人见其书之约也,而不知其道之大也;人见其文之质也,而不知其义之精也;人见其言之淡也,而不知其味之长也"。朱熹则在《周子太极通书后序》一文中直接引述胡宏这一段话,并评论:"此则不可易之至论",足见朱熹非常认同胡宏的观点,朱熹对周敦颐思想的体认,自然受到胡宏的影响。

另外,朱熹对周敦颐太极学说的认识,直接受到了张栻的影响。张栻继承其师胡宏之学,较早研读推崇周子著作,并且将周子太极理论与胡宏性本论学说结合,提出"太极性也"②的理论主张。朱熹在太极问题上受张栻影响的端倪,可以从朱、张二人的诗歌唱酬中窥见。乾道三年,朱熹专程来长

---

① 《朱熹集》卷八十一《周子通书后记》,四川教育出版社1996年版,第4208—4209页。
② 张栻:《答周允升》,《张栻全集》,长春出版社1999年版,第976页。

沙拜访张栻,进行学术会讲,张栻所作《诗送元晦尊兄》一诗中有"超然会太极,眼底无全牛"句子①,而朱熹答诗则有诗句:"昔我抱冰炭,从君识乾坤。始知太极蕴,要眇难名论。谓有宁有迹,谓无复何存?惟应酬酢处,特达见本根。"②从两人诗句内容来看,这一次朱熹似乎是从张栻那里获得了一种对太极的新的认识,所以朱熹说:"从君识乾坤""始知太极蕴"。诗中还表达了中和旧说的思想,这时朱熹和张栻共同认可胡宏的观点,通过察识已发之端倪而体认未发之性,因良心发现之苗裔而逆觉体证良心之本体,故而朱熹说"惟应酬酢处,特达见本根。"从这里可以看出,朱熹乾道三年拜访张栻的时候,张栻的学问和思想对朱熹发生过深刻的影响,而朱熹则是用一种虚心学习的态度来向张栻请教。这个时候,朱熹对张栻的学问相当佩服,朱熹在到达长沙半个月后写给曹晋叔的信中表达了这种敬佩之情:"熹此月八日抵长沙,今半月矣……敬夫学问愈高,所见卓然,议论出人意表。"③朱熹在此信中对张栻的敬佩之情溢于辞表,而且还认为张栻独得胡宏之学:"敬夫说本出胡氏。胡氏之说,惟敬夫独得之,其余门人皆不晓。"④胡宏门人弟子众多,著名的有张栻、胡实、胡大原、吴翌、彪居正等,朱熹说胡宏之学只有张栻独得传承,其余门人都没有领略知晓,这个说法不一定准确,但至少可以证明,朱熹对张栻的确是相当赞赏的。

朱熹跟湖湘学派的关系是十分复杂的,除了上述诸端,朱熹还在学派传承上与湖湘学派有密切联系。首先,朱子学派和湖湘学派都是二程理学的继承者,而二程又是传承和发展周敦颐的濂溪学,可以说是同出一源,二流竞奔,南宋理学家真德秀曾经描述朱子学派与湖湘学派传承二程洛学的情况,他说:

---

① 张栻:《诗送元晦尊兄》,《张栻全集》,长春出版社 1999 年版,第 533 页。

② 《朱熹集》卷五《二诗奉酬敬夫赠言并以为别》,四川教育出版社 1996 年版,第211 页。

③ 朱熹:《与曹晋叔书》,《朱熹集》卷二十四,四川教育出版社 1996 年版,第 1027 页。

④ 《朱子语类》卷一百三,中华书局 1994 年版,第 2606 页。

　　二程之学,龟山(杨时)得之而南,传之豫章罗氏(罗从彦),罗氏传
之延平李氏(李侗),李氏传之朱氏(朱熹),此其一派也。上蔡(谢良
佐)传之武夷胡氏(胡安国),胡氏传其子五峰(胡宏),五峰传之南轩张
氏(张栻),此又一派也。①

真德秀在这里描述的二程洛学南传的两条线索,最后形成以朱熹为代表的
朱子学派以及以胡安国、胡宏、张栻等人为代表的湖湘学派,是南宋时期两
大主要理学学派,而且这两派从地域学派形成的角度看,湖湘学派作为名闻
当时的地域学派,比朱子学派更早。朱熹和张栻是同龄人,而胡宏则是朱熹
的长辈,在朱熹成名之前,胡安国与胡宏就已经开创了湖湘学派,而且在学
术界已经相当有名望。当然,湖湘学派(朱熹称"湖南一派""湖湘学者"
等)的名头是朱熹率先推崇起来的,这也说明在朱熹的心目中,湖湘学派已
经是成熟的地域学派了。其次,朱子学派与湖湘学派的师承授受关系相互
融合,并非彼此隔绝。承继周子濂溪学的二程洛学南传,通过二程的弟子们
实现。真德秀描述的两条线索,杨时和谢良佐都是二程的得意弟子,他们二
人传承洛学而形成了朱子学派和湖湘学派,杨时传承洛学而发展为朱子学
派,谢良佐南传洛学而形成湖湘学派,这也只是大体而言。实际上,两派的
师承关系相当复杂,胡安国与杨时、谢良佐的关系是"义兼师友",而胡宏也
曾经师事杨时,朱熹则亦有得于谢良佐,因此黄宗羲说:"上蔡固朱子之先
河也。"②另外,朱熹早年的一位老师胡宪,是胡安国兄子,同时也是胡安国
的弟子,朱熹曾提到胡宪师事胡安国的事实:"籍溪(指胡宪——引者注)学
于文定(指胡安国——引者注),又好佛老。"③因此,朱熹可以算作胡安国
的再传弟子,而胡宏则可以说是朱熹的正宗师叔。所以,尽管朱熹的创新能
力很强,他所开创的朱子学派影响巨大,但朱子学思想体系中却有湖湘学的

---

　　①　真德秀:《西山读书记》卷三十一,《四库全书》第 706 册,上海古籍出版社 1987 年版,
第 106 页。

　　②　《宋元学案》卷二十四《上蔡学案》,中华书局 1986 年版,第 917 页。

　　③　《朱子语类》卷一百四,第 2619 页。

学脉。

在思想理论上，除了上述中和学说、道统论、太极学说朱熹受到湖湘学派的启发，另外，在性为万物之源、性一理殊、万物皆有性、格物、居敬等方面，朱熹都受到胡宏的影响。朱熹曾说："性者万物之原。"①这个观点是承续胡宏思想而来的。胡宏是"性本论"的代表人物，提出了性为天下大本，万物皆性所有的观点，影响到朱熹对"性"的认识。朱熹一方面继承程颐"性即理"的思想，另一方面则又接受胡宏"性"论观点，把性与理都提升到宇宙本体的高度。同时，在性与理的关系问题上，胡宏的观点是"性一理殊。"胡宏说："大哉性乎！万理具焉，天地由此而立矣。世儒之言性者，类指一理而言之尔，未有见天命之全体者也。"②在胡宏看来，性包含众理，是"天命之全体"，而理只是天命的局部。朱熹也提出类似的主张："性是理之总名，仁义礼智皆性中一理之名。"③这也是性包含众理的意思，"仁义礼智"乃人伦道德之理，亦包含在"性"之中。在讨论"性"的范围时，胡宏区分了一切事物之性，即作为宇宙本体的性与人之性，朱熹论性也一方面认为万物皆有性，即所谓"枯槁之物亦有性"，另一方面又认为人受天命乃为人性，并指出人之性与物之性本为一源，只因气禀不同而呈现差异："人、物性本同，只气禀异。"④

格物致知问题源自《礼记》中的名篇《大学》，格物致知是朱熹工夫论的核心思想。朱熹对此问题继承程颐的观点。程颐说：

> 若只格一物便通众理，虽颜子亦不敢如此道。须是今日格一件，明日又格一件，积习既多，然后脱然自有贯通处。⑤

程颐的这个今日格一件，明日格一件，积习既多而后脱然贯通的理论，就是

---

① 《朱子语类》卷四，中华书局 1986 年版，第 76 页。
② 《胡宏集》，中华书局 1987 年版，第 28 页。
③ 《朱子语类》卷五，中华书局 1994 年版，第 92 页。
④ 《朱子语类》卷四，中华书局 1994 年版，第 58 页。
⑤ 《河南程式遗书》卷十八《伊先生语四》，《二程集》，中华书局 2004 年版，第 188 页。

朱熹格物致知工夫论的来源。朱熹在《大学》格物补传里提出了相同的主张：

> 《大学》始教，必使学者即凡天下之物，莫不因其已知之理而益穷之，以求至乎其极。至于用力之久，而一旦豁然贯通焉，则众物之表里精粗无不到，而吾心之全体大用无不明矣。①

朱熹在这里讲即凡天下之物而穷理，用力之久而豁然贯通，意思跟程颐上述言论的含义是一样的。朱熹自己也说明他的这段论述是"取程子之意以补之"②，承认他的思想直接来源于程颐。朱熹在另外的地方也对上引程颐"今日格一件，明日又格一件"那段话作了直接的评论。他先是引用了程颐的话，紧接着评论曰："此言该内外，宽缓不迫，有涵泳从容之意，所谓'语小天下莫能破，语大天下莫能载'也。"③而且还说程氏之说"颠扑不破"④。

朱熹认为，尽管程颐的格物学说"颠扑不破"，但是程氏门人却没有一个人能够领会，尹和靖甚至还以为"今日格一件，明日格一件"不是程颐（伊川）之言。⑤ 只有胡宏（五峰），朱熹说胡宏虽在格物问题上仍然不免"有病"，但却比任何程门弟子都说得好。朱熹说：

> 程子既没，诸门人说得便差，都说从别处去，与致知、格物都不相干，只不曾精晓得程子之说耳。只有五峰说得精。⑥

在朱熹看来，胡宏虽然不是程门亲炙弟子，但却比程门弟子们更能领会程氏的格物致知之说。为什么朱熹会认为胡宏在格物致知问题上比程门弟子们还说得精呢？原因是胡宏特别强调"格物致知"是《大学》的精髓，胡宏说："物不格，则知不至。知不至，则意不诚。意不诚，则心不正。心不正而身

---

① 朱熹：《大学章句》，《四书章句集注》，中华书局2012年版，第7页。
② 朱熹：《大学章句》，《四书章句集注》，中华书局2012年版，第6—7页。
③ 《朱子语类》卷十八，中华书局1994年版，第419页。
④ 《朱子语类》卷十八，中华书局1994年版，第421页。
⑤ 《朱子语类》卷十八，中华书局1994年版，第417页。
⑥ 《朱子语类》卷十八，中华书局1994年版，第421页。

修者,未之有也。是故学为君子者,莫大于致知。"①胡宏重视格物致知,而且主张"身亲格之"②,这都跟朱熹的格物致知学说一致。胡宏又说:

> 格之之道,必立志以定其本,而居敬以持其志。志立于事物之表,敬行乎事物之内,而知乃可精。③

朱熹讨论评价了胡宏这一段话。朱熹说:"其曰'志立于事物之表,敬行乎事物之内',此语极好。而曰'而知乃可精',便有局促气象。"④朱熹赞扬胡宏的说法,同时也指出胡宏之说有"局促气象。"这当然是从朱熹自己的理论立场来说的,因为朱熹的格物论是继承程颐"今日格一件,明日格一件",积习日久而贯通理路的,朱熹认为,胡宏之说缺少了积久之功。然而,无论如何,朱熹精研了胡宏的著作,认为胡宏之论超过了所有程门弟子,朱熹对胡宏格物学说基本认同。

除此之外,在居敬问题上,朱熹也受到胡宏的影响。"敬"是朱子学的一个重要概念,朱熹说:

> "敬"字工夫,乃圣门第一义。⑤

> "敬"之一字,真圣门之纲领,存养之要法。⑥

> 程子谓:"涵养须用敬,进学则在致知。"此语最妙。⑦

朱熹认为"居敬"是"圣门"第一要义,并且赞赏程颐"涵养须用敬,进学则在致知"的说法,这其中实际上有胡宏的影响。朱熹曾在写给江元适的信中第一次谈到"敬"时说:"五峰胡先生者,名宏,字仁仲,亦曰'居敬所以精义也',此言尤精切简当,浑可玩味。"⑧朱熹对胡宏著作相当熟悉,朱熹对

---

① 《胡宏集》,中华书局1987年版,第32页。
② 《胡宏集》,中华书局1987年版,第152页。
③ 《胡宏集》,中华书局1987年版,第152页。
④ 《朱子语类》卷十八,中华书局1994年版,第419页。
⑤ 《朱子语类》卷十二,中华书局1994年版,第210页。
⑥ 《朱子语类》卷十二,中华书局1994年版,第210页。
⑦ 《朱子语类》卷十二,中华书局1994年版,第215页。
⑧ 《朱熹集》卷三十八《答江元适》,四川教育出版社1996年版,第1732页。

"敬"的重视,受到胡宏的影响。胡宏还认为"敬"是君子终生应守之事:"敬也者,君子之所以终身也。"①胡宏临终时还在强调"敬"的重要性:"五峰临终谓彪德美曰:'圣门工夫,要处只在个敬'。"②朱熹对此大加赞赏,评曰:"此为名论!"③

综上所述,湖湘学派是南宋出现的第一大理学学派,而且湖湘学派代表人物与朱熹有着极其密切复杂的学术渊源和学术交往关系,因而湖湘学派对朱熹思想的发展和朱子学许多理论主张都产生了深刻的影响。

最后,湖湘学派对浙东学派的影响。

我们这里所说的"浙东学派",指南宋时期被朱熹称其学术为"浙学"的学术派别,主要包括以薛季宣、陈傅良、叶适为代表的永嘉学派,以陈亮为代表的永康学派,以吕祖谦为代表的金华学派(又称婺学)。浙东学派有一个相对一致的学术宗旨,即"尚事功"以及"重史学"。这个学术宗旨可以从朱熹对"浙学"的批判中得到呈现。《朱子语类》记载了很多朱熹批判"浙学"的言论,同时也揭示了"浙学"的特点。《朱子语类》载:

> 江西之学只是禅,浙学却专是功利。④

> 问东莱之学。曰:"伯恭于史分外子细,于经却不甚理会。"……义刚曰:"他也是相承那江、浙间一种史学,故恁地。"⑤

> 伯恭、子约宗太史公之学,以为非汉儒所及,某尝痛与之辩……迁之学,也说仁义,也说诈力,也用权谋,也用功利,然其本意却只在于权谋功利。⑥

朱熹批判"浙学"专是功利。他的学生也指出当时江浙间流行史学,朱熹又对吕祖谦(东莱、伯恭)重史学轻经学的学术倾向进行了批判。而且,朱熹

① 《胡宏集》,中华书局1987年版,第28页。
② 黄宗羲:《宋元学案》卷四十二《五峰学案》,中华书局1986年版,第1383页。
③ 黄宗羲:《宋元学案》卷四十二《五峰学案》,中华书局1986年版,第1383页。
④ 《朱子语类》卷一百二十三,中华书局1994年版,第2967页。
⑤ 《朱子语类》卷一百二十二,中华书局1994年版,第2951页。
⑥ 《朱子语类》卷一百二十二,中华书局1994年版,第2951—2952页。

认为吕祖谦集永嘉、永康二派之长:"伯恭之学……合陈君举、陈同甫二人之学问而一之……伯恭则兼君举、同甫之所长。"①陈君举即陈傅良,是永嘉学派代表人物,陈同甫即陈亮,为永康学派代表人物,朱熹认为吕祖谦(伯恭)兼二陈之长,实则意谓吕氏之学可以代表整个"浙学"。朱熹在跟弟子们讨论时,明确指出"浙学"的学术宗旨就是"尚事功(功利)"和"重史学"两端,而且朱熹对这种学术倾向颇为不满。朱熹服膺的是孔孟内圣成德之学,对专讲功利的思想流派自然是极其反感的。就史学而言,朱熹本人的史学修养也是很深厚的,但在经学和史学的关系上,他是特别重视经学的,认为经学奠定人的价值系统,所以他提倡以《大学》为始教,如果不读经而首重史,则价值不立而学到了史籍中的权谋功利,则为致乱之源。

我们在这里无意评判朱熹和浙东学派的学术争端孰是孰非。我们只是在此指出,浙东学派这种"尚事功""重史学"的学术传统,受到了湖湘学派的影响。湖湘学派先驱胡安国,一生主要著述为《春秋传》,《春秋》既是一部历史著作,是一部编年体史书,同时又是经学的核心典籍,胡安国身处国破山河碎的两宋之交,金兵侵凌,中原沦陷,华夏先进的伦理文化遇到严重断灭危险,胡安国希望用《春秋》大义来启发君主,以期收到现实政治的良好功效,纠拯人心,振兴国家。胡安国经史并重,选取《春秋》这部经史融并的著作来深研阐发,最后又期望将《春秋》义理落实到现实功用之中,是一种"重经史""尚事功"的学术倾向。而且,胡安国的"春秋学"研究得到了当时政界和学界的高度认可,宋高宗特颁诏书,命胡安国纂修《春秋传》,以供御览,胡安国是受朝廷最高统治者的委托而撰著《春秋传》的。撰成之后,高宗读了,赞扬该书"深得圣人之旨"。

朱熹则评价胡安国的著作曰:

> 文定大纲说得正。②

---

① 黄宗羲:《宋元学案》卷五十一《东莱学案》,中华书局1986年版,第1676页。
② 《朱子语类》卷一百一,中华书局1994年版,第2579页。

李先生言:"罗仲素《春秋说》不及文定。盖文定才大,设张罗落者大。"①

问胡文定《春秋》,曰:"他所说尽是正理。"②

朱熹在评价胡安国(文定)的著作时,尽管有时也认为胡安国所说不全符合圣人"原意",但却肯定胡安国"大纲说得正","所说尽是正理",这个总体评价是很高的。胡安国研撰《春秋传》,开创的就是一种"重经史""尚事功"的学术传统,这个传统倒是没有受到朱熹的指责,而胡安国的这个学术传统,既为湖湘学派共同遵循,又是浙东学派的思想源头。

浙东学派的代表人物曾经师从胡安国等湖湘学派大师,湖湘学派的学术传统通过这种薪火传承对浙东学派产生了影响。据《宋元学案·武夷学案》之《武夷学案表》记录,薛徽言、曾几、胡宪、汪应辰都是胡安国的弟子,薛徽言是永嘉学派代表人物薛季宣的父亲,《武夷学案》把薛氏父子都列入胡安国门人后学表中。曾几则是吕祖谦父亲吕大器的老师。另外《宋元学案·东莱学案》记载,吕祖谦又曾"长从林拙斋、汪玉山、胡籍溪三先生游。"③吕祖谦这三位老师中的两位,即汪应辰(玉山)与胡宪(籍溪)都是胡安国的弟子,因此,吕祖谦通过多条途径而上承湖湘学派学脉。

另外,永康学派代表人物陈亮,对胡宏的著作推崇备至,也受到湖湘学的影响。陈亮曾评论胡宏曰:

闻之诸公长者,以为五峰实传文定之学。比得其传文观之,见其辨析精微,力扶正道,惓惓斯世,如有隐忧。发愤至于忘食,而出处之义终不苟,可为自尽于仁者矣。其教学者以求仁,终篇之中,未尝不致意焉。④

陈亮在这里所说的"惓惓斯世,如有隐忧",实际上就是一种经世致用精神。

---

① 《朱子语类》卷一百二,中华书局1994年版,第2596页。
② 《朱子语类》卷六十七,中华书局1994年版,第1650页。
③ 黄宗羲:《宋元学案》卷五十一《东莱学案》,中华书局1986年版,第1652页。
④ 陈亮:《胡仁仲遗文序》,《陈亮集》,中华书局1974年版,第165页。

永康学派尚事功,跟湖湘学派的经世致用思想相默契,故而陈亮如此推崇"传文定之学"的胡宏。

三、王船山与宋明理学及湘学

王船山(1619—1692),即王夫之,湖南衡阳人。王之春《船山公年谱》曰:"公讳夫之,字而农,号薑斋……晚居府治西百二十里石船山,称船山老人,或船山老农,或船山遗老,船山病叟,学者称船山先生。"①王船山生活在明末清初"天崩地解"的时代,在清兵到湖南时,他曾举兵抗清,失败后投奔南明永历政权。后见事不可为,决计归隐,在饥寒交迫、体羸多病的艰难苦境中,在"六经责我开生面"的文化守护责任驱动下,以"七尺从天乞活埋"的勇毅精神,著书一百多种,四百多卷,终成文化巨匠。

王船山在宋明理学史以及湘学史上都有崇高的地位。在宋明理学史上的地位,学界已成定论,谓王船山是宋明理学的总结者和终结者。② 不仅如此,王船山还被认为是近代人文主义及启蒙思潮的开创先驱。

王船山历史地位的形成有一个渐进升高的过程,船山去世后不久即有学者开始关注其著述和思想,到了近代,船山地位则出现爆发式提升。

王船山逝于清康熙三十一年(1692)。船山去世后,其子王敔从船山遗著中选取 27 种共 60 余卷刊刻,随即便引起了一些有识之士的关注。潘宗洛读了船山著作,称赞曰:"船山之著述等身,湘岳之逸也,真砥柱一代之伟人矣。"③潘宗洛时任湖广学政、翰林院检讨,船山之子王敔曾入其幕府,其对船山的评价可谓相当高了。而且,潘宗洛作为地方文化教育行政长官,对船山作如此评价,同时,他又写了船山的第一篇正式传记《船山先生传》付史馆,这也可以代表官方对船山的推崇态度。另一位康熙五十年(1711)任湖广学政的学者李周望,也对船山作出很高的评价,盛赞船山:"于学无所不窥……合马、郑、伏、刘、何、杜、匡、辕,涑水、紫阳、王弼、向

---

① 王之春:《船山公年谱》,《船山全书》第十六册,岳麓书社 2011 年版,第 285 页。

② 萧萐父、许苏民:《王夫之评传》,南京大学出版社 2002 年版,第 605 页。

③ 潘宗洛:《邗江王氏家谱序》,《船山全书》第十六册,岳麓书社 2011 年版,第 521 页。

秀、王逸诸子之学,萃于一身,其才高而学赡为何如也! 而原本渊源,尤于《正蒙》一书神会心契。"①李周望认为船山是前代诸多思想家的学术集大成者,而尤其对于张载思想更是"神会心契",当然船山自己也明确宣称"希张横渠之正学。"

　　自此之后,陆续有学者关注到船山学的价值,并对王船山的学术思想和历史价值给予很高评价。但是,船山学地位的真正爆发式提升,是从晚清道光、咸丰、同治时期开始的。这一时期,湖南地区在政界和学界涌现出一大批著名的人物,如邓显鹤、唐鉴、陶澍、贺长龄、魏源、邹汉勋、曾国藩、左宗棠、郭嵩焘等,他们中的很多人开始大力推崇王船山学术思想。道光二十二年(1842),一部由邓显鹤、邹汉勋等人编校刊刻的"守遗经书屋"版《船山遗书》问世,收船山著作 18 种,150 卷。接着,同治四年(1865),曾国藩、曾国荃兄弟又刊刻了"金陵节署本"《船山遗书》,收船山著作 56 种,288 卷。曾氏兄弟所刻版本正在湘军攻克太平天国"首都"金陵(现南京)之时,曾氏兄弟权倾一时,此书一出,影响极大,各地书院、学署及学者争相购备。自此之后,船山学受到热捧,不断升温,而且随着时代的风云变幻而被各种时代风云人物撷取思想精华。如维新变法运动杰出代表人物谭嗣同"私淑船山",他评价船山曰:"国初三大儒,惟船山先生纯是兴民权之微旨;次则黄梨洲《明夷待访录》,亦具此义。"②谭嗣同将船山评为"兴民权"的理论家。维新变法失败后,革命派思想家宣扬船山思想中的民族主义精神,如章太炎(炳麟)说:"康氏之门,又多持《明夷待访录》,余常持船山《黄书》相角,以为不去满洲,则改政变法为虚语。"③章太炎以船山思想为武器,认为要改政变法,必须"去满洲",即推翻满清王朝统治。章太炎又谈到自己民族主义思

---

　　①　李周望:《王船山先生正蒙注序》,《船山全书》第十六册,岳麓书社 2011 年版,第398 页。

　　②　谭嗣同:《上欧阳中鹄》(十),《谭嗣同全集》(增订本),中华书局 1981 年版,第464 页。

　　③　章炳麟:《太炎先生自定年谱》,《船山全书》第十六册,岳麓书社 2011 年版,第 803—804 页。

想受船山等人影响的情况曰："后来读郑所南、王船山两先生的书,全是那些保卫汉种的话,民族思想渐渐发达。"①五四运动前后,学术界对船山思想的诠释打上了新的时代烙印。杨昌济用现代的眼光去审视船山思想,指出船山"重个人之独立",②"船山亦主张人本主义者也。"③杨昌济还提到船山思想有现代科学精神:"船山尝言:'动固动也,静亦动也;动则使静者动,静则使动者静,皆非用力不可。'此说正与力学惯性之法则相合。"④杨昌济的这些诠释,是用现代民主、科学、人本主义思想来认识船山思想。

船山思想的历史地位和影响已略如上述,这里只略微举了几个例子。实际上,学术界对船山崇高地位的评价远不止此。王船山生前曾叮嘱子孙藏其书,说两百年后乃可出。其言果然应验,船山潜心著书时在 17 世纪下半叶,而其书大行于世则在 19 世纪下半叶,时间恰好是两个世纪,此乃神预言。如今,船山学研究已经成为学术界的"显学",在世界范围内有众多学者参与其中,也经常召开各种纪念船山的学术研讨会。

从学术史上看,无论不同时期的学者如何站在不同的学术和政治立场诠释船山,船山的理学家身份是不能改变的。他"希张横渠之正学",对张载推崇有加,后人也因此把张载和船山归并为宋明理学中的"气学"一派。他批程朱,斥陆王,但他的批判不是全盘否定,而是有批判也有继承。他对前人的批判,是理学内部的思想发展和更新。有学者认为船山学"由关而洛而闽,力砥殊途,归宿正轨"⑤。王船山的儿子王敔也说其父之学"守正道以屏邪说,则参伍于濂、洛、关、闽"⑥。说船山学归于闽,即归于朱子学一脉,当然不被众人接受,但说船山学对濂、洛、关、闽都有继承,则是事实。船

---

① 章炳麟:《演说录》,《船山全书》第十六册,岳麓书社 2011 年版,第 801 页。
② 杨昌济:《论语类钞》,《船山全书》第十六册,岳麓书社 2011 年版,第 813 页。
③ 杨昌济:《论语类钞》,《船山全书》第十六册,岳麓书社 2011 年版,第 814 页。
④ 杨昌济:《达化斋日记》,《船山全书》第十六册,岳麓书社 2011 年版,第 810 页。
⑤ 唐鉴:《国朝学案小识》,《船山全书》第十六册,岳麓书社 2011 年版,第 544 页。
⑥ 王敔:《大行府君行述》,《船山全书》第十六册,岳麓书社 2011 年版,第 73 页。

山思想的创新,完全是理学自身在新时代背景下的发展,当然船山个人的才思也是重要的条件。船山自言"六经责我开生面",已一言道尽,他是在传统学术文化的基础上进行综合创新,这也说明儒学有一种与世偕行,与时俱进的品格。

从宋明理学发展史上看,王船山是理学的总结者。与此同时,船山又是典型的湖南人,他的一生大部分时间都在湖南生活,他生于斯,长于斯,学于斯,创作于斯,他的师承和学术渊源跟湖湘学术传统有密切联系,因此,王船山既是湘学的顶峰式代表人物,也是从古代湘学过渡到近代湘学的枢纽性人物。船山之前,两宋时期湖湘学术曾经盛极一时,北宋周敦颐开创理学,虽然他自己生前在湖湘地区影响不大,但是其学术经二程发扬光大,再经二程弟子返传湖湘大地,在南宋时形成湖湘学派,湖湘学派学者通过著书立说,创办和振兴书院讲学授徒,促进了理学在湖湘地区的传播和兴盛。尽管湖湘学派在张栻去世后渐趋凋零,作为一个学派更是在南宋末年消亡了,但其精神价值和学术传统却并没有消失,而是借助他们的著作以及书院教育等形式在三湘四水间流传。王船山在学习成长的过程中,完全浸润在浓厚的湖湘文化学术传统中,通过各种方式接受湘学传统的洗礼,其中最主要和最直接的就是其家学渊源及师承问学。

从家学渊源上看,王船山的父亲王朝聘也是一位饱学之士,船山称其父:"先君子独根极理要,宗濂洛正传。"①濂指周敦颐的"濂学"(濂溪学),在船山看来,周敦颐的濂学和二程的洛学都是儒学"正传",可见船山对周子之学也是推崇的。船山还说:"宋自周子出,而始发明圣道之所繇(通由——引者注),一出于太极阴阳人道生化之终始,二程子引而伸之。"②船山与胡宏、张栻、朱熹等人一样,也认为周敦颐在宋代最早发明圣道,二程则将周子之学发扬光大,实际上是承认周敦颐为宋代理学的开创者。这也可

---

①　王船山:《显考武夷府君行状》,《船山全书》第十五册,岳麓书社 2011 年版,第111 页。

②　王船山:《张子正蒙注序论》,《船山全书》第十六册,岳麓书社 2011 年版,第 10 页。

以看出船山对湖湘先贤周敦颐是相当尊崇的,故而船山自豪地宣称其父:
"宗濂洛正传。"另外,船山之父王朝聘对另外一位湖湘学先贤——湖湘学
派代表人物胡安国(文定)的著作《春秋传》相当推崇,王朝聘曾对王船山
说:"三《传》之折衷,得文定而明;河南之举要,得文定而详……文定之于
《春秋》也,错综已密,所谓经纬也;昭回不隐,所谓日月也。"①船山著《春秋
家说》,就是记述发掘其父"春秋学"思想而成的,可见船山之父王朝聘也是
一位钻研"春秋学"颇深的学者,这种家学传承直接影响了王船山对"春秋
学"的热爱,船山一生撰写了多种"春秋学"著作,而船山"春秋学"则是承接
家学而上溯源头胡安国《春秋传》,这条线索是相当明朗的。

从师承问学来说,王船山二十岁时,曾就学于岳麓书院,其时担任岳麓
书院山长的吴道行,是湖湘学派代表人物张栻高足吴猎的后裔。吴道行掌
教岳麓书院期间,发扬湖湘学派学术传统,讲学以朱熹、张栻为宗,东林学者
高世泰讲学岳麓,曾感叹道:"先生(指吴道行——引者注)讲习于斯,其道
以朱、张为宗,与文端、忠宪揆固一也。可不谓衡湘之贤哲哉?"②推宗湖湘
学派的吴山长,对青年王船山的影响是显而易见的,王船山一生治学对湖湘
学派极为尊崇,而且在很多方面直接吸收湖湘学派学者的学术思想。比如,
船山赞扬胡安国所著《春秋传》曰:"尝读胡氏《春秋传》而有憾焉。是书也,
著攘夷尊周之大义,入告高宗,出传天下,以正人心而雪靖康之耻,起建炎之
衰,诚当时之龟鉴矣。"③王船山读胡安国《春秋传》,对其中"攘夷尊周"的
"春秋大义",以及雪耻起衰的经世致用思想十分赞赏。又如,王船山对胡
宏(五峰)的理欲观十分推崇:"五峰曰:'天理人欲,同行异情。'趣哉!能合
颜、孟之学而一原者,其斯言也!"④王船山对胡宏的著作非常熟悉,胡宏"天

---

① 王船山:《春秋家说・叙》,《船山全书》第五册,第 105 页。
② 邓显鹤:《沅湘耆旧集》卷四十二,岳麓书社 2007 年版,第 882 页。
③ 王船山:《宋论》卷十《高宗》,《船山全书》第十一册,岳麓书社 2011 年版,第 234 页。
④ 王船山:《读四书大全说》卷八《孟子》,《船山全书》第六册,岳麓书社 2011 年版,第
913 页。

理人欲同体而异用,同行而异情"的理欲观,在当时是非常独特而可贵的思想,肯定了人正当欲望的合理性,王船山对胡宏的这个观点非常赞赏,这也说明船山对胡宏的著作是下了研读之功的。另外,王船山对湖湘学派另一位代表人物张栻也有很高的评价,称张栻为"旷代不易见之大贤。"①船山对湖湘学派诸大师皆极致赞赏之辞,船山的学术思想也受到湖湘学派的深刻影响。最突出的一点就是船山继承了湖湘学派既重理论构建,又反对走向空疏,强调经世致用的学术传统,在精神层面和学术宗旨上,继承和发扬光大湖湘学。除此之外,在很多重要的学术问题上,船山与胡宏、张栻等人皆有继承关系。譬如认识论的重要问题知行观,伦理思想中的理欲观,以及深厚的民族主义传统等方面,王船山都对湖湘学派学术传统有直接的继承,并通过枢纽传递作用而对近代湘学产生巨大影响(后文详述)。

第三节　湘学对宋明理学核心价值观的贡献

一、周敦颐的开创性理论贡献

唐宋时期,儒学自中唐即开始复兴,中唐儒学复兴的代表人物韩愈、柳宗元、刘禹锡等人可视为宋明理学复兴儒学的先导。但是,韩、柳、刘等人毕竟是以文学名世的,在儒学理论建设方面尚不系统,亦不深入。直到宋代,理学家才真正从理论上重建和复兴了儒学,而首发其端者为周敦颐。

周敦颐是理学开山和湘学鼻祖。被称为"新儒学"的理学,它的"新"主要表现在借鉴佛、道思想而重建儒学宇宙论和本体论,深化儒学的心性论和工夫论,在这些方面,周敦颐都有理论开创之功。

（一）周敦颐的思想渊源

中唐儒学复兴代表人物韩愈排佛激烈,而柳宗元和刘禹锡却能用平和

---

① 王船山:《宋论》卷十一《孝宗》,《船山全书》第十一册,岳麓书社 2011 年版,第265 页。

心态对待佛、道思想,主张应适当吸收佛、道思想有益成分。虽然柳、刘等人在重建儒学方面理论系统性和深入性不够,但却可视为宋明理学的理论先声。湘学鼻祖周敦颐,也是理学的开创者,他的学术著作字数不多,但理论的系统性和深入性却极强,也可以说是沿着唐代湖湘流寓学者柳宗元和刘禹锡倡导的理论路线重建儒学的第一人。周敦颐的思想性质本色当然是儒学,但他以开放的心态,吸纳了佛、道思想成分,成就了他的创新理论。

周敦颐思想以易学为基础,综合《中庸》《大学》《论语》《孟子》等儒家经典,构建宇宙论、本体论以及心性论。在这个过程中,周敦颐对佛学和道家、道教思想也有密切的关注和适当的吸收,这也开创了宋明理学家的运思方向,后代理学家的学术创建历程大都是"泛滥于诸家,出入于老、释",然后"返求诸六经而后得之。"①朱熹曾评价周敦颐思想的性质曰:

> 盖尝窃谓先生之言其高极乎无极太极之妙,而其实不离乎日用之间;其幽探乎阴阳五行造化之赜,而其实不离乎仁义礼智、刚柔善恶之际;其体用之一源,显微之无间,秦汉以下,诚未有臻斯理者,而其实则不外乎六经、《论语》《中庸》《大学》、七篇之所传也。②

朱熹指出周敦颐学术思想极高妙而探幽微,但却又不离乎日用之间,遵循《论语》《中庸》《大学》以及儒家六经思想,其宗旨不离乎仁义礼智等儒家核心价值观。周敦颐是理学开山祖师,是宋代儒学大师,然而,他的学术心态却是极其开放的,对佛、道思想并不排斥,他对韩愈等人激烈而简单化的排佛言论颇不以为然。周敦颐曾有诗云:

> 退之自谓如夫子,《原道》深排释老非。
>
> 不识大颠何似者,数书珍重更留衣。③

---

① 程颐:《河南程氏文集》卷十一《明道先生行状》,《二程集》,中华书局 2004 年版,第 638 页。

② 朱熹:《隆兴府学濂溪先生祠记》,《朱熹集》卷七十八,四川教育出版社 1996 年版,第 4085 页。

③ 周敦颐:《按部至潮州题大颠堂壁》,《元公周先生濂溪集》卷六,岳麓书社 2006 年版,第 108 页。

周敦颐不赞同韩愈的排佛言论,而且他自己的著作也绝少出现排佛的文字,但后世学者却又认为他"字字辟佛"①。实际上就是说,周敦颐的学术立场是儒学的,他捍卫和完善的是儒家的核心价值观,即使他表面上不反佛,甚至还从佛、道思想中汲取养料,也与佛僧过从甚密,这些都是没有问题的,完全不影响他作为理学开创者的身份,反而是一种兼收并蓄的合理学术态度。

周敦颐与佛僧有密切的交往,其思想也受到佛学的深刻影响。如《宋元学案》记载:

> 《性学指要》谓:"元公初与东林总游,久之无所入。总教之静坐,月余忽有得,以诗呈曰:'书堂兀坐万机休,日暖风和草自幽。谁道二千年远事,而今只在眼睛头。'总肯之,即与结青松社。"②

东林常总,是宋代临济宗黄龙派高僧,又称常聪。常总教周敦颐静坐之法,周敦颐思想中的"主静说",即导源于此。佛家主张禁欲、去欲,周敦颐注释主静的意思是"无欲故静",这个意思跟佛学的主张是相通的。周敦颐另有《养心亭说》一篇文章,其中说得更加明白:

> 孟子曰:"养心莫善于寡欲。其为人也寡欲,虽有不存焉者,寡矣;其为人也多欲,虽有存焉者,寡矣。"予谓养心不止于寡而存耳,盖寡焉以至于无,无则诚立明通。诚立,贤也;明通,圣也。是圣贤非性生,必养心而至之。养心之善,有大焉如此,存乎其人而已。③

儒家对待"欲"的态度与佛家是不一样的,儒家讲节欲,而佛家则讲禁欲。周敦颐在这里显然对孟子寡欲(实即节欲)说不满,在周敦颐看来,寡欲还不彻底,应该要彻底达到"寡焉以至于无"的状态,才能进入"诚立明通"的圣贤境界。可见,在"欲"的问题上,周敦颐认同佛学观点,主张彻底"无

---

① 据《宋元学案》载:"高景逸曰:'元公之书,字字与佛相反,即谓之字字辟佛可也。元公谓"圣人之道,仁义中正而已矣",会得此语,可谓深于辟佛者矣。'"(黄宗羲:《宋元学案》卷十二《濂溪学案下》,中华书局1986年版,第523页)

② 黄宗羲:《宋元学案》卷十二《濂溪学案下》,中华书局1986年版,第524页。

③ 周敦颐:《元公周先生濂溪集》卷六《养心亭说》,岳麓书社2006年版,第99页。

欲"。周敦颐在很多地方提到这个意思：

> "圣可学乎？"曰："可。"曰："有要乎？"曰："有。""请闻焉。"曰：
> "一为要。一者，无欲也。无欲则静虚动直。静虚则明，明则通；动直
> 则公，公则溥。明通公溥，庶矣乎。"①

> 君子乾乾不息于诚，然必惩忿窒欲、迁善改过而后至。②

理学家反对私欲，而对正常饮食男女这类基本正常欲望却是肯定的；佛家则
采取禁欲态度，认为只有彻底去欲离染，才能断绝所有烦恼惑障，从而获得
解脱。周敦颐的"无欲"和"窒欲"说，显然受到佛家的深刻影响。正因如
此，周敦颐的弟子二程（程颢、程颐兄弟）对周敦颐的"主静"说相当警惕，二
程也承认静坐是一种为学的辅助方法，但如果上升到修养工夫上，二程便不
赞同"主静"说，他们的理由是："才说静，便入于释氏之说也。"③所以程颐
提出："不用静字，只用敬字。"④为了区别儒家和佛家之说，程颐主张用
"敬"这个概念，不要用"静"这个概念。这也可以证明，在二程的眼里，他们
的老师周敦颐的主静说是彻头彻尾的佛家学说。

周敦颐受东林常总的影响，还不仅限于"欲"的问题。据《居士分灯录》
记载：周敦颐向东林常总禅师问道，常总说："吾佛谓实际理地即真实无妄，
诚也。'大哉乾元，万物资始'，资此实理；'乾道变化，各正性命'，正此实
理。天地圣人之道，至诚而已。必要着一路实地工夫，直至于一日豁然悟
入，不可只在言语上会。""又尝与总论性及理法界、事法界，至于理事交彻，
冷然独会，遂著《太极图说》，语语出自东林口诀。"⑤说周敦颐的《太极图
说》"语语出自东林口诀"恐怕不准确，但常总与周敦颐讨论理法界、事法界
等问题，则对周敦颐思想中宇宙本体论构建有很大的启发。

---

① 周敦颐：《通书·圣学第二十章》，《周敦颐集》，中华书局1990年版，第35页。
② 周敦颐：《通书·干损益动第三十一》，《周敦颐集》，中华书局1990年版，第38页。
③ 《河南程氏遗书》卷十八，《二程集》，中华书局2004年版，第189页。
④ 《河南程氏遗书》卷十八，《二程集》，中华书局2004年版，第189页。
⑤ 《居士分灯录》卷下，《卍续藏经》第一四七册，转引自宋道发：《周敦颐的佛教因缘》，
《法音》2000年第3期。

佛教所说的"事法界",指现象世界,而"理法界"则指本体世界,"理事无碍法界"指两个世界相互包容无妨碍。此命题关涉的是本体和现象两个世界的关系问题。佛教对此问题讨论得十分精到深入,而周敦颐之前的儒者,恪守"六合之外,圣人存而不论"的教条,对本体与现象关系问题探讨不够。周敦颐吸收佛教本体与现象理论,著《太极图说》,开创了儒家的宇宙本体论,从宇宙论角度论述社会人生和心性道德,开宋明理学天道性命相贯通之先河。

周敦颐《太极图说》是对其《太极图》的理论阐发,实际上,周子之学的纲领是《太极图》。周敦颐《太极图》的来源问题,学界意见纷纭,比如,最早谈到周敦颐《太极图》渊源问题的两宋之际学者朱震说:

> 陈抟以《先天图》传种放,放传穆修,穆修传李之才,之才传邵雍。放以《河图》《洛书》传李溉,溉传许坚,许坚传范谔昌,谔昌传刘牧。穆修以《太极图》传周敦颐,敦颐传程颢、程颐。[①]

朱震在这里暗指周敦颐《太极图》源自道教学者陈抟。

明末清初学者黄宗炎说得更具体:

> 周子《太极图》,创自河上公,乃方士修炼之术也,实与老、庄之长生久视,又属旁门。老、庄以虚无为宗,无事为用。方士以逆成丹,多所造作,去致虚静笃远矣。周子更为《太极图说》,穷其本而反于老、庄,可谓拾瓦砾而得精蕴……考河上公本图名《无极图》,魏伯阳得之以著《参同契》,钟离权得之以授吕洞宾。洞宾后与陈图南同隐华山,而以授陈,陈刻之华山石壁。陈又得《先天图》于麻衣道者,皆以授种放。放以授穆修与僧寿涯。修以《先天图》授李挺之,挺之以授邵天叟,天叟以授子尧夫。修以《无极图》授周子,周子又得"先天地"之偈于寿涯。其图自下而上,以明逆则成丹之法……周子得此图,而颠倒其序,

---

① 脱脱等:《宋史·朱震传》,中华书局1997年版,第3285页。

更易其名,附于大易,以为儒者之秘传。①

黄宗炎说周敦颐《太极图》创自河上公,中间有陈抟(图南)等人传递。此图本为《无极图》,乃为道士修仙炼丹之图,顺序是自下而上。周敦颐将其顺序颠倒,自上而下,并改易其名,成为儒家宇宙化生之图。

黄宗炎说得如此细致具体,但却没有更进一步的材料依据,故而很多学者不以为然。总之,对于周敦颐的《太极图》的来源问题,有些人认为来源于佛、道,有些人则无法接受作为正统儒家的周子从佛、道处得受此图,而力主此图为周敦颐自创。关于这个问题的论辩考证已经非常多了,但还是没有形成统一的意见。我们若从当时人们的议论、周敦颐弟子二程的态度,可以推断周敦颐《太极图》来源于佛、道的可能性相当大。据《宋元学案》记载,丰道生说:"至于《太极图》,两人(指二程——引者注)生平俱未尝一言道及,盖明知为异端,莫之齿也。"②这里的"异端",指佛、道二家。二程兄弟是周敦颐的弟子,而且悟性很高,得周子之学精髓并发扬光大,但有一个问题令后人迷惑不解:二程为什么对周敦颐学说的纲领《太极图》绝口不提呢? 当年张栻就发生过这样的疑问,并写信问朱熹:"敬夫以书来曰:'二先生所与门人讲论问答之言,见于书者详矣。其于《西铭》,盖屡言之,至此图,则未尝一言及也。其谓必有微意,是则固然。然所谓微意者,果何谓也?'"③朱熹的解答是:"熹窃谓以为此图立象尽意,剖析幽微,周子盖不得已而作也。观其手授之意,盖以为惟程子为能当之。至程子而不言,则疑其未有能受之者尔。夫既未能默识于言意之表,则弛心空妙,入耳出口,其弊必有不胜言者。"④朱熹认为周敦颐将《太极图》授予二程,是因为二程能正确理解,而二程不授此图,原因是担心贸然授图,人若不能默识其意蕴,就有

---

① 黄宗羲:《宋元学案》卷十二《濂溪学案下》,中华书局1986年版,第514—516页。

② 黄宗羲:《宋元学案》卷十二《濂溪学案下》,中华书局1986年版,第524页。

③ 朱熹:《太极图说注后记》,《朱熹集·遗集》卷三,四川教育出版社1996年版,第5680页。

④ 朱熹:《太极图说注后记》,《朱熹集·遗集》卷三,四川教育出版社1996年版,第5680页。

可能弛心空妙,产生弊端。朱熹所谓"弛心空妙",实际上就是指堕入佛、老"异端",这个说法与丰道生的解释颇为相似。因此,可以推想,二程知道其师周敦颐的《太极图》与所谓的佛、道"异端"撇不清干系,故而不愿道及此图。

朱熹在另外一处还说:

> 张宗定公尝从希夷学,而其论公事之有阴阳颇与《图说》意合。窃疑是说之传固有端绪。至于先生,然后得之于心,而天地万物之理,钜细幽明,高下精粗,无所不贯,于是始为此图,以发其秘尔。①

朱熹虽然说周敦颐学术是他自己"得之于心",但此处也透露了陈抟(希夷)思想为周敦颐学术之一端绪的信息。

另外,最早推尊周敦颐的南宋理学家胡宏,也承认陈抟之传为周敦颐《太极图》之源。胡宏说:

> 推其道学所自,或曰:传《太极图》于穆修也。修传《先天图》于种放,放传于陈抟。此殆其学之一师欤? 非其至者也。②

胡宏是推尊周敦颐历史地位的第一人(前文已述),他承认陈抟、种放、穆修等人的传递是周敦颐《太极图》的来源,但周敦颐的思想并不止于道教之传,而是有更深入甚至颠覆性的发展。周敦颐是儒学大师,但他自己并不排斥从佛、道思想中汲取养料,这恰好是他思想理论广纳百川、兼容并蓄而创新发展的优长,后世理学家大都沿袭这个路数,这一点完全不必忌讳。

(二) 周敦颐的理论创新

周敦颐的著作字数很少,但涉及的理论领域和理论问题却很多,他在哲学、政治、教育、文学艺术等领域都有独到的理论见解,而其思想创新最核心的领域是哲学。周敦颐之所以能担当理学开山和湘学鼻祖的称号,就是因为他在哲学领域有开创性的建树。

---

① 朱熹:《再定太极通书后序》,《朱熹集》卷七十六,四川教育出版社1996年版,第3969页。
② 胡宏:《周子通书序》,《胡宏集》,中华书局1987年版,第160页。

周敦颐哲学思想开创了宋明理学哲学建构的方向,即从宇宙论和本体论角度论证社会、人生、道德、心性,具体内容实则是论证儒家"仁义礼智信,忠孝廉节和"核心价值观的合理性和形而上根据。当然,在这个过程中,他又提出或者在前人思想基础上进一步阐明一些适应时代发展需要的理论范畴和概念,如无极、太极、阴阳、五行、动静、性命、善恶、死生、鬼神、礼乐、诚、几、理、中、公、明、敬等,这些概念被后世理学家反复讨论和发扬,是在新的时代背景下对儒家核心价值观的引申、发扬和论证。

周敦颐的理论创新主要表现在如下三个方面:

1. 宇宙论与道德本体论

周敦颐思想的纲领是《太极图》:

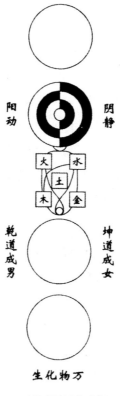

图一(载《周子全书》)

太极图极其简约,但朱熹却认为是周敦颐思想的纲领:

> 先生之学,其妙具于《太极》一图,《通书》之言,皆发此图之蕴。①

朱熹指出《通书》是对《太极图》意蕴的阐发,可见在朱熹看来,《太极图》就是周敦颐思想的纲领。实际上,由于《太极图》过于简约,难以理解,周敦颐又撰写了《太极图说》来加以说明。《太极图说》全文如下:

> 无极而太极。太极动而生阳,动极而静,静而生阴,静极复动。一动一静,互为其根。分阴分阳,两仪立焉。阳变阴合,而生水、火、木、金、土。五气顺布,四时行焉。五行,一阴阳也;阴阳,一太极也;太极,本无极也。五行之生也,各一其性。无极之真,二五之精,妙合而凝。乾道成男,坤道成女,二气交感,化生万物。万物生生,而变化无穷焉。惟人也,得其秀而最灵。形即生矣,神发知矣,五性感动而善恶分,万事出矣。圣人定之以中正仁义,而主静,立人极焉。故圣人与天地合其德,日月合其明,四时合其序,鬼神合其吉凶。君子修之吉,小人悖之凶。故曰:"立天之道,曰阴与阳;立地之道,曰柔与刚;立人之道,曰仁与义。"又曰:"原始反终,故知死生之说。"大哉《易》也,斯其至矣!②

比起《太极图》来,《太极图说》当然详明得多。但还是相当简约,故而周敦颐后来又撰写《通书》来进一步阐发《太极图》与《太极图说》。对此,朱熹指出:

> 《通书》者,濂溪夫子之所作也……与《太极图说》并出,程氏以传于世,而其为说实相表里。③

朱熹认为周敦颐的《通书》与《太极图说》相表里。在注解《通书·诚上第一》章时,朱熹则说:"此书与《太极图》相表里。"④可见,在朱熹看来,《太极

---

① 朱熹:《朱熹集》卷七十五《周子太极通书后序》,四川教育出版社 1996 年版,第 3942 页。

② 《元公周先生濂溪集》卷一,岳麓书社 2006 年版,第 7 页。

③ 朱熹:《朱熹集》卷八十一《周子通书后记》,四川教育出版社 1996 年版,第 4209 页。

④ 《元公周先生濂溪集》卷四,岳麓书社 2006 年版,第 55 页。

图》与《太极图说》是一个整体,《通书》是对《太极图》和《太极图说》意蕴的深入阐发。

周敦颐的《太极图》和《太极图说》蕴含宇宙论、万物化生论以及人性论思想。宇宙论包含宇宙生成论和宇宙本体论,宇宙生成论探索自然宇宙的生成与发展,是实证问题,最终通向科学;宇宙本体论探讨世界本源与第一存在,是思辨问题,与哲学紧密相联。宋代以前的儒学宇宙论,宇宙生成论占主导地位。周敦颐从本体论的角度探索宇宙本源的问题,开宋明理学本体思维之先河。

周敦颐《太极图说》:"太极动而生阳,动极而静;静而生阴,静极复动。一动一静,互为其根。分阴分阳,两仪立焉。阳变阴合,而生水火木金土。五气顺布,四时行焉……二气交感,化生万物。万物生生,而变化无穷焉。"这段话讲的就是宇宙生成论,结合《太极图》来看,从"太极""阴阳""五行"到"万物",有一种时间的先后派生关系,太极乃是宇宙生成最初的物质性本源。但是,《太极图》顶上用一个圆圈表示"无极"与"太极",二者就没有时间先后派生关系了。在周敦颐思想中,"无极"是宇宙的最高本体,"太极"则可视为阴阳未分之"气","无极"与"太极"是形而上与形而下的关系,是一种体用关系。冯友兰说:"在濂溪之系统中,太极能动、能静、能生,故濂溪之太极是形下底,而不是形上底,此其与朱子之系统根本不同之处。"[1]周敦颐理论体系的最高范畴是"无极",朱熹思想体系的最高范畴则是"太极"(理)。周敦颐思想中的"太极"是形下的,而朱熹思想中的"太极"是形上的。周敦颐思想中宇宙生成论与宇宙本体论杂在一起,而且其"无极"概念有很强的道、佛意味。朱熹把周敦颐的"太极"提升至宇宙本体高度,上升为形而上之理,并且是"总天地万物之理"[2]。周敦颐"无极"概念带有道、佛"无"的性质,而朱熹"太极"概念则纯属儒家,包含儒家宇宙和

---

① 冯友兰:《新理学》,《贞元六书》,华东师范大学出版社1996年版,第53页。

② 《朱子语类》卷九十四,中华书局1994年版,第2645页。

社会伦理内容,为儒家式的"有"。

周敦颐"无极"与"太极"的概念以及与此相关的《太极图说》首句文字"无极而太极,"历来引发了太多的争论。直到现代,现代新儒家代表人物之一牟宗三说周敦颐的无极太极本是一事,太极是对于道体之表诠,无极是对于道体之遮诠,单说无极亦可,单说太极亦可。① 问题是,如果单说无极或者单说太极都可以,那就不必说"无极而太极"了。当年陆九渊说周敦颐"无极而太极"之语是"叠床上之床""架屋下之屋",当然并不符合周敦颐思想实情,而如若按照牟宗三先生的理解,单说无极亦可,单说太极亦可,那么周敦颐说"无极而太极"可就真是"叠床架屋"了。只不过,事实并不是这样。只说太极,不说无极,这是经过朱熹的本体论提升之后的思想理论,而在周敦颐的思想中,无极与太极是各有功用,不能相互取消的。

周敦颐又在《通书》中提出"诚"来作为他哲学体系的最高范畴,同于《太极图说》中的"太极"与"无极"。在周敦颐《太极图说》中,"太极"是宇宙生成论范畴,而"无极"则是宇宙本体论范畴,《通书》中的"诚"则生成论和本体论兼而有之。周敦颐思想体系中作为宇宙论最高范畴的"诚",下贯为心性道德本体,又成为心性道德论的最高范畴,体现了儒家思想天人合一、道德秩序即宇宙秩序的理论倾向。周敦颐说:

> 诚者,圣人之本。②
>
> 诚,五常之本,百行之源也。③

"诚"是"圣人"与"五常"之本,是"百行"之源。朱熹解释此句曰:"五常,仁、义、礼、智、信,五行之性也。百行,孝、悌、忠、顺之属,万物之象也。"④"五常""百行"实际上就是儒家"仁义礼智信,忠孝廉节和"等核心价值观内容,"诚"则是其本体,可见在周敦颐思想中"诚"是道德本体论范畴。儒

---

① 牟宗三:《心体与性体》(上),上海古籍出版社1999年版,第306—308页。
② 周敦颐:《通书·诚上第一》,《周敦颐集》,中华书局1990年版,第4页。
③ 周敦颐:《通书·诚下第二》,《周敦颐集》,中华书局1990年版,第15页。
④ 《元公周先生濂溪集》卷四,岳麓书社2006年版,第56页。

家核心价值观,就是所谓的"圣人之道",其具体内容为仁义礼智信等道德原则,周敦颐在这方面的表述很多,如:

> 天以阳生万物,以阴成万物。生,仁也;成,义也。①

> 德:爱曰仁,宜曰义,理曰礼,通曰智,守曰信。②

> 故圣人在上,以仁育万物,以义正万民。③

> 动而正,曰道。用而和,曰德。匪仁、匪义、匪礼、匪智、匪信,悉邪矣。④

> 礼,理也;乐,和也。阴阳理而后和,君君、臣臣、父父、子子、兄兄、弟弟、夫夫、妇妇,万物各得其理,然后和。故礼先而乐后。⑤

周敦颐推崇儒家核心价值观,并且用"诚""太极""无极"等概论从宇宙论和道德本体论高度来论证儒家核心价值观的合理性。在儒家核心价值观的各个道德原则中,周敦颐最重视的是仁义礼智信"五常",而在"五常"中,又最重"仁"和"义",所以在《太极图说》中讲到"人道"时说:"圣人定之以中正仁义"。

那么,周敦颐所说的"诚",它本身的意蕴为何? 其特性又是什么呢?周敦颐自己有解释,他说:

> 无妄,则诚矣。⑥

> 诚,无为。⑦

> "大哉乾元,万物资始",诚之源也。"乾道变化,各正性命",诚斯立焉。纯粹,至善者也。⑧

---

① 周敦颐:《通书·顺化第十一》,《周敦颐集》,中华书局1990年版,第23页。
② 周敦颐:《通书·诚几德第三》,《周敦颐集》,中华书局1990年版,第16页。
③ 周敦颐:《通书·顺化第十一》,《周敦颐集》,中华书局1990年版,第23页。
④ 周敦颐:《通书·慎动第五》,《周敦颐集》,中华书局1990年版,第50页。
⑤ 周敦颐:《通书·礼乐第十三》,《周敦颐集》,中华书局1990年版,第25页。
⑥ 周敦颐:《通书·家人暌复无妄第三十二》,《周敦颐集》,中华书局1990年版,第39页。
⑦ 周敦颐:《通书·诚几德第三》,《周敦颐集》,中华书局1990年版,第16页。
⑧ 周敦颐:《通书·诚上第一》,《周敦颐集》,中华书局1990年版,第13页。

"诚"就是真实无妄的意思,其特性是"纯粹至善"。同时,周敦颐又说"诚"是"无为",即杜绝人为,纯任自然,这显然受到道家"无为"思想影响。

2. 人性论与善恶论

周敦颐有一段著名的话对"性"与"善恶"问题进行了论述,他说:

> 性者,刚柔善恶,中而已矣……刚善:为义、为直、为断、为严毅、为干固;恶:为猛、为隘、为强梁。柔善:为慈、为顺、为巽;恶:为懦弱、为无断、为邪佞。惟中也者,和也,中节也,天下之达道也,圣人之事也。故圣人立教,俾人自易其恶,自至其中而止矣。①

所谓"中"之性,即天命之性、本然之性。"中"是成德的最高境界,引文中周敦颐说"圣人立教,俾人自易其恶,自至其中而止矣。"自我修养的最高境界"自至其中而止",即止于"中"。《大学》曰:"止于至善",周敦颐也说"诚"是纯粹善的,故而周敦颐在这里所说的"中"通于至善之"诚",相当于后来朱熹所讲的"天命之性"和"本然之性"。

周敦颐所讲的"刚柔善恶"之性则是指气质之性。气质之性有善有恶,如"刚"和柔,即有善与恶两面,有"刚善",有"刚恶",有"柔善",也有"柔恶",义与猛、直与隘、严毅与强梁、慈与懦弱、顺与无断等相互之间常常会转化,"如反覆手耳",有时还会出现善恶不辨甚至以恶为善的情况。只有作为本然之性的"中",才是纯粹至善的。由于气质之性中的"善恶"非常容易变化,因此"自易其恶、自至其中"的修养工夫相当重要。

3. 修养工夫论

理学家重建儒学本体论,深化儒学工夫论,周敦颐在修养工夫论方面也有自己的见解,下面这段话则最值得玩味:

> 君子乾乾不息于诚,然必惩忿窒欲、迁善改过而后至。②

"乾乾不息于诚"意思是把"诚"作为修养的目标,提撕警醒,不断精进。"惩

---

① 周敦颐:《通书·师第七》,《周敦颐集》,中华书局1990年版,第20页。

② 周敦颐:《通书·乾损益动第三十一》,《周敦颐集》,中华书局1990年版,第38页。

忿窒欲"意即对"忿"和"欲"进行惩窒节控。"惩忿窒欲""迁善改过"即可达到至善之诚的境界。周敦颐所讲的"欲",在一定程度上受到了佛教的影响,但他所说的"欲"到底是什么,也许他的弟子程颐说得明白。程颐说:"人心私欲,故危殆。道心天理,故精微。灭私欲则天理明矣。"①理学家讲"欲"或者"人欲",一般指"私欲"。程颐说灭私欲则天理明,周敦颐说窒绝私欲就可以达到至善之境,理路是一致的。周敦颐讲"迁善改过",与后来湖湘学派重视的"观过知仁"思想有异曲同工之处。

二、胡安国的理论贡献

"湖湘学派"专指南宋时期以胡安国、胡宏、张栻等人为代表的理学学派。朱熹是最早给这个学派命名的人,他称呼湖湘学派为"湖南一派""湖南学者""湘中学者"。后来黄宗羲沿用朱熹"湖南一派"的称谓,并且明确提出"湖湘学派"的概念②,湖湘学派的学术被称为"湖湘学"或"湖南学"。湖湘学派在当时是一个很大的学术人才群体,除了胡安国、胡宏、张栻为最大的思想代表人物,还有很多在当时也颇为有名的学者,如胡寅、胡宪、胡实、胡大原、吴翌、彪居正、胡大时、彭龟年、吴猎,等等,湖湘学派是那个时代影响最大的理学学派。南宋理学家真德秀在《劝学文》中说:"窃惟方今学术源流之盛,未有出湖湘之右者。"③学术史家黄宗羲说:"湖南一派,在当时为最盛。"④《宋元学案》为这个学派专列六个学案,即《武夷学案》《衡麓学案》《五峰学案》《南轩学案》《岳麓诸儒学案》《二江诸儒学案》,为该派学者个人列传的达数十人之多,而其中理论贡献最大的代表是胡安国、胡宏、张栻三人。

宋高宗建炎三年(1129),福建人胡安国因躲避战乱,携家眷来到湖南

---

① 《遗书》卷二十四,《二程集》,中华书局2004年版,第312页。
② 《宋元学案》云:"湖湘学派之盛,则先生(指黎明——引者)最有功焉。"(黄宗羲:《宋元学案》卷三十四《武夷学案》,中华书局1986年版,第1191页)
③ 《真西山集》卷七,商务印书馆1936年版,第106页。
④ 黄宗羲按语,见《宋元学案》卷五十《南轩学案》,中华书局1986年版,第1611页。

湘潭碧泉,创立书堂,著书立说,讲学授徒。胡安国去世后,他的儿子胡宏将书堂扩大改造,并更名为"碧泉书院",湖湘学派即诞生于此。

胡安国是湖湘学派的理论奠基者,他的理论代表作是《春秋传》。《春秋》本是一部编年体史书,是鲁国历代史官的记事,后来经过孔子整理删定,成为儒家最核心的"五经"之一。历代儒者高度评价《春秋》。孟子说:"昔者禹抑洪水而天下平,周公兼夷狄驱猛兽而百姓宁,孔子成《春秋》而乱臣贼子惧。"①孟子认为孔子作《春秋》可以功比大禹和周公,孔子《春秋》书成而乱臣贼子就会惧怕而不敢公然胡作非为。程颐说:"五经,载道之文;《春秋》,圣人之用。五经之有《春秋》,犹法律之有断例也。"②又说:"五经如药方,《春秋》犹用药治病,圣人之用全在此书。"③程颐强调《春秋》是圣人之用,"五经"像药方,而《春秋》则像用药方治病,即用儒家"五经"的核心价值观去诊治社会历史的病症,因而儒家核心价值观在《春秋》一书中得到了充分和实例性体现。胡安国对这一点说得更具体:

> 《春秋》见诸行事,非空言比也。公好恶,则发乎《诗》之情;酌古今,则贯乎《书》之事;兴常典,则体乎《礼》之经;本忠恕,则导乎《乐》之和;著权制,则尽乎《易》之变。百王之法度,万世之准绳,皆在此书。故君子以谓五经之有《春秋》,犹法律之有断例也。学是经者,信穷理之要矣;不学是经而处大事、决大疑能不惑者,鲜矣。④

胡安国认为《春秋》灌注着儒家核心经典《诗》《书》《礼》《乐》《易》的道德价值原则,既可以上达"五经"之道体,又可以下贯"五经"之妙用,可为"百王之法度,万世之准绳"。

胡安国如此推崇《春秋》,所以他花费了巨大的心血撰著《春秋传》,成书的时间也很长。胡安国的养子胡寅记述胡安国研治《春秋》的情形曰:

① 《孟子·滕文公下》,朱熹:《四书章句集注》,中华书局2012年版,第277页。
② 胡安国:《春秋传·述纲领》,《春秋传》,岳麓书社2011年版,第4页。
③ 胡安国:《春秋传·述纲领》,《春秋传》,岳麓书社2011年版,第4页。
④ 胡安国:《春秋传·序》,《春秋传》,岳麓书社2011年版,第2页。

公自少留心此经，每曰："先圣亲手笔削之书，乃使人主不得闻讲说，学士不得相传习，乱伦灭理，用夷变夏，殆由此乎!"于是潜心刻意，备征先儒，虽一义之当，片言之善，靡不采入……翰林朱震久从公游，方侍讲此经，欲见公所著。公曰："某之初学也，用功十年，遍览诸家，欲多求博取，以会要妙，然但得其糟粕耳。又十年，时有省发，遂集众传，附以己说，犹未敢以为得也。又五年，去者或取，取者或去，己说之不可于心者尚多有之。又五年，书成，旧说之得存者寡矣。及此二年，所习似益察，所造似益深，乃知圣人之旨益无穷，信非言论所能尽也。①

从此记述可知，胡安国研治《春秋》长达三十余年，经过反复斟酌修改，最后才撰成《春秋传》这部呕心巨著。

实际上，胡安国是奉诏撰修《春秋传》的。胡寅《斐然集》记载曰：

方公之奉诏纂修也，虽寒暑不少懈，毕精竭虑，殆忘寝食。②

《宋史》亦曰：

五年，除徽猷阁待制，知永州，安国辞。诏以经筵旧臣，重悯劳之，特从其请，提举江州太平观，令纂修所著《春秋传》。书成，高宗谓深得圣人之旨。③

胡安国奉宋高宗诏命而撰修《春秋传》，"毕精竭虑""寒暑不少懈"，书成进呈高宗御览，高宗赞扬胡安国《春秋传》"深得圣人之旨"。

胡安国花三十余年时间精研《春秋》，撰成《春秋传》的动机，除了他崇奉《春秋》的学术兴趣外，还有两个现实的原因：一是王安石废弃《春秋》，二是金兵侵掠中原、北宋灭亡的惨痛现状。《宋元学案》述其大略曰：

初，王介甫以字学训经义，自谓千圣一致之妙，而于《春秋》不可偏旁点画通也，则诋以为断烂朝报，直废弃之，不列学官。下逮崇宁，防禁益甚。先生谓六籍惟此书出于先圣之手，乃使人主不得闻讲说，学者不

---

① 胡寅：《斐然集》卷二十五《先公行状》，岳麓书社 2009 年版，第 518—519 页。
② 胡寅：《斐然集》卷二十五《先公行状》，岳麓书社 2009 年版，第 521 页。
③ 脱脱等：《宋史·胡安国传》，中华书局 1997 年版，第 3286 页。

176

得相传习,乱伦灭理,中原之祸殆由此乎! 于是潜心刻意,自壮年即服
膺于此,至年六十一而书始就。①

胡安国自己也说:

> 近世推隆王氏新说,按为国是。独于《春秋》,贡举不以取士,庠序
> 不以设官,经筵不以进读。断国论者无所折衷,天下不知所适。人欲日
> 长,天理日消,其效使夷狄乱华,莫之遏也。噫,至此极矣! 仲尼亲手笔
> 削,拨乱反正之书,亦可以行矣。②

胡安国生于宋神宗熙宁七年(1074),61 岁撰成《春秋传》,已是宋高宗绍兴
四年(1134),按胡安国著《春秋传》历 30 余年的说法,往前推 30 年,则胡安
国开始研治《春秋》在宋徽宗崇宁四年(1105)左右。这个时候政治和学术
界是什么状况呢? 在此之前,王安石于熙宁二年(1069)任参知政事,实行
变法,在教育与科举方面以《三经新义》为科考教科书,《春秋》则被王安石
轻视,被讥为“断烂朝报”,遭到废弃。到了崇宁年间,“防禁益甚”。胡安国
正是在这种历史背景中下决心研治《春秋》,他的看法跟王安石截然不同,
胡安国认为先秦“六经”之中唯有《春秋》是孔子亲自编撰的,价值非常高,
若人主不得闻讲说,学者不能传习,则会造成严重后果,社会乱伦灭理,金兵
侵掠中原,都是因此而起。这个帽子扣得有点大,但也足见胡安国对《春
秋》的尊崇以及对王安石废弃《春秋》的反感。

胡安国说金兵侵掠中原也是废《春秋》而导致的,这当然是一种愤激之
辞,不尽符合事实。但金兵入侵,北宋灭亡,的确又是胡安国着力撰写《春
秋传》的一个重要心理动机。胡安国说:

> 古者列国各有史官,掌记时事。《春秋》,鲁史尔,仲尼就加笔削,
> 乃史外传心之要典也,而孟氏发明宗旨,目为天子之事者。周道衰微,
> 乾纲解纽,乱臣贼子接迹当世,人欲肆而天理灭矣。仲尼,天理之所在,

---

① 黄宗羲:《宋元学案》卷三十四《武夷学案》,中华书局 1986 年版,第 1177—1178 页。
② 胡安国:《春秋传·序》,岳麓书社 2011 年版,第 2 页。

不以为己任而谁可？五典弗惇,己所当叙;五礼弗庸,己所当秩;五服弗章,己所当命;五刑弗用,己所当讨。故曰:"文王既没,文不在兹乎?天之将丧斯文也,后死者不得与于斯文也;天之未丧斯文也,匡人其如予何?"圣人以天自处,斯文之兴衰在己,而由人乎哉!①

孔子身处社会动荡、私欲横流的"礼崩乐坏"时代,周公以来建构起来的伦理道德体系将遭到灭绝,孔子以极强的文化担当意识,担负起保护与复兴儒家伦理的重任。胡安国等有文化担当意识的理学家,遭遇了与孔子当年相同的境遇,金人文化相对落后,野蛮的入侵者有可能断绝中华民族优秀的伦理文化,再加之当时佛、老之学也相当盛行,胡安国有一种深深的文化忧虑,在"斯文将丧"的民族文化危机时刻,创办书院,撰著《春秋传》,并聚徒讲学,以期重振儒学,使"斯文"后继有人,这正是他"感激时事",深怕"夷狄"毁灭中华优秀伦理文化而在文化教育领域的"经世"行动。

由此可知,胡安国撰著《春秋传》,有极强的现实关照性。朱熹曾评价胡安国《春秋传》云:"他所说尽是正理,但不知圣人当初是恁地不是恁地?今皆见不得。所以某于《春秋》不敢措一辞,正谓不敢臆度尔。"②朱熹对胡安国《春秋传》所说义理是否符合圣人的"原意"似乎有所怀疑,但肯定胡安国"所说尽是正理",而且在另外的地方称赞胡安国"大纲说得正"③。朱熹怀疑胡安国《春秋传》注解不尽符合圣人"原意",但却非常肯定胡安国道理说得很正确,这一点正是胡安国《春秋传》的特点。可从两个方面来理解:一方面是胡安国撰著该书的现实基础是有感于金人侵凌、华夷冲突的社会现实,本着经世致用的目的,要为现实社会治理寻求良方,为服务于现实,自然不能完全拘泥于经文"原意";另一方面,胡安国自己就说了,他撰著《春秋传》:"事按《左氏》,义采《公羊》《穀梁》之精者,大纲本《孟子》,而微词多

---

① 胡安国:《春秋传序》,岳麓书社 2011 年版,第 1 页。
② 《朱子语类》卷六十七,中华书局 1994 年版,第 1650 页。
③ 《朱子语类》卷一百一,中华书局 1994 年版,第 2579 页。

以程氏之说为证。"①《左传》属古文经,记述历史事件始末,有很高的史料价值,而《公羊》《穀梁》二传则属今文经,重在阐发"微言大义",以服务于现实政治。胡安国《春秋传》兼采《春秋》三传之长,既有历史事件的真实性,又有服务于现实的"微言大义",自然是不全符合所谓的圣人"原意",因为时代变化了,出现了新的时代问题,当然要有所改变。但这种改变并不是随意乱发挥,而是经文本意蕴含义理的合理阐发,而且"大纲本《孟子》",具体阐述又多采二程之说,可见胡安国《春秋传》既有经世致用的现实发挥,但又是非常严谨的,完全在儒家正宗核心价值观的框架之下来阐发"正理"。

胡安国在《春秋传》中所阐发之"正理"大纲主要有如下三端:

第一,华夷之辨。

华夷之辨是"春秋大义"之一,与"尊王攘夷"密切相联。"华"指华夏民族,在古代为伦理文明中心,"夷"则指周边文化较落后的民族。胡安国认为《春秋》经的主旨是"华夷之辨",他说:

> 韩愈氏言《春秋》谨严,君子以为深得其旨。所谓"谨严"者,何谨乎? 莫谨于华夷之辨矣。中国而夷狄则狄之,夷狄猾夏而膺之。此《春秋》之旨也。②

胡安国继承前人观念,强调《春秋》的主旨是"华夷之辨",而且从地域上区分"华""夷":

> 中国之有夷狄,犹君子之有小人,内君子外小人为泰,内小人外君子为否。《春秋》,圣人倾否之书,内中国而外四夷,使之各安其所也。
>
> 无不覆载者,王道之体;内中国而外四夷者,王道之用。③

胡安国将"中国"与"夷狄"类比于"君子"与"小人",提出"内君子外小人""内中国而外四夷",使之各安其所。这种观念并无新意,只不过是对传统

---

① 胡安国:《春秋传·叙传授》,岳麓书社 2011 年版,第 7 页。
② 胡安国:《春秋传》卷一《隐公上》,岳麓书社 2011 年版,第 16 页。
③ 胡安国:《春秋传》卷一《隐公上》,岳麓书社 2011 年版,第 15 页。

公羊家思想的承袭。但是,胡安国在此基础上从文化保护和复兴的角度来说"华夷之辨",则是一种具有时代特色的阐发。他说:

> 《春秋》固天子之事也,而尤谨于华夷之辨。中国之所以为中国,以礼义也。一失则为夷狄,再失则为禽兽,人类灭矣。[1]
>
> 中国之为中国,以有父子君臣之大伦也。一失则为夷狄矣。[2]
>
> 中国之所以贵于夷狄,以其有父子之亲、君臣之义尔。[3]

在胡安国看来,《春秋》既是一部史书,又是一部寄寓了华夏礼义内容的经典著作。华夏文化优于"夷狄"文化,就在于华夏文化有"父子之亲、君臣之义"这些纲常伦理内容,之所以要谨于"华夷之辨",目的乃是保护华夏伦理文化不被"夷狄"所灭。

"华夷之辨"与"尊王攘夷"是密切相联的两个概念。要保护中华伦理文化,必须有一个强有力的政府来凝聚人心,团结中华民族各种力量,以抵御"夷狄"的侵略,故而必须尊崇君王的权威。胡安国《春秋传》在僖公五年"公及齐侯、宋公、陈侯、卫侯、郑伯、许男、曹伯会王世子于首止"条下说:"《春秋》抑强臣扶弱主,拨乱世反之正,特书'及'以'会'者,若曰:王世子在是,诸侯咸往会焉,示不可得而抗也……此圣人尊君抑臣之旨也,而班位定也。"[4]在《春秋》中,孔子通过倡导尊君王,抑权臣,就是要维护君王的权威,胡安国高度认同此观念,所以他对弑君篡国的乱臣贼子极端气愤:"夫篡弑之贼,毁灭天理,无所容于天地之间,身无存没,时无古今,其罪不得赦也。"[5]胡安国竭力提倡尊崇君王,内诛篡贼,外攘夷狄。在"攘夷"的问题上,胡安国不忘推行儒家仁义思想。他说:

> 《春秋》于夷狄,攘斥之不使乱中夏则止矣。伯禽征徐夷,东郊既

---

[1] 胡安国:《春秋传》卷十二《僖公中》,岳麓书社 2011 年版,第 151 页。

[2] 胡安国:《春秋传》卷十一《僖公上》,岳麓书社 2011 年版,第 129 页。

[3] 胡安国:《春秋传》卷二十三《襄公下》,岳麓书社 2011 年版,第 302—303 页。

[4] 胡安国:《春秋传》卷十一《僖公上》,岳麓书社 2011 年版,第 128 页。

[5] 胡安国:《春秋传》卷十六《宣公上》,岳麓书社 2011 年版,第 200 页。

开而止;宣王伐猃狁,至于太原而止;武侯伐戎泸,服其渠帅而止。必欲
尽殄灭之,无遗种,岂仁人之心、王者之事乎?①

在胡安国看来,即使是攘斥"夷狄",也要适可而止,掌握合适的度,不可赶
尽杀绝,这是仁者之心,王者之事,对待"夷狄"也要以"仁义"征服。可见胡
安国对儒家核心价值观的崇敬。

胡安国还将儒家之"仁"提升到宇宙和道德本体的高度,并提出人主
"体元"的命题。他说:

大哉乾元,万物资始,天之用也。至哉坤元,万物资生,地之用也。
成位乎其中,则与天地参。故体元者,人主之职,而调元者,宰相之事。
元,即仁也,仁,人心也。《春秋》深明其用,当自贵者始,故治国先正其
心,以正朝廷百官,而远近莫不壹于正矣。②

胡安国认为天有"乾元",地有"坤元",此为天道之"元";圣人、人主成位乎
其中,与天地参,人主体"元",此为天道下贯到人的人道之"元"。"元"为
宇宙和道德本体,而从具体内容来看,"元"就是"仁",也是"心"。胡安国
把儒家核心价值观中最根本的原则"仁"与天道之"元"画上了等号,而且推
崇儒家经典《大学》中的"正心"思想,指出治国首先要正心,人主正心,则朝
廷百官之心可正,心正则国可治。正心的主要内容就是从宇宙本体角度体
察儒家以"仁"为基础的核心价值原则,并在实践中推行仁义之道。对于人
主来说,最重要的一点就是要有仁爱之心,这样才会不忍心看到臣民遭受苦
难,才可以施行仁政。

第二,大一统。

"大一统"亦为《春秋》"大义",汉代以董仲舒为代表的公羊学对"大一
统"思想进行了着重的发挥。胡安国也十分重视《春秋》的"大一统"思想,
在解释《春秋》隐公元年"王正月"时,胡安国说:"加王于正者,公羊言'大

---

① 胡安国:《春秋传》卷十八《宣公下》,岳麓书社2011年版,第231页。
② 胡安国:《春秋传》卷一《隐公上》,岳麓书社2011年版,第11—12页。

一统'是也。"①胡安国高度认同公羊家"大一统"之说,并发挥道:

> 谓正月为"王正",则知天下之定于一也……王正月之定于一,何也? 天无二日,土无二王,家无二主,尊无二上,道无二致,政无二门。故议常经者,黜百家,尊孔氏,诸不在六艺之科者,勿使并进,此道术之归于一也;言致理者,欲令政事皆出于中书,而变礼乐、革制度,则流放窜殛之刑随其后,此国政之归于一也。若乃辟私门、废公道,各以便宜行事,是人自为政,缪于《春秋》大一统之义矣。②

胡安国讲"大一统",与西汉董仲舒一样,也认为在思想上和政治上都要统一,思想上用儒家思想统一,政治上统一于君主,天无二日,土无二王,这就是要维护君主至高无上的权威。客观地讲,胡安国在当时的社会现实中,虽然是把公羊学的老调来重弹,但也有其现实意义。当时金人南侵,北宋已经灭亡,唯一能够有效组织广大臣民抵御侵略,恢复中原的人就只有掌握着至高无上权力的皇帝,皇帝想做就能去做,皇帝若不想做,就做不成,关键就在于皇帝之"心"。恰如朱熹所说:"天下事,须是人主晓得通透了,自要去做,方得。如一事八分是人主要做,只有一二分是为宰相了做,亦做不得。"③正因如此,胡安国特别强调"正心"。胡安国《春秋传》是奉宋高宗之命撰写的,是要写给皇帝看的,所以胡安国讲"正心",首先就是要"正君心"。君心若"正",就可以有效团结全国臣民同仇敌忾,恢复中原,同时也就可以保护华夏伦理文化不被"夷狄"毁灭。

第三,天理人欲之辨。

"天理"与"人欲"(理欲)关系问题是宋明理学家讨论得很多的话题,学术界乃至社会上一般人都非常痛恨理学家"存天理,灭人欲"的说法,认为这是极其不近人情、不人道的理论。但事实究竟如何,我们还是要让我们的思维到理学家的著作以及当时人们的思想观念的历史现实中去,才能作

---

① 胡安国:《春秋传》卷一《隐公上》,岳麓书社 2011 年版,第 12 页。
② 胡安国:《春秋传》卷三《隐公下》,岳麓书社 2011 年版,第 40—41 页。
③ 《朱子语类》卷一百八,中华书局 1994 年版,第 2679 页。

出公正的评判。

学术史家全祖望评价胡安国曰："私淑洛学而大成者,胡文定公其人也……南渡昌明洛学之功,文定几侔于龟山。"①胡安国对二程洛学思想的传播居功甚伟。在天理与人欲问题上,胡安国受程颐影响很大。我们先来看一看程颐的说法:"人心私欲,故危殆。道心天理,故精微。灭私欲则天理明矣。"②又说:"夫阴阳之配合,男女之交媾,理之常也。然从欲而流放,不由义理,则淫邪无所不至,伤身败德,岂人理哉?"③看来,程颐并不反对人的正常的欲望,包括正常的男女之事这类欲望,是"理之常",是"天理";只有放任欲望无限制膨胀,到了伤身败德的程度,那就是"人欲"了。而且,在程颐的话语里,"人欲"乃指"私欲",而不是指人的正常合理的欲望。他有时就把"人欲"和"私欲"等同起来说,如:"不是天理,便是私欲……无人欲即皆天理。"④程颐在这里的说法,"人欲"与"私欲"是画了等号的。

胡安国在《春秋传》中,彰显天理、人欲之辨,并将天理、人欲关系与义、利关系联系起来,他说:

> 知孔子者谓此书遏人欲于横流,存天理于既灭,为后世虑至深远也。⑤

> 利者,人欲之私,放于利,必至夺攘而后厌;义者,天理之公,正其义,则推之天下国家而可行。⑥

胡安国认为孔子作《春秋》,一个重要目的就是要存天理、遏人欲,而且进一步把天理、人欲与义、利及公、私联系在一起,认为"利"为人欲之私,"义"则是天理之公,用理学家讨论得非常多的理、欲及公、私来阐述孔、孟以来儒家倡导的重义轻利原则,以此作为对《春秋》中历史人物与事件的评判标准。

---

① 《宋元学案》卷三十四《武夷学案》,中华书局1986年版,第1170页。
② 《遗书》卷二十四,《二程集》,中华书局2004年版,第312页。
③ 《周易程氏传》卷四,《二程集》,中华书局2004年版,第979页。
④ 《河南程氏遗书》卷十五,《二程集》,中华书局2004年版,第144页。
⑤ 胡安国:《春秋传·序》,岳麓书社2011年版,第1页。
⑥ 胡安国:《春秋传》卷四《桓公上》,岳麓书社2011年版,第44页。

胡安国与程颐一样,认为天理与人欲是对立的:"庄公行之而不疑,大臣顺之而不谏,百姓安之而无愤疾之心也,则人欲必肆、天理必灭。"①人欲肆则天理灭,天理与人欲是一种此消彼长的关系。当然,在胡安国看来,"天理"是一种本体性的存在,是不会被真正灭绝的,他说:"天理根于人心,虽以私欲灭之,而有不可灭也。"②天理根于人心,人心先天本有天理,只是在不同的个体身上是否能显现的问题。"灭天理"不是说天理本身灭绝了,而是说天理被遮蔽了。胡安国与程颐一样,也以"私欲"说"人欲",在他们看来,"人欲"实际上是指"私欲",而不是指人正当的欲望。胡安国说:

> 男女,人之大欲存焉,寡欲者,养心之要,欲而不行,可以为难矣。
>
> 然欲生于色而纵于淫,色出于性,目之所视,有同美焉,不可掩也;淫出于气,不持其志,则放僻趋蹶,无不为矣。③

胡安国肯定人的正常欲望是合理的,比如男女之事出于"色",而"色"则根于"性",这是不能摒绝的。但若放纵欲望至无所不为的境地,那就是邪恶的"私欲",是需要遏灭的。胡安国的这个说法跟程颐的观点几乎是一样的。后来,胡安国的儿子胡宏,在天理人欲问题上提出更具特色的观点,而且从本体高度加以论证,是对程颐和胡安国思想的继承和发扬。

胡安国《春秋传》是湖湘学派的奠基之作,开创了两个学风方向,即体用合一与经世致用,为其子弟及门人后学所继承,成为湖湘学派学术精神的鲜明标识,并进而影响了千年湘学学风,对近代湖南学术和社会都产生了深远的影响。

三、胡宏的理论创新

胡安国季子胡宏,是湖湘学派完备哲学理论的建构者,从而成为湖湘学派最大和最有创新成就的理论代表。如上节所述,胡宏是宋明理学"性本论"的创立者,他对宋明理学核心价值观的贡献是不言而喻的。他的理论

---

① 胡安国:《春秋传》卷十《闵公》,岳麓书社 2011 年版,第 117 页。
② 胡安国:《春秋传》卷十一《僖公上》,岳麓书社 2011 年版,第 133—134 页。
③ 胡安国:《春秋传》卷十四《文公上》,岳麓书社 2011 年版,第 182 页。

是当时时代精神的一部分,他在理论上从形而上本体的角度来论证"仁义礼智信,忠孝廉节和"这些儒家核心价值观的合理性,并在修养工夫方面深入探讨,提出亲切适用的方法,独具特色。胡宏有大量的言论阐述儒家核心价值观,而且与其他理学家一样,特别重视"仁"在儒家核心价值观中的基础性和统摄性地位。我们只要略举几例,便可以说明,如:

> 圣人之道,本诸身以成万物,广大不可穷,变通不可测,而有一言可以蔽之者,曰:仁而已。①
>
> 仁者,天地之心也。②
>
> 道者,体用之总名。仁,其体;义,其用。合体与用,斯为道矣。③
>
> 欲为仁,必先识仁之体。④

胡宏认为圣人之道一言以蔽之就是仁学,仁为天地之心,仁是本体,欲为仁必先识仁之体,这些都是对儒家核心价值观基础"仁"这一概念的本体性论述,这是所有宋明理学家高度一致的致思方向。

肯认儒家核心价值观,是理学家作为宋明"新儒学"理论大师的基本价值立场,这个是没有疑问的,理学各个派系在这一点上是一致的。他们的区别就是在体认、论证和践行儒家核心价值观时,呈现出不同的进路,发展出不同的理论,表现出不同的特色,殊途同归,合力重建儒学宇宙论和本体论以及深化儒学修养工夫论。

作为宋明理学"性本论"的代表人物,胡宏在本体论、心性论、工夫论、理欲论等方面都有创新性思想,涉及哲学和理学的主要论域。

（一）性论

胡宏的代表作是《知言》,他的弟子张栻在给此书作序时说:"先生是书

---

① 《胡宏集》,中华书局 1987 年版,第 196 页。

② 《胡宏集》,中华书局 1987 年版,第 4 页。

③ 《胡宏集》,中华书局 1987 年版,第 10 页。

④ 《胡宏集》,中华书局 1987 年版,第 334 页。

于论性特详焉。"①在《知言》一书中,胡宏详细论述了"性"这一范畴,并将"性"提升到宇宙本体的高度,开创性本论哲学体系。

1. 性本论

在本体论上,胡宏提出"性"为天下大本的思想。他说:

> 天命之谓性。性,天下之大本也。②

> 性也者,天地之所以立也。③

> 大哉性乎! 万理具焉,天地由此而立矣。世儒之言性者,类指一理而言之尔,未有见天命之全体者也。④

> 万物皆性所有也。圣人尽性,故无弃物。⑤

> 非性无物,非气无形。性,其气之本乎。⑥

胡宏认为"性"为"天下之大本",是"气之本"和"天地之所以立"的依据,明确以"性"为宇宙本体。

宋代以前儒家论性,一般指人性,意谓人的本性和本质。北宋时期,理学家论性有进一步发展。比如张载说:"性者万物之一源,非有我之得私也。"⑦性为万物之一源,这个说法可以看作是胡宏性本论的理论先导,只不过,张载所说的"性",并不是他哲学思想中的最高范畴,他哲学的最高范畴是气,性则由虚空与气化和合而生:"合虚与气,有性之名。"⑧二程提出"性即理"的命题,性获得与理几乎同等的地位,但二程哲学思想的最高本体是理,性虽然在地位上等同于理,但毕竟没有被直接说成宇宙本体。胡宏在张载与二程理论的基础之上,把性直接提升为标志宇宙本体的最高哲学范畴。

---

① 《胡宏集》,中华书局 1987 年版,第 338 页。
② 《胡宏集》,中华书局 1987 年版,第 328 页。
③ 《胡宏集》,中华书局 1987 年版,第 333 页。
④ 《胡宏集》,中华书局 1987 年版,第 28 页。
⑤ 《胡宏集》,中华书局 1987 年版,第 28 页。
⑥ 《胡宏集》,中华书局 1987 年版,第 22 页。
⑦ 张载:《正蒙·诚明》,《张载集》,中华书局 1978 年版,第 21 页。
⑧ 张载:《正蒙·太和》,《张载集》,中华书局 1978 年版,第 9 页。

2. 性的三个层次

胡宏所说的"性",不仅指宇宙万物之性,也指人性。总的来看,胡宏论性有三个层次,上述宇宙万物本体之性是他论性的第一个层次。这个层次的性所涉及的范围是宇宙自然中的一切事物,即一切事物之性。在这个层次上,"性"等同于"天""道":

> 天者,道之总名也。①

> 有是道则有是名也。圣人指明其体曰性,指明其用曰心。②

胡宏认为"性""道""天"是同一序列的范畴,"天"和"道"也有本体意义。与此同时,胡宏又讨论到"道"与"物"的关系,他说:

> 道不能无物而自道,物不能无道而自物。道之有物,犹风之有动,犹水之有流也。③

> 河南先生举世皆以为得圣人之道者。其言曰:"道外无物,物外无道。"是天地之间无适而非道也。④

胡宏在这里讨论道不离物,实际上说明了道是形而上者,是本体,物是形而下者,是现象。道与物的关系是道在物中,二者密不可分。

与此相关,胡宏在讨论性与物的关系时,与道物关系一样,也主张性在物中:

> 性外无物,物外无性。⑤

> 形而在上者谓之性,形而在下者谓之物。⑥

> 非性无物,非气无形。性,其气之本乎!⑦

---

① 《胡宏集》,中华书局1987年版,第42页。
② 《胡宏集》,中华书局1987年版,第336页。
③ 《胡宏集》,中华书局1987年版,第4页。
④ 《胡宏集》,中华书局1987年版,第120页。二程原话为"道之外无物,物之外无道,是天地之间无适而非道也。"(《二程集》,中华书局2004年版,第73页)
⑤ 《胡宏集》,中华书局1987年版,第6页。
⑥ 《胡宏集》,中华书局1987年版,第319页。
⑦ 《胡宏集》,中华书局1987年版,第22页。

气之流行,性为之主;性之流行,心为之主。①

性是形而上者,物是形而下者,性为气之本。胡宏非常强调形而上本体与形而下现象的相互依存关系。

胡宏还谈到"性"与"理"的关系,承认它们同属"天命",但又有差别:

性,天命也。②

理,天命也。③

大哉性乎! 万理具焉,天地由此而立矣。世儒之言性者,类指一理而言之尔,未有见天命之全体者也。④

在胡宏看来,"性"与"理"虽同属于天命,但性是天命之全体,而理则只是天命之局部。性具万理,而不仅仅指一理,从这个意义上说,在胡宏这里,性与理的关系可以说是"性一理殊"。

胡宏继承《中庸》"天命之谓性"的思想,说"性,天命也"⑤。这里的性,是联结天与人的纽带。本体之性下贯到人,即为人之性,这时胡宏特别强调"未发""已发"的不同状态以及"中"的概念,从而将"性"在宇宙本体这一最高层次之下,又分出下贯到人的两个层次。

胡宏论性的第二个层次是指人性而言的"未发"之"中"。"未发""已发"以及"中"等概念来自《中庸》:"喜怒哀乐之未发谓之中,发而皆中节谓之和"。胡宏说:"窃谓未发只可言性,已发乃可言心。"⑥在胡宏看来,未发为性,已发为心。未发之"中"的状态是胡宏所论之性的第二个层次,这个状态的性来自宇宙本体之性,与本体之性为同一性,但二者属于不同层次和范围,前者的范围是一切事物,而后者专就人而言。性为宇宙万物本体,

---

① 《胡宏集》,中华书局1987年版,第22页。
② 《胡宏集》,中华书局1987年版,第6页。
③ 《胡宏集》,中华书局1987年版,第29页。
④ 《胡宏集》,中华书局1987年版,第28页。
⑤ 《胡宏集》,中华书局1987年版,第6页。
⑥ 《胡宏集》,中华书局1987年版,第115页。

"万物皆性所有"①,人是宇宙中一"物",故而人之性与万物之性相通,人之性自然也禀赋了万物之性的特性。

胡宏论性的第三个层次是就人而言的已发状态的性。胡宏说:"天命为性,人性为心。"②此处所言之"人性",指已发状态的性,而不是天命于人尚处于未发状态的性。这个已发状态的性,实际上已经不能称之为性,而应该称之为心,胡宏说:

> 窃谓未发只可言性,已发乃可言心。故伊川曰"中者,所以状性之体段",而不言状心之体段也。心之体段,则圣人无思也,无为也,寂然不动感而遂通天下之故是也。未发之时,圣人与众生同一性,已发,则无思无为,寂然不动感而遂通天下之故,圣人之所独。夫圣人尽性,故感物而静,无有远近幽深,遂知来物;众生不能尽性,故感物而动,然后朋从尔思,而不得其正矣。③

尽管从根本的意义上来说心性为一,然而二者毕竟有未发、已发的区别。在未发阶段称为性,而在已发阶段就不能称之为性,而只能称之为心了。这个观念是继承程颢"'人生而静'以上不容说,才说性时,便已不是性也"④而来。

3. 性善恶论

性善恶论是儒家人性论讨论的重要问题之一。胡宏论性有三个层次,其最高的层次性本体论(性本论)思想已经在学术界得到公认,但是,关于胡宏所论之性的善恶问题,却一直聚讼不已。自从南宋理学家朱熹首致疑辩,指责胡宏之论为"性无善恶之意",这个问题至今尚没有令人信服的答案。我们从上述胡宏论性三个层次的角度来思考这个问题,也许会有一些新的启发。

---

① 《胡宏集》,中华书局 1987 年版,第 28 页。
② 《胡宏集》,中华书局 1987 年版,第 4 页。
③ 《胡宏集》,中华书局 1987 年版,第 115 页。
④ 《河南程氏遗书卷第一》,《二程集》,中华书局 2004 年版,第 10 页。

胡宏认为性为宇宙本体,他论性的第一个层次是就宇宙万物而言,指宇宙万物之性,不专指人性。这一层次的"性"到底是善的还是恶的? 现代新儒家代表人物之一冯友兰先生对这个问题有独到的见解,对我们理解胡宏性善恶论很有帮助。冯友兰说:

> 性善性恶,是中国哲学史中一大问题。旧说讨论此问题者,皆是就人性说。但我们不妨将此问题扩大……我们于讨论人性之善恶之外,亦可讨论一切事物之性之善恶。[①]

> 各种事物之义理之性,即是其所依照之理。从真际之观点说,理不能说是善底,或是恶底。因为我们说到任何事物之是善是恶时,我们必用一批评之标准。我们若对于理作批评,此批评是没有标准可用底。所以从真际之观点说,理不能说是善底或是恶底。[②]

冯友兰在讨论性善性恶时,区分了人性与一切事物之性,就一切事物之性的角度来说,不能说善恶,或者说性无善恶,因为就一切事物来说,某类事物之所以为某类事物,依据的是某类事物之"理",也可以说这就是某类事物的义理之性,故而说"性即理"。"理世界"又称真际世界,我们如果要说善恶,必要用一个评判的标准,但对于理世界而言是没有更高的评判标准了,所以从真际的角度来看,理或性不能说善恶。善恶是专对人而言的价值判断,而一切事物之性不是专门对人而言的,所以不能用道德的善恶来评判。

胡宏论性第一个层次就是一切事物或者说宇宙万物之性,性超越了社会伦理范围,是宇宙万物的本体与最高标准。性即理,亦即道,从理世界或曰真际世界看,是不能说善恶的:

> 性也者,天地鬼神之奥也,善不足以言之,况恶乎?[③]

> 世儒乃以善恶言性,邈乎辽哉![④]

---

① 冯友兰:《新理学》,《贞元六书》,华东师范大学出版社 1996 年版,第 93—94 页。
② 冯友兰:《新理学》,《贞元六书》,华东师范大学出版社 1996 年版,第 94 页。
③ 《胡宏集》,中华书局 1987 年版,第 333 页。
④ 《胡宏集》,中华书局 1987 年版,第 334 页。

在胡宏之前,思想家在讨论"性"的时候大都是从人性及道德的角度来阐述,出现了性善论、性恶论、性善恶混等观点,胡宏论性则远远超出社会伦理范围,所以基于社会伦理范围的善恶评判是不能用来说性的。

上文说到,胡宏论性的第二个层次是指人性而言的"未发"之"中":

> 窃谓未发只可言性,已发乃可言心。①

> 中者,性之道。②

> 凡人之生,粹然天地之心,道义完具,无适无莫,不可以善恶辨,不可以是非分,无过也,无不及也。此中之所以名也。③

在人性未发之"中"的状态,还是不能说善恶。胡宏认为性为宇宙万物的本体,人是宇宙万物之一"物",人之性禀赋了万物之性的特征。人性在喜怒哀怒未发之"中"状态时,同于宇宙万物本体之性,"不可以善恶辨,不可以是非分",无过无不及,否则便各执一偏,不能说是"中"。冯友兰称这种状态的人性为"人之性者之义理之性":

> 道德底善恶,则只可对于人说。旧说中讨论人性善恶问题者,其所谓善恶,均就道德底善恶说……从真际或本然之观点看,有人之性者之义理之性,即人之所以为人者,不能说它是善底或是恶底,即是无善无恶底。④

只有对人而言才有道德的善恶,而从真际或本然的观点看,"人之性者之义理之性"不能说是善的或是恶的,或者说无善无恶的。冯友兰这段话,仿佛就是胡宏人性论的注解。

在这个层次上,胡宏还提出"好恶为性"的主张。他说:

> 好恶,性也。小人好恶以己,君子好恶以道。察乎此,则天理人欲

---

① 《胡宏集》,中华书局 1987 年版,第 115 页。

② 《胡宏集》,中华书局 1987 年版,第 1 页。

③ 《胡宏集》,中华书局 1987 年版,第 332 页。

④ 冯友兰:《新理学》,《贞元六书》,华东师范大学出版社 1996 年版,第 99 页。

可知。①

朱熹认为胡宏这种说法是性无善恶之意,这个理解是准确的。胡宏在这里所说的"好恶",指人正常的生理欲望和要求,是人的天性,是无所谓善恶的,恰如胡宏在另一处所言:"夫人目于五色,耳于五声,口于五味,其性固然,非外来也。"②人对于"五色""五声""五味"等物质性的欲望的正常需求,是人内在的本性,是无所谓善恶的。这种内在本性,是处于未发之"中"的状态的,是通于宇宙万物之性的,是去除不了也不必去除的。若要说善恶,则要从已发的状态来说。在胡宏看来,未发为性,此时不能说善恶;已发则为心,此时则可以说善恶。

胡宏论性的第三个层次是已发状态的性,此时的性已不能称之为性,而应该称之为"心"了,未发之性无善恶,已发为心则有善恶。胡宏说善恶,是指心的善恶。他说:

> 天命为性,人性为心。③

> 窃谓未发只可言性,已发乃可言心。故伊川曰"中者,所以状性之体段",而不言状心之体段也。心之体段,则圣人无思也,无为也,寂然不动感而遂通天下之故是也。未发之时,圣人与众生同一性,已发,则无思无为,寂然不动感而遂通天下之故,圣人之所独。夫圣人尽性,故感物而静,无有远近幽深,遂知来物;众生不能尽性,故感物而动,然后朋从尔思,而不得其正矣。④

从根本意义上说性与心为一,但二者又有未发与已发的区别。胡宏认为性有不同阶段,在未发阶段叫性,而在已发阶段就不能叫性,而只能叫心了,所以说"天命为性,人性为心。"在胡宏看来,"寂然不动感而遂通天下之故"也是心的已发状态。在未发之时,圣人和众生同一性,是不可以善恶言的性,

---

① 《胡宏集》,中华书局 1987 年版,第 330 页。
② 《胡宏集》,中华书局 1987 年版,第 9 页。
③ 《胡宏集》,中华书局 1987 年版,第 4 页。
④ 《胡宏集》,中华书局 1987 年版,第 115 页。

也是通于宇宙万物的性,此时圣、凡之性无区别,无善恶。区别只在已发之后。胡宏说:

> 圣人发而中节,而众人不中节也。中节者为是,不中节者为非。挟是而行则为正,挟非而行则为邪。正者为善,邪者为恶。①

已发之后才能说善恶,关键是看已发之后中节不中节。在胡宏看来,已发是心,而不是性,所以,善恶只能从心上来说。

(二) 心性论

心性论是儒家思想的核心问题,宋明理学家对这个问题的探讨尤其深入细密,故而现代新儒家代表人物之一牟宗三说宋明理学所讲的"性理学",亦可曰"心性之学""内圣之学"或"成德之教"。②

心性论在胡宏哲学思想中占据极其重要的地位。胡宏提出"性"为宇宙本体,"性"这个概念是胡宏哲学体系的最高范畴和理论根基。"心"是与"性"密切相联的概念,也是胡宏哲学体系的重要范畴。胡宏论述"心"的特性时说:

> 天下莫大于心。③
>
> 心无不在,本天道变化,为世俗酬酢,参天地,备万物。④
>
> 或问:"心有死生乎?"曰:"无死生。"⑤

胡宏在这里指出了心的至大、遍在以及永恒三个特性。这里的"心"指道德本心,不是"识心"。此本心遍在、永恒、无存亡生灭,只有显("操则存")与隐("舍则亡")。

胡宏在心性关系问题上的基本观点是心性合一、性体心用、尽心成性。胡宏继承前辈儒家思想,提出以心著性、尽心成性,心性合一的观点。在胡

---

① 《胡宏集》,中华书局 1987 年版,第 334 页。
② 参见牟宗三:《心体与性体》(上),上海古籍出版社 1999 年版,第 3—5 页。
③ 《胡宏集》,中华书局 1987 年版,第 25 页。
④ 《胡宏集》,中华书局 1987 年版,第 331 页。
⑤ 《胡宏集》,中华书局 1987 年版,第 333 页。

宏看来,从根本上来说,性与心是一回事:

> 性不能不动,动则心矣。①

> 非圣人能名道也,有是道则有是名也。圣人指明其体曰性,指明其用曰心。②

性与心是道的不同阶段,从体用角度看,性与心是体用关系,性是道之体,心是道之用,性体心用,而从"道"的角度看,则心性为一。

胡宏哲学思想中的性体心用说与其未发已发说有密切联系。他说:"未发只可言性,已发乃可言心。"③性为未发之体,而心则是已发之用。本体之性为宇宙万物存在的依据,但却是处于潜隐自存状态的,必须因心而得以彰显、实现和完成。胡宏说:

> "天命之谓性",性,天下之大本也。尧、舜、禹、汤、文王、仲尼六君子先后相诏,必曰心而不曰性,何也? 曰:心也者,知天地,宰万物,以成性者也。六君子,尽心者也,故能立天下之大本。④

性虽为天下之大本,但尧、舜、禹、汤、文王、孔子等儒家先圣先后相诏者都是"心"而不是"性",理由是性虽至秘至奥,但非心不彰,它的存在有待于心去实现,尽心成性,性须在"尽心"的过程中确立起来。

(三) 工夫论

理学家所讲的工夫,指道德修养工夫,他们的工夫论也可以说是道德修养方法论。本体与工夫,是理学家探讨的核心问题。探讨本体是要为道德实践寻找形上依据,而工夫论则探讨如何认识、体征道德本体以及在道德实践中如何践履。本体与工夫是密切相关的,有什么样的本体就会有什么样的工夫,同时,也要有此工夫,才能完成此本体。

作为性本论的创立者,胡宏的哲学思想在宋明理学中是独树一帜的,他

---

① 《胡宏集》,中华书局 1987 年版,第 336 页。
② 《胡宏集》,中华书局 1987 年版,第 336 页。
③ 《胡宏集》,中华书局 1987 年版,第 115 页。
④ 《胡宏集》,中华书局 1987 年版,第 328 页。

的工夫论也很有特色。胡宏的工夫论在下面这段话里得到集中体现:

> 彪居正问:"心无穷者也。孟子何以言尽其心?"曰:"惟仁者能尽
> 其心。"居正问为仁。曰:"欲为仁,必先识仁之体。"曰:"其体如何?"
> 曰:"仁之道弘大而亲切,知者可以一言尽,不知者虽设千万言亦不知
> 也;能者可以一事举,不能者虽指千万事亦不能也。"曰:"万物与我为
> 一,可以为仁之体乎?"曰:"子以六尺之躯,若何而能与万物为一?"曰:
> "身不能与万物为一,心则能矣。"曰:"人心有百病一死,天下之物有一
> 变万生,子若何而能与之为一!"居正竦然而去。他日,某问曰:"人之
> 所以不仁者,以放其良心也。以放心求心可乎?"曰:"齐王见牛而不忍
> 杀,此良心之苗裔,因利欲之间而见者也。一有见焉,操而存之,存而养
> 之,养而充之,以至于大,大而不已,与天地同矣。此心在人,其发见之
> 端不同,要在识之而已。"①

这段话所阐述的工夫论有三个要点:一是指出修养工夫的首要之点是"先
识仁之体";二是提出"以放心求心"的方法;三是内含"逆觉体证"的工夫
入路。

"仁"是儒家核心价值观的基石,胡宏在这里所说的"为仁",实际上就
是指道德修养。先识仁之体,是儒家"先立乎其大者"的意思,即首先觉识
体征本心仁体这种道德本体,然后再"存而养之"(存养),这里所说的"存
养",也就是"涵养",这个"涵养"是涵养道德本体。这一点对于道德践履来
说至关重要,觉识体征了道德本体,就会方向明确、自觉自律地践行道德原
则,而对于道德本体若无觉识体征,懵懂无向,不能自觉自律地做道德实践
之事。

胡宏又进一步指出觉识体证本心仁体而后扩充涵养的具体方法是"以
放心求心",即"就放心以求心",不是用已放之心去求心。此处所言之
"心",即孟子所说的本心或良心,仁者之本心常存而不放,不仁者则放失良

---

① 《胡宏集》,中华书局 1987 年版,第 335 页。

心常做不仁之事,但其本心仍然良善,其良心定有萌蘖之生。若能就其良心萌蘖之生当下指点之,令其警觉自省,扩充涵养,这就叫"以放心求心"。《孟子》书中所举齐宣王见牛而不忍杀,就是其良心之萌蘖,孟子当即顺其良心萌蘖之苗裔而指点之,就是典型的"以放心求心"的案例。

现代新儒家代表人物之一牟宗三先生称胡宏的这种方法为"逆觉体证"。"逆觉"就是顺良心萌蘖之苗裔逆而觉识本心仁体。胡宏并没有明确说出"逆觉体证"这一概念,但牟先生认为根据胡宏的本意并上溯到孟子的教义而建立此词,用此词来概括胡宏的工夫论最为恰当,并认为胡宏的这种"逆觉体证"的工夫理论是一种"内在的体证"。"内在"即不必隔绝现实生活,就现实生活中良心发见处直下体证,这是儒学"正宗""宏大"而又"亲切"的工夫论。牟宗三还指出,朱熹的老师李侗所言"默坐澄心,体认天理"或者危坐终日以验未发前气象所涵之义理也是一种"本体论的体证",是隔离的超越的体证,即在隔离中(默坐、危坐)超越地去体证①,这种"超越的体证"与胡宏"内在的体证"从根本上说是一致的,同属逆觉工夫,是逆觉之两形态,而朱熹对这两种逆觉工夫都不能契解。

牟宗三对胡宏的"逆觉体证"工夫极为推崇,认为觉识体征仁体、心体、性体或形而上实体,只有"逆觉体征"一途,舍此别无他法。他说:

> 吾人之理解此实体实只是反身地经由逆觉而体证之,无论是超越的体证,或是内在的体证。此种体证实无"穷在物之理"之认知的意义,亦无法以"穷在物之理"之方式去体证。盖如以此方式去体证,永为客而不为主,永为所而不为能,即丧失其为内在而固有的道德创生之源之义。故舍逆觉之路,别无他法。②

牟宗三先生认为胡宏的这种"逆觉体证"工夫是觉识体证道德本体唯一的方法。当然,在我们看来,在宋明理学家那里,胡宏的工夫论(修养方法论)

---

① 牟宗三:《心体与性体》(下),上海古籍出版社 1999 年版,第 189 页。

② 牟宗三:《心体与性体》(下),上海古籍出版社 1999 年版,第 329—330 页。

并不是唯一的,还有以朱熹为代表的"理学"工夫论,以陆九渊、王阳明为代表的"心学"工夫论。而且,"理学"工夫论和"心学"工夫论在历史上影响巨大,持续千年的"朱陆之争",发端于朱熹与陆九渊的鹅湖之会,争论的核心问题之一就是修养工夫。冯友兰先生对这两派的修养方法有很精到的总结,他说:

> 程朱的方法是:"涵养须用敬,进学在致知。"用敬是常注意,致知是觉解。此派的方法是:一面用敬,一面求觉解。陆王的方法是:"识得此理,以诚敬存之","先立乎其大者"。此派的方法是:先有深底觉解,然后用敬。①

在历史上,朱熹攻击陆九渊的修养工夫"空疏",而陆王则攻击朱熹的修养工夫"支离"。冯友兰认为两派的观点都有可取之处,但两派相互攻击又都有道理。冯友兰认同陆王"先立乎其大者"的说法,但指出陆王对于如何先立其大没有清晰的见解,而只依赖于神秘的"悟"。在这一点上,冯友兰认可朱熹"格物致知"的方法,但又指出朱熹的方法也有支离之处。冯友兰从他独创的境界理论出发,认为倘若一个人尚未有某种觉解,那么他就根本没有某种境界,这样,他虽然涵养用敬,也跟境界以及尽性至命无关。

胡宏"逆觉体证"的工夫论,是朱、陆之外的另外一条道德修养途径,是很亲切和实用的,但在历史上却长期没有受到足够的重视。牟宗三发现胡宏工夫论的超高价值,给予高度重视,这是牟先生慧眼独具之处。

胡宏的工夫论之所以在历史上没有得到足够的重视,跟朱熹对胡宏工夫论的批判有关。朱熹不理解、不认可胡宏的工夫论,由于朱熹思想在元、明、清时期成为统治者推崇的官方哲学,影响巨大,而胡宏哲学从学派传承角度看则后继乏人,故而导致胡宏工夫论长期未得重视(不仅是胡宏的工夫论,胡宏的整个哲学都是如此)。

朱熹对胡宏工夫论的批判集中体现在《知言疑义》中。针对胡宏对工

---

① 冯友兰:《新原人》,《贞元六书》,华东师范大学出版社 1996 年版,第 652 页。

夫论的阐述,朱熹加按语评判道:

> "欲为仁,必先识仁之体",此语大可疑。观孔子答门人问为仁者
> 多矣,不过以求仁之方告之,使之从事于此而自得焉尔,初不必使先识
> 仁体也。又以放心求心之问甚切,而所答者反若支离。夫心操存舍亡,
> 间不容息,知其放而求之,则心在是矣。今于已放之心不可操,而复存
> 者置不复问,乃俟异时见其发于他处,而后从而操之。则夫未见之间,
> 此心遂成间断,无复有用功处。及其见而操之,则所操者亦发用之一端
> 耳,于其本源全体未尝有一日涵养之功,便欲扩而充之,与天同大,愚窃
> 恐其无是理也。①

朱熹首先怀疑胡宏"欲为仁,必先识仁之体"的说法,后来,朱熹又将对胡宏
《知言》的批判总结为"大端有八",其中涉及工夫论的则是"不事涵养,先务
知识"②。牟宗三先生认为朱熹的这种批评是不相干的,因为胡宏所说的
"先务知识",专指"先识仁之体",即默识体证本心性体,是宋明儒学"先立
乎其大者"的正宗义理。胡宏并非"不事涵养",而是要"先识仁之体",然后
再"存而养之",这才是真正的涵养本心性体的涵养。牟宗三还指出,朱熹
反对"先识仁之体",而重未发时的"涵养",只是涵养实然之心气,或者说是
涵养"成心习心",不是涵养"本心",这种涵养是一种懵懂无向的"空头涵
养",只是在外部养成一种好习惯而已,不能自觉地作道德实践工夫。

　　牟宗三的分析抓住了一个根本性的问题,就是到底涵养什么?是"先
识仁之体"之后涵养本心呢?还是未识本心仁体时涵养成心习心?这对道
德实践非常关键,觉识了本心仁体之后的涵养,方向明确,道德实践是自觉
自律的,也可以说是真正的道德;反之,未识本心仁体时的涵养,只是教育程
序中的收敛凝聚心思,跟自觉自律的道德实践无关。

　　朱熹还对胡宏"以放心求心"的逆觉体证具体方法进行批评。据上引

---

① 《胡宏集》,中华书局1987年版,第335页。
② 《朱子语类》卷一百〇一,中华书局1994年版,第2582页。

朱熹按语,他在这个问题上的疑义表现在三个方面:一是"知其放而求之,则心在是";二是"未见之间,此心遂成间断,无复有用功处";三是"及见而操之,则所操者亦发用之一端耳,于其本源全体未尝有一日涵养之功"。

朱熹一贯主张"知其放而求之,则心在是",在这一点上,他不仅批评胡宏,而且对孟子也有不满。朱熹说:

> 孟子云"求放心",已是说得缓了。心不待求,只警省处便见……人能知其心不在,则其心已在了,更不待寻。①

> 放心,只是知得,便不放……五峰有一段说得甚长,然说得不是。他说齐王见牛为求放心。如终身不见此牛,不成此心便常不见! 只消说知其为放而求之,则不放矣。"而求之"三字,亦剩了。

> 或问"求放心"。曰:"知得心放,此心便在这里,更何用求? 适见道人题壁云:'苦海无边,回头是岸。'说得极好!《知言》中或问'求放心',答语举齐王见牛事。某谓不必如此说,不成不见牛时,此心便求不得! 若使某答之,只曰:'知其放而求之,斯不放矣。'"②

牟宗三赞同朱熹"知其放而求之,则心在是"的说法,但指出这里的"知"字是关键。"知"代表陷溺中的警觉,这是"逆觉体证"的开始。牟宗三指责朱熹在这里把"知"字轻轻带过,未能平心正视胡宏"逆觉体证"工夫的意蕴。

朱熹批评胡宏工夫论"未见之间,此心逆成间断,无复有用功处",牟宗三则认为:"夫'未见之间',功无所施。即'有用功处',如朱子所说之平日之涵养,焉知其所涵养者是此'本心'耶? 焉知其非成心习心耶?"③牟宗三认为,本心是具体真实的"呈现",虽在利欲之中,未尝不随时表露,不露于此则必露于彼,齐王见牛不忍杀,是本心表露的一个例证,顺此则可"逆觉体证"本心之自体与全体,操存也是操存本心之自体和全体,而不是停留在"发用之一端"。朱熹指责胡宏"及见而操之,则所操者亦发用之一端",对

---

① 《朱子语类》卷九,中华书局 1994 年版,第 151 页。
② 以上两条均见《朱子语类》卷五十九,中华书局 1994 年版,第 1407 页。
③ 牟宗三:《心体与性体》(中),上海古籍出版社 1999 年版,第 397 页。

胡宏工夫论本义存在一定的误解。

（四）理欲观

"理欲"是理学家探讨的一个重要问题,在理与欲的关系问题上,理学家大都主张"存天理,灭人欲"。前文讲到理学家谈"人欲",一般是指"私欲",若言"存天理,灭私欲",则当代人们便容易理解一些。在宋代理学家中,胡宏提出了一种非常具有特色,而且相当合理的理欲观点,值得关注。胡宏说:

> 天理人欲同体而异用,同行而异情。进修君子宜深别焉。①

在这里,胡宏提出"理欲同体"论,肯定天理与人欲都来源于人的本性,反对视天理、人欲势不两立的论点。胡宏在这里所说的"体",就是指本体,也就是胡宏哲学中的"性"。

前文已述,"性"是胡宏哲学的宇宙本体最高范畴,而且,胡宏论性分了三个层次,他的理欲观,与他的"性论"密切相关。胡宏论"性"的第一个层次是宇宙万物,就这个层次而言,性是宇宙万物的本体,这个本体下贯到人,则为第二个层次未发之"中"状态的性。"性"在这两个阶段,都无所谓善恶。未发为性,不能说善恶,而到了已发为心的第三个阶段,才可以说善恶。在未发阶段,"圣人"和"众生"之性相同,都不能说善恶,天理与人欲共存,"同体"而无异。"性"已发为心,已发之后就会出现"中节"与"不中节"的区别,"圣人"发而中节,为是、为正、为善,而"众生"则可能不中节,从而为非、为邪、为恶,这就是"异用"。胡宏反对天理与人欲势不两立,是就本体和人的本性而言的,也就是说在人的本性中天理和人欲共存不离,无先后、主次、善恶之分,善与不善,要看已发之后的情形。他说:

> 凡人之生,粹然天地之心,道义完具,无适无莫,不可以善恶辨,不可是非分,无过也,无不及也。此中之所以名也。夫心宰万物,顺之则喜,逆之则怒,感于死则哀,动于生则乐。欲之所起,情亦随之,心亦

---

① 《胡宏集》,中华书局1987年版,第329页。

放焉。故有私于身,蔽于爱,动于气,而失之毫厘,缪以千里者矣。众人昏昏,不自知觉,方且为善恶乱,方且为是非惑。惟圣人超拔人群之上,处见而知隐,由显而知微,静与天同德,动与天同道,和顺于万物,浑融于天下,而无所不通。此中和之道所以圣人独得,民鲜能久者矣。为君子者奈何? 戒谨于隐微,恭敬乎颠沛,勿忘也,勿助长也,则中和自致,天高地下而位定,万物正其性命而并育,成位乎其中,与天地参矣。①

"粹然天地之心"指处于未发之"中"状态的"性",这时的性不能区分善恶是非。"宰万物"之心指已发之"心",这个"心"是有善有恶的,圣人得中和之道,发而中节,而"众人"则可能本心放失,滋生邪欲。在未发之性阶段,天理人欲共存,无所谓善恶,故而胡宏肯定人正常的生存和生理"人欲"为本性固有,是合理、符合天理的:

> 好恶,性也。小人好恶以己,君子好恶以道。察乎此,则天理人欲可知。②

> 夫人目于五色,耳于五声,口于五味,其性固然,非外来也。圣人因其性而导之,由于至善,故民之化之也易。③

对声、色、臭、味等感官欲求的满足,对人来说是本性固有的,不能用善恶去评判,是趋善还是趋恶,要看已发之后的动机与效果。"圣人"深知天理与人欲同处于未发之性,在这个阶段不能区分善恶,所以积极肯定人正常的情欲以及各种生存需求。胡宏说:

> 凡天命所有而众人有之者,圣人皆有之。人以情为有累也,圣人不去情;人以才为有害也,圣人不病才;人以欲为不善也,圣人不绝欲;人以术为伤德也,圣人不弃术;人以忧为非达也,圣人不忘忧;人以怨为非宏也,圣人不释怨。④

---

① 《胡宏集》,中华书局1987年版,第332—333页。
② 《胡宏集》,中华书局1987年版,第330页。
③ 《胡宏集》,中华书局1987年版,第9页。
④ 《胡宏集》,中华书局1987年版,第333—334页。

这是说,"圣人"与"凡人"一样,也有各种源于人未发之性的生存需求和感性情欲,区别在于"圣人"能针对圣、凡共有的天命之性而因势利导,使其为善,不趋于恶。这个因势利导是在已发之心上做工夫。未发之性天理人欲共处一体,无差别、无分野;而在已发之心上工夫做得如何,天理与人欲才显出善与不善的差别。

四、张栻的理论贡献

张栻(1133—1180),字钦夫,因避宋钦宗讳改字敬夫,号南轩。张栻是胡宏最得意的弟子,胡宏得张栻拜师问学,给孙正孺写信表达喜悦之情曰:"河南之门,有人继起,幸甚!幸甚!"①张栻自己提到师事胡宏的情况说:

> 仆自惟念,妄意于斯道有年矣。始时闻五峰胡先生之名,见其话言而心服之,时时以书质疑求益。辛巳之岁,方获拜之于文定公书堂。先生顾其愚而诲之,所以长善救失,盖有在言语之外者。然仅得一再见耳,而先生没。自尔以来,仆亦困于忧患,幸存视息于先庐,绌绎旧闻,反之吾身,寖识义理之所存……如是又五载,而上命为州,不得辞,继为尚书郎,猥以謇言,误被简遇,遂得执经入侍。②

张栻在这里提到的辛巳之年,即宋高宗绍兴三十一年辛巳(1161),这一年张栻正式拜胡宏为师。张栻拜师胡宏后从学时间较短,只跟胡宏见过几次面胡宏就去世了,但张栻在拜师之前却经常用书信的形式向胡宏请教。

朱熹也详细介绍了张栻受学胡宏的情况。朱熹说:

> 自其幼学,而所以教者莫非忠孝仁义之实。既长,又命往从南岳胡公仁仲先生问河南程氏学。先生一见,知其大器,即以所闻孔门论仁亲切之指告之。公退而思,若有得也,以书质焉。而先生报之曰:"圣门有人,吾道幸矣。"公以是益自奋厉,直以古之圣贤自期。作《希颜录》一篇,蚤夜观省,以自警策。所造既深远矣,而犹未敢自以为足,则又取

---

① 胡宏:《与孙正孺书》,《胡宏集》,中华书局 1987 年版,第 147 页。
② 张栻:《答陈平甫》,《张栻全集》,长春出版社 1999 年版,第 910—911 页。

友四方,益务求其学之所未至。盖玩索讲评,践行体验,反复不置者十有余年。①

朱熹指出,张栻自幼所学都是儒家"忠孝仁义"核心价值观内容。胡宏跟张栻一见面即以"孔门论仁亲切之指"指导张栻,既可以说明胡宏最注重儒家核心价值观的基础理论"仁学",又可以证明因张栻在拜师之前由于有较长时间向胡宏书信问学的前提,故而师生能够一见面就深入研讨儒学的核心思想理论。自宋代以来,学者普遍认为张栻得胡宏真传,继承并发展了胡宏的学术思想。如朱熹说:"胡氏之说,惟敬夫独得之,其余门人皆不晓。"②认为在胡宏的众多弟子中只有张栻独得胡宏之学。黄宗羲高度评价张栻在湖湘学派传承过程中的地位:第一,"南轩之学,得之五峰,论其所造,大要比五峰更纯粹。"第二,"湖南一派,在当时为最盛,然大端发露,无从容不迫气象。自南轩出,而与考亭相讲究,去短集长,其言语之过者裁之归于平正。"第三,"五峰之门,得南轩而有耀。从游南轩者甚众,乃无一人得其传。"③黄宗羲认为张栻继承胡宏思想,所造比胡宏更纯粹精微,在湖湘学派中空前绝后。

张栻只活了48岁,全祖望曾感叹道:"向使南轩得永其年,所造更不知如何也。"④张栻英年早逝,但他思想成熟早,影响大。倘若张栻寿年再长些,学术影响定会更大。理学集大成者朱熹比张栻大三岁,但思想成熟却比张栻晚。朱熹在《中和旧说序》中说:"余蚤从延平李先生学,受《中庸》之书,求喜怒哀乐未发之旨,未达而先生没。余窃自悼其不敏,若穷人之无归。闻张钦夫得衡山胡氏学,则往从而问焉。钦夫告予以所闻,余亦未之省也。"⑤张栻拜师胡宏,即得胡宏之学真传,而朱熹受学李侗,李侗去世之后,朱熹思

---

① 《朱熹集》卷八十九《右文殿修撰张公神道碑》,四川教育出版社1996年版,第4545页。
② 《朱子语类》卷一百三,中华书局1994年版,第2606页。
③ 以上均见《宋元学案》卷五十《南轩学案》,中华书局1986年版,第1611、1635页。
④ 《宋元学案》卷五十《南轩学案》,中华书局1986年版,第1609页。
⑤ 《朱熹集》卷七十五,四川教育出版社1996年版,第3949页。

想远未成熟,所以拜访张栻,向张栻请教。张栻对朱熹思想的发展和成熟影响巨大,恰如朱熹在写给张栻的信中所说:"向非老兄抽关启键,直发其私,诲谕谆谆,不以愚昧而舍置之,何以得此?"①张栻是朱熹思想发展和成熟的"抽关启键"之人。朱熹思想"致广大,尽精微,综罗百代。"②张栻尽管年寿未永,思想没有达到应有的高峰,但也有系统的理论和独到的见解。

（一）太极即性的本体论

在本体论上,张栻继承其师胡宏"性本论"思想,融会周敦颐"太极"学说,提出"太极即性"的主张。张栻说:

> 天可言配,指形体也。太极不可言合,太极性也。③

张栻把"太极"与"性"统一起来,都看成是宇宙万物的本体,这既是对其师胡宏"性本论"思想的坚守,也是对周敦颐太极学说的融贯。胡宏是"性本论"的代表人物,提出"性"为天下大本的思想,张栻作为胡宏最得意的弟子,对其师这一根本性的理论是坚守不移的。从这一点看,张栻并非如现代新儒家代表人物之一牟宗三先生所说那样是胡宏的"不肖弟子"。牟先生曾评判张栻说:

> 南轩以其父（张浚）之关系,早出头于社会,俨然为湖湘学者之中心。广仲、伯逢、晦叔、德美等潜居不显,犹得守其家学师说而不变。南轩依违其间,不自觉时露五峰学之痕迹,而表之言语文字则大抵顺朱子之脚跟转……南轩盖五峰之不肖弟子也!④

牟先生说张栻在"反对以觉训仁""放弃广仲辈之观过知仁说""赞同朱子之《知言疑义》"三个方面背叛了师门,并指责张栻"蠢然随朱子脚跟转"⑤,因"禀性清弱""力弱才短"而被朱子吞没。然而,我们认为,张栻在某些地方

---

① 《朱熹集》卷三十二《答张敬夫》,四川教育出版社 1996 年版,第 1373—1374 页。
② 黄宗羲:《宋元学案》卷四十八《晦翁学案》,中华书局 1986 年版,第 1495 页。
③ 《南轩集》卷三十一《答周允升》,《张栻全集》,长春出版社 1999 年版,第 976 页。
④ 牟宗三:《心体与性体》（下）,上海古籍出版社 1999 年版,第 294—296 页。
⑤ 牟宗三:《心体与性体》（中）,上海古籍出版社 1999 年版,第 400 页。

确实接受了朱熹的观点,但在"性本论"这种根本性的问题上,张栻则毫不含糊坚守师说,并加以发展。朱熹在这个问题上继承和发展二程"理"学,并吸收周敦颐"太极"理论,提出"太极即理"的观点,而张栻则坚守胡宏"性"学思想,融会周敦颐"太极"学说,提出"太极即性"的观点。在本体论上,张栻坚守师说未动摇,他对胡宏性本论的发展,就是直截了当地把"性"与"太极"等同起来。而且,在"太极"问题上,一直是张栻影响了朱熹。前文说过,张栻与其师胡宏是最早从道统理论上推尊周敦颐的人,朱熹是完全受到胡宏和张栻的影响而推崇周敦颐的。胡宏对周敦颐的历史地位作了极高的评价:"周子启程氏兄弟以不传之学,一回万古之光明,如日丽天,将为百世之利泽,如水行地。其功盖在孔、孟之间矣……顾愚何足以知之,然服膺有年矣。"①胡宏认为周敦颐接续儒学,开创儒学新时期,功在孔、孟之间。而且,胡宏服膺周敦颐多年,对周敦颐思想有透彻了解,对其太极学说有精深的研究,张栻在《胡子〈知言〉序》中说胡宏:"优游南山之下二十余年,玩心神明,不舍昼夜,力行所知,亲切至到。析太极精微之蕴,穷皇王制作之端,综事物于一源,贯古今于一息,指人欲之偏以见天理之全,即形而下者而发无声无臭之妙,使学者验端倪之不远,而造高深之无极,体用该备,可举而行。"②据张栻的介绍,胡宏深究周敦颐"太极精微之蕴",可见胡宏对周敦颐太极学说相当推崇。张栻受学胡宏,对周敦颐的太极学说也有精深研究,

乾道三年(1167),朱熹到长沙拜访张栻,张栻《诗送元晦尊兄》中有"超然会太极,眼底无全牛"诗句③,朱熹答诗曰:"昔我抱冰炭,从君识乾坤。始知太极蕴,要眇难名论。"④从朱熹"从君识乾坤"以及"始知太极蕴"二句看,朱熹从张栻那里获得了对太极问题的新认识,此新认识实际上就是张栻

---

① 《胡宏集》,中华书局1987年版,第161页。

② 《南轩集》卷十四《胡子〈知言〉序》,《张栻全集》,长春出版社1999年版,第755—756页。

③ 张栻:《诗送元晦尊兄》,《张栻全集》,长春出版社1999年版,第533页。

④ 《朱熹集》卷五《二诗奉酬敬夫赠言并以为别》,四川教育出版社1996年版,第211页。

向朱熹介绍了胡宏揭示的周敦颐"太极精微之蕴"。朱熹在此诗接下来的句子里说:"谓有宁有迹,谓无复何存? 惟应酬酢处,特达见本根。"①这里说到太极的有无问题,涉及对周敦颐"太极"与"无极"问题的讨论。"惟应酬酢处,特达见本根",这是朱熹中和旧说的理路,这时他与张栻共同认可胡宏工夫论观点,强调因良心发现之苗裔逆觉体证良心本体。尽管后来朱熹因得中和新悟而改变了对胡宏工夫论的看法,但在太极问题上则始终认同张栻的观点。张栻说:

> "无极而太极",此语只作一句玩味。无极而太极存焉,太极本无极也,若曰自无生有,则是析为二体矣。②

> 所谓无极者,非谓太极之上复有所谓无极也。太极本无极,故谓之至静,而至静之中,万有森然,此天命之所以无穷,而至诚之所以无息也。③

> "无极而太极",犹曰"莫之为而为,莫之致而至",又如曰"无为之为",皆语势之当然,非谓别有一物也(向见钦夫有此说,尝疑其赘。今乃正使得著,方知钦夫之虑远也。)④

第三段引文为朱熹在写给陆九渊的信中引述和高度认同张栻对周敦颐"无极而太极"的解释。张栻引用道家思想解释"无极而太极",认为此语类似于"无为之为"。"无极而太极"的说法,并不是说太极之上还有个无极,而是应该"作一句玩味"。朱熹在诠释周敦颐"无极而太极"一语时说:"非太极之外,复有无极也。"⑤这与张栻的说法是完全一致的。

在性与理的关系上,张栻继承胡宏思想,认为性是理的总汇,而理则是性的组成部分。胡宏说:"大哉性乎! 万理具焉,天地由此而立矣。世儒之

---

① 《朱熹集》卷五《二诗奉酬敬夫赠言并以为别》,四川教育出版社 1996 年版,第211 页。
② 《南轩集》卷三十一《答彭子寿》,《张栻全集》,长春出版社 1999 年版,第 982 页。
③ 《元公周先生濂溪集》卷三,岳麓书社 2006 年版,第 40 页。
④ 朱熹:《答陆子静》,《朱熹集》卷三十六,四川教育出版社 1996 年版,第 1582 页。
⑤ 《元公周先生濂溪集》卷一,岳麓书社 2006 年版,第 7 页。

言性者,类指一理而言之尔,未有见天命之全体者也。"①胡宏认为性为天命之全体,而理只是天命之局部,性具万理。张栻也说:

> 所谓物者果何谓乎? 盖其实然之理而已。实然之理具诸其性。有是性,则备是形以生。②

张栻与胡宏一样,也认为理具于性中,性具众理。在张栻看来,性与太极属于同一层次的范畴,张栻沿用程颐和朱熹非常重视的"理一分殊"思想,来阐述"太极"(或"性")与"万殊"的关系:

> 太极一而已矣,散为人物而有万殊,就其万殊之中而复有所不齐焉,而皆谓之性。性无乎不在也。③
>
> 其所以为万殊者,固统乎一;而所谓一者,未尝不各完具于万殊之中也。④

太极或性是宇宙万物的本体,是统一的整体"一";这个统一的整体下贯到具体事物之中,就是"万殊"。"万殊"统于"一",而"一"又在"万殊"的每一种事物中得到完整的体现。

张栻与所有理学家一样,阐析太极与性,最终目的是论证儒家核心价值观的合理性及其本体依据。他说:

> 仁义者,性之所有,而万善之宗也,人之为仁义,乃其性之本然,自亲亲而推之至于仁,不可胜用;自长长而推之至于义,不可胜用;皆顺其所素有,而非外取之也。若违乎仁义,则为失其性矣。⑤

张栻在这里说得很明白,以"仁义"为基础的儒家核心价值观,是人性中"素有"的"万善之宗",是性之"本然",违背仁义,就"失其性"。"性"是张栻哲学的本体范畴,这是从宇宙本体高度来论证仁义道德的合理性与本然性。

---

① 《胡宏集》,中华书局1987年版,第28页。
② 《南轩集》卷十三《洁白堂记》,《张栻全集》,长春出版社1999年版,第738页。
③ 张栻:《孟子说》卷六,《张栻全集》,长春出版社1999年版,第428页。
④ 张栻:《孟子说》卷七,《张栻全集》,长春出版社1999年版,第480页。
⑤ 张栻:《孟子说》卷六,《张栻全集》,长春出版社1999年版,第425页。

张栻哲学的最高范畴是太极(或性),作为宇宙本体的太极或性,要完满地贯通于具体的人与万物之中,必须通过"心"才能实现。心是枢纽和主宰,太极或性通过心实现对宇宙万物的支配。他说:

> 人为天地之心,盖万事具万理,万理在万物,而其妙著于人心……心也者,贯万事,统万理,而为万物之主宰者也。①

张栻把心视为"贯万事,统万理"的"主宰者",这跟朱熹截然不同。朱熹讲主宰者是理,而不是心,他说:"所谓主宰者,即是理也。"②张栻主张主宰者是心,而朱熹则主张主宰者是理。张栻对"心"的这种看法,与心学相通。朱熹曾经指出这一点:"陆子静之学,只管说一个心……南轩初年说,却有些似他。"③朱熹认为张栻在讲心的作用时与陆九渊相似。陆九渊提出"心即理"的命题,把"心"看成宇宙本体和万物主宰,张栻与陆氏一样,也讲"心为主宰者",而且张栻还直接讲"心与理一"④。朱熹只讲"心具众理",不讲心即理。比如,朱熹说:"心者,人之神明,所以具众理而应万事者也。"⑤朱熹所讲的心是认识主体,而不是万物本体,万物本体是理而不是心,在这一点上张栻跟朱熹是大不相同的。

(二) 纯粹至善的人性论

在人性论上,张栻提出"纯粹至善"的绝对性善论观点。他说:

> 原人之生,天命之性,纯粹至善,而无恶之可萌者也。孩提之童,莫不知爱其亲,及其长也,莫不知敬其兄,以至于饥食渴饮,其始亦莫非善也。推此则可见矣,何独人尔? 物之始生,亦无有不善者,惟人得二气之精,五行之秀,其虚明知觉之心有以推之,而万善可备,以不失其天地之全,故性善之名独归于人,而为天地之心也。⑥

---

① 《南轩集》卷十二《敬斋记》,《张栻全集》,长春出版社 1999 年版,第 724 页。
② 《朱子语类》卷一,中华书局 1994 年版,第 4 页。
③ 《朱子语类》卷一百二十四,中华书局 1994 年版,第 2981—2982 页。
④ 《论语解》卷三,《张栻全集》,长春出版社 1999 年版,第 114 页。
⑤ 朱熹:《孟子集注·尽心上》,《四书章句集注》,第 413 页。
⑥ 张栻:《孟子说》卷六,《张栻全集》,长春出版社 1999 年版,第 426 页。

太极动而二气形，二气形而万物化生，人与物俱本乎此者也。原物
之始，亦岂有不善者哉！其善者天地之性也。而孟子道性善，独归之人
者何哉？盖人禀二气之正，而物则其繁气也。人之性善，非被命受生之
后，而其性旋有是善也。性本善而人禀夫气之正，初不隔其全然者耳。
若物则为气所昏，而不能以自通也。惟人全夫天地之性，故有所主宰，
而为人之心所以异乎庶物者独在于此也。①

夫善恶相对之辞，专善则无恶也，犹是非相对之辞，曰是则无非矣。
性善云者，言性纯是善。②

前文已述，张栻的老师胡宏在性之善恶问题上是将性分了不同的层次，在宇
宙万物之性的层次上，性不可说善恶，善恶是对于人的已发之心而言的。张
栻在这方面则与胡宏不同。张栻认为宇宙万物与人之性都是善的，而且是
纯粹至善。从本然之性纯粹至善而言，人与万物并无区别。但从"气禀"的
角度来看，则人与物是有区别的。人禀得"二气之精，五行之秀"，而且虚明
知觉之心还有"推"的理性推理能力，故而能将纯粹至善的本体之性表现出
来；而"物"只禀有粗疏和繁杂之气，而且没有"推"的理性能力，从而不能将
本体之性表现出来。张栻说：

人与万物同乎天，其体一也，禀气赋形则有分焉。至若禽兽，亦为
有情之类，然而隔于形气，而不能推也。人则能推矣。其所以能推者，
乃人之道，而异乎物者也。③

张栻把是否"能推"看成是人与物（如禽兽）相区别的衡量标准，"推"就是
推理、推类这一类理性思维能力。"人之道"的标志就是具有"能推"的理性
思维能力，有这种能力才能将具存于本体之中的仁、义、礼、智等道德内容发
挥出来。

张栻认为性是纯粹至善的，但他与其他理学家一样，必须正视的一个现

---

① 《南轩集》卷十一《存斋记》，《张栻全集》，长春出版社1999年版，第719—720页。
② 《南轩集》卷二十七《答胡广仲》，《张栻全集》，长春出版社1999年版，第926页。
③ 张栻：《孟子说》卷四，《张栻全集》，长春出版社1999年版，第379页。

实问题就是:既然性是至善的,那么恶从何而来? 张栻的回答是:恶来源于"气禀之性"。

从儒学思想史上看,孟子肯定了人性先天之"善",但却没有很好解答"恶"从何而来。宋明理学家深入讨论了这个问题。张载提出"天地之性"与"气质之性"这一对范畴来解决此问题。二程认为形上之理是性,天地之性只是善,并无两物相对,人性之善恶乃因"气禀"差异所致。朱熹极为赞赏张载、二程的观点,称"张、程之说立,则诸子之说泯矣"①。

在《知言疑义》中,张栻谈到性之善恶问题。他提出性至善论之后,讨论了程颢的一段话:"善固性出,恶亦不可不谓之性也。"善为性,这是性善论,但说恶亦为性,却如何理解? 张栻说:

> 譬之水澄清者,其本然者也。其或浑然,则以夫泥滓之杂也。方其浑也,亦不可不谓之水也。夫专善而无恶者,性也,而其动则为情。情之发,有正有不正焉。其正者,性之常也;而其不正者,物欲乱之也。于是而有恶焉。是岂性之本哉! 其曰"恶亦不可不谓之性"者,盖言其流如此,而性之本然者,亦未尝不在也。②

张栻把性分为两个层次,即本然之性与发用流行之性,实则跟张、程、朱所说的天地之性(本然之性)与气质之性(气禀之性)的区分是一致的,故而朱熹称赞张栻这段论述"甚善",并明确指出:"明道所谓'恶亦不可不谓之性',是说气禀之性。"张栻这时始终没有点出"气禀之性"的概念。在他后来的著作中,则明确使用了"气禀之性"的概念。如在《孟子说》中,张栻说:

> 程子谓善固性也,恶亦不可不谓之性也,然则与孟子有二言乎? 曰:程子此论,盖为气禀有善恶言也……谓恶亦不可不谓之性者,言气禀之性也。气禀之性可以化而复其初。夫其可以化而复其初者,是乃

---

① 《朱子语类》卷四,中华书局 1994 年版,第 70 页。
② 《胡宏集》,中华书局 1987 年版,第 331 页。

性之本善者也。①

张栻在这里反复提到"气禀之性"，并指出程颢"恶亦不可不谓之性"说的就是"气禀之性"。

在张栻看来，本然之性至善无恶，而气禀之性则有不善，但善学者可以克去气质之私，恢复天性之本："善学者克其气质之偏，以复其天性之本，而其近者亦可得而一矣。"②张栻强调学可复性，而特别难能可贵的一点是，张栻还指出学可至"上知"，他说：

> 上知固生知之流，然亦学而可至也。均是人也，虽气禀之浊，亦岂有不可变者乎？惟其自暴自弃而不知学，则为安于下愚而不可移矣。③

《论语》中有"惟上知与下愚不移"之说，张栻则认为无论是上知（智）之人还是下愚之人都是人，下愚之人可以通过学习与修养，变化气质，达到上知之境，那些安于下愚而不思改进者，是自暴自弃的人。这种思想给一般平民百姓自我提升道德境界以自信，比起汉代董仲舒在讨论人性时说下愚的"斗筲之性"不可改变的观点要合理。

（三）存养省察并进的工夫论

张栻的工夫论，有早期与晚期两个阶段的变化。张栻早期工夫论主张"先须察识端倪之发，然后可加存养之功"④即先察识后涵养（存养），这是胡宏的工夫论思想，也是牟宗三先生极为推崇的"逆觉体证"的工夫论（前文已述），张栻早期工夫论就是承袭胡宏工夫论思想而来。张栻在很多地方表达了这种思想，如：

> 察吾终日事亲从兄、应物处事，是端也，其或发见，亦知其所以然乎！诚能默识而存之，扩充而达之，生生之妙，油然于中，则仁之大体岂不可得乎？及其至也，与天地合德，鬼神同用，悠久无疆，变化莫测，而

---

① 《孟子说》卷六，《张栻全集》，长春出版社1999年版，第427页。
② 张栻：《论语解》卷九，《张栻全集》，长春出版社1999年版，第215页。
③ 张栻：《论语解》卷九，《张栻全集》，长春出版社1999年版，第215页。
④ 《朱熹集》卷三十二《答张钦夫》引张栻语，四川教育出版社1996年版，第1405页。

其则初不远也。①

> 天心粹然，道义俱全。是曰至善，万化之源。人所固存，曷自违之？求之有道，夫何远而？四端之著，我则察之。岂惟虑思，躬以达之。工深力到，大体可明。匪由外铄，如春发生。知既至矣，必由其知。造次克念，战兢自持。事物虽众，各循其则。其则匪它，吾性之德。②

张栻在上述言论中均表达了先察识良心发现之苗裔，体征本心，然后存养扩充的工夫论思想，这与其师胡宏的工夫理论是一致的。

张栻晚期工夫论思想发生了变化，他说：

> 存养省察之功固当并进，然存养是本，觉向来工夫不进，盖为存养处不深厚。③

> 存养体察，固当并进，存养是本。④

在这里，张栻不再说先察识后存养，而主张存养省察并进，且以存养为本。

张栻工夫论思想发生变化的原因，是受到朱熹的影响。事实上，朱熹和张栻两人的思想都经历了一个发展与成熟的过程，张栻有早期与晚期的思想转化，而朱熹思想则经历了中和旧说与中和新说的曲折。在他们的思想发展变化的过程中，两人相互之间都给予了对方以关键性影响。总体而言，朱熹在张栻的"启键"和引导下获得中和旧说，后来朱熹思想发生变化，获得中和新说，得到张栻的认同，张栻的晚期思想受到朱熹的影响。

朱熹曾谈到他早年思想演变过程曰：

> 某年十五六时，亦尝留心于此（禅）。一日，在病翁所会一僧，与之语。其僧只相应和了说，也不说是不是，却与刘说，某也理会得个昭昭灵灵底禅……后赴同安任，时年二十四五矣，始见李先生。与他说，李

---

① 《南轩集》卷十《潭州重修岳麓书院记》，《张栻全集》，长春出版社 1999 年版，第694 页。

② 《南轩集》卷三十六《艮斋铭》，《张栻全集》，长春出版社 1999 年版，第 1039 页。

③ 《南轩集》卷二十五《寄吕伯恭》，《张栻全集》，长春出版社 1999 年版，第 891 页。

④ 《南轩集》卷二十七《答乔德瞻》，《张栻全集》，长春出版社 1999 年版，第 930 页。

先生只说不是。某却倒疑李先生理会此未得,再三质问。李先生为人
简重,却是不甚会说,只教看圣贤言语。某遂将那禅来权倚阁起。意中
道,禅亦自在,且将圣人书来读。读来读去,一日复一日,觉得圣贤言语
渐渐有味。却回头看释氏之说,渐渐破绽、罅漏百出!①

朱熹早年曾学习佛学,拜师李侗时,李侗只说不是。李侗学养很深,为人简
重,却不善表达,只教朱熹去读圣贤书。朱熹把圣人书拿来研读,才慢慢地
悟到禅学之非,回归儒学之途。但是,朱熹对李侗的默坐澄心教言还不能理
会,李侗却遽然逝世,朱熹顿时感到茫然失向,"若穷人之无归"。在这种情
况下,朱熹了解到张栻得胡宏学问真传,故而来向张栻请教胡宏之学。朱熹
曾自述这一过程曰:

> 余蚤从延平李先生学,受《中庸》之书,求喜怒哀乐未发之旨,未达
> 而先生没。余窃自悼其不敏,若穷人之无归。闻张钦夫得衡山胡氏学,
> 则往从而问焉。钦夫告予以所闻。②

朱熹在这里提到的"往从而问焉",究竟是什么时候?这是理解朱熹思想发
展变化的关键时间节点。很多学者认为,朱熹在这里所说的"往从而问
焉",是乾道三年(1167)朱熹到长沙拜访张栻,张栻向朱熹介绍胡宏的未
发、已发思想,使朱熹悟得中和旧说。但是,笔者认为这是个误解。实际上,
朱熹在往长沙之前的乾道元年(1165),就已经得到胡宏所著《知言》一书,
并对胡宏的中和思想熟悉了,这一年朱熹在《答罗参议》第四书("示及汪丈
书")③中说:"胡仁仲所著《知言》一册内呈……大抵衡山之学只就日用处
操存辨察,本末一致,尤易见功。"④"日用处"即已发。朱熹写此信时手中
已有胡宏(仁仲)《知言》一书,而且也已知晓胡宏的中和学说,故而不是等

---

① 《朱子语类》卷一百四,中华书局 1994 年版,第 2620 页。
② 《朱熹集》卷七十五《中和旧说序》,四川教育出版社 1996 年版,第 3949 页。
③ 此书作于乾道元年(1165),见陈来:《朱子书信编年考证》,生活·读书·新知三联书
店 2007 年版,第 35 页。
④ 《朱熹集》续集卷五,四川教育出版社 1996 年版,第 5238 页。

到乾道三年到长沙拜访张栻才了解胡宏思想。又朱熹是在其师李侗去世之后紧接着"往从而问"张栻的,李侗去世的时间,在隆兴元年(1163)十月十五日,这个时间朱熹的《延平先生李公行状》一文有明确记载:"闽帅玉山汪公以书礼车乘来迎,盖将相与讲所疑焉,先生因往见之。至之日疾作,遂卒于府治之馆舍,是年七十有一矣,隆兴元年十月十有五日也。"①至此,朱熹"往从而问焉"的时间可以明确断定在李侗去世的隆兴元年(1163)至朱熹写作《答罗参议》第四书的乾道元年(1165),显然是朱熹在隆兴二年(1164)往豫章登舟哭祭张浚与张栻见面时,朱熹得到张栻所赠胡宏《知言》一书,同时张栻也向朱熹介绍了胡宏的思想,即"钦夫告予以所闻"。只不过当时《五峰集》还没有刊刻,所以当时朱熹没有看到胡宏提出"性为未发,心为已发"观点的《与曾吉父》书信。这跟朱熹所说"后得胡氏书,有与曾吉父论未发之旨者,其论又适与余意合"之意合。

朱熹的中和旧悟思想是受到张栻的启发和引导而获得的,这一点朱熹自己也是用客观的态度承认的:

> 盖通天下只是一个天机活物,流行发用,无间容息。据其已发者而指其未发者,则已发者人心,而凡未发者皆其性也……向非老兄抽关启键,直发其私,诲谕谆谆,不以愚昧而舍置之,何以得此?②

朱熹在这里明确提到,如果没有张栻的"抽关启键",他不可能悟到已发为心,未发为性等观点,足见张栻对朱熹中和旧悟思想的影响是巨大而不容置疑的。故而,这一时期朱熹由衷地敬佩张栻:"钦夫之学所以超脱自在,见得分明,不为言句所桎梏,只为合下入处亲切。今日说话虽未能绝无渗漏,终是本领是当,非吾辈所及。"③尽管张栻小朱熹三岁,然而天资明敏,受学胡宏,悟道早成,一开始就抓住了圣学要旨,因此当朱熹艰苦求索而得中和旧悟后,对张栻倾服不已。这时,朱熹接受了张栻介绍的胡宏学术观点,两

① 《朱熹集》卷九十七《延平先生李公行状》,四川教育出版社1996年版,第4985页。
② 《朱熹集》卷三十二《答张敬夫》,四川教育出版社1996年版,第1373—1374页。
③ 《朱熹集》卷四十《答何叔京》,四川教育出版社1996年版,第1865页。

人学术主张大体一致。

乾道二年丙戌(1166),朱熹得中和旧说之悟后,次年到长沙拜访张栻,进行学术会讲。这之后的一段时间,朱熹对张栻仍然相当佩服。朱熹曾作诗云:"忆昔秋风里,寻盟湘水傍。胜游朝挽袂,妙语夜连床。别去多遗恨,归来识大方。惟应微密处,犹欲细商量。"①由此诗意旨可以看出,通过向张栻请教,朱熹在为学的基本问题上同于张栻,只在一些细微之处有分歧,尚需进一步讨论。朱熹到长沙拜访张栻的第二年(乾道四年),张栻作《艮斋铭》一文(前文已引述),朱熹看到此铭后,非常赞赏。他说:

> 某去冬走湖湘,讲论之益不少。然此事须是自做工夫于日用间行住坐卧处,方自有见处。然后从此操存,以至于极,方为己物尔。敬夫所见超诣卓然,非所可及。近文甚多……如《艮斋铭》,便是做工夫底节次。近日相与考证古圣所传门庭,建立此个宗旨,相与守之。②

朱熹认为张栻的《艮斋铭》一文的义理是做工夫的节次,是他们两人共同讨论和守卫的古圣所传门庭宗旨。

朱熹37岁(乾道二年丙戌)时获得丙戌中和旧悟,而到40岁(乾道五年己丑)时,思想发生了转变,获得了己丑中和新悟,把自己的旧悟思想推翻了。朱熹获得中和新悟后,"亟以书报钦夫及尝同为此论者。惟钦夫复书深以为然,其余则或信或疑,或至于今累年而未定也。"③马上写信给张栻等湖湘学者。这封信就是现存朱熹《与湖南诸公论中和第一书》。在写此书之前,朱熹已经将自己的中和新说思想写成《已发未发说》一文,《与湖南诸公论中和第一书》是在《已发未发说》的基础上修改而成的。按照朱熹的说法,张栻很快认同了朱熹的中和新悟,回信"深以为然",而其他的湖湘学

---

① 《朱熹集》卷五《有怀南轩老兄呈伯崇择之二友二首》,四川教育出版社1996年版,第241页。

② 《朱熹集》卷四十一《答程允夫》,四川教育出版社1996年版,第1921—1922页。

③ 《朱熹集》卷七十五《中和旧说序》,四川教育出版社1996年版,第3950页。

者则不以为然。同一年(乾道五年,1169),朱熹给林择之写信说:

> 近得南轩书,诸说皆相然诺,但先察识后涵养之论执之尚坚。①

> 近看南轩文字,大抵都无前面一截工夫也。大抵心体通有无、该动
> 静,故工夫亦通有无、该动静,方无透漏。若必待其发而后察,察而后
> 存,则工夫之所不至多矣。惟涵养于未发之前,则其发处自然中节者
> 多,不中节者少。体察之际,亦甚明审,易为著力。②

朱熹在《中和旧说序》中曾说张栻复书"深以为然",而在这里则说"诸说皆
相然诺,但先察识后涵养之论执之尚坚",说明这时张栻在工夫论上仍然坚
持湖湘学派"先察识后涵养"的宗旨。然而,数年之后,张栻思想也发生变
化,主张涵养与察识并进,而以涵养为主,与朱熹的观点一致了。张栻在乾
道八年写给吕祖谦的信中说:"存养省察之功固当并进,然存养是本,觉向
来工夫不进,盖为存养处不深厚。"③同年又在答乔德瞻书中说:"存养体察,
固当并进。存养是本,工夫固不越于敬。"④

　　涵养、体察并进,致知前后皆须涵养,这是朱熹中和新悟后的主张。张
栻于乾道五年尚坚持"先察识后涵养"之说,但到了乾道八年就宣称涵养与
体察并进,而以涵养为本,跟朱熹一致了。张栻的这个思想转变,显然受到
了朱熹的影响。朱熹写信给"湖南诸公"阐述中和新悟观点时,张栻基本赞
同(朱熹说张栻"深以为然"),但在涵养与察识先后问题上尚有分歧,张栻
坚持胡氏之学"先察识后涵养"之旨,朱熹在给张栻的回信中针对这一问题
着重强调未发时涵养的重要性。朱熹说:

> 又如所谓"学者先须察识端倪之发,然后可加存养之功",则熹于
> 此不能无疑。盖发处固当察识,但人自有未发时,此处便合存养,岂可
> 必待发而后察,察而后存耶? 且从初不曾存养,便欲随事察识,窃恐浩

---

① 《朱熹集》卷四十三《答林择之》,四川教育出版社 1996 年版,第 2028 页。
② 《朱熹集》卷四十三《答林择之》,四川教育出版社 1996 年版,第 2049 页。
③ 张栻:《寄吕伯恭》,《张栻全集》,长春出版社 1999 年版,第 891 页。
④ 张栻:《答乔德瞻》,《张栻全集》,长春出版社 1999 年版,第 930 页。

浩茫茫,无下手处,而毫厘之差,千里之谬,将有不可胜言者。①

朱熹认为,发处固当察识,未发时亦须存养。湖湘学派先察识后涵养的主张,缺了未发时涵养的一截工夫,张栻这时坚守"先察识后涵养"的主张,故而朱熹在信中详加辩论。张栻显然受到了朱熹观点的影响,所以在朱熹与张栻、吕祖谦共同讨论成书于乾道七年的《知言疑义》中,张栻对其师胡宏的工夫论发生了怀疑,到乾道八年,则完全认同了朱熹之论。

（四）知行互发的知行观

"知"与"行"是中国思想史上一对重要范畴,主要指道德认识、道德知识与道德践履,同时也具有一般认识论的意义。对知与行关系的讨论,由来已久。《尚书》曰:"非知之艰,行之惟艰。"②意即知道一件事情的道理不难,但实行起来却很难,这已经涉及知行关系问题,提出了知易行难的观点。

宋代理学家对知行关系问题进行了深入的讨论。程颐提出"知先行后"说,并针对《尚书》的说法,强调"知"亦自艰:"《书》曰:'知之非艰,行之惟艰。'此固是也,然知之亦自艰。"③程颐还初步提出了知行"相须"与"相资"的观点:"非明无以照,非动无以行,相须犹形影,相资犹表里。"④程颐的观点为朱熹、张栻等人所继承和发展。

张栻说:

> 知常在先,固有知之而不能行者矣,未有不知而能行者也。《语》所谓"知及之,仁不能守之",是知而不能行者也。所谓"知之者不如好之者,好之者不如乐之者",是不知则无由能好而乐也。且以孝于亲一事论之,自其粗者知有冬温夏清、昏定晨省,则当行温清定省。行之而又知其有进于此者,则又从而行之。知之进,则行愈有所施;行之力,则

① 《朱熹集》卷三十二《答张钦夫》,四川教育出版社 1996 年版,第 1405 页。

② 《尚书·说命中》,孔安国传,孔颖达正义:《尚书正义》,上海古籍出版社 2007 年版,第 373 页。

③ 《河南程氏遗书》卷十八,《二程集》,中华书局 2004 年版,第 187 页。

④ 《周易程氏传》卷四,《二程集》,中华书局 2004 年版,第 984 页。

> 知愈有所进,以至于圣人。人伦之至,其等级固远,其曲折固多,然亦必
> 由是而循循可至焉耳。盖致知力行,此两者工夫互相发也。①

张栻肯定"知常在先",先有"知",然后才有明确的方向,"行"才会踏实有
功:"知之而行,则譬如皎日当空,脚踏实地,步步相应;未知而行者,如暗中
摸索,虽或中,而不中者亦多矣。"②在上面的引文中,张栻又提出"致知力
行,此两者工夫互相发",即知行相发的观点。张栻用孝亲之事来论述"知
之进,则行愈有所施;行之力,则知愈有所进。"在亲身的伦理践履中,知与
行相互影响、相互促进。

张栻赞同《尚书》的说法,也认为"知之非艰,行之惟艰",他说:

> 知之非艰,行之惟艰。《说》之意亦曰:虽已知之,此非艰也,贵于
> 身亲实履之,此为知之者言也。③

这一点与程颐有所区别,而与朱熹相近。朱熹在知行观上主张知在行先、行
重于知、知行互发。朱熹说:"致知力行,论其先后,固当以致知为先,然论
其轻重,则当以力行为重。"④朱熹以致知为先、力行为重的思想与张栻相
近。同时,朱熹也讲知行相须、互发,《朱子语类》记载:

> 问:"南轩云:'致知、力行互相发。'"曰:"未须理会相发,且各项做
> 将去。若知有未至,则就知上理会,行有未至,则就行上理会,少间自是
> 互相发。"⑤

从文意看,张栻独立提出"致知、力行互相发"的观点,朱熹是认同的。只不
过,朱熹教人先从具体的知与行去"理会",到一定程度自然就会达到知行
互相发的境界。

与知行学说相关,张栻还提出"经世""实践"的观点,值得关注。他说:

---

① 张栻:《南轩集》卷十九《寄周子充尚书》,《张栻全集》,长春出版社 1999 年版,第
817 页。
② 《南轩集》卷三十《答朱元晦》,《张栻全集》,长春出版社 1999 年版,第 961 页。
③ 《南轩集》卷三十《答朱元晦》,《张栻全集》,长春出版社 1999 年版,第 961 页。
④ 《朱熹集》卷五十《答程正思》,四川教育出版社 1996 年版,第 2452 页。
⑤ 《朱子语类》卷九,中华书局 1994 年版,第 148 页。

夫所贵乎儒学者,以真可以经世而济用也。若夫腐儒则不然,听其言则汗漫而无纪,考其事则迂阔而无成,则亦安所用夫学哉?①

所谓知之在先,此固不可易之论……要之,此非躬行实践则莫由至。但所谓躬行实践者,先须随所见端确为之,此谓之知常在先则可也。②

张栻提倡"经世济用"和"躬行实践",对后世经世致用学风影响巨大。乾道元年(1165),刘珙为"荆湖南路安抚使",知潭州,修复岳麓书院,礼聘张栻主其教事,从学者甚众,有些学子甚至"深以不得卒业于湖湘为恨"③。可见当时张栻在岳麓书院办学之盛,影响之大,全祖望认为张栻之后湖湘学者并不比朱熹之后弱:"谁谓张氏之后弱于朱乎!"④在办学中,张栻发扬光大其师胡宏之学,使湖湘学派思想得到系统化开拓和精细化深入,而且一直以"经世济用"和"躬行实践"的学风培养经世实践人才,对后世船山学与近代湘学产生了深远的影响。

五、王船山的理论贡献

王船山宣称"六经责我开生面"⑤,说明他的治学态度是以儒学为基本立场,认同和维护儒家核心价值观,但同时又要在理论上追求创新。王船山的著作极为宏富,广涉经、史、子、集、诗、词、歌、赋、佛、道等领域。船山思想虽然是对宋明理学的总结,但在他生前以及逝后较长的一段时间,并没有在社会上产生很大的影响。船山思想真正对中国思想界甚至社会变革产生巨大影响,是近代以来的事。前文已述,船山学在近代产生影响,是从邓显鹤以及曾国藩他们分别刊刻《船山遗书》开始的。船山著作流布之后,不仅在湖南本省影响巨大,而且也在全国范围内为世所重。梁启超说:

---

① 张栻:《严州召还上殿劄子》,《张栻全集》,长春出版社1999年版,第1162页。
② 《南轩集》卷十九《答吴晦叔》,《张栻全集》,长春出版社1999年版,第824—825页。
③ 《朱熹集》卷六十四《答刘公度》,四川教育出版社1996年版,第3399页。
④ 黄宗羲:《宋元学案》卷七十一《岳麓诸儒学案》,中华书局1986年版,第2368页。
⑤ 王敔:《大行府君行述》,《船山全书》第十六册,岳麓书社2011年版,第73页。

　　凡大思想家所留下的话，虽或在当时不发生效力，然而那话灌输到国民的"下意识"里头，碰着机缘，便会复活，而且其力极猛。清初几位大师——实即残明遗老——黄梨洲、顾亭林、朱舜水、王船山……之流，他们许多话，在过去二百多年间，大家熟视无睹，到这时忽然像电气一般把许多青年的心弦震得直跳。他们所提倡的"经世致用之学"，其具体的理论，虽然许多不适用，然而那种精神是"超汉学"、"超宋学"的，能令学者对于二百多年的汉宋门户得一种解放，大胆的独求其是。他们曾痛论八股科举之汨没人才，到这时候读起来觉得句句亲切有味，引起一班人要和这件束缚思想、锢蚀人心的恶制度拼命。他们反抗满洲的壮烈行动和言论，到这时因为在满洲朝廷手上丢尽中国人的脸，国人正在要推勘他的责任，读了先辈的书，蓦地把二百年麻木过去的民族意识觉醒转来。他们有些人曾对于君主专制暴威作大胆的批评，到这时拿外国政体来比较一番，觉得句句都餍心切理，因此从事于推翻几千年旧政体的猛烈运动。总而言之，最近三十年思想界之变迁，虽波澜一日比一日壮阔，内容一日比一日复杂，而最初的原动力，我敢用一句话来包举他，是残明遗献思想之复活。①

梁启超是当时最敏锐的思想家之一，而且与其师康有为共同领导了维新变法运动，亲身参与了晚清波澜壮阔的社会变革运动，梁启超就是那些被黄宗羲（梨洲）、顾炎武（亭林）、王船山等"残明遗老"思想震得心弦直跳的人的代表，包括《船山遗书》在内的"残明遗献"思想复活，对推动当时社会变革产生了巨大的影响。

　　梁启超的上述言论从政治和社会角度来评判船山等人的思想，已见对近代中国人价值观念变革产生了深刻影响。与梁启超同时代的另外一位学术大师钱穆，则从学术思想本身高度评价船山学，钱穆说：

　　　　明末诸老，其在江南，究心理学者，浙有梨洲，湘有船山，皆卓然为

_____

　　①　梁启超：《中国近三百年学术史》，东方出版社1996年版，第35—36页。

大家。然梨洲贡献在学案,而自所创获者并不大。船山则理趣甚深,持论甚卓,不徒近三百年所未有,即列之宋明诸儒,其博大闳括,幽微精警,盖无多让。①

钱穆将黄宗羲(梨洲)与王船山进行对比,黄宗羲长于文献,著《明儒学案》《宋元学案》为传世名作;而王船山则究心理学,在哲学上多有创获。船山学术博大精深,而哲学则是其根基。

(一) 气论

王船山自题墓石称:"抱刘越石之孤愤而命无从致,希张横渠之正学而力不能企。"②在学术上,船山服膺张载(横渠)之学。张载被誉为宋明理学中"气学"的创立者,王船山是张载之后"气学"的代表人物。

船山继承张载之论,将"气"视为宇宙本体,船山说:

> 太虚之为体,气也。气未成象,人见其虚,充周无间者皆气也。③

> 阴阳二气充满太虚,此外更无他物,亦无间隙,天之象,地之形,皆其所范围也。散入无形而适得气之体,聚为有形而不失气之常。④

船山认为,"气"为宇宙万物的本体,宇宙中充满阴阳二气。这里的"气",不仅仅指一切物质现象,也应指一切宇宙间存在的精神现象。船山哲学的"气本论",与朱熹哲学"理本论"、胡宏哲学"性本论"、陆王哲学"心本论",是一样的逻辑思路,都是用一个概念来指称宇宙间一切事物的本原和本体。船山之所以推崇张载"气本论",将物质性特色明显的"气"视为宇宙万物本体,是与船山思想的"实学"特征有关的。船山之子王敔对此有精到的评述,王敔说:

> 亡考慨明统之坠也,自正、嘉以降,世教早衰,因以发明正学为己事,效设难作折;尤其于二氏之书,入其藏而探之……至于守正道以屏

---

①　钱穆:《中国近三百年学术史》,商务印书馆1997年版,第106页。

②　《船山全书》第十五册,岳麓书社2011年版,第228页。

③　王船山:《张子正蒙注》卷九,《船山全书》第十六册,岳麓书社2011年版,第377页。

④　王船山:《张子正蒙注》卷一,《船山全书》第十六册,岳麓书社2011年版,第26页。

邪说,则参伍于濂、洛、关、闽,以辟象山、阳明之谬,斥钱、王、罗、李之妄,作《思问录》内外篇,明人道以为实学,欲尽废古今虚妙之说而返之实。①

据王敔论述,其父王船山感慨明朝灭亡的惨痛事实,以发明"正学"为己事,辟陆王心学与佛、道二教,反对虚妙之学而提倡"实学"。王船山对程朱理学与陆王心学皆有批评,但对理学有批评,却也有肯定,而对陆王心学,则极力反对,甚至认为陆王心学要对明朝灭亡负意识形态之责。船山说:

> 陷于佛者,如李翱、张九成之流,而富郑公、赵清献虽贤而不免;若陆子静及近世王伯安,则屈圣人之言以附会之,说愈淫矣。②

> 释氏缘见闻之所不及而遂谓之无,故以真空为圆成实性,乃于物理之必感者,无理以处之而欲灭之;灭之而终不可灭,又为"化身无碍"之遁辞,乃至云"淫坊酒肆皆菩提道场",其穷见矣。性不可率之以为道,其为幻诞可知;而近世王畿之流,中其邪而不瘳,悲夫!③

> 王氏之学,一传而为王畿,再传而为李贽,无忌惮之教立,而廉耻丧,盗贼兴,中国沦没,皆惟怠于明伦察物而求逸获,故君父可以不恤,肤发可以不顾。陆子静出而蒙古兴,其流祸一也。④

从以上引文可以看出,王船山批判陆九渊(子静)与王阳明(伯安)陷溺于佛教之说,而船山辟佛首要一点就是批判佛教的空无思想。船山甚至认为陆王之学兴,则中国沦没,实即将陆王心学与明朝灭亡挂了钩。诚然,明代心学末流空谈心性,空疏学风在思想界造成了弊端,但将明代灭亡之罪全部归之于心学思想,而不从政治、经济、制度、军事等方面来寻找原因,恐怕也有失公允。

---

① 王敔:《大行府君行述》,《船山全书》第十六册,岳麓书社 2011 年版,第 73 页。

② 王船山:《张子正蒙注》卷一,《船山全书》第十六册,岳麓书社 2011 年版,第 26 页。

③ 王船山:《张子正蒙注》卷四,《船山全书》第十六册,岳麓书社 2011 年版,第 182—183 页。

④ 王船山:《张子正蒙注》卷九,《船山全书》第十六册,岳麓书社 2011 年版,第 371 页。

　　由于王船山身处"天崩地解"的明朝灭亡之际,亲身参与了反清复明的斗争实践,对思想界的弊端感受至切,创巨痛深,愤激之情难以自抑,对当时的空虚之学特别反感。痛定思痛,船山总结理学得失,从哲学高度提倡"实学",故而推崇物质实有性特征明显的"气学"。他说:

　　　　人之所见为太虚者,气也,非虚也。虚涵气,气充虚,无有所谓无者。①

　　　　虚空者,气之量。气弥纶无涯而希微不形,则人见虚空而不见气。凡虚空皆气也。聚则显,显则人谓之有;散则隐,隐则人谓之无。②

王船山继承张载"知太虚即气,则无无"③的思想,认为太虚并非是无,而是充满弥纶无涯而又希微无形的气。气有聚散,聚则显,人谓之有;散则隐,则人谓之无,实际上这不是真无,只是气散而无形而隐而已。所以,在船山看来,宇宙万物之本体"气"是"实有",而不是空、无。

　　王船山又借用前人提出的"诚""太极"等概念来说明太虚和气。"诚"说明气的无形而实有,而"太极"则为阴阳二气浑合的存在状态,他说:

　　　　太虚,一实者也。故曰"诚者天之道也。"④

　　　　诚者实有者也,前有所始、后有所终也。实有者,天下之公有也,有目所共见,有耳所共闻也。⑤

　　　　"太"者极其大而无尚之辞。"极",至也,语道至此而尽也;其实阴阳之浑合者而已,而不可名之为阴阳,则但赞其极至而无以加,曰太极。……阴阳之本体,絪缊相得,合同而化,充塞于两间,此所谓太极也,张子谓之"太和"。⑥

在船山看来,太虚即气,太虚为实有,诚亦为实有。太极则是阴阳二气浑合

---

① 王船山:《张子正蒙注》卷一,《船山全书》第十六册,岳麓书社 2011 年版,第 30 页。
② 王船山:《张子正蒙注》卷一,《船山全书》第十六册,岳麓书社 2011 年版,第 23 页。
③ 张载:《正蒙·太和》,《张载集》,中华书局 1978 年版,第 8 页。
④ 王船山:《思问录内篇》,《船山全书》第十六册,岳麓书社 2011 年版,第 402 页。
⑤ 王船山:《尚书引义》卷三,《船山全书》第二册,岳麓书社 2011 年版,第 306 页。
⑥ 王船山:《周易内传》卷五下,《船山全书》第一册,岳麓书社 2011 年版,第 561 页。

的本然状态,阴阳二气缊缊变化,充塞于天地之间,即为太极。同时,阴阳二气缊缊变化,导致宇宙世界处于不断地自我运动之中,太虚与气以运动为存在方式,船山说:

> 太虚者,本动者也。动以入动,不息不滞。①
>
> 天地之气恒生于动而不生于静。②

船山认为太虚与气的本质就是运动,运动是绝对的,不存在"废然无动"的静,由绝对的运动而致天地万物变化日新:

> 天地之德不易,而天地之化日新。今日之风雷非昨日之风雷,是以知今日之日月非昨日之日月也。③

船山认为天地间万事万物都无时无刻不在发生变化,没有永恒不变的事物。而且,船山还将这种日新之化概括为量的积累与质的更新两种类型,他说:

> 当其移易也,微动而无垠;当其著效也,专致而不备……生者外生,成者内成。外生变而生彼,内成通而自成。④

船山称事物量的变化为"内成",其特点是"通而自成";事物质的更新为"外生",其特点是"变而生彼"。"内成"事物也有微小的变化,但没有发生质变,从而保持事物原有的性状和规律;"外生"则事物发生质变,由此物变而为彼物。

(二) 理气关系论

理气关系是理学家探讨哲学本体论所必须面临的核心问题之一,船山对此有精到的论述。

船山对"理"的基本涵义进行了界定,他说:

> 凡言理者有二:一则天地万物已然之条理,一则健顺五常、天以命

---

① 王船山:《周易外传》卷六,《船山全书》第一册,岳麓书社 2011 年版,第 1044 页。

② 王船山:《读四书大全说》卷十《告子上篇》,《船山全书》第六册,岳麓书社 2011 年版,第 1076 页。

③ 王船山:《思问录外篇》,《船山全书》第十六册,岳麓书社 2011 年版,第 434 页。

④ 王船山:《周易外传》卷五《系辞上传第六章》,《船山全书》第一册,岳麓书社 2011 年版,第 1009 页。

人而人受为性之至理。①

　　理本非一成可执之物，不可得而见；气之条绪节文，乃理之可见者也。故其始之有理，即于气上见理。②

　　天以其阴阳五行之气生人，理即寓焉而凝之为性。故有声色臭味以厚其生，有仁义礼智以正其德，莫非理之所宜。③

船山这三段话，虽然不在同一处说出，但却有逻辑联系。第二段与第三段仿佛就是对第一段的具体说明。第一段概述"理"的两个方面，即天地万物之条理与天命于人之性理；第二段说明天地万物之理不可见，只能在"气之条绪节文"见；而第三段则说明人之性理"有声色臭味以厚其生，有仁义礼智以正其德。"厚生、正德皆为理之所宜。而且，船山在这里也跟其他理学家一样，崇奉儒家核心价值观最基本的道德原则"仁义礼智"，以仁义礼智等儒家核心价值观为内容的人之"性"，乃凝之自天命于人之"理"，人性与天理是相通的。

　　在讨论到理气关系时，船山说：

　　理与气不相离。④

　　理与气元不可分作两截。⑤

　　气外更无虚托孤立之理。⑥

　　盖将理、气分作二事，则是气外有理矣。⑦

---

①　王船山：《读四书大全说》卷五《论语·泰伯篇》，《船山全书》第六册，岳麓书社2011年版，第718页。

②　王船山：《读四书大全说》卷九《孟子·离娄上篇》，《船山全书》第六册，岳麓书社2011年版，第994页。

③　王船山：《张子正蒙注》卷三，《船山全书》第十六册，岳麓书社2011年版，第121页。

④　王船山：《读四书大全说》卷九《孟子·离娄上篇》，《船山全书》第六册，岳麓书社2011年版，第994页。

⑤　王船山：《读四书大全说》卷九《孟子·离娄上篇》，《船山全书》第六册，岳麓书社2011年版，第993页。

⑥　王船山：《读四书大全说》卷十《孟子·告子上篇》，《船山全书》第六册，岳麓书社2011年版，第1054页。

⑦　王船山：《读四书大全说》卷十《孟子·告子上篇》，《船山全书》第六册，岳麓书社2011年版，第1059页。

王船山的观点非常明确,虽然理与气有区别,但二者不可分离,气外无理,理与气不能被看作"二事"。这是对朱子学理气关系论的反思和批判,明代很多思想家都有相同的观点。明中叶朱子学者罗钦顺,被誉为从张载到王船山气学的过渡性人物,在罗钦顺那里即有相同的表达。

被称为"朱学后劲"①的罗钦顺,与王阳明是同时代人,两人的思想是对立的。罗钦顺一方面批判阳明心学,另一方面也在一定程度上纠正和改造朱子学。罗钦顺对朱子学最大的不满就在理气论上,认为朱熹所讲理气为"二物"。其实早在明代初期,曹端就从理气动静的角度怀疑朱熹所言之"理"与"气"不能统一,他专门写了《辩戾》一文,对朱熹的观点进行辩驳:

> 周子谓"太极动而生阳,静而生阴",则阴阳之生,由乎太极之动静,而朱子之解极明备矣。其曰"有太极,则一动一静而两仪分;有阴阳,则一变一合而五行具",尤不异焉。及观《语录》,却谓"太极不自会动静,乘阴阳之动静而动静"耳,遂谓"理之乘气,犹人之乘马,马之一出一入,而人亦与之一出一入",以喻气之一动一静,而理亦与之一动一静。若然,则人为死人,而不足以为万物之灵;理为死理,而不足以为万化之原。理何足尚而人何足贵哉!今使活人乘马,则其出入、行止、疾徐,一由乎人驭之何如耳。活理亦然。不之察者,信此则疑彼矣,信彼则疑此矣,经年累岁,无所折衷。故为辩戾,以告夫同志君子。②

在曹端看来,朱熹的理气之喻是死人乘马,人为死人,理为死理,此讥极其尖刻,连判朱熹是"别子为宗"的牟宗三先生都过意不去,指出曹端此讥"稍重"③。曹端在这里是从理气动静的角度批判朱熹"理""气"不统一。罗钦顺则明确指责朱熹的理与气为"二物":

> ……朱子尝因学者问理与气,亦称伊川此语说得好,却终以理气为

---

① 容肇祖:《明代思想史》,上海开明书店1941年版,第183页。

② 曹端:《太极图说述解·辩戾》,《曹端集》,中华书局2003年版,第23—24页。

③ 牟宗三:《心体与性体》(下),上海古籍出版社1999年版,第459页。

二物。①

> 所谓朱子小有未合者,盖其言有云:"理与气决是二物。"又云:"气强理弱。"又云:"若无此气,则此理如何顿放?"似此类颇多。②

罗钦顺所说的"二物"跟王船山讲的"二事"是同样的意思,他们都将理与气看成一个浑沦的统一整体,反对将理与气视为"二物"(或"二事")。

王船山进一步提出"理与气互相为体"的观点,颇为新颖。他说:

> 理与气互相为体,而气外无理,理外亦不能成其气,善言理气者必不判然离析之。③

船山提出理气互相为体的观点,是要强调理气交融而不能分离,气外无理,理外无气,理气一体。既如此,则理与气亦无先后可言。

王船山以上对理气关系的观点,可以概括为理气不离不杂论。实际上,朱熹也是理气不离不杂论者。朱熹在理气论上严格区分形而上与形而下,认为理和道是形而上者,而气和阴阳则是形而下者,反对形而上与形而下不分。他说:

> 天地之间,只有动静两端,循环不已,更无余事,此之谓易。而其动其静,则必有所以动静之理焉,是则所谓太极者也……谓太极含动静则可(自注:以本体而言也),谓太极有动静则可(自注:以流行而言也),若谓太极便是动静,则是形而上下者不分,而"易有太极"之言亦赘矣。④

这样严格区分形上与形下,太极与阴阳、动静,理与气,是不同质的东西,属于两个不同的世界,它们的关系则是"不离不杂"。朱子有很多这方面的言论,如:

---

① 罗钦顺:《困知记》卷上,中华书局1990年版,第9页。
② 罗钦顺:《困知记》卷上,中华书局1990年版,第5页。
③ 王船山:《读四书大全说》卷十《孟子·尽心上篇》,《船山全书》第六册,岳麓书社2011年版,第1117页。
④ 《朱熹集》卷四十五《答杨子直》,四川教育出版社1996年版,第2153—2154页。

> 太极理也,动静气也。气行则理亦行,二者常相依而未尝相
> 离也。①

> 无是气,则是理亦无挂搭处。②

> 疑此气是依傍这理行,及此气之聚,则理亦在焉。盖气则能凝结造
> 作,理却无情意,无计度,无造作。③

从以上言论看,理气似乎为"二物"了。然而,如果我们了解朱熹辩证思考的思维特点,就不好断然评判了。朱熹运用辩证思考的方法,更多关注宇宙、人生和思维领域中事物的对立统一性。朱熹说:

> 才说太极,便带着阴阳;才说性,便带着气。不带着阴阳与气,太极
> 与性那里收附? 然要得分明,又不可不拆开说。④

这是说,理与气或者太极与阴阳本为一体浑成,但在逻辑上又不可不分开来说。在理气先后问题上,朱熹也表现出极强的逻辑分解的思维特点,《朱子语类》载:

> 或问:"必有是理,然后有是气,如何?"曰:"此本无先后之可言。
> 然必欲推其所从来,则须说先有是理。"⑤

朱熹认为理与气本无先后可言,但一定要说先后,那就必须说理先气后。看起来似乎是被逼得无法才权说理先气后。但是,若再看下面一条,就明白了:

> 问:"有是理便有是气,似不可分先后?"曰:"要之也先有理。只不
> 可说是今日有是理,明日却有是气。"⑥

朱熹认为理先气后不能在时间上说,而只能在逻辑的分解思考上说。这里的先后也不能分作两截看,只是说明理是宇宙万事万物存在的最后依据。

---

① 《朱子语类》卷九十四,中华书局1994年版,第2376页。
② 《朱子语类》卷一,中华书局1994年版,第3页。
③ 《朱子语类》卷一,中华书局1994年版,第3页。
④ 《朱子语类》卷九十四,中华书局1994年版,第2371页。
⑤ 《朱子语类》卷一,中华书局1994年版,第3页。
⑥ 《朱子语类》卷一,中华书局1994年版,第4页。

　　王船山也谈到理气先后问题,他说:

　　　　理即是气之理,气当得如此便是理,理不先而气不后。①

王船山也主张理气不分先后。朱熹虽然说理气不能在时间上区分理气先后,只从逻辑上区分先后,但既然从逻辑上区分先后,那就还是会在逻辑上形成理对气的先在、主宰和支配地位。王船山则将理气的逻辑先后也否定了,理就是气之理,理气互相为体。因此,船山和朱熹虽然都可以说是理气不离不杂论者,但他们由于理论基础不同,二者之论又有区别。船山是气本论者,气是最高本体,所以他说理气合一,是合在气上,以气统摄理;而朱熹是理本论者,理是最高本体,他说理气合一,是合在理上,以理统摄气。

　　(三)　道器论

　　"道器"范畴来源于《周易·系辞传》:"形而上者谓之道,形而下者谓之器。""道器"是与"理气"密切相关的范畴,一般来说,"道"与"理"属于同一层次的范畴,指事物发展的依据和规律,"器"则是指"气"流行凝结成的具体个别的事物。对于"道器"与"理气"的关系,朱熹说得最精练明白:"天地之间,有理有气。理也者,形而上之道也,生物之本也;气也者,形而下之器也,生物之具也。"②

　　王船山的道器观与其理气观也是密切相关的,在理气论上,船山主张理气合一而重气,因而在道器观上则主张道器合一而重器,甚至提出"天下惟器"的观点,他说:

　　　　天下惟器而已矣。道者器之道,器者不可谓之道之器也。③
　　　　盈天地之间皆器矣。④

---

　　①　王船山:《读四书大全说》卷十《孟子·告子上篇》,《船山全书》第六册,岳麓书社2011年版,第1054页。

　　②　《朱熹集》卷五十八《答黄道夫》,四川教育出版社1996年版,第2947页。

　　③　王船山:《周易外传》卷五《系辞上传第十二章》,《船山全书》第一册,岳麓书社2011年版,第1027页。

　　④　王船山:《周易外传》卷五《系辞上传第十二章》,《船山全书》第一册,岳麓书社2011年版,第1026页。

> 统此一物,形而上则谓之道,形而下则谓之器,无非一阴一阳之和
> 而成。尽器则道在其中矣。①

> 尽器则道无不贯,尽道所以审器,知至于尽器,能之于践形,德盛
> 矣哉。②

王船山宣称"天下惟器",并且认为"尽器则道在其中""尽器则道无不贯"
的观点,道与器密不可分,道在器中,同时器又为根本。王船山的"道器"
论,也是与其实学思想有关联的。他的实学思想重视万事万物的"实有"
性,反对空谈"道"与"理",故而他特别重视实有性的"器",人类就是通过
"作器""制器""尽器"而得到不断发展的。

在王船山看来,既然道不离器,道在器中,而且器更为根本,而"器"又
是不断发展变化的,所以"道"也必然要随着"器"的变化而变化。他说得很
明白:

> 道因时而万殊。③

> 无其器则无其道,人鲜能言之,而固其诚然者也。洪荒无揖让之
> 道,唐虞无吊伐之道,汉唐无今日之道,则今日无他年之道者多矣。未
> 有弓矢而无射道,未有车马而无御道,未有牢醴璧币、钟磬管弦而无礼
> 乐之道。则未有子而无父道,未有弟而无兄道。④

王船山认为,"道"是依于"器"而存在的,必先有"器"而后才有"道",无其
器则无其道,他举了很多例子,如:没有弓矢就没有射道,没有车马就没有御
道,没有牢醴璧币、钟磬管弦等礼乐之器就没有礼乐之道,没有儿子就没有
父道,没有弟弟就没有兄道。"器"是不断地被创造而与时变化的,所以
"道"也会跟着变化,即"道因时而万殊"。王船山的这种思想是极富新意

---

① 王船山:《思问录内篇》,《船山全书》第十六册,岳麓书社 2011 年版,第 427 页。
② 王船山:《思问录内篇》,《船山全书》第十六册,岳麓书社 2011 年版,第 427 页。
③ 王船山:《周易外传》卷七《杂卦传》,《船山全书》第一册,岳麓书社 2011 年版,第
1112 页。
④ 王船山:《周易外传》卷五《系辞上传第十二章》,《船山全书》第一册,岳麓书社 2011
年版,第 1028 页。

的,否定了董仲舒提出的"天不变,道亦不变"的观念,强调"道"应该因时而变,实际上就是提倡社会要因时变革。

当然,从哲学思辨的角度来看,"未有弓矢而无射道"等说法,可能并不是那么严密,从而会招致质疑。如现代新儒家学者冯友兰先生就对王船山的这个说法表达了不同的意见,冯友兰说:

> 船山此言,如系谓未有弓矢,即无射事,则自无可争论,如系谓未有弓矢,即无射道,而所谓道,若是就理之实现说,则亦是我们所主张的。未有弓矢,则射之理未得实现,自然无射道。但如所谓道,乃指理之本身说,则无其器即无其道之说,是我们所不能承认者。照无其器则无其道之说,则无弓矢即无弓矢之道。如此则创制弓矢者,不但创制实际的弓矢,并弓矢之所以为弓矢之理亦创制之。然理若何可以创制?……所以我们主张,弓矢之理,是本有底。创制弓矢者,发现其理,依据之以制弓矢。①

冯友兰反对笼统地说"无其器则无其道",他认为如果从一般哲学意义上说,作为理本身的道,是本来就有的,用今天的话来说,就是弓矢制作和发射的各种物理学原理,本来就有,只不过在人类创制出弓矢之前,这个原理没有被发现和运用。人类创制出弓矢,就发现了这个原理,并加以运用。原理是自然的规律,人只能发现和实现原理,而不能创造原理。因此,王船山说"无其器则无其道",只能从"道"(或理)的实现与未实现这个角度说,不能从一般哲学的意义上来说。而这个"道"的实现,是要靠人来完成,所以"道"的实现是对人而言才有意义的,实际上就是要从人的价值观的角度来理解。从人的价值观角度看,任何"道",只有人去实现了它,才有价值,然而"道"隐而不见,只能依据有形的"器",通过"尽器"的方式来实现"道"。只有从这个角度看,才可以说"无其器则无其道"。

(四) 人性论

人性问题是儒家学者必须回答的问题,王船山作为宋明理学的总结者,

---

① 冯友兰:《新理学》,《贞元六书》,华东师范大学出版社 1996 年版,第 56 页。

自然要回答这个问题。他提出人性"日生日成"的观点,颇具创新特色。

船山继承《中庸》"天命之谓性"与《易传》"继善成性"思想,并予以发展。他说:

> 天命之谓性,命日受则性日生矣……君子自强不息,日乾夕惕,而择之、守之,以养性也。于是有生以后,日生之性益善而无有恶焉。①

> 当其继善之时,有相犹者也,而不可概之已成乎人之性也,则曰"天地与我同根,万物与我共命"亦可矣。当其为道之时,同也共也,而不可概之相继以相授而善焉者也。②

船山意谓尽管天命之为性,但人性之善不是先天就完备本有,而是人每日不断受天命而性则每日都有变化,即日生日成:"方生而受之,一日生而一日受之……故天日命于人,而人日受命于天。故曰性者生也,日生而日成之也。"③船山性日生日成的人性论思想与其本体论天地气化日新的思想是一致的。船山认为天地之化日新,万事万物无时无刻不在发生变化,没有永恒不变的事物,故而人性也不是一成不变的,也是变化日新的。这种人性发展的理论是颇为新颖的。此前学者论人性,性善论、性恶论、性有善有恶论、性无善无恶论、性三品论,等等,都把性看成是初生而秉受天命成型便固定不变的。船山从绝对运动之气的角度来论性,认为性也是流动的,是生生不已而变化日新的。

王船山继承孟子思想,也是性善论者。只不过,二者的性善论也有区别。孟子继承和发挥孔子的思想,以人的"怵惕恻隐"之仁心为基点,肯定人有四种"善心",即:恻隐之心、羞恶之心、辞让之心、是非之心。这"四心"也可以说是四种人心先天固有的"善端",这是仁、义、礼、智"四德"的萌芽,

---

① 王船山:《尚书引义》卷三《太甲二》,《船山全书》第二册,岳麓书社 2011 年版,第301 页。

② 王船山:《周易外传》卷五《系辞上传第五章》,《船山全书》第一册,岳麓书社 2011 年版,第 1006—1007 页。

③ 王船山:《尚书引义》卷三《太甲二》,《船山全书》第二册,岳麓书社 2011 年版,第300 页。

扩充这四种"善端",就可以成为仁、义、礼、智"四德"。王船山也承认人在
初生时也有善端的秉受,船山说:

> 夫天之生物,其化不息。初生之顷,非无所命也。何以知其有所
> 命? 无所命,则仁、义、礼、智无其根也。①

王船山认为人在初生之时,也会秉受天命,而且人所秉受的天命就是仁、义、
礼、智四德之根,也可以说是善之根。然而,在船山看来,这种善根必须人去
继之成之。船山说:"继之则善矣,不继则不善矣。天无所不继,故善不穷;
人有所不继,则恶兴焉。"②"继"在船山这里意思就是人后天能动的实践,
只有发挥人的能动实践作用,才能使性之善端得以实现,如若不然,则是
"不继",不继就会产生恶。人在后天要不断地发挥自己的这种能动实践作
用,去"继善成性",由于天地万物是永恒运动、变化日新的,所以人"继善"
的实践活动也是无止境的,人性的发展也是不会停止的,即性"日生而日
成"。

(五) 理欲观

理欲关系问题是宋明理学家讨论的核心问题之一。船山说:

> 理自性生,欲以形开。其或冀夫欲尽而理乃孤行,亦似矣。然而天
> 理人欲同行异情。异情者异以变化之几,同行者同于形色之实。③

在理欲观上,船山认同"天理人欲同行异情"的观点。这个观点直接来自南
宋湖湘学派理论代表人物胡宏。胡宏说:"天理人欲同体而异用,同行而异
情。进修君子宜深别焉。"④船山直接引用胡宏的话,用来表达自己的观点。
在另外一处,船山表达了对胡宏这一观点的高度赞赏,船山说:

> 五峰曰:"天理人欲,同行异情。"韪哉! 能合颜、孟之学而一原者,

---

① 王船山:《尚书引义》卷三《太甲二》,《船山全书》第二册,岳麓书社 2011 年版,第
299—300 页。
② 王船山:《周易外传》卷五《系辞上传第五章》,《船山全书》第一册,岳麓书社 2011 年
版,第 1008 页。
③ 王船山:《周易外传》卷一,《船山全书》第一册,岳麓书社 2011 年版,第 837 页。
④ 《胡宏集》,中华书局 1987 年版,第 329 页。

其斯言也夫！①

船山高度赞赏胡宏（五峰）天理人欲同行异情说，这一点与朱熹是完全一样的。朱熹在《知言疑义》中激烈反对胡宏天理人欲"同体异用"的观点，但却并不反对"同行异情"说，而是对"同行异情"说进行了肯定。朱熹说："人欲者，梏于形，杂于气，狃于习，乱于情，而后有者也。然既有而人莫之辨也，于是乎有同事而异行者焉，有同行而异情者焉。君子不可以不察也。"②朱熹在另外一些地方也表达了对"同行异情"说的赞赏，如："尝爱五峰云：'天理人欲，同行而异情'，此语甚好。"③又如："天理人欲，同行异情。循理而公于天下者，圣贤之所以尽其性也；纵欲而私于一己者，众人之所以灭其天也。"④朱熹在这里把胡宏的"同行异情"说用到了他《四书集注》的《孟子集注》中，可见朱熹对这一观点是非常赞同的。在这一点上，王船山与朱熹并无二致，都继承了胡宏天理人欲"同行异情"的观点。

那么，"同行异情"究竟为何意？王船山自己的解释是："同行者同于形色之实"，而"异情者异以变化之几"，前者是说理和欲都要依存于人的生命形体之实，而后者则是说人有理智和欲望，在面对可欲之物时会有不同的反应，或者说会产生不同的动机，而且不同的动机也会导致不同的结果，这就是"异以变化之几"。王船山又进一步提出了这个"变化之几"相异的标准，他说：

> 天理、人欲，只争公私诚伪。如兵农礼乐，亦可天理，亦可人欲。春风沂水，亦可天理，亦可人欲。才落机处即伪。夫人何乐乎为伪，则亦为己私计而已矣。⑤

在王船山看来，天理与人欲区分的标准是"公私诚伪"。同样的事情，可以是天理，也可以是人欲，关键是看人心理动机上是公、诚还是私、伪。这一点

---

① 王船山：《读四书大全说》卷八《孟子·梁惠王下篇》，《船山全书》第六册，岳麓书社2011年版，第913页。

② 《胡宏集》，中华书局1987年版，第329页。

③ 《朱子语类》卷七十八，中华书局1994年版，第2015页。

④ 朱熹：《孟子集注》卷二，《四书章句集注》，中华书局2012年版，第220页。

⑤ 王船山：《读四书大全说》卷六，《船山全书》第六册，岳麓书社2011年版，第765页。

与前文所引朱熹在《孟子集注》中所讲的以公、私来区分天理与人欲的说法也是一致的。由此看来,在理欲观上,王船山直接继承胡宏的观点,而跟朱熹在认同天理人欲"同行异情"这一核心问题上,大体一致。

（六）知行观

王船山所言之"知",既指心性体认之德性之知,也指格物穷理之闻见之知。在理学家普遍重视的知行关系问题上,船山的观点是,知行统一而重行,知行相资以为用、并进而有功。他说:

> 知行终始不相离,存心亦有知行,致知亦有知行,而更不可分一事以为知而非行,行而非知。[①]

> 知行相资以为用。唯其各有致功而亦各有其效,故相资以互用,则于其相互,益知其必分矣。同者不相为用,资于异者乃和同而起功。[②]

> 由知而知所行,由行而行则知之,亦可云并进而有功。[③]

船山认为知与行的关系是知行统一而不相离,知行并进而有功,而在讲知行相资以为用时,特别强调知与行的相异而又和同的辩证关系,恰恰是由于知与行相异而各有功效,才能相资互用,如果不相异而完全相同,就不能相互为用。这是对《国语》中提出的"和实生物,同则不继"以及孔子"和而不同"思想的继承和发挥。

在提出知行统一、相资为用观点的同时,船山又特别重视"行"的作用。他说:

> 行而后知有道,道犹路也。[④]

> 知也者,固以行为功者也。行也者,不以知为功者也。行焉可以得知也,知焉未可以收行之效也。[⑤]

---

① 王船山:《读四书大全说》卷三,《船山全书》第六册,岳麓书社2011年版,第564—565页。
② 王船山:《礼记章句》卷三十一,《船山全书》第四册,岳麓书社2011年版,第1256页。
③ 王船山:《读四书大全说》卷四,《船山全书》第六册,岳麓书社2011年版,第600页。
④ 王船山:《思问录内篇》,《船山全书》第十六册,岳麓书社2011年版,第402页。
⑤ 王船山:《尚书引义》卷三《说命中二》,《船山全书》第二册,岳麓书社2011年版,第314页。

王船山认为行是知的基础,行可以得知,而知却未必能得行之效,其重行的思想显而易见。

王船山的知行观,总体上与湖湘学派张栻的观点十分相似。张栻提出"致知、力行互相发",即知行互发的观点,即为船山知行相资以为用的理论先导;张栻又十分赞同《尚书》"知之非艰,行之惟艰"的说法,船山也赞赏《尚书》中此言为千圣复起而不可移易的真理。另外,与知行理论相关,张栻还提出"经世""实践"的观点:"夫所贵乎儒学者,以真可以经世而济用也。"①"所谓躬行实践者,先须随所见端确为之。"②王船山继承张栻之说,也提倡"实践":

> 知之尽,则实践之而已。实践之,乃心所素知,行焉皆顺,故乐莫大焉。③

> 以知知义,以义行知,存于心而推行于物。④

船山所说的"实践",一方面指伦理道德的践履,这与包括张栻在内的大多数儒者一样;但另一方面,船山又特别重视改造自然和社会的实践活动:"因天之能,尽地之利,以人能合而成之。"⑤

（七）格物致知论

在格物致知这一问题上,王船山神契朱熹,卫护朱熹格物致知论,同时又有新发展。

第一,以《大学》格物为始教。朱熹极为重视《大学》,认为《大学》一文是初学者入德之门,肯定其在为学次第上的优先性。朱熹说:

> 学问须以《大学》为先,次《论语》,次《孟子》,次《中庸》。⑥

> 某要人先读《大学》,以定其规模;次读《论语》,以立其根本;次读

---

① 张栻:《严州召还上殿劄子》,《张栻全集》,长春出版社1999年版,第1162页。
② 《南轩集》卷十九《答吴晦叔》,《张栻全集》,长春出版社1999年版,第825页。
③ 王船山:《张子正蒙注》卷五,《船山全书》第十六册,岳麓书社2011年版,第199页。
④ 王船山:《张子正蒙注》卷二,《船山全书》第十六册,岳麓书社2011年版,第80页。
⑤ 王船山:《张子正蒙注》卷八,《船山全书》第十六册,岳麓书社2011年版,第317页。
⑥ 《朱子语类》卷十四,中华书局1994年版,第249页。

《孟子》，以观其发越；次读《中庸》，以求古人之微妙处。①

《大学》的主旨是"三纲领""八条目"，最突出的思想是"格物致知"。朱熹以《大学》中的"格物"学说为始教，受到船山的赞赏。而且，船山跟朱熹一样，也以《大学》"格物"为始教。船山说：

> 凡天下之物接于吾身者，皆可求其得失顺逆之则，以寓吾善恶邪正之几，故有象可见，有形可据，有原委始终之可考，无不尽吾心以求格，则诗书礼乐之教，人官物曲之事，皆必察焉，而大学之为学，于斯焉极矣。此学之始事必于格物。②

> 自姚江王氏者出而《大学》复乱，盖其学所从入，以释氏不立文字之宗为虚妄悟入之本，故以章句八条目归重格物为非，而不知以格物为本始者经也，非独传也，尤非独朱子之意也。③

朱熹以格物为本始，船山认为这是儒家经典的本意，他坚决维护朱熹，而严厉批评王阳明以八条目归重格物为非是扰乱为学次第。船山充分肯定朱熹格物论的理论贡献，宣称："圣人复起，不易朱子之言。"④

第二，格物、致知与事理、性理。

朱熹所讲的"物"的范围非常广，指客观存在的一切事物："凡天地之间眼前所接之事，皆是物。"⑤朱熹所讲的"物"（或"事"），既指客观物质实体，也指人的社会活动以及精神和思维活动；既包括"天地鬼神之变，鸟兽草木之宜"，又包括"身心性情之德，人伦日用之常"⑥。

船山格物论中所讲的"物"范围也非常宽泛。他说：

> 天之风霆雨露亦物也，地之山陵原隰亦物也；则其为阴阳、为柔刚

---

① 《朱子语类》卷十四，中华书局1994年版，第249页。

② 王船山：《四书训义》卷一，《船山全书》第七册，岳麓书社2011年版，第48页。

③ 王船山：《礼记章句》卷四十二，《船山全书》第四册，岳麓书社2011年版，第1467—1468页。

④ 王船山：《礼记章句》卷四十二，《船山全书》第四册，岳麓书社2011年版，第1484页。

⑤ 《朱子语类》卷五十七，中华书局1994年版，第1348页。

⑥ 朱熹：《四书或问·大学或问下》，上海古籍出版社2001年版，第23—24页。

者皆物也。物之飞潜动植亦物也,民之厚生利用亦物也;则其为得失、为善恶者皆物也。凡民之父子兄弟亦物也,往圣之嘉言懿行亦物也;则其为仁义礼乐者皆物也。①

与朱熹一样,王船山所讲的"物",包括自然界与人类社会一切物质及精神现象。

对于如何格物的问题,船山和朱熹都强调考究外在事物,反对将格物说成格心的主张。朱熹说:"人多把这道理作一个悬空底物。《大学》不说穷理,只说个格物,便是要人就事物上理会,如此方见得实体。所谓实体,非就事物上见不得。"②

船山不但强调格物要考究外在事物,而且还引入了"质测之学"这个具有近代科学色彩的概念。他说:

> 密翁与其公子为质测之学,诚学思兼致之实功。盖格物者,即物以穷理,惟质测为得之。若邵康节、蔡西山则立一理以穷物,非格物也(自注:按近传泰西物理、化学,正是此理)。③

密翁即方以智。方以智父子研究的"质测之学",即神宗万历年间自西方传入中国的近代实验科学,船山在自注中明确列举了物理、化学。船山推崇"质测之学",把它视为格物穷理的途径与方法,具有科学实证色彩。

关于格物与致知的关系问题,船山与朱熹有较大的分歧。朱熹的观点是格物、致知为一事:"致知、格物,只是一事……格物,以理言也;致知,以心言也。"④朱熹对从格物到致知的过程分析得不很细密,只指出它们有内外之别。船山则反对朱熹格物、致知为一的说法,船山说:

> 朱子说"格物、致知只是一事"……若统论之,则自格物至平天下,皆止一事(自注:如用人理财,分明是格物事等)。若分言之,则格物之

---

① 王船山:《尚书引义》卷一,《船山全书》第二册,岳麓书社2011年版,第241页。
② 《朱子语类》卷十五,中华书局1994年版,第288页。
③ 王船山:《搔首问》,《船山全书》第十六册,岳麓书社2011年版,第633页。
④ 《朱子语类》卷十五,中华书局1994年版,第292页。

成功为物格，"物格而后知至"，中间有三转折。藉令概而为一，则廉级
不清，竟云格物则知自至，竟删抹下"致"字一段工夫矣。①

在船山看来，"物格而后知至"中间还有三个步骤，即物格、致知、知至。物
格表示格物的完成，并成功获得了外物之理；致知指在格得的外物之理上进
行思维加工；而知至则是致知活动的结果，表明获得了新知识。可见，船山
非常注重格物之后的细密工夫。

第三，豁然贯通。

有一个理论问题是格物论者必须解决的，那就是：天下之物无穷无尽，
人的有生之年怎么格得尽？ 在这个问题上，船山赞同朱熹"豁然贯通"的说
法，即不必尽格天下之物，而只需格到一定程度，就可以"豁然贯通"，完成
从感性认识到理性认识的飞跃。朱熹在《大学》格物补传中提出"豁然贯
通"说：

> 大学始教，必使学者即凡天下之物，莫不因其已知之理而益穷之，
> 以求至乎其极。至于用力之久，而一旦豁然贯通焉，则众物之表里精粗
> 无不到，而吾心之全体大用无不明矣。②

另外他也在《语类》中说：

> 今人务博者，却要尽穷天下之理；务约者又谓反身而诚，则天下之
> 物无不在我，此皆不是。且如一百件事，理会得五六十件了，这三四十
> 件虽未理会，也大概可晓了。某在漳州有讼田者，契数十本，自崇宁起
> 来，事甚难考。其人将正契藏了，更不可理会。某但索四畔众契比验，
> 四至昭然。及验前后所断，情伪更不能逃。③

朱熹用自己的亲身政治实践，生动说明了"推类"和"贯通"的方法。朱熹还
在很多地方反复表达这个意思：事物浩繁无穷，不可能尽格天下之物，但是
格物致知又要求尽得天下之理，这是一个矛盾。解决此矛盾的方法是从积

---

① 　王船山：《读四书大全说》卷一，《船山全书》第六册，岳麓书社 2011 年版，第 404 页。
② 　朱熹：《四书章句集注》，中华书局 2012 年版，第 7 页。
③ 　《朱子语类》卷一百一十七，中华书局 1994 年版，第 2822 页。

累到贯通,并进一步推类。每一类具体事物都有普遍之理,只要考察这一类事物到一定程度,就可以"贯通",也就是获得该类事物的普遍之理或一般规律,再按照这种普遍之理去分析没有直接考察过的事物,也"大概可晓"。所以,朱熹认为人的认识不必把一类事物全部穷尽,而只要考察研究这类事物的大多数,就可以把握这类事物的普遍性规律,这种普遍性的规律又可用来进一步分析和了解未曾认识的事物,这就包含了认识过程中个别与一般、感性认识与理性认识相互关系的一些正确见解。

船山赞同朱熹在《大学》格物补传中提出的"豁然贯通"的说法。船山说:

> 天下之物无涯,吾之格之也有涯。吾之所知者有量,而及其致之也不复拘于量。颜子闻一知十,格一而致十也。子贡闻一知二,格一而致二也。必待格尽天下之物而后尽知万事之理,既必不可得之数。是以《补传》云"至于用力之久,而一旦豁然贯通焉。"①

但是,船山对朱熹《大学》格物补传中"一旦豁然贯通"中的"一旦"二字不满,认为"一旦"二字说得太急,有佛教禅学之嫌。船山说:

> 朱子抑有"忽然上达"之语,则愚所未安。若立个时节因缘,作迷悟关头,则已入释氏窠臼。朱子于《大学补传》亦云"一旦豁然贯通焉","一旦"二字亦下得骤。②

船山一生十分痛恨佛禅,对朱熹思想中有禅学嫌疑的成分非常敏感,认为朱熹说"忽然上达",即已堕入"释氏窠臼"。

船山在朱熹"豁然贯通"思想的基础上,还对感性认识与理性认识的关系作了进一步阐述。船山说:

> 大抵格物之功,心官与耳目均用,学问为主,而思辨辅之,所思所辨者皆其所学问之事。致知之功,则唯在心官,思辨为主,而学问辅之,所

---

① 王船山:《读四书大全说》卷一,《船山全书》第六册,岳麓书社 2011 年版,第 405 页。
② 王船山:《读四书大全说》卷六,《船山全书》第六册,岳麓书社 2011 年版,第 813 页。

学问者乃以决其思辨之疑。"致知在格物",以耳目资心之用而使有所
循也,非耳目全操心之权而心可废也。朱门诸子,唯不知此,反贻鹅湖
之笑。①

船山意谓"格物"以耳目学问的感性认识为主,而以心官思辨的理性认识辅
之;"致知"则以心官思辨的理性认识为主,而以耳目学问的感性认识为辅。
船山在这里正确解决了感性认识与理性认识的关系问题。

---

①　王船山:《读四书大全说》卷一,《船山全书》第六册,岳麓书社 2011 年版,第 406 页。

第四章 洋务运动时期湘学与 中国近代核心价值观

　　作为儒学新形态的理学,在元、明、清时期一直占据着官方哲学的位置,尤其是朱子学,作为理学集大成者,更是在元、明、清时期受到极端推崇。元成宗大德十一年(1307)封孔子为"大成至圣文宣王",元仁宗延祐年间复科举,诏定以朱熹《四书集注》试士子。明朝延续这一政策,国家科举考试以朱熹等宋代理学家的传注为宗,黄宗羲说明代学术在阳明心学产生之前状况是"此亦一述朱,彼亦一述朱"①。阳明心学兴起及其与朱子学的矛盾,也只不过是儒学内部不同派别的争论。到了清代,满清贵族也照样利用儒学来加强统治,康熙皇帝命熊赐履、李光地等编纂《朱子全书》,康熙称赞朱熹"集大成而绪千百年绝传之学,开愚蒙而立亿万世一定之规矩。"科举考试以儒家经典与朱熹等宋儒传注为主。

　　儒家核心价值观相应地在元、明、清时期一直拥有国家主流意识形态的地位。其间,尽管也有非理学的思潮出现,并对理学进行了批判,但是,却从来未曾动摇儒家核心价值观的官方意识形态地位。然而,到了近代,这种状况就发生了惊天动地的变化,随着西方列强用坚船利炮打破满清王朝国门,层层深入推进输入的西学价值观不断强烈冲击传统儒学核心价值观,近代中国人的价值观在血与火的交织中翻腾演变,呈现出极其复杂多元的状态。在这个过程中,湘学人物自始至终都站在时代的前列,对现代核心价值观的

---

　　① 黄宗羲:《明儒学案》卷十《姚江学案》,中华书局 1985 年版,第 179 页。

演进发展作出了巨大的贡献。

第一节　洋务运动对近代价值观的影响

1840 年鸦片战争的隆隆大炮,轰开了清政府"天朝上国"闭关自守的大门。本来,鸦片战争是英国人利用坚船利炮保护其在中国进行的大规模走私贩毒活动的战争,马克思曾指出英国发动的这场战争的极端不义性:"无辜居民和安居乐业的商人惨遭屠杀,他们的住宅被炮火夷为平地,人权横遭侵犯,这一切都是在'中国人的挑衅行为危及英国人的生命和财产'这种站不住脚的借口下发生的!……英国人控告中国人一桩,中国人至少可以控告英国人九十九桩。"①然而,这场正义与非正义昭然若揭的战争,结果却是野蛮而非正义的英方获胜,而正义的一方中国惨遭失败,丧权辱国的《南京条约》的签订,揭开了近代中国屈辱史的第一页。随后,西方列强纷纷效尤,像群狼一样扑过来,凶恶撕扯因政府腐败无能导致的积贫积弱的东方巨人的躯体。

当时,李鸿章惊呼中国面临"数千年未有之变局",遭遇到了"数千年未有之强敌",确是客观事实。对于以儒家为正统的知识分子而言,虽然历史上汉民族也曾经遭受周边少数民族侵扰甚至武力征服,但他们信奉的儒家价值观的主体地位并未衰落,反倒因为其优越性同化了文化上相对落后的少数民族。但是,近代遭遇到的西方列强侵略却大不相同了,西方不但在科学技术和军事武器上远比当时的中国先进,而且在当时的很多中国人看来,西方的政治制度、伦理文化等等似乎都比中国高。于是,一些善于变革的中国人提出向西方学习,这是一个由表及里、层层深入的学习过程,同时也是交织着血与火的中西文化不断碰撞而融合的过程。

近代中西两种文明的相遇,不是以和平的方式进行,而是西方凭借强大

---

① 《马克思恩格斯选集》第 1 卷,人民出版社 2012 年版,第 792—793 页。

的军事力量,对有着悠久历史和古老文明的中国实行侵略霸凌。这实际上是两艘巨轮的猛烈相撞,"中华号"巨轮满载着"历史文化"的货物,其中不乏"奇珍异宝",在自己的航道上缓慢地航行,而"西洋号"轮船则携带先进的武器和海盗般的邪恶,因觊觎中国的大市场而肆意撞击"中华号"轮船。这两艘巨轮的相撞注定要产生惊天动地、风急浪高而又暗流涌动的强烈而复杂的局面,交织着古今、新旧、中西、体用等等观念的斗争。西方列强当时在军事上凭借先进的科学技术自然是占有优势,但中华古老帝国的悠久历史,并非就完全没有值得珍惜的东西。因此,中国人向西方学习,始终不会是全盘西化式的照搬,即使出现全盘西化的思潮,但同时就有文化保守主义(实即"文化保卫")或者文化折中主义来抗衡或者调适。

近代中国人向西方学习大概可以分为三个阶段:第一阶段是器物层面的学习和变革,自魏源提出"师夷长技以制夷"的口号,经过洋务运动到甲午战争,这时绝大部分中国人只承认中国在器物上不如西方;第二阶段是从辛亥革命到新文化运动,这时承认中国在制度上不如西方,主张改革中国的政治制度;第三阶段则是全面深入到文化层面,很多人认为中国文化不如西方文化,主张要在文化上进行变革。

第一阶段器物层面的学习与变革,是文明冲突与不同文明之间学习和借鉴的一般规律。两种不同性质文明相遇的交汇点,往往最先发生在最显而易见而且最容易产生直接效果的器物层面上。但即使是最早的器物层面的学习,也不是一帆风顺的。比如,洋务运动时期,清廷中央的洋务派代表奕䜣,以总理衙门的名义奏请在同文馆设置天文、算学馆,拟从满、汉举人、恩、拔、副、岁、优贡生,以及前项正途出身之五品以下京外各官中选招学生入馆学习,并聘请西人(西方外籍教师)任教习,此举即遭到顽固派的激烈反对。御史张盛藻上奏反对,他在奏折中说:

> 臣愚以为朝廷命官必用科甲正途者,为其读孔、孟之书,学尧、舜之道,明体达用,规模宏远也,何必令其习为机巧,专明制造轮船、洋枪之理乎?……臣民之强则惟气节一端耳。朝廷能养臣民之气节,是以遇

有灾患之来,天下臣民莫不同仇敌忾,赴汤蹈火而不辞。以之御灾而灾可平,以之御寇而寇可灭,皆数百年深仁厚泽以尧、舜、孔、孟之道为教有以培养之也。若令正途科甲人员习为机巧之事,又藉升途、银两以诱之,是重名利而轻气节,无气节安望其有事功哉?①

张盛藻认为"科甲正途"之士只应"读孔、孟之书,学尧、舜之道",不应该去学习洋人制造轮船、洋枪这类"机巧之事",臣民只要有"气节"就可以战无不胜,表现出对洋人"器数之学"的轻蔑。他的这种无知之论还有相当大的市场,比如,大学士倭仁就上奏支持张盛藻之议。倭仁说:

> 窃闻立国之道,尚礼义不尚权谋;根本之图,在人心不在技艺。今求之一艺之末,而又奉夷人为师,无论夷人诡谲未必传其精巧,即使教者诚教,学者诚学,所成就者不过术数之士,古今来未闻有恃术数而能起衰振弱者也。②

倭仁此奏时间在同治六年,即公元 1867 年,离鸦片战争已经过去 20 多年,洋务运动也已开展多年。作为朝廷重臣、同治帝之师的倭仁,观念还如此陈腐,他提出"尚礼义不尚权谋",轻视"术数"即科学技术,而且自高自大,反对以"夷人"为师。

除了身处权力中心的清廷中央大臣,地方上顽固的士大夫也一直诋毁洋务运动,尤其是到了甲午战争,中国战败,更是出现一股将甲午战败归咎于洋务运动的思潮,而当时进步的思想家,则对洋务运动持肯定态度。如谭嗣同,尽管他痛恨曾国藩等人领导的湘军残酷镇压太平天国同胞,痛斥:"中兴诸公,正孟子所谓'服上刑者'。"③但是,谭嗣同对曾国藩、左宗棠等人推动的洋务运动却极其赞赏,谭嗣同说:

> 近日又有一种议论,谓今日之祸皆由数十年之讲洋务,冤乎!……数十年士君子徒尚空谈,清流养望,以办洋务为降志辱身,攻击不遗余

---

① 中国史学会主编:《洋务运动》(二),上海人民出版社 2000 年版,第 29 页。
② 中国史学会主编:《洋务运动》(二),上海人民出版社 2000 年版,第 30 页。
③ 谭嗣同:《仁学二》,《谭嗣同全集》(增订本),中华书局 1981 年版,第 345 页。

力,稍知愧耻者,至不敢与办洋务者通往来……中国之名士未尝不知洋务之有用,特已所不知不能,恐一讲洋务,即失其所以为名士之具,不得不忍心詈之耳。①

中国沿元、明之制,号十八行省,而湖南独以疾恶洋务名于地球。及究其洋务之谓,则皆今日切要之大政事,而无教化之土番野蛮或不识之,何湖南乃尔陋耶?然闻世之称精解洋务,又必曰湘阴郭筠仙侍郎、湘乡曾劼刚侍郎,虽西国亦云然。两侍郎可为湖南光矣,湖南人又丑诋焉,若是乎名实之不相契也。②

洋务派人物以湖南人居多,而湖南攻击诋毁洋务的顽固士大夫也最多,可见当时湖南的新旧两种思想斗争相当激烈。谭嗣同坚决站在洋务派一边,对守旧顽固的士大夫"名士"痛加驳斥。谭嗣同认为洋务是当时"切要之大政事",而那些保守的士大夫却不遗余力攻击洋务,甚至不跟办洋务者通往来,谭嗣同辛辣地指出,这些所谓"名士"并不是不知洋务有用,因为当时他们生活当中就穿洋布用洋物了。他们之所以攻击洋务,原因是他们自己不懂洋务,唯恐一讲洋务,就失去"名士"的身份了,所以不得不昧着良心攻击洋务,这显得多么虚伪!

由此可见,洋务运动在当时无论是中央还是地方,阻力还是相当大的。洋务派能够克服重重阻力,在19世纪60至90年代的中国将洋务事业如火如荼地开展起来,实属不易。实际上,洋务运动在当时的历史时势下,是历史的必然选择。洋务运动的历史功绩是巨大和不容抹杀的。洋务运动的发起和实施者奕䜣、曾国藩、左宗棠、李鸿章、张之洞、郭嵩焘、刘坤一等人,其主观目的当然是维护满清专制统治,但客观上却也开创了中国近代工业生产新纪元。从价值观的角度看,洋务运动对中国近代价值观的演变作用也

①　谭嗣同:《上欧阳中鹄书》,《谭嗣同全集》(增订本),中华书局1981年版,第158—159页。

②　谭嗣同:《浏阳兴算记》,《谭嗣同全集》(增订本),中华书局1981年版,第173—174页。

是巨大的。洋务运动以"求强""求富"为目标,开办近代教育,引进"西学""西艺",大规模派遣出国留学生,这些措施对近代国人的思想观念产生了巨大的开风气的作用。传统的贵义贱利、重农轻商观念开始动摇,而且,伴随洋务运动始终的中西体用之辨,使人们更加深入地去探讨中西文化及价值观的内容。诚然,洋务派的整体价值观仍然是传统儒家的核心价值观,"仁义礼智信、忠孝廉节和"是他们竭力维护的道德原则,但他们毕竟与那些头脑冬烘的顽固派不同,他们大力提倡学习引进西方"器数之学",也在一定程度上接受西方科学主义思想,为后来进一步从政治制度和哲学思想上了解和学习西方文化打开了大门。

第二节 湘学的近代转型及其价值观特征

湘学近代转型与中国文化近代转型同步,同时,湘学近代转型典型代表了中国文化近代转型的进程和与特点。湘学近代转型最关键的时期是近代中国人向西方学习的第一阶段,即自魏源提出"师夷长技以制夷"[①]的口号,经洋务运动到甲午战争器物层面学习和变革的阶段,这一阶段最重要的历史事件是洋务运动。魏源首倡"师夷长技以制夷",是洋务运动的指导思想,而洋务运动的代表性人物,则以湘学人物居多,如曾国藩、左宗棠、刘坤一、郭嵩焘、曾纪泽等。

湘学人物的洋务思想和实践,与湘学近代转型及其价值观特点有密切联系。湘学近代转型既有中国学术发展的内在逻辑原因,也有西方文化冲击的外在时代背景原因。

梁启超说:"在我国,自秦以后,确能成为时代思潮者,则汉之经学,隋唐之佛学,宋及明之理学,清之考证学,四者而已。"[②]宋明理学是儒学发展

---

① 魏源:《海国图志叙》,《魏源全集》第十三册,岳麓书社 2011 年版,第 179 页。
② 梁启超:《论时代思潮》,《清代学术概论》,上海古籍出版社 1998 年版,第 1 页。

的新阶段,曾发挥过巨大而积极的历史作用,然而,到明代后期却出现了学风空疏的严重弊端,紧接着发生天崩地解的明末社会动荡与政治变局,顾炎武、黄宗羲、王船山等人反思宋明理学,提倡经世致用的学风,学术研究要与社会现实紧密相连。清朝雍、乾时期,满清朝廷大兴文字狱,很多知识分子不得已逃离政治,专注于考证经书的文字、音韵、训诂、名物及古代典章制度,形成了兴盛百年的考据学风。他们的重要考据著作大多撰成于乾、嘉时期,史称乾嘉学派或考据学派。

乾嘉学派是清代古文学派,特点是广征博引,求真务实,考证精密,有一定的科学性,但后来逐渐陷入支离破碎的烦琐考据,学术研究脱离国计民生。与此同时,清代今文学派亦有人在。常州人庄存与创立常州学派,带领弟子刘逢禄、宋翔凤等人研究今文经传的"微言大义"。清代末年,刘逢禄的弟子龚自珍和魏源,采用今文经学这一形式,发扬经世致用的传统,宣传社会改革。

晚清学术发展与变革的这种理论逻辑,是湘学近代转型的内在因素。这个时期湘学出现了今文经学派与理学经世派,魏源是今文经学派代表,他批判汉学和宋学,提倡"通经致用"。曾国藩则是理学经世派的代表,他推崇理学而又主张汉宋兼采,力求把儒家的"道"落实到治军、治国、洋务实践中,根本目的也是经世致用。

从外在时代背景来看,随着近代以来中西文化的剧烈碰撞和冲突,大批仁人志士挺身而出,寻求强国保种的济世良方。在此过程中,引领时代潮流的是魏源、贺长龄、曾国藩、左宗棠、彭玉麟、胡林翼、谭嗣同、唐才常、熊希龄、黄兴、宋教仁、蔡锷、陈天华、杨昌济、毛泽东、刘少奇、蔡和森等先进的湘学人物。魏源、贺长龄、曾国藩、左宗棠等人是洋务运动的理论倡导者和具体实践者,湘学就是在这些先进人物应对中西文化冲突的探索和抉择过程中开始了近代转型,出现了近代湘学这一新的形态。近代湘学的开端是中国传统社会向近代社会转型开端的典型代表,同时,也在价值观领域开启了传统价值观向近代价值观转变的序幕。

湘学近代转型的价值观特征有三个：

一是经世致用。梁启超在评论晚清学术思潮时说：

> 思潮之暗地推移，最要注意的是新兴之常州学派……产生一种新精神，就是想在乾、嘉间考证学的基础之上建设顺、康间"经世致用"之学。代表这种精神的人是龚定庵（自珍）和魏默深（源）。这两个人的著述，给后来光绪初期思想界很大的影响。①

龚自珍与魏源开近代经世致用风气之先，龚自珍"但开风气不为师"②，倡导"通经致用"，但要论思想的近代特色，还是魏源更突出。魏源主编《皇朝经世文编》，编写《海国图志》，介绍世界各国政治、经济、军事、历史、地理、文化等情况，第一个提出向素为传统士大夫鄙视的"外夷"学习，喊出"师夷长技以制夷"的口号，洋务运动就是秉承魏源思想的"师夷""制夷"实践。魏源与陶澍、贺长龄等封疆大吏同气相求，同声相应，推动经世致用学风在三湘大地乃至全国流行，后来湖南在经世致用学风熏陶下涌现出一波又一波举世闻名的人才群体，对中国近、现代历史发展产生了举足轻重的影响。

二是实事求是。经世致用是近代湘学的时代学风，而实事求是则是思想方法。"实事求是"本来是一个考据学命题。《汉书·河间献王传》称河间献王刘德"修学好古，实事求是"③。指搜求和整理考订古书，言必有据。清代考据学学者们也十分推崇实事求是的考据学风。

近代湘学代表性人物曾国藩，是最早把考据学命题"实事求是"转化为哲学认识论命题的人。他说：

> 近世乾嘉之间，诸儒务为浩博。惠定宇、戴东原之流钩研诂训，本河间献王实事求是之旨，薄宋贤为空疏。夫所谓事者，非物乎？是者，非理乎？实事求是，非即朱子所称即物穷理者乎？④

---

① 梁启超：《中国近三百年学术史》，东方出版社 1996 年版，第 31 页。

② 龚自珍：《己亥杂诗》，《龚自珍诗文选》，人民文学出版社 1991 年版，第 216 页。

③ 班固：《汉书·景十三王传·河间献王》，中华书局 1997 年版，第 615 页。

④ 曾国藩：《书〈学案小识〉后》，《曾国藩全集》第十四册，岳麓书社 2011 年版，第 229 页。

曾国藩认为"实事求是"就是朱熹所说的"即物穷理",强调探究具体事物的知识和规律,创造性地将实事求是从一个考据学命题转化为哲学认识论命题,并将其运用到军事和政治实践中,成为一种思想方法。这种思想方法在近代湘学中蔚然成风,毛泽东提出实事求是作为共产党的思想路线,即受此影响。

三是爱国主义。近代湘学的爱国主义特征非常突出,这是近代湘学人物在救国图强事业中能够做出赫赫功绩的精神和情感保证。

湘学的爱国主义传统历史非常悠久,源头可以追溯到先秦湘楚文化代表人物屈原。湖南是屈原的流放地和魂归处,屈原的作品绝大部分是在湖南创作的,湖南人的精神气质受到屈原的深远影响。屈原是我国爱国主义精神的化身,他的爱国思想与爱国情感在中华大地尤其在湖湘地区代代相传。南宋湖湘学派产生于金人侵掠中原之时,胡安国父子及其弟子坚决主张抗金救国。胡安国晚年撰写《春秋传》,阐扬《春秋》"大一统""华夷之辨"之"春秋大义",意在保护先进的华夏伦理文化免遭毁灭。胡安国的儿子胡寅与胡宏断然拒绝卖国贼秦桧的召用,甘愿在穷乡僻壤耕读授徒。胡宏的弟子张栻,与其父张浚一起参加过多年的抗金斗争,张栻鼓励弟子们学习兵法,他的弟子很多人是能带兵打仗的。公元1276年,长沙被元军攻陷。当时,岳麓书院、潭州州学等学堂的学生数百人"荷戈登陴,十亡其九"。这种可歌可泣的大无畏牺牲精神,就是在湘学爱国主义精神熏陶下形成的。

明末清初的王船山,明朝灭亡后,于躲避追缉途中在湖南常宁、郴州一带讲《春秋》学,用"华夷之辨"思想来宣传反清复明,对近代湘学产生了重大影响。杨树达说:

> 自王船山先生以后,湖南人笃信民族主义,因欲保持自己民族,故感觉外患最敏,吸收外来文化最力,且在全国为最先。如魏默深之志海国,郭筠仙、曾劼刚之赞欧化,光绪丁酉、戊戌之办新政,皆其例也。[①]

---

① 杨树达:《积微翁回忆录 积微居诗文抄》,上海古籍出版社2013年版,第100—101页。

杨树达认为魏源、郭嵩焘、曾国藩等人倡导学习西方文化,以图保卫自己的民族,是一种深厚的爱国主义。后来,谭嗣同为变法图强血洒菜市口,陈天华、杨毓麟因抗议帝国主义的无理与清政府的无能,分别在日本与英国蹈海殉国,这是近代湘学人物爱国主义情感最震撼人心的表现。

以上所述经世致用、实事求是、爱国主义三大特征是近代湘学新的价值观标识,这种标识为魏源所首倡,成熟于洋务运动时期,在后来的维新运动、旧民主主义革命、新文化运动以及新民主主义革命中不断得到加强。这三大新的价值观标识,也是从传统思想文化中凸显出来,以便更好地融合中、西方价值观,达到保国图强的目的。湘学近代转型开端时期代表人物魏源与洋务派湘学人物都是理学名家,故而他们一方面坚守传统儒家价值观,但另一方面又在经世致用思想推动下,用实事求是的态度,学习和吸收西学。

第三节　洋务运动理论奠基者魏源对中西价值观的抉择

由于魏源提出"师夷长技以制夷",最早倡导向西方学习,可以说是洋务运动的思想先驱和精神领袖。尽管魏源生活的时间不在洋务运动兴起的时段内,但他的思想以及他对西方文化的介绍,为洋务运动作了充分的理论准备,我们可以把他视为洋务运动的理论奠基者。

魏源(1794—1857),字默深,湖南邵阳人,晚清启蒙思想家、经学家、史学家、文学家。魏源一生仕途并不畅达,但他著作等身,在思想领域作出了无与伦比的贡献。他编著的《海国图志》极为有名、影响深远。魏源的思想十分丰富,此处难以一一细述,我们只从价值观的角度来分析魏源对传统儒家价值观的坚守以及同时对西方价值观部分内容的吸纳。魏源坚守传统儒家价值观与他吸收西方价值观部分内容,二者并不矛盾,反而恰恰是在新的历史条件下卫护传统价值观的必然之举。

魏源是一个思想敏锐的改革家,同时又是晚清今文经学的代表人物,是一个真正的儒者,从价值观的角度看,魏源坚守的是传统儒家价值观。魏源盛赞西汉今文经师"承七十子微言大义……以其自得之学,范阴阳、矩圣学、规皇极,斐然与三代同风"①。魏源在给自己《书古微》作序时也说他之所以作《书古微》,就是要"发明西汉《尚书》今、古文之微言大谊,而辟东汉马、郑古文之凿空无师传也"②。魏源批判古文经学,推崇今文经学,是儒学内部今、古文之争的延续。他在这里所说的"微言大谊"就是"微言大义"。魏源对儒家的微言大义也有具体阐述,他说:

> 夫圣人之道,大而能博,贤人学之,各得其性所近……孔子动教求仁,而孟子则独标集义,仁之气浑然,义之气浩然,其德之天授已不尽同。孔子教人专主博文约礼而仁在其中,故不言心而心自存,此合德性、问学为一者也;孟子直指人心体验,扩充存养。③

> 圣人忧患天下来世其至矣! 删《诗》《书》,正礼乐……《易》之诚,《论语》之仁,皆古圣未发而夫子发之。不读《中庸》,不知诚为尽心之要;不读《表记》,不知敬为求仁之方……盖《易》《论语》明成德归,《诗》《书》《礼》《春秋》备经世法。④

> 《大学》之要,知本而已;知本之要,致知、诚意而已。至善无恶,人之性;可善可恶,人之心。为善去恶者诚意,择善明恶者致知。以《中庸》证《大学》,先后同揆,若合符节。⑤

> "志在《春秋》,行在《孝经》",真垂世立教之大原。⑥

在魏源看来,儒家的微言大义就是"圣人之道"。魏源对"四书"(《大学》《中庸》《论语》《孟子》)"五经"(《诗》《书》《礼》《易》《春秋》)以及《孝经》

---

① 魏源:《两汉经师今古文家法考叙》,《魏源全集》第十三册,岳麓书社 2011 年版,第122—123 页。

② 魏源:《书古微序》,《魏源全集》第十三册,岳麓书社 2011 年版,第 97 页。

③ 魏源:《论语孟子类编序》,《魏源全集》第十三册,岳麓书社 2011 年版,第 118 页。

④ 魏源:《子思子章句序》,《魏源全集》第十三册,岳麓书社 2011 年版,第 116 页。

⑤ 魏源:《大学古本叙》,《魏源全集》第十三册,岳麓书社 2011 年版,第 111 页。

⑥ 魏源:《孝经集传序》,《魏源全集》第十三册,岳麓书社 2011 年版,第 112 页。

等儒家典籍有精到的研究,在上面四段引文中就提到并赞扬了仁、义、礼、诚、孝、善、敬、德等儒家核心价值观概念,可见魏源自觉认同儒家经典中所体现的核心价值观。

魏源推崇的"圣人之道",也是传统的"内圣外王"之道。"内圣外王"一词最早见于《庄子·天下篇》:"内圣外王之道,暗而不明,郁而不发,天下之人,各为其所欲焉以自为方。"①但是,这一概念却最适合表达儒家的理想,所以在儒家学说中得到着重发扬,成为儒学思想的核心观念。孔子思想中就有内圣外王的观念。尽管孔子没有使用"内圣外王"一词,但他"修己以安人""修己以安百姓""己立立人,己达达人"等等言论,都是在说内圣外王之道。孔门后学孟子与荀子,从不同的方向继承和发展孔子儒家思想,孟子重内圣,荀子重外王。尽管从根本上说内圣和外王是有矛盾的,内圣者不必一定要外王,也不一定能外王,如洁身自好的隐士;外王者哪怕做出惊天动地的功业,也不一定是内圣者,也许恰好相反,是"内不圣"者。但是,孔子开创的儒学,却要弥合这种矛盾,使内圣与外王协调融合,相得双美。宋明理学集大成者朱熹特别推崇的《大学》,提出"三纲领",即"明明德""亲民""止于至善","八条目",即"格物""致知""诚意""正心""修身""齐家""治国""平天下",就是典型的"内圣外王"思想。"三纲领"中的"明明德",是"内圣"功夫;"亲民"朱熹解释为"新民",指运用修养所得使人人皆能去其旧染之污,是"外王"事业。"止于至善"是指最高理想的实现和完成。"八条目"按以往的理解,前五项属内,是个人自我修养的内圣功夫,后三项属外,是推己及人的外王事业。《大学》注重"内圣""外王"两面兼顾,同时又以"内圣"为本,即所谓"自天子以至于庶人,壹是皆以修身为本"。南宋时期的湖湘学派,服膺儒家"内圣外王"思想,既注重探讨宇宙人生的大本大原,又提倡经世实学,这种思想传统通过王船山的发展,对近代湘学产生深远影响。

魏源继承传统儒家"内圣外王"思想,既注重"内圣之道":"豪杰而不圣

---

① 《诸子集成》第三册之《庄子集解》,中华书局 2006 年版,第 216 页。

贤者有之,未有圣贤而不豪杰者也。"①也重视"外王之治",提倡"通经致用""以经术为治术",他说:

> 道形诸事谓之治;以其事笔之方策,俾天下后世得以求道而制事,谓之经。……士之能九年通经者,以淑其身,以形为事业,则能以《周易》决疑,以《洪范》占变,以《春秋》断事,以《礼》《乐》服制兴教化,以《周官》致太平,以《禹贡》行河,以《三百五篇》当谏书,以出使专对,谓之以经术为治术,曾有以通经致用为诟厉者乎?②

魏源提倡经术与治术的统一,通经不仅仅是学问之事,同时也要与经世致用挂钩。因此,魏源倡导变革:

> 天下无数百年不敝之法,亦无穷极不变之法,亦无不易简而能变通之法。求诸末者烦而难,反其本者顺而易。③

> 五帝不沿礼,三王不袭乐,……小变则小革,大变则大革;小革则小治,大革则大治。④

魏源强调变革,是他通经致用思想的题中之义。"经"是书之方策,以道制"事"的常典,"事"是随着时代的变化而变化的,不同时代就有不同的"事",所以要根据不同时代的"事"而不断变革。魏源所处时代最大的"事"就是如何协调中学和西学的矛盾,以及在何种程度、以什么方式接纳西学,或者说采取什么样的文化心态去接纳西学。魏源的文化心态就是"中体西用"。尽管魏源没有明确提出中体西用思想,但他"师夷长技以制夷"的提法,与中体西用思想是有内在一致性的,或者可以把"师夷长技以制夷"视为"中体西用"的理论先声。一般认为,中体西用思想最早是冯桂芬于咸丰十一年(1861)在《校邠庐抗议》中提出来的:"以中国之伦常名教

---

① 魏源:《默觚上·学篇一》,《魏源全集》第十三册,岳麓书社2011年版,第6页。
② 魏源:《默觚上·学篇九》,《魏源全集》第十三册,岳麓书社2011年版,第22页。
③ 魏源:《淮南盐法轻本敌私议自序》,《魏源全集》第十三册,岳麓书社2011年版,第217页。
④ 魏源:《圣武记》卷七《雍正西南夷改流记下》,《魏源全集》第三册,岳麓书社2011年版,第298页。

为原本,辅以诸国富强之术。"①冯桂芬在这里谈到的中西"本辅"说,是非常明确的"中体西用"文化观。冯桂芬同时也提到魏源:"魏氏源论驳夷……师夷长技以制夷一语为得之。"②尽管冯桂芬没有明确说出其中西"本辅"思想来源于魏源,但他赞赏魏源师夷制夷说法,也可以看出两人在这个问题上思想的一致性。因此,可以说魏源是近代最早用"中体西用"的文化心态来对待西学的人物。

在"师夷"的具体内容上,魏源主张从科技、经济、政治制度等方面学习和吸纳西学。

首先,在科学技术方面,魏源在《海国图志》中绘出"地球正背面全图",并详细列出世界各国的地图,介绍地球的形状以及各种近代天文地理知识,对于中国传统"天圆地方""天动地不动"以及"中国居世界中心"等思想观念无疑是巨大的冲击。与此同时,魏源又介绍了西方的船、炮、火器、水雷等器物的形制和制造方法。值得注意的是,魏源的介绍不仅仅停留在具体器物的层面,而是深入科技思想领域,认为西人之长不徒在船炮之利,更在科学技术之发达,他说:"人但知船炮为西夷之长技,而不知西夷之所长,不徒船炮也。"③"今西洋器械,借风力、水力、火力,夺造化、通神明。"④传统儒家思想主要重视心性修养和成德之教,对科学技术不是很重视,魏源用"夺造化、通神明"来赞扬西方科技,其注重科技思想文化的思想格局非传统儒家所能比。

其次,在经济方面,魏源的思想贡献主要有三个方面:一是提倡发展商品经济,改变传统社会重农轻商的经济模式;二是提出创办造船厂、火器局

①　冯桂芬:《校邠庐抗议·采西学议》,中国史学会主编:《戊戌变法》(一),上海人民出版社 2000 年版,第 28 页。

②　冯桂芬:《校邠庐抗议·制洋器议》,中国史学会主编:《戊戌变法》(一),上海人民出版社 2000 年版,第 30 页。

③　魏源:《海国图志》卷二《筹海篇三》,《魏源全集》第四册,岳麓书社 2011 年版,第 40 页。

④　魏源:《海国图志》卷二《筹海篇三》,《魏源全集》第四册,岳麓书社 2011 年版,第 39 页。

等近代工业;三是主张让商民自办工厂,发展民营企业。这些主张,在当时专制官僚体制的历史条件下,是一种大胆而超前的思想。

最后,在政治制度方面,魏源关注到了西方政治制度的优长,在《海国图志》中介绍了西方许多国家的民主制度。比如美国,魏源介绍其总统选举制曰:"二十七部酋分东西二路,公举一大酋总摄之,匪惟不世及,且不四载即受代,一变古今官家之局,而人心翕然,可不谓公乎!"①美国总统之位不像中国皇帝是世袭制,而是四年一任,由民众公选,魏源盛赞此制度之"公"。魏源又介绍美国的议会制曰:"议事听讼,选官举贤,皆自下始,众可可之,众否否之,众恶恶之,三占从二,舍独徇同,即在下预议之人亦先由公举,可不谓周乎!"②魏源还介绍了美国的法治制度:"国人以律例为重,不徒以统领为尊……所有条例,统领必先自遵行,如例所禁,统领亦断不敢犯之。无异于庶民,而后能为庶民所服。"③以法律为重而不是以长官为尊,在法律面前人人平等,哪怕总统亦不例外。

总之,魏源在《海国图志》中不但介绍了西方的科学技术,还详细介绍了西方国家的政治制度,甚至对西方的宗教文化也有介绍,可见魏源眼光相当开阔,思想十分先进超前。魏源不仅是洋务运动的理论奠基者,而且也可以说是维新运动(戊戌变法)的理论先导者。

第四节 洋务运动时期湘学代表人物
对中西价值观的抉择

洋务派湘学人物最著名的是曾国藩和郭嵩焘,曾国藩是洋务派地方大

---

① 魏源:《海国图志·外大西洋墨利加洲总叙》,《魏源全集》第六册,岳麓书社 2011 年版,第 1619 页。

② 魏源:《海国图志·外大西洋墨利加洲总叙》,《魏源全集》第六册,岳麓书社 2011 年版,第 1619 页。

③ 魏源:《海国图志·弥利坚总记上》,《魏源全集》第六册,岳麓书社 2011 年版,第 1649 页。

员的领袖,而郭嵩焘由于出使西方国家,是当时思想最开放,引进西学最有力的人。

作为理学经世派的代表人物,曾国藩是晚清理学名家,他所崇奉的价值观自然是传统的儒家价值观。同时,曾国藩又是洋务派的领袖人物,洋务派主张学习西方的科学技术,对西方的价值观自然也有所吸纳。但他们的文化心态是"中体西用",作为"体"的"中学",实际上就是指儒家的核心价值观。我们先来看看中体西用思想主要倡导者的议论,就很明白。冯桂芬说:"以中国之伦常名教为原本,辅以诸国富强之术。"①冯桂芬所说的"本",也可说是"体",就是中国的伦常名教。薛福成说:"今诚取西人器数之学,以卫吾尧、舜、禹、汤、文、武、周、孔之道。"②薛福成明确指出用西人的器数之学,来保卫中国的尧、舜、禹、汤、文、武、周、孔之道,这实际上是儒家之道。光绪二十二年(1896)孙家鼐上《议覆开办京师大学堂折》,这是中国近代教育史的重要文献,清廷于1898年正式创办的京师大学堂(现北京大学前身),是当时国家的最高学府,当初也是国家的最高教育行政机关,统辖管理全国的教育。在此折中,孙家鼐提出首先定办学宗旨;

> 一曰宗旨宜先定也。中国五千年来,圣神相继,政教昌明,决不能如日本之舍己芸人,尽弃其学而学西法……自应以中学为主,西学为辅;中学为体,西学为用;中学有未备者,以西学补之,中学其失传者,以西学还之。以中学包罗西学,不能以西学凌驾中学。③

孙家鼐在这里所说的五千年政教,主要指儒家纲常伦理,或者说儒家核心价值观。特别是从西汉儒学取得独尊地位后,一直延续到晚清,儒家核心价值观一直占据着支配地位,未曾动摇。再来看张之洞的说法:

---

① 冯桂芬:《校邠庐抗议·采西学议》,中国史学会主编:《戊戌变法》(一),上海人民出版社2000年版,第28页。

② 薛福成:《筹洋刍议》,中国史学会主编:《戊戌变法》(二),上海人民出版社2000年版,第160页。

③ 孙家鼐上《议覆开办京师大学堂折》,中国史学会主编:《戊戌变法》(二),上海人民出版社2000年版,第426页。

> 新旧兼学,四书五经、中国史事、政书、地图为旧学;西政、西艺、西
> 史为新学,旧学为体,新学为用。①

张之洞说得很明白,作为"体"的"旧学",包含四书五经、中国史事、政书、地
图等。四书五经是儒家十三经的核心,也是中国传统文化最核心的经典,传
统史书、政书等典籍,大都也是以儒家核心价值观作为指导原则而撰著的。
所以张之洞所说的"旧学"即"中学",主要就是指以儒家核心价值观为指导
原则的以儒学为主的传统学术。

梁启超谈到"中体西用"时说:

> 甲午丧师,举国震动,年少气盛之士,疾首扼腕言"维新变法",而
> 疆吏若李鸿章、张之洞辈,亦稍稍和之。而其流行语,则有所谓"中学
> 为体,西学为用"者,张之洞最乐道之,而举国以为至言。②

"中体西用"的说法大流行是在 19 世纪 90 年代,张之洞的《劝学篇》也发表
于 1898 年,影响最大。但在他之前很多人已经提出了这个主张,如前文已
引冯桂芬、薛福成等人明确有关于中体西用思想的言论,就是在 19 世纪 60
和 70 年代提出来的。实际上,洋务运动理论奠基者魏源已有中体西用思
想,而在整个洋务运动时期,无论洋务派人物有没有明确谈到"中体西用"
的概念,他们的文化心态就是"中体西用"。

曾国藩作为洋务派的领袖人物,中体西用的文化观在他身上体现得非
常典型。作为晚清理学名儒,曾国藩平生推崇理学,但又主张汉宋兼采,不
废汉学。曾国藩有一个著名的学术分类的主张,他说:

> 为学之术有四:曰义理,曰考据,曰辞章,曰经济。义理者,在孔门
> 为德行之科,今世目为宋学者也。考据者,在孔门为文学之科,今世目
> 为汉学者也。辞章者,在孔门为言语之科,从古艺文及今世制义诗赋皆
> 是也。经济者,在孔门为政事之科,前代典礼、政书及当世掌故皆是也。

---

① 张之洞:《劝学篇》。

② 梁启超:《晚清西洋思想之运动》,《清代学术概论》,上海古籍出版社 1998 年版,第
97 页。

人才之智，上哲少而中下多；有生又不过数十寒暑，势不能求此四术遍观而尽取之。是以君子贵慎其所择，而先其所急。择其切于吾身心不可造次离者，则莫急于义理之学。①

曾国藩提出义理、考据、辞章、经济的学术分类主张，并与孔子的"四科"相类比。孔门四科是德行、言语、政事、文学，曾国藩说"义理之学"即孔门德行之科，亦即"宋学"（理学）。在义理、考据、辞章、经济四者之中，"义理之学"注重身心道德修养和价值信仰，是最重要的："切于吾身心不可造次离者，则莫急于义理之学。"可见，曾国藩信奉的是儒家价值观，他特别推崇儒家之"礼"，毕生重视"礼学"研究，"穷极程、朱性道之蕴，博考名物，熟精礼典，以为圣人经世宰物，纲维万事，无他，礼而已矣。"②曾国藩学术以程、朱为宗，特别推崇"礼"。曾国藩说："先王之道，所谓修己治人、经纬万汇者，何归乎？亦曰礼而已矣。"③曾国藩认为先王之道总归于礼，可见其对礼的重视。当然，曾国藩在重视礼的同时，对儒家核心价值观的其他主要观念也是非常推崇的。比如"仁"，这是儒家核心价值观的基石，曾国藩经常将"仁"与"礼"并举，他说："昔仲尼好语求仁，而雅言执礼，孟氏亦仁礼并称，盖圣王所以平物我之情，而息天下之争，内之莫大于仁，外之莫急于礼。"④曾国藩在这里所说的内仁外礼观点，完全是对孔子思想的继承。孔子提倡"仁""礼"统一，认为"仁"是"礼"的内容，而"礼"则是"仁"的表现形式。"礼"的外在形式必须与"仁"的实质内容结合起来，用发自于内的仁心遵行和践履"礼"，才能真正落实"礼"。孔子说：

礼云礼云，玉帛云乎哉？（《论语·阳货》）

居上不宽，为礼不敬，临丧不哀，吾何以观之哉？（《论语·八佾》）

---

① 曾国藩：《劝学篇示直隶士子》，《曾国藩全集》第十四册，岳麓书社 2011 年版，第 486—487 页。

② 郭嵩焘：《曾文正公墓志》，《郭嵩焘诗文集》，岳麓书社 1984 年版，第 385 页。

③ 曾国藩：《圣哲画像记》，《曾国藩全集》第十四册，岳麓书社 2011 年版，第 152 页。

④ 曾国藩：《〈王船山遗书〉序》，《曾国藩全集》第十四册，岳麓书社 2011 年版，第 209 页。

"礼"的本质不是如举行典礼时所献的玉帛这样的形式,而是内心仁敬的内容。儒家说"孝悌"为"仁之本"①,我们以儒家非常重视的"孝"来说明孔子"仁""礼"统一的思想。《论语》载:

> 子夏问孝,子曰:"色难。有事,弟子服其劳;有酒食,先生馔,曾是以为孝乎?"(《论语·为政》)

有事弟子服其劳,有酒食年长者吃喝,这还只是形式,不一定是真正的孝。真正的孝最重要的表现是发自内心真正对父母的仁敬之心,有这种仁敬之心的人,对待父母自然会和颜悦色。内在有仁敬孝心,外在遵礼而行,和颜悦色地关心父母,让父母得到真正的喜悦,这种孝才真正体现了"仁"与"礼"的统一。曾国藩继承孔子这种仁内礼外,仁礼统一的思想,还将之具体运用到带兵治军的军事实践中。曾国藩说:

> 用恩莫如仁,用威莫如礼。仁者,即所谓欲立立人,欲达达人也,待弁勇如待子弟,常有望其成立、望其发达之心,则人知恩矣。礼者,即所谓无众寡,无小大,无欺慢,泰而不骄也;正其衣冠,尊其瞻视,俨然人望而畏之,威而不猛也;持之以敬,临之以庄,无形无声之际,常有凛然难犯之象,则人知威矣。②

曾国藩在这里记录了他独特的带兵之法,他大量引用孔子的话,用孔子的仁礼统一思想去治军。用仁施恩,用礼树威,恩威并施。从这里也可以看出,曾国藩对儒家核心价值观有极深刻的理解,不仅表现在思想信仰上,而且运用到军政实践中,并取得了良好的效果,这从曾国藩本人的成功和他治理的湘军不俗的战斗力即可以得到证明。

曾国藩是儒家的"卫道士",但同时他又有另外一个身份:洋务派早期领袖。曾国藩跟那些死守传统纲常名教,一味反对西学的顽固派不同,他提倡学习西学,并亲身实行,创办中国第一家近代军工厂——安庆军械所,后

---

① 《论语·学而》:"君子务本,本立而道生。孝弟也者,其为仁之本与?"

② 曾国藩:《日记之一·咸丰九年六月初四日》,《曾国藩全集》第十六册,岳麓书社2011年版,第442页。

又派容闳到美国购买机器,与李鸿章在上海创办江南机器制造总局,且内设翻译馆,翻译西学书籍。曾国藩还向朝廷上奏建议派遣留学生赴西方各国学习。曾国藩在学习吸纳西学方面在当时可谓思想相当开放先进。所以谭嗣同虽然痛斥曾国藩残酷镇压太平天国同胞是"孟子所谓'服上刑者'"①。但对曾国藩等人推动的洋务运动却极其赞赏:"世之称精解洋务,又必曰湘阴郭筠仙侍郎、湘乡曾劼刚侍郎,虽西国亦云然。两侍郎可为湖南光矣。"②

"卫道"与洋务在曾国藩身上是协调统一的,学习西方科学技术是为了"自强",从而更好地卫道。曾国藩是理学经世派的代表人物,经世致用是他的思想原则。同时,曾国藩又是近代最早把考据学命题"实事求是"转化为哲学认识论命题的人。"经世致用"和"实事求是"是相伴而行的,要想经世致用,必须实事求是。曾国藩用实事求是的态度看待和分析当时的局势,认为必须学习西方的科学技术,才能达到自强的目的,他说:

> 欲求自强之道,总以修政事,求贤才为急务,以学作炸炮、学造轮舟等具为下手工夫。③

> 外国技术之精,为中国所未逮,如舆图算法、步天测海、制造机器等事,无一不与造船、练兵相为表里。④

曾国藩认识到,外国技术之精,为中国所不及,要图自强,必须学习西方的先进技术,这就是实事求是的态度。曾国藩还进一步认识到,西方之所以发展出了精湛的科学技术,关键是有专门分科教育的学校(曾国藩说书院),将军政、船政等科技专业视为身心性命之学。因此,曾国藩建议派遣留学生到西方各国学习:

---

① 谭嗣同:《仁学二》,《谭嗣同全集》(增订本),中华书局 1981 年版,第 345 页。
② 谭嗣同:《浏阳兴算记》,《谭嗣同全集》(增订本),中华书局 1981 年版,第 173—174 页。
③ 曾国藩:《日记·同治元年五月初七日》,《曾国藩全集》第十七册,岳麓书社 2011 年版,第 289 页。
④ 曾国藩:《奏带陈兰彬至江南办理机器片》,《曾国藩全集》第十二册,岳麓书社 2011 年版,第 117 页。

> 宜博选聪颖子弟,赴泰西各国书院及军政、船政等院,分门学习……精通其法,仿效其意,使西人擅长之事,中国皆能究知,然后可以徐图自强。①

曾国藩念念不忘的是学习西方科技以使中国"自强",他提出选派幼童赴西方各国学习的建议,并被采纳实施,是眼光远大的创新之举,开启了中国留学事业的大幕。当时,也有顽固派跳出来反对,曾国藩上奏反驳道:

> 或谓天津、上海、福州等处,已设局仿造轮船、枪炮、军火,京师设同文馆选满、汉子弟延西人教授,又上海广方言馆选文童肄业,似中国已有基绪,无须远涉重洋。不知设局制造,开馆教习,所以图振奋之基也,远适肄业,所以收远大之效也。②

在曾国藩看来,光在国内聘请西方人教习科技,还是不够的,百闻不如一见,必须派遣优秀人才到西方去深入学习体验,才能掌握西方科技文化的精髓。

在当时的历史环境中,曾国藩在镇压太平天国起义时表现得相当凶狠,而在学习和吸收西方科技文化方面,他则表现得相当开放和先进,这两个方面,对于曾国藩来说,目的是一样的,都是"卫道",即保卫儒家纲常名教核心价值观。镇压太平天国,是因为在曾国藩看来,太平天国冲击和毁坏了儒家之"道";而学习吸纳西学,则是为了使国家"自强",从而更好地保卫儒家之"道"。

湘学人物中除了曾国藩,另外还有左宗棠、刘坤一、郭嵩焘等人在洋务运动中也作出了很大的贡献,尤其是郭嵩焘,在理论上有新的突破。

郭嵩焘(1818—1891),字伯琛,号筠仙,湖南湘阴人。郭嵩焘是一位儒者,他推崇宋明理学:"宋儒出而言理独精。"③尤其对宋明理学开创者周敦颐和总结者王船山极其崇敬:"盖濂溪周子与吾夫子(指王船山——引者注),

---

① 曾国藩:《奏带陈兰彬至江南办理机器片》,《曾国藩全集》第十二册,岳麓书社 2011 年版,第 118 页。
② 中国史学会主编:《洋务运动》(二),上海人民出版社 2000 年版,第 154 页。
③ 郭嵩焘:《答黄性田论学校三变》,《郭嵩焘诗文集》,岳麓书社 1984 年版,第 253 页。

相去七百载,屹立相望,揽道学之始终,亘湖湘而有光。"①郭嵩焘崇奉儒家
核心价值观,认可儒家"先立乎其大"的为学方法,他说:

> 古贤言为学先立乎其大,语本孟子。所以谓之大者,心为无官之
> 主,万事之宰也。而君子所以为学,亦正须于大处着眼。程子所谓大其
> 心使开阔,正以学问规模,须是展放得大,庶足以尽天下之理。②

"先立乎其大"是宋明理学家非常推崇的为学方法,意谓德行修养首先要认
识体证到道德本体。郭嵩焘与宋明理学家一样,也推崇"先立乎其大"的为
学方法,认为只有这样,才能"尽天下之理"。

在认同推尊儒家核心价值观的同时,郭嵩焘受湖湘学风影响,也主张经
世致用,推崇经世致用的实学。郭嵩焘曾担任中国首任驻外公使,著有《使
西纪程》等书,对西方文化有远比曾国藩等人更深入详细的了解,故而在对
待西学的问题上,郭嵩焘的思想更为开放先进,突破了"夷夏之防"与"中体
西用"思想的藩篱,深入到西方政教制度以及人心风俗层面。

在科学技术层面,郭嵩焘与其他洋务派人物一样,主张从各个方面学习
西方的科技。在经济上,郭嵩焘主张学习西方以工商为本:"西洋以行商为
制国之本,其经理商政,整齐严密,条理秩然。"③西方国家以工商为国家富
强之本,反观中国:"中国重士而轻视农工商三者。"④郭嵩焘还提倡发展民
营经济:"窃谓造船、制器当师洋人之所利以利民,其法在令沿海商人广开
机器局。"⑤

郭嵩焘在洋务思想上最有特色的地方是他不仅像别的洋务派人物那样
提倡学习西方的科学技术,还更进一步提出要学习西方的政治制度。郭嵩
焘说:

---

①　郭嵩焘:《船山先生祠安位告文》,《郭嵩焘诗文集》,岳麓书社 1984 年版,第 538 页。

②　《郭嵩焘日记》第四卷,湖南人民出版社 1983 年版,第 204 页。

③　《郭嵩焘日记》第三卷,湖南人民出版社 1983 年版,第 79 页。

④　《郭嵩焘日记》第四卷,湖南人民出版社 1983 年版,第 320 页。

⑤　《郭嵩焘奏稿》,岳麓书社 1983 年版,第 341 页。

> 窃谓西洋立国有本有末,其本在朝廷政教,其末在商贾,造船、制器,相辅以益强,又末中之一节也。故欲先通商贾之气,以立循用西法之基,所谓其本未遑而姑务其末者。①

西方国家以政教为立国之本,工商、科技等则为末。郭嵩焘主张学习西方国家的"朝廷政教",改良中国政治体制。郭嵩焘还对西方的民主制度进行了介绍和肯定,他说:"西洋民气之通,下情无不上达者。"②"各国士民皆得与议其得失,此风最为可尚。"③尽管郭嵩焘学习西方政治制度的思想还停留在思想领域,并未付诸实践,但却可以视为维新运动的理论先声。

---

① 《郭嵩焘奏稿》,岳麓书社 1983 年版,第 345 页。
② 《郭嵩焘日记》第三卷,湖南人民出版社 1983 年版,第 620 页。
③ 《郭嵩焘日记》第三卷,湖南人民出版社 1983 年版,第 680 页。

第五章　维新运动时期湘学与
　　　　中国近代核心价值观

维新运动又称戊戌变法,是晚清时期以康有为、梁启超、谭嗣同等人为代表的维新派人士,通过光绪帝进行的政治改革运动。后由于慈禧太后发动政变,光绪帝被囚禁,康有为和梁启超分别逃往法国和日本,谭嗣同等"戊戌六君子"被杀,变法改革仅进行了一百余天便失败了。维新运动虽然失败了,但它在政治革新和思想启蒙方面的功绩是不可磨灭的。

第一节　湖南的维新运动

维新运动无疑是对 1894 年中日甲午战争中国战败,被"蕞尔小国"日本逼得割地赔款这一极端屈辱事件最直接的回应。梁启超说:"吾国四千余年大梦之唤醒,实自甲午战败割台湾偿二百兆以后始。"①甲午战争对当时国人心理的打击是巨大的。甲午之前,鸦片战争虽然也战败,但那时国人普遍认为我们只是器物不如人,在政治体制、文化伦理等方面还是有优势的,只要学习西方的器物技术,国家就会强大。没想到搞了几十年学习西方军事科学技术的洋务运动,却在跟日本小国的战争中还是一败涂地,这就让国人难以接受。同时,国家的局势也变得极其危险,由于日本在中国捞到了巨大的利益,通过"马关条约"迫使清政府割让台湾和澎湖列岛,并赔偿日

---

① 梁启超:《戊戌政变记》,《梁启超全集》第一册,北京出版社 1999 年版,第 181 页。

本二亿三千万两白银,西方列强纷纷效尤,掀起瓜分中国的狂潮。梁启超是当时思想敏锐的学者,他用饱含感情的笔触描绘了当时列强环伺、瓜分之势一触即发、亡国之祸瞬息可至的危殆局面:

> 敌无日不可以来,国无日不可以亡。数年以后,乡井不知谁氏之藩,眷属不知谁氏之奴,血肉不知谁氏之俎,魂魄不知谁氏之鬼。及今犹不思洗常革故,同心竭虑,摩荡热力,震撼精神,致心皈命,破釜沉船,以图自保于万一,而犹禽视息息,行尸走肉,毛举细故,瞻前顾后,相妒相轧,相距相离,譬犹蒸水将沸于釜,而儵鱼犹作莲叶之戏;燎薪已及于栋,而燕雀犹争稻粱之谋……①

当时国家局势非常危险,一批先进的中国人奋起抗争,以康有为、梁启超、谭嗣同等人为代表的维新派,主张变法维新,改革政治制度。

湖南在当时是维新运动的核心地区之一。曾被邀请到湖南担任时务学堂总教习的梁启超,这样评价湖南:

> 湖南天下之中,而人才之渊薮也。其学者有畏斋、船山之遗风,其任侠尚气,与日本萨摩长门藩士相仿佛。其乡先辈若魏默深、郭筠仙、曾劼刚诸先生,为中土言西学者所自出焉。两岁以来,官与绅一气,士与民一心,百废具举,异于他日,其可以强天下而保中国者,莫湘人若也。②

此段引文出自梁启超《南学会叙》,该文写于 1897 年。梁启超在这里先说明了湖南维新变法有深厚的社会历史原因,然后说两年来官、绅一气,士、民一心,开展维新运动。梁启超还具体介绍了当时在湖南推动维新运动的人物,他说:

> 自甲午之役以后,湖南学政以新学课士,于是风气渐开,而谭嗣同辈倡大义于下,全省沾被,议论一变。及陈宝箴为湖南巡抚,其子陈三

---

① 梁启超:《南学会叙》,《梁启超全集》第一册,北京出版社 1999 年版,第 139 页。

② 梁启超:《南学会叙》,《梁启超全集》第一册,北京出版社 1999 年版,第 139 页。

立佐之,黄遵宪为湖南按察使,江标任满,徐仁铸继之为学政,聘梁启超为湖南时务学堂总教习,与本省绅士谭嗣同、熊希龄等相应和,专以提倡实学,唤起士论,完成地方自治政体为主义。①

梁启超被聘为湖南时务学堂总教习,他的记述是非常可靠的。他记述说当时推动维新运动的核心人物有陈宝箴、黄遵宪、江标、徐仁铸等湖南行政高官,也有谭嗣同、熊希龄等"本省绅士",真正是"官与绅一气",这说明当时湖南地方行政官员对维新运动十分支持。

陈宝箴(1831—1900),字相真,号右铭,江西修水人,是现代著名史学家陈寅恪的祖父。陈宝箴于1895年至1898年担任湖南巡抚,是湖南省最高行政长官,他积极推行维新变法,倡办新政,创办矿务局、工商局、水利局、电报局、轮船公司、制造公司以及时务学堂、武备学堂、湘报馆、南学会等等。同时,陈宝箴大胆起用维新派人士梁启超、谭嗣同、熊希龄、唐才常等人,使湖南的维新运动风起云涌地开展起来,"风气之开,几为各行省冠"②。尤其值得一提的是南学会成立,陈宝箴带头入会,并将南学会设在巡抚衙门内孝廉堂,每逢周日亲率抚院大小官员到南学会听讲,并发表演说。根据梁启超的记述,南学会既为全省新政的命脉,又是作为未来湖南省议会来规划的。梁启超说:

> 南学会尤为全省新政之命脉,虽名为学会,实兼地方议会之规模,先由巡抚派送本地绅士十人为总会长,继由此十人各举所知,展转吸引以为会员。每州每县皆必有会员三人至十人之数,选各州县好义爱国之人为之……南学会实隐寓众议院之规模。课吏堂实隐寓贵族院之规模。新政局实隐寓中央政府之规模。巡抚陈宝箴,按察使黄遵宪皆务分权于绅士,如慈母之煦覆其赤子焉。各国民政之起,大率由民与官争权,民出死力以争之,官出死力以压之,若湖南之事势,则全与此相反,

---

① 梁启超:《戊戌政变记·附录二·湖南广东情形》,《梁启超全集》第一册,北京出版社1999年版,第242页。

② 《谭嗣同全集》(增订本),中华书局1981年版,第269页。

> 陈、黄两公本自有无限之权,而务欲让之于民,民不自知其当有权,而官
> 乃费尽心力以道之,此其盛德殆并世所希矣。[①]

南学会是湖南全省新政的命脉,而且还暗含地方议会的规模。陈宝箴与黄
遵宪两位高官,本来是有很大的权力的,但他们却务求分权于民,这就是在
价值观层面已经接纳了西方民主思想的影响,在政治制度上倡变法,兴民
权,所以梁启超对陈、黄二人的开明思想礼赞有加。

黄遵宪(1848—1905),字公度,别号人境庐主人,广东梅州人。1897年
抵任湖南长宝盐法道,兼署湖南按察使,成为陈宝箴推行新政的得力助手。
黄遵宪曾担任驻日、驻英公使馆参赞、驻美国旧金山、驻新加坡总领事等职,
从事外交工作长达17年之久,而且著有《日本国志》一书,对西学的了解相
当深透。作为朝廷命官,黄遵宪公开抨击封建专制制度,倡导实行西方式民
主议会制。在南学会的演讲中,黄遵宪直白地指出从小养于深宫之中,长于
妇人之手的昏君,不辨菽麦,骄淫昏昧,却由于拥有至高无上的权力而举国
受其制治,这种腐朽的封建王朝就应该"倾覆"。[②] 黄遵宪在南学会公开发
表的这种言论是相当大胆的,其暗指清廷最高统治者应该被推翻,意思也是
很明朗的。黄遵宪大力提倡"兴民权",他说:"官民上下,同心同德,以联合
之力,收群谋之益……由一府一县推之一省,由一省推之天下,可以迨共和
之郅治,臻大同之盛轨。"[③]黄遵宪倡导官民联合,收群谋之益,并通过一府
一县而推之一省,最后推之天下,达到建立民主共和制度的目的。

助力陈宝箴推行新政的还有两位官员,即先后担任湖南学政的江标
(1860—1898,江苏元和即今吴县人)与徐仁铸(1863—1900,江苏宜兴人)。
这两位年轻的学政一到湖南就与谭嗣同、唐才常等人结为知交,在湖南大胆

---

① 梁启超:《戊戌政变记·附录二·湖南广东情形》,《梁启超全集》第一册,北京出版
社1999年版,第246页。
② 梁启超:《戊戌政变记·附录二·湖南广东情形》黄遵宪南学会第一次讲义,《梁启超
全集》第一册,北京出版社1999年版,第247页。
③ 梁启超:《戊戌政变记·附录二·湖南广东情形》黄遵宪南学会第一次讲义,《梁启超
全集》第一册,北京出版社1999年版,第248页。

进行教育制度的改革。唐才常在其所作《江标传》中曾有记述：

> 湖南在十八行省中最顽固守旧,视西学如仇雠。君不计厉害,毅然以辟道自任。下车之日,以舆地、掌故、算学试士,有能通地球形势及图算物理者,虽制义不工,得置高等。又许即制义言时事,一决数百年拘牵忌讳之藩篱。年余,士习丕变,争自濯磨。又一年,举行选拔科,得知名士数十人,物论翕服。君乃跃然谓诸生曰:"湖南真人才渊薮哉！ 他日天纲溃弛,出而任天下事者,其在兹土乎！"①

江标担任湖南学政时,一改过去以八股试士的成法,而以舆地、掌故、算学试士,引导士子学习地球形势以及图算物理等科学知识,改变了湖南的士风和学风。而且,江标还预感到清王朝即将崩溃,"天纲溃弛",湖南大地将会出现拯救国家担当大任的人。

陈宝箴、黄遵宪、江标、徐仁铸等湖南行政高官,积极推行新政,这对湖南维新运动的蓬勃开展是起了至关重要的引领和保障作用的。正是有这些高官的支持和亲自倡导,才给梁启超、谭嗣同、熊希龄、唐才常等维新人士提供了舞台与施展的空间。

第二节　维新运动时期湘学代表人物对中国近代价值观的理论贡献

维新运动时期,对中国近代价值观作出了突出贡献的湘学代表人物是谭嗣同和唐才常。

一、冲决网罗——谭嗣同对中国近代价值观的理论贡献

湖南维新派人士数量众多,若从维新运动思想理论上来看,谭嗣同贡献最大。谭嗣同(1865—1898,字复生,号壮飞,湖南浏阳人)是站在湖南乃至

---

① 唐才常:《前四品京堂湖南学政江君传》,《唐才常集》,中华书局 1980 年版,第195 页。

全国维新运动思想最高峰的人,他所倡导的价值观,典型代表了维新派人士的价值观。

谭嗣同在维新变法运动中的亲密战友梁启超,评价谭嗣同是"晚清思想界一彗星"①。谭嗣同一生只活了短短的 33 岁,就因为戊戌变法失败而被杀害,他的一生如同天空中一闪而过的彗星,短暂而耀眼,但他留下的思想光芒,却进入了永恒的历史时空,值得人们永远景仰。谭嗣同在其最重要的哲学著作《仁学》自叙中以大无畏的精神,提出要冲决一切网罗:

> 网罗重重,与虚空而无极。初当冲决利禄之网罗,次冲决俗学若考据、若词章之网罗,次冲决全球群学之网罗,次冲决君主之网罗,次冲决伦常之网罗。②

在谭嗣同看来,当时无论是思想界还是政治界,网罗重重,必须冲决一切禁锢人们思想和行为的网罗,才能获得思想的解放和社会变革的成功。在冲决网罗思想的指引下,谭嗣同对封建专制君主与其赖以存在的纲常名教思想基础进行了激烈的批判。

谭嗣同与当时所有热血志士一样,高度关注现实,其对专制君主和封建纲常的批判是从现实的困局出发的。他对中日甲午战争中国的失败痛心疾首,对国家的命运深深担忧:"倭已得险要,已得命脉,已具席卷囊括之势……悲夫!会见中国所谓道德文章,学问经济,圣贤名士,一齐化为洋奴而已矣。岂不痛哉!岂不痛哉!而犹妄援'攘夷'之说……如死已至眉睫,犹曰我初无病,凡谓我病而进药者,皆异端也。"③谭嗣同描述国家已经处在被瓜分的边缘:"外患深矣,海军熸矣,要害扼矣,堂奥入矣,利权夺矣,财源竭矣,分割兆矣,民倒悬矣,国与教与种将偕亡矣!"④国家形势危如累卵,有

---

① 梁启超:《清代学术概论》,上海古籍出版社 1998 年版,第 90 页。
② 谭嗣同:《仁说》自叙,《谭嗣同全集》(增订本),中华书局 1981 年版,第 290 页。
③ 谭嗣同:《上欧阳中鹄书》,《谭嗣同全集》(增订本),中华书局 1981 年版,第 157 页。
④ 谭嗣同:《仁说二》,《谭嗣同全集》(增订本),中华书局 1981 年版,第 343 页。

亡国灭种之虞,要想拯救国家,唯有变法,舍此别无他途:"唯变法可以救之。"①谭嗣同继承王船山的道器观来论证变法思想。在王船山看来,道不离器,道在器中,而且器更为根本,"器"不断发展变化,所以"道"也必然要随着"器"的变化而变化。谭嗣同在《报贝元征》书中曾大段引用王船山对道器关系的论述,然后谭嗣同发挥自己的观点曰:

> 由此观之,圣人之道,果非空言而已。必有所丽而后见……故道,用也;器,体也。体立而用行,器存而道不亡。自学者不审,误以道为体,道始迷离徜恍,若一幻物,虚悬于空漠无朕之际,而果何物也耶?于人何补,于世何济,得之何益,失之何损耶?将非所谓惑世诬民异端者耶?夫苟辨道之不离乎器,则天下之为器亦大矣。器既变,道安得独不变?变而仍为器,亦仍不离乎道,人自不能弃器,又何以弃道哉?②

谭嗣同在这里提出"器体道用"的观点,对传统"道体器用"思想是一种颠覆。由于器为体,道为用,所以道随器变,器既然已变,道怎能不变?那么,这个已变之"器"是什么?在谭嗣同看来,主要是近代科学和民主政治制度。谭嗣同在南学会发表演讲谈到学问时说:"所谓学问者,政治、法律、农、矿、工、商、医、兵、声、光、化、电、图、算皆是也。"③谭嗣同所谓"学问"包括自然科学和社会科学两大领域。在自然科学领域,谭嗣同不但在理论上大力提倡近代科学,而且亲身实践,倡办浏阳算学馆,筹办开矿、修铁路、内河行轮等。在政治制度改革方面,谭嗣同接受康有为变法思想。康有为写作《新学伪经考》和《孔子改制考》两书,康有为的得意门生梁启超评价《新学伪经考》的理论是"思想界之一大飓风"④。《孔子改制考》是"火山大喷火也,其大地震也"⑤。梁启超所言非虚。光绪皇帝的老师翁同龢,在日记

---

① 谭嗣同:《仁说二》,《谭嗣同全集》(增订本),中华书局 1981 年版,第 343 页。

② 谭嗣同:《报贝元征》,《谭嗣同全集》(增订本),中华书局 1981 年版,第 197 页。

③ 谭嗣同:《论学者不当骄人——第五次讲义》,《谭嗣同全集》(增订本),中华书局 1981 年版,第 403 页。

④ 梁启超:《清代学术概论》,上海古籍出版社 1998 年版,第 78 页。

⑤ 梁启超:《清代学术概论》,上海古籍出版社 1998 年版,第 79 页。

中就曾记下他读到康有为《新学伪经考》时的震惊感觉："看康长素《新学伪经考》，以为刘歆古文无一不伪，窜乱六经，而郑康成以下皆为所感云云。真说经家一野狐也。惊诧不已。"①康有为《新学伪经考》断言东汉以来的古文经学，都是刘歆伪造而为新莽王朝篡位服务的，此论一出，将千百年来被官府和学界视为圣典的经书视为伪造，自然会引起强烈震动。当然，从学术的角度看，康有为的考辨多见武断，参与协助其撰著此书的梁启超也承认："往往不惜抹杀证据或曲解证据，以犯科学家之大忌，此其所短也。"②然而，康有为大胆冲击卫道顽固势力，怀疑"神圣"经典，这正是改革变法所需要的精神。康有为的《孔子改制考》，把孔子打扮为托古改制的"素王"，将西方的"民权""民主""平等""议院""选举"等附会到孔子身上，为维新变法提供理论和思想权威依据。谭嗣同受到康有为的影响，也认为孔子是一个倡导改革变法，反对君主专制，提倡民主、平等的思想家："方孔之初立教也，黜古学，改今制，废君统，倡民主，变不平等为平等，亦汲汲然动矣。"③

　　然而，谭嗣同清醒地认识到，尽管变法可以救国，但当时的专制统治者却没有变法的动力，相反，还是变法的绊脚石："方将愚民，变法则民智；方将贫民，变法则民富；方将弱民，变法则民强；方将死民，变法则民生；方将私其智其富其强其生于一己，而以愚贫弱死归诸民，变法则与己争智争富争强争生，故坚持不变也。究之智与富与强与生，绝非独夫之所任为。"④谭嗣同直呼专制君主为"独夫"，指出专制统治者不愿意变法，就是想继续愚民贫民弱民，以维护其专制统治。同时，由于长期的专制思想统治，一些思想顽固保守的士大夫也在思想上受到专制制度的毒害，对于维护专制统治的纲常名教内容抱残守缺，不愿放弃。如在湖南维新运动时期，一些守旧派士人就从纲常名教的角度大肆攻击维新运动："吾不知康所探者何道，而谭所怀

---

① 中国史学会主编：《戊戌变法》（一），上海人民出版社2000年版，第511页。
② 梁启超：《清代学术概论》，上海古籍出版社1998年版，第78页。
③ 谭嗣同：《仁学一》，《谭嗣同全集》（增订本），中华书局1981年版，第337页。
④ 谭嗣同：《仁说二》，《谭嗣同全集》（增订本），中华书局1981年版，第343页。

者果何德也。吾人舍名教纲常,别无立足之地,除忠孝节义,亦岂有教人之方? 今康、梁所用以惑世者,民权耳,平等耳,试问权既下移,国谁与治? 民可自主,君亦何为?"①宾凤阳等人死守传统纲常名教、忠孝节义,而且将这些价值观原则与维新派提倡的"民权""平等"价值观对立起来,忠孝也只是对专制君主的愚忠愚孝了。在守旧派看来,提倡民权则国无人治,民可自主则君权动摇,这对他们来说,是万万接受不了的。由此可见守旧派士绅被专制君主统治毒害有多深。谭嗣同以冲决网罗的大无畏精神,对君主专制与守旧思想进行了无情的批判。谭嗣同揭露专制君主:

君主视天下为其囊橐中之私产,而犬马土芥乎天下之民。②

竭天下之身命膏血,供其盘乐怠傲,骄奢而淫杀乎? 供一身之不足,又滥纵其百官,又欲传之世世万代子孙,一切酷毒不可思议之法,由此其繁兴矣。民之俯首帖耳,恬然坐受其鼎镬刀锯。③

君为独夫民贼。④

谭嗣同对专制君主的自私暴恶进行了无情的鞭挞,称专制君主为"独夫民贼"。他的这种思想与明末清初王船山和黄宗羲等人有直接的继承关系。谭嗣同深受王船山、黄宗羲等人的民族主义和爱国主义思想影响,谭嗣同说:"迩为学专主《船山遗书》,辅以广览博取。"⑤谭嗣同在这里说他为学专主《船山遗书》,可见他对王船山的崇敬。他还说:"国初三大儒,惟船山先生纯是兴民权之微旨;次则黄梨洲《明夷待访录》,亦具此义。"⑥除了《船山遗书》,谭嗣同在明末清初三大儒的著作中,最推崇的就是黄宗羲的《明夷

---

① 《宾凤阳等上王益吾院长书》,《翼教丛编》,上海书店出版社 2002 年版,第 144 页。
② 谭嗣同:《仁学二》,《谭嗣同全集》(增订本),中华书局 1981 年版,第 341 页。
③ 谭嗣同:《仁学二》,《谭嗣同全集》(增订本),中华书局 1981 年版,第 339 页。
④ 谭嗣同:《仁学二》,《谭嗣同全集》(增订本),中华书局 1981 年版,第 340 页。
⑤ 谭嗣同:《石菊影庐笔识·思篇》,《谭嗣同全集》(增订本),中华书局 1981 年版,第 138 页。
⑥ 谭嗣同:《上欧阳中鹄》(十),《谭嗣同全集》(增订本),中华书局 1981 年版,第 464 页。

待访录》。在谈到君主问题时,谭嗣同甚至认为《明夷待访录》还在《船山遗书》之上,他说:"君统盛而唐、虞后无可观之政矣,孔教亡而三代下无可读之书矣……黄梨洲《明夷待访录》其庶几乎!其次,为王船山之遗书。"①谭嗣同之所以在谈论君主问题时特别推崇黄宗羲的《明夷待访录》,就是因为黄宗羲在该书中对专制君主也进行了大胆而振聋发聩的批判,黄宗羲说:

> 屠毒天下之肝脑,离散天下之子女,以博我一人之产业,曾不惨然,曰:"我固为子孙创业也。"其既得之也,敲剥天下之骨髓,离散天下之子女,以奉我一人之淫乐,视为当然,曰:"此我产业之花息也。"然则为天下之大害者,君而已矣……今也天下之人怨恶其君,视之如寇仇,名之为独夫。②

黄宗羲也把专制君主称为"独夫",而且喊出"为天下之大害者,君而已矣"的口号,这是中国历史上打击君主专制制度的第一声呐喊。这种一针见血的批判,对近代以来无数热血志士产生了深刻的影响,梁启超说:"……在三十年前,我们当学生时代,实为刺激青年最有力之兴奋剂。我自己的政治运动,可以说是受这部书的影响最早而最深。"③谭嗣同对专制君主的批判,也受到黄宗羲《明夷待访录》的影响,很多用词都跟黄宗羲的用词相类似。

谭嗣同还将矛头直接指向满清朝廷的专制残暴统治。他说:

> 爱新觉罗诸贱类异种,亦得凭陵乎蛮野凶杀之性气以窃中国。④

> 忽必烈之虐也,郑所南《心史》纪之;有茹痛数百年不敢言不敢纪者,不愈益悲乎!《明季稗史》中之《扬州十日记》《嘉定屠城纪略》,不过略举一二事,当时既纵焚掠之军,又严薙发之令,所至屠杀掳掠,莫不如是……吾愿华人,勿复梦梦谬引以为同类也。⑤

---

① 谭嗣同:《仁学二》,《谭嗣同全集》(增订本),中华书局1981年版,第338页。

② 黄宗羲:《明夷待访录·原君》,《黄宗羲全集》第一册,浙江古籍出版社2005年版,第2—3页。

③ 梁启超:《中国近三百年学术史》,东方出版社1996年版,第56页。

④ 谭嗣同:《仁学一》,《谭嗣同全集》(增订本),中华书局1981年版,第337—338页。

⑤ 谭嗣同:《仁学二》,《谭嗣同全集》(增订本),中华书局1981年版,第341—342页。

谭嗣同对满清贵族的残暴统治感到极其愤怒,在这里表达了与其不共戴天的决裂态度。谭嗣同号召人民起来推翻专制君主统治,而且赞美暴力革命:"法人之改民主也,其言曰:'誓杀尽天下君主,使流血满地球,以洩万民之恨。'"①

谭嗣同进一步对维护专制制度的伦理文化传统进行了猛烈的批判。值得注意的是,谭嗣同并没有直接攻击儒家思想创立者孔子,相反,对孔子还相当崇敬,谭嗣同最重要的哲学著作《仁学》,以孔子思想最核心的范畴"仁"为中心概念,说明谭嗣同对孔子思想之"仁"是相当认同的。当然,谭嗣同所说之"仁"与孔子所讲之"仁"是有区别的,谭嗣同在《仁学界说》中说:

> 凡为仁学者,于佛书当通《华严》及心宗、相宗之书;于西书当通《新约》及算学、格致、社会学之书;于中国书当通《易》《春秋公羊传》《论语》《礼记》《孟子》《庄子》《墨子》《史记》,及陶渊明、周茂叔、张横渠、陆子静、王阳明、王船山、黄梨洲之书。②

可以看出,谭嗣同"仁学"的思想主要来源于佛学、基督教、西方自然科学与社会科学以及中国的儒、道、墨三家思想,尤其是儒家最为重要,谭嗣同列举了儒家《易》《春秋公羊传》《论语》《礼记》《孟子》以及周敦颐(茂叔)、张载(横渠)、陆九渊(子静)、王阳明、王船山、黄宗羲(梨洲)等经典和思想家,分量最大,从价值观的角度看,这些儒家思想家和儒家经典都是儒家仁义礼智信等核心价值观的代表者和体现者。由此可见,谭嗣同对儒家核心价值观还是认同的,只不过,他把儒家核心价值观与佛家、道家、墨家以及西方基督教和自然科学、社会科学结合,形成一个庞杂的系统,对儒家核心价值观的内容进行重新阐述,融入了现代自由、平等、民主、科学等内容。谭嗣同讲"仁",以"通"为第一义,并借用西方科学"以太"等概念描述"仁"。梁启超

① 谭嗣同:《仁学二》,《谭嗣同全集》(增订本),中华书局 1981 年版,第 342—343 页。
② 谭嗣同:《仁学界说》,《谭嗣同全集》(增订本),中华书局 1981 年版,第 293 页。

在评价谭嗣同《仁学》著作时说:"《仁学》之作,欲将科学、哲学、宗教冶为一炉,而更使适于人生之用,真可谓极大胆极辽远之一种计划。此计划,吾不敢谓终无成立之望,然以现在全世界学术进步之大势观之,则似为期尚早。"①谭嗣同"仁学"体系相当庞杂,在他短暂的一生中尚未来得及完全融通,恰如梁启超所言:"嗣同遇害,年仅三十三。使假以年,则其学将不能测其所至。仅留此区区一卷,吐万丈光芒。"②的确,谭嗣同在短暂的三十三年人生中,花了大量的时间参与现实的社会政治改革,在哲学上的建树自然还没有达到完美成熟的境界。但是,他的思想却处处闪耀着光芒。

如前所述,谭嗣同激烈批判专制君主以及纲常名教,但对孔、孟思想却又相当肯定,那么,长期的封建专制主义思想要由谁来负责呢? 谭嗣同认为要由荀子来负责。他说:

> 荀乃乘间冒孔之名,以败孔之道。曰"法后王,尊君统。"以倾孔学也。曰"有治人,无治法。"阴防后人之变其法也。又喜言礼乐政刑之属,惟恐箝制束缚之具之不繁也。一传而为李斯,而其为祸亦暴著于世矣。然而其为学也,在下者术之,又疾遂其苟富贵取容悦之心,公然为卑谄侧媚奴颜婢膝而无伤于臣节,反以其助纣为虐者名之曰"忠义";在上者术之,尤利取以尊君卑臣愚黔首,自放纵横暴而涂锢天下之人心。③

谭嗣同认为荀子冒孔子之名,提出一套"尊君卑臣愚黔首"的专制学说,一传而为李斯,在理论上阐发荀学,同时在实践中推行,建立了专制王朝秦朝,自此之后,封建君主无不喜欢这一套专制学说,谭嗣同总结批判道:"二千年来之政,秦政也,皆大盗也;二千年来之学,荀学也,皆乡愿也。惟大盗利用乡愿;惟乡愿工媚大盗。二者交相资,而罔不讬之于孔。"④在谭嗣同看

---

① 梁启超:《清代学术概论》,上海古籍出版社 1998 年版,第 91 页。
② 梁启超:《清代学术概论》,上海古籍出版社 1998 年版,第 94 页。
③ 谭嗣同:《仁学一》,《谭嗣同全集》(增订本),中华书局 1981 年版,第 335—336 页。
④ 谭嗣同:《仁学一》,《谭嗣同全集》(增订本),中华书局 1981 年版,第 337 页。

来,二千年来的政治都是专制秦王朝政治的延续,而二千年来的学术则是荀子专制学说的延续,二者相互利用,而都托名于孔子,实际上对孔子是一种陷害。

谭嗣同对专制统治者提倡和利用的"三纲五伦"也进行了批判。他说:"数千年来,三纲五伦之惨祸烈毒,由是酷焉矣。君以名桎臣,官以名轭民,父以名压子,夫以名困妻,兄弟朋友各挟一名以相抗拒,而仁尚有少存焉者得乎?"①谭嗣同所说的"五伦",指君臣、父子、夫妻、兄弟、朋友这五种伦理关系,自西汉董仲舒开始,五伦中的君臣、父子、夫妻三伦被提升为"三纲",三纲强调的是片面的伦理责任,君、父、夫对臣、子、妻拥有绝对的支配和控制权力。在谭嗣同所说的三纲五伦中,他批判得最猛烈的是三纲:"君臣之祸亟,而父子、夫妇之伦遂各以名势相制为当然矣。此皆三纲之名之为害也。"②谭嗣同认为,君臣、父子、夫妇各以名势相制,而其中又以"君臣"一伦为害最大:"二千年来君臣一伦,尤为黑暗否塞,无复人理,沿及今兹,方愈剧矣……赖乎早有三纲五伦字样,能制人之身者,兼能制人之心……举仁义礼智之法而并窃之也。"③谭嗣同最痛恨的是君主专制,所以对"君臣"一伦批判最为激烈。对于仁义礼智等儒家核心价值原则,谭嗣同认为专制君主窃取其名义,来钳制人心,控制人身。

谭嗣同除了尖锐批判专制君主对臣民的压制,还对三纲中的"夫为妻纲"进行了激烈的批判。他说:

> 夫既自命为纲,则所以遇其妇者,将不以人类齿。于古有下堂求去者,尚不失自主之权也。自秦垂暴法,于会稽刻石,宋儒炀之,妄为"饿死事小,失节事大"之瞽说,直于室家施申、韩,闺闼为岸狱,是何不幸而为妇人,乃为人申、韩之,岸狱之。④

---

① 谭嗣同:《仁学一》,《谭嗣同全集》(增订本),中华书局1981年版,第299页。
② 谭嗣同:《仁学二》,《谭嗣同全集》(增订本),中华书局1981年版,第348页。
③ 谭嗣同:《仁学一》,《谭嗣同全集》(增订本),中华书局1981年版,第337页。
④ 谭嗣同:《仁学二》,《谭嗣同全集》(增订本),中华书局1981年版,第349页。

"夫为妻纲"的伦理规范让妇女失去自主之权,在家庭中受到苛暴对待,甚至把"饿死事小,失节事大"的伦理原则专门用来摧残妇女。

谭嗣同提倡妇女解放,男女平等:

> 苟明男女同为天地之菁英,同有无量之盛德大业,平等相均……导之使相见,纵之使相习,油然相得,淡然相忘,犹朋友之相与往还,不觉有男女之异。①

谭嗣同倡导男女平等相待,像朋友一样相见共处,不觉有男女之异,这在当时是非常先进的思想。因为当时封建道德要求男女授受不亲,女子甚至不能跟陌生男子见面,思想禁锢相当严厉。谭嗣同所提倡的,在当今社会已经司空见惯,完全成为了现实,而在谭嗣同生活的时代却是一种理想的追求。恰如当时谭嗣同等人提倡妇女解放,反对妇女缠足,现在没有妇女缠足了,但在当时他们反对妇女缠足,也遇到很大的阻力。

谭嗣同对封建专制君主以及纲常名教进行了尖锐的批判,同时站在时代的前沿,提倡科学、民权、民主、平等、思想解放等现代价值观,这些大胆而超前的思想与后来新文化运动思想家的理论主张高度契合,可视为新文化运动的理论先声。

二、唐才常对中国近代价值观的理论贡献

唐才常(1867—1900,字绂丞,后改佛尘,湖南浏阳人)与谭嗣同为同乡和同道好友,二人皆为湖南维新运动的代表人物,在湖南维新运动中发挥了巨大的作用。唐才质在《唐才常烈士年谱》中说:"陈、江、黄、徐诸公,皆为维新派领袖,与公(指唐才常——引者注)及谭嗣同、熊希龄等,同心协力,议开学堂,设学会,立报馆,办警察,一时湖南之新学新政,次第兴起。"②可见唐才常在湖南维新运动中是核心人物之一。清光绪二十四年(1898)九月,应谭嗣同电召,唐才常欲赴京参与新政,方抵达汉口,知政变发生,遂出

---

① 谭嗣同:《仁学一》,《谭嗣同全集》(增订本),中华书局1981年版,第304页。
② 《唐才常集》,中华书局1980年版,第271页。

亡日本,萌生举兵除奸的想法。他一方面同康有为、梁启超等维新派保持联系,另一方面又跟孙中山、陈少白等革命党人接触。1899 年,唐才常与康有为、梁启超等人商定在长江两岸各省起兵"勤王"。唐才常回国在上海组织正气会,不久改名为自立会。1900 年,唐才常在上海召开中国国会,自任总干事。又依托自立会,组织自立军,唐才常任总指挥,准备起义。后事情泄露,起义失败,唐才常被捕,大义凛然,慷慨赴死,口占诗句:"七尺微躯酬故友,一腔热血溅荒丘。"①

作为谭嗣同的同乡好友和亲密战友,唐才常的思想与谭嗣同有诸多相同之处。但是,唐才常对西方文化的领会,似乎比谭嗣同更加深入,唐才常以极其开放的心态,向往和拥抱西方的民主制度与思想文化。

唐才常反思洋务运动的经验教训曰:

> 中国之创新政求新法也,费五十年之时日,掷万亿兆之金钱,购恒河沙数之枪械,然而北胁于俄,南挫于法,东困于日者,何也? 新其政不新其民,新其法不新其学也。欲新民必新学,欲新学必新心。②

唐才常指出洋务运动费五十年之时日,购买大量枪械,结果还是被列强胁困欺凌,原因是没有真正学到西方的"新学",没有真正实现"新民""新心"。唐才常认为,要真正学到西方新学的精髓,真正实现"新民"和"新心",首先要打破两千多年来的封建专制精神枷锁,其次要冲破"中西隔膜之见"③,实现中西文化融合。

与谭嗣同一样,唐才常对封建专制主义进行了激烈的抨击,他说:

> 盖自开辟以来,君民上下之界,始断潢绝港,各怙其私,则秦为之也。浸淫至于前明,科条益密,法律益苛,时事天文,俱悬厉禁……天地惨怛,日月晦冥,于斯剧矣。④

---

① 唐才常:《临难诗》,《唐才常集》,中华书局 1980 年版,第 265 页。
② 唐才常:《尊新》,《唐才常集》,中华书局 1980 年版,第 32 页。
③ 唐才常:《尊新》,《唐才常集》,中华书局 1980 年版,第 33 页。
④ 唐才常:《湘报序》,《唐才常集》,中华书局 1980 年版,第 136 页。

唐才常抨击自秦朝开始,专制君主遗祸甚深,唐才常与谭嗣同一样,认为暴秦的思想祸根在荀子:"《史记》言韩非、李斯同受业荀子……荀子开历代网罗钳束之术……要以力破拘挛,冲决荀、李网罗为第一义。"①荀子的两个著名的学生韩非和李斯,韩非是法家的理论集大成者,秦朝统治思想就是法家思想;李斯是协助秦王统一中国,以法家思想治国的实践家。在唐才常看来,荀子虽然是孔子的后学,但完全偏离了孔子仁义思想的正途,其思想发展走向了刻薄寡恩的法家,催生了暴虐酷毒的秦朝君主专制统治,遗害中国两千多年。唐才常抨击荀子,而对于孔子,则大家赞赏:"夫孔子道大能博,有教无类,六经固改制垂世之书。"②唐才常像康有为、谭嗣同一样,认为孔子整理六经,是改制垂世之书,孔子是托古改制的教主。唐才常不仅尊崇孔子,对孟子、管子、墨子、庄子等古代思想家都相当推崇。

唐才常推崇孔、孟等古代思想家,崇奉"仁义"等儒家核心价值观,但并不抱残守缺,而是提倡融会中西。唐才常对西学有精深的研究,有深刻的认识,而且其学习西学的心态极其开放。

首先,唐才常倡导学习西方的科学技术与工商贸易,以达到富国强盛的目的,这是自鸦片战争以来的时代共识,也是对洋务派人士思想的继承。在这方面值得注意的是唐才常极力倡导私人民办企业:"西人制造船炮子药,皆取办民厂为多,即官厂亦系包工之法。今苟令民间得开私厂,一切轮船、枪炮、开矿、挖河、抽水、磨麦、纺纱、织布,研之既精,而复于省府州县,递验其成,则风气日开,人才日出,富强之效,如操左券矣。"③唐才常还提出效法英国、法国等先进国家举行博览会、展览会,对中国人自己的发明创造予以重奖和专利保护:"西人考得新理新法,献诸国家,国家即给以文凭,以杜他人伪造;或擅其利者数世。今中国举行赛会,塙验为新奇之制,亦当给以牙帖,以能开新式者受上赏,步趋西人者次之。如次届赛会之期,更验牙帖而

---

① 唐才常:《治新学先读古子书说》,《唐才常集》,中华书局1980年版,第31页。
② 唐才常:《治新学先读古子书说》,《唐才常集》,中华书局1980年版,第30页。
③ 唐才常:《拟设赛工艺会条例》,《唐才常集》,中华书局1980年版,第25—26页。

课其工之进否,进则加以爵秩,否则黜而收之,即子孙之堕其祖业者亦然,庶此会真能实事求是也。"①唐才常提出"以能开新式者受上赏,步趋西人者次之"。对中国人自己的发明创造给予重奖,而仿造西方人的工艺则次之,而且还提出对于中国人自己的发明创造也要给予专利保护,这些思想在当时是相当先进的。

其次,唐才常提倡学习西方的政治制度,他对西方的民主制度非常向往。唐才常分析当时各国的政治体制曰:

> 五洲之国分三等:曰君主,曰民主,曰君民共主。君主邻于私,民主、君民共主邻于公,此自然之理势而不尽然也。英之君民共主,最称公私交便。美自华盛顿以官天下之心,高唐虞之禅,至今风俗纯厚,洵乎大公。若法民则以其鸱张之馅,遏抑君权,使之必为民主以怗其私,则同是民主而有公私。俄为君主数百年,近来其民颇染法人习气,思抑君主而张私权,其归俄保护之希利尼人为尤甚,而势且岌岌。惟吾华则怴氏以来,共主一尊,不生异议。此五洲之绝大公私,虽公法家不能划归一律者。然泰西大势,孳孳矻矻,思富强其国而顶踵不恤,则无论君权民权、国会私会皆于公,为近公法云。②

唐才常认为世界各国主要有三种政体:君主制、民主制(民主共和制)、君民共主制(君主立宪制),并且从公、私的角度来论证其优劣,认为君主制是"私",而民主制和君民共主制则是"公"。在后二者之中,唐才常最推崇的是美国式民主共和制:"夫西国治化,惟美为纯。"③唐才常盛赞美式民主共和制的开创者华盛顿:

> 华盛顿者,英之流民,首创民主联邦治体,巍巍乎有天下而不与,故其国养兵不繁,而学校如林,终其身号称富强,后世仰食其福,此民主之稗于治也。后之言民政者,靡不宗之。拿破仑以统领而除帝位,助美自

---

① 唐才常:《拟设赛工艺会条例》,《唐才常集》,中华书局1980年版,第26页。
② 唐才常:《论公私》,《唐才常集》,中华书局1980年版,第34页。
③ 唐才常:《议院》,《唐才常集》,中华书局1980年版,第87页。

立,其为民主较为华盛顿为先,独私其天下而不公,致身死草莽,为天下
笑。数十年后亦更为民主,岂非民主之说,中于人心,牢不可破乎?①

唐才常将华盛顿与拿破仑对比起来论述,华盛顿能够大公无私,有天下而不
与,开创美国的民主共和制,传之久远;拿破仑则以私心而践帝位,却"身死
草莽,为天下笑。"几十年后,法国最终还是恢复民主共和制,说明民主制合
乎人心,顺应世界潮流。

最后,唐才常提出"通种""通教"的主张,观念开放,而且触及中西思想
文化精神信仰层面。唐才常断言:"将来之立天国、同宗教、进太平者,唯通
种之为善焉。"②唐才常认为未来世界若要进于大同,各民族必将通婚通种,
这种思想在当时是惊世骇俗的。唐才常又指出当时世界上很多国家和地区
不同民族通婚的实例:

> 日本……下令民间与欧人婚姻者不禁……香港、新嘉坡及南洋群
> 岛,为华洋交涉之冲。其居民或白父黄母,或黄父白母,而聪明材力,迥
> 绝等伦……黄白合种之必大聪强无疑也……英、俄、法、德虽有国界,有
> 猜嫌,而其实则皆婚姻甥舅之国也,故政术通,情志同;而国力之精强,
> 亦互相观摩,互相抵拒,互相牵掣,而不致为独夫民贼之无与谋。③

唐才常认为黄种人与百种人通婚通种,或白父黄母,或黄父白母,可以变得
"聪强"。唐才常指出欧洲各国因通婚通种,故而政术通,情志同,可杜绝专
制主义泛滥。唐才常甚至认为通种宜速不宜迟:"吾故谓能速通黄白之种,
则黄人之强也可立待也。如通之辽缓,则强之机将百十年后也。"④当然,唐
才常的这种说法带有一定无端焦虑与主观幻想的成分,各民族通婚是一
个自然发展融合的过程,通婚通种与国家富强没有必然联系。只不过,唐
才常的思想对于打破当时人们的封闭保守观念与盲目排外心理,还是有

---

① 《唐才常集》,中华书局1980年版,第92页。
② 唐才常:《通种说》,《唐才常集》,中华书局1980年版,第100页。
③ 唐才常:《通种说》,《唐才常集》,中华书局1980年版,第101—102页。
④ 唐才常:《通种说》,《唐才常集》,中华书局1980年版,第102页。

一定作用的。

在提出通种的同时，唐才常还提出通教的主张："夫至平万国等，平万国权，则国通而政通，政通而学通，学通而教通。"①唐才常提出通教，主张从宗教信仰与意识形态领域融合中西文化，而且，他还有一个深层目的，就是保国、保教。唐才常忧虑地指出：

> 开辟以来，夷狄之祸，无代无之，未有如今日之四邻环伺，门闶洞开……任彼教之横行中土而无可与抗，则匪惟中原陆沉之忧，而吾千万年周、孔之道，将有不堪设想之日。天地奇变，古今异局……吾儒已有不敌西教之势。如不谋一自强之策，以抗彼而卫吾，人类几何而不绝也。②

唐才常忧虑西方的宗教在中国大肆传播，而我国没有相应的宗教可以与之抗衡。唐才常内心是崇敬周、孔儒家之道的，他与康有为等人一样，主张立儒学为国教，尊孔子为教主，即所谓儒教或孔教。面对西方宗教的入侵，唐才常并没有采取保守、惧怕、拒斥的态度，而是主张积极沟通，通学、通教，他说："通商传教，乃天地自然之公理。彼通商于我，我亦可通商于彼；彼传教于我，我亦可传教于彼。"③唐才常认识到西方人来中国的两大目的，即经商与传教。唐才常天真地认为中国也可以与西方国家进行平等的通商与传教，这在当时只不过是一厢情愿而已。只不过，唐才常提出了一个新的方向，就是中国文化向外输出的问题。唐才常在热切主张引进西学的同时，还大胆提出将中国文化介绍给西方国家，他建议中国留学生："所历各国，应仿西人教堂之例，多携经籍，开堂教授，有彼国愿入学者，即殷殷劝导，以阐明周、孔之道。此事始行，必见笑西人，久之必有受其渐摩者，而圣道可行于薄海内外矣，亦尊吾教之一术也。"④教授西方人学习中国文化的主张，在当

---

① 唐才常：《通种说》，《唐才常集》，中华书局1980年版，第102页。
② 唐才常：《上欧阳中鹄书》（三），《唐才常集》，中华书局1980年版，第227—228页。
③ 唐才常：《辨惑》（上），《唐才常集》，中华书局1980年版，第167页。
④ 唐才常：《拟游历例言》，《唐才常集》，中华书局1980年版，第24—25页。

时西方强势文化的背景下，唐才常自己也意识到一开始必为西人所笑，但他对中国文化有强烈的自信："若能以吾周、孔之道植其根柢，而取其法之综覈名实者，以求通变化裁之用。待其著有成效，实可抗雄欧、美各国。使彼国见吾与圣人之道相辅而行者之美利无穷，则吾圣人之道，愈可推广于中外，有如公羊家所云大一统者。"①在唐才常看来，中国的周、孔圣人之道，也就是儒家思想是有优长的，甚至可以在全世界推行达到世界大一统的境界，这充分体现了唐才常对中国文化的强烈自信。唐才常的这种观点在当时可以说是相当辩证而有远见的，中国文化要在世界范围产生重要影响，有待于中国的不断强大，今天这种趋势越来越明显。但在唐才常生活的时代，由于当时中国的衰弱，文化自卑的心理是很普遍的，梁启超在写于1896年的《〈西学书目表〉后序》一文中说："今日非西学不兴之为患，而中学将亡之为患……中日以后，盖益变矣……吾尝见乎今之所论西学者矣，夷其语，夷其服，夷其举动，夷其议论。动曰中国之弱，由于教之不善，经之无用也。推其意，直欲举中国文字，悉付之一炬。"②按梁启超的描述，中日甲午战争之后，中学无用论甚嚣尘上，有些人甚至恨不得把中国文字都烧掉。在这种社会背景之下，唐才常认为推行儒家之道可以实现全世界大一统，实在也是一种石破天惊的观点。稍后的冯友兰先生也说过一段相类似的话，他说："去年春天著者在重庆时，听见一句话，说：'中国哲学不合于救中国，它却足以救世界而有余。'这实在是一个聪明的见解，虽然这句话不是我说的，但是我绝对相信这句话。中国哲学不适于救中国，因为它是为了世界组织而有的哲学。"③冯友兰认为以儒学为主的中国哲学具有世界性特征。儒学从形成之初，即用一种世界性眼光构建治世理念，即所谓"天下"，儒学的这种特征

---

① 唐才常：《上欧阳中鹄书》（三），《唐才常集》，中华书局1980年版，第228页。

② 梁启超：《〈西学书目表〉后序》，《梁启超全集》第一册，北京出版社1999年版，第85页。

③ 原载《文华》第2期，见《中国哲学的精神·冯友兰文选》，国际文化出版公司1998年版，第249页。

使它不拘泥于一邦一国,当"天下"(世界)和平稳定,基本达成共识而无冲突时,儒学即可产生治世奇效;而当"天下"动荡不宁,冲突对抗时,儒学便显得救世乏力。儒学是一种世界性的哲学,它是治世安民之术,而非乱世争斗之法。唐才常早就认识到儒学可以在世界范围内推广,而且可以收到如公羊家所言"大一统"的效果,可谓独具慧眼。

第六章　辛亥革命时期湘学与
中国近代核心价值观

维新运动和辛亥革命时期,维新派和革命派都认为中国制度不如人,要学习西方的政治制度。只不过,维新派主张采取改良的方式,而革命派则要彻底推翻腐朽僵化、衰弱无能的清政府。湘学人物在辛亥革命中扮演了举足轻重的角色,相应的在这一时期的价值观构建中也作出了巨大的贡献。

第一节　湘学人物与辛亥革命

维新变法失败后,很多维新志士在残酷的现实面前惊醒了,在当时的政治格局下,依赖封建专制政府变法图强是不现实的,维新派也开始分化,有些坚持保皇立宪,有些则走上反清排满的革命道路。

前文已述,湖南维新派人物谭嗣同与唐才常,本来对满清专制君主就非常痛恨,只不过由于光绪皇帝支持变法,维新派一时兴奋,低估了顽固派的力量和凶残。谭嗣同应召进京,参与变法时,被光绪皇帝超擢为四品卿衔军机章京,与杨锐、林旭、刘光第同参新政,时号"军机四卿"。按照梁启超的说法,参与新政,犹如唐、宋时的参知政事,实际是宰相之职。① 在这种情况下,谭嗣同燃起对变法改革的希望。看到光绪皇帝下诏变法,重用康有为、谭嗣同等人,唐才常欢欣鼓舞,欣喜异常地说:"敬知皇上神圣天纵,远迈

---

① 梁启超:《谭嗣同传》,《梁启超全集》第一册,北京出版社 1999 年版,第 232 页。

唐、虞,为之距跃三百,曲踊三百! 黄、谭奉旨敦促,新党之气益张,湘事虽小坏,不足为忧。合地球全局观之,变之自上者顺而易,变之自下者逆而难。今适得顺而易者,诚我四万万人无疆之幸也。"①这时,唐才常对光绪皇帝自上而下的变法抱有很大的幻想。可是,唐才常应谭嗣同电召赴京参加新政时,刚到汉口,就传来了戊戌政变的噩耗,光绪皇帝被囚禁,谭嗣同等六君子被杀于北京菜市口,这对于唐才常来说无异于晴天霹雳! 唐才常变法改良的幻想破灭,促使他改弦更张,另谋出路,走上了激进变革的革命之路,他以诗明志:"千古非常奇变起,拔刀誓斩佞臣头。"②又作挽联痛悼谭嗣同曰:

与我公别几许时,忽警电飞来,忍不携二十年刎颈交,同赴泉台,漫赢将去楚孤臣,箫声呜咽;

近至尊刚十余日,被群阴构死,甘永抛四百兆为奴种,长埋地狱,只留得扶桑三杰,剑气摩空。③

唐才常对谭嗣同等人的被害感到痛心疾首,同时又表露出暴力斗争的思想。果然,唐才常在戊戌政变两年后,就组织领导了自立军起义。自立军起义虽然失败了,但其意义非凡,宋教仁在 1905 年发表的《呜呼湖南与端方》一文中就高度评价了唐才常的自立军起义:"庚子唐才常一役,根据地在汉口,而原动力则湖南。去岁甲辰,湖南学生与会党合谋发难于湖南,以出长江,虽皆不成,要为湖南人反对满族之萌芽矣。"④唐才常领导的自立军起义时间在庚子年(1900),是湖南人最早针对满清专制统治的反抗斗争,与后来的辛亥革命也有思想和行动的一致性。

当然,唐才常毕竟是从维新运动中走过来的,从改良到革命,他是一个过渡性人物,他所领导的自立军起义也是从维新到革命的过渡性历史事件。正由于其过渡性,他的宗旨并不是非常明确,比如,他在《正气会序》中就表

---

① 唐才常:《上欧阳中鹄书》(十),《唐才常集》,中华书局 1980 年版,第 239 页。
② 唐才常:《戊戌八月感事》,《唐才常集》,中华书局 1980 年版,第 263 页。
③ 唐才常:《挽谭嗣同联》,《唐才常集》,中华书局 1980 年版,第 265 页。
④ 《宋教仁集》(上),中华书局 2011 年版,第 10—11 页。

现出矛盾的地方,他一方面说:"夫日月所照,莫不尊亲,君臣之义,如何能废?"①表现出保皇尊君的思想。但他同时又说:"国于天地,必有与立,非我种类,其心必异。"②唐才常在这里所说的"非我种类",既指西方列强,也指满清贵族,表达了反抗列强和满清贵族专制统治的思想。他的这种思想在自立军起义宣言中表达得更为明确:"自立会起义……决定不认满洲政府有统治中国之权。次言将欲更始,以谋人民之乐利,以伸张乐利于全世界,端在树立二十世纪最文明之政治模范,以立宪自由之政治权与之人民。"③不认满洲政府有统治中国之权,就是要推翻满清贵族统治,这是明确的反清革命的主张。在筹备起义的过程中,唐才常与保皇派首领康有为以及革命先驱孙中山都保持联系,唐才常三弟唐才质撰写的《唐才常烈士年谱》清光绪二十五年己亥(1899年)条记载:

> 是年夏,公又出游香港、南洋各处,与康有为再度会晤,陈说清政败坏,国势危殆,亟宜牺牲小异,与中山同力合作,团结革命力量以救国难。康无采纳之意,公劝其从长考虑,并作决定。是年秋,因毕永年见孙中山先生于横滨寓邸。公当年尝告我,此次与中山先生会见,商讨湘鄂及长江起兵计划,甚为周详,先生认为可行。关于两派合作问题,先生亦慨然许诺。公与孙先生订殊途同归之约。与康先生时通声气,共图起义。④

唐才常与康有为及孙中山都保持联系,但从思想倾向来看,唐才常更倾向于革命派孙中山,故而唐才常极力劝说康有为与孙中山合作,但康有为一心保皇,无采纳之意。而孙中山倒是心胸更为宽广,"慨然许诺"合作,愿意团结一切力量。客观地看,当时康有为刚刚领导了维新变法运动,在国内名气很大,甚至超过孙中山。唐才常作为维新派骨干,通过谭嗣同、梁启超而与康

---

① 唐才常:《正气会序》,《唐才常集》,中华书局1980年版,第197页。
② 唐才常:《正气会序》,《唐才常集》,中华书局1980年版,第198页。
③ 唐才质:《唐才常烈士年谱》,《唐才常集》,中华书局1980年版,第277页。
④ 唐才质:《唐才常烈士年谱》,《唐才常集》,中华书局1980年版,第274页。

有为有密切联系。这时,唐才常内心深处是倾向于孙中山革命派的,但他又不能割断与康有为等保皇派的联系,而且,当时保皇派力量也不小,唐才常为了团结各派力量,在保皇派与革命派之间周旋,最后终于筹划了自立军起义。由于种种原因,起义失败,然而,却是湖南人反抗满清贵族专制统治的开端,随后,很多湘学人物走上反清革命的道路。

樊锥(1872—1906),字春渠、春徐,后改名诚亮,湖南邵阳人。早年就读于长沙城南书院,湖南维新运动兴起时,樊锥积极参与。1898 年,谭嗣同、唐才常等人在长沙成立南学会,樊锥在邵阳建立南学分会,自任会长,手订章程。樊锥曾在《湘报》上发表《开诚篇》《发锢篇》《劝湘工》等论文,主张维新变法,宣扬民权、平等学说,言辞激烈,被邵阳守旧士绅驱逐出境。后戊戌政变发生,清廷捕捉各地维新人士,樊锥与朋友藏匿深山,方得幸免。1900 年,参加唐才常组织的自立军起义,失败后逃往上海,后又赴日本留学,在黄兴、陈天华等人影响下,倡言革命,并归国参加华兴会长沙起义,事败,改名诚亮,任教于南京军校。稍后,应蔡锷之邀至广西,入陆军小学任教。1906 年病逝,年仅 35 岁。

杨毓麟(1872—1911),字笃生,号叔壬,又号守仁,湖南长沙人。早年先后入长沙岳麓书院、城南书院、校经书院读书。湖南维新运动兴起时,杨毓麟曾被聘为时务学堂教习,倡言变法。维新变法失败后,杨毓麟避祸乡下。1902 年,杨毓麟东渡日本留学,与黄兴、杨度、陈天华等人在东京创立湖南编译社,创办《游学译编》月刊,译述国外学术、教育以及军事等内容,并宣传民族、民主革命思想。1902 年冬,杨毓麟撰著《新湖南》一书,提出反对帝国主义及其傀儡政府——清政府的革命口号,风靡一时。1903 年,因沙俄违约拒绝从我国东北撤军,杨毓麟等留日学生组织"拒俄义勇队",后改名为"军国民教育会",以"养成尚武精神,实行民族主义"为宗旨,提出鼓吹、起义、暗杀三种革命途径,具体从事的革命活动包括:广泛宣传发动,练习射击,学做炸药,派"运动员"回国策划武装起义、组织暗杀,等等。杨毓麟与黄兴、周来苏、苏鹏等人秘组一暗杀团,杨毓麟在研制炸药时,不慎一眼被炸伤。杨毓麟曾与周来苏等人秘密携带炸药回国,邀约张继、何海樵等同赴北京,谋炸慈禧太后及朝廷命官,因戒备森严而无从下手,只好作罢。

1903 年 12 月,杨毓麟回长沙,参加华兴会,并被派往上海,担任华兴会外围组织爱国协会会长,章士钊任副会长。接着,黄兴、刘揆一与哥老会首领马福益商议决定在长沙发动起义,爱国协会拟在上海响应,但起义因奸人告密而流产。反思起义失败,杨毓麟认为"发难边区不如袭取首都收效之速",于是寻求混迹政界,"以从事中央革命"。1905 年,清廷派遣五大臣出洋考察宪政,杨毓麟预先谋得随员一职,与革命志士吴樾密谋里应外合,准备炸毙五大臣。可惜由于炸弹为自制,并不稳定,暗杀行动失败,五大臣未被炸死,而吴樾自己被炸死难。由于杨毓麟没有暴露身份,清廷并未怀疑到他,他仍然随同五大臣出访,1905 年冬随五大臣至日本东京。其时同盟会已经成立,杨毓麟与黄兴、宋教仁等人会晤后,辞去随员职务,并于1906 年 6 月 25 日正式加入同盟会,协助黄兴等人扩展同盟会组织。1907 年 4 月,杨毓麟与于右任等在上海创办《神州日报》,杨毓麟任总主笔,发表了大量政论和时评文章,痛陈民族危机,宣传反帝排满,痛斥清廷预备立宪的虚伪。

1908 年,留欧学生监督蒯光典聘杨毓麟为秘书,杨毓麟随蒯光典至英国。翌年冬,蒯光典因故罢归,杨毓麟亦辞去秘书职务,赴苏格兰爱伯汀大学留学。1911 年,孙中山、黄兴等人策划的广州黄花岗起义失败,消息传到英国,杨毓麟悲愤交集,极度忧伤,"精神痛苦,如火中烧"。当时社会上误传黄兴战死,杨毓麟大受刺激,夜不能寐。后来收到冯自由来信,了解到黄兴并没有死,仅伤右手,断两指,杨毓麟稍感安慰。但杨毓麟阅读英文报刊,知列强有瓜分中国之意图,于 1911 年 8 月 5 日愤而赴利物浦大西洋海岸投海自尽,死时年仅 40 岁。

黄兴(1874—1916),原名轸,后改名兴,字克强,湖南善化(今长沙)人。5 岁随父读书,1893 年 19 岁考入长沙城南书院,1896 年 22 岁中秀才,1898 年 24 岁被保送到湖北武昌两湖书院深造。此时正当维新运动趋于高潮,黄兴于"课程余闲,悉购西洋革命史及卢梭《民约论》诸书,朝夕盥诵"①。开始接触西方民主学说。1900 年,唐才常组织的自立军起义失败后,杨毓麟与秦力山等出亡日本,黄兴等在两湖书院南斋为其秘密饯行,黄兴赋诗曰:"独立雄无敌,长空万里风。可怜此豪杰,岂肯困樊笼? 一去渡沧海,高扬摩碧穹。秋深霜气肃,木落万山空。"②表达了黄兴对维新志士的崇高敬意。

1902 年,湖广总督张之洞选派 31 名官费留学生到日本学速成师范,黄兴因学习成绩优异被选中,东渡日本入东京弘文学院学习。在此期间,与杨毓麟、陈天华等人创立湖南编译社,创办《游学译编》月刊。1903 年 4、5 月间,与杨毓麟等人组织"拒俄义勇队",稍后改名为"军国民教育会",各会员"以满奴(指清朝统治者)甘心卖国,非从事根本改革,决难自保。于是纷纷归国,企图军事进行。"③6 月,黄兴以该会"运动员"身份回国策动革命,经上海至武汉,在两湖书院演讲,与顽固派辩论终日,并"留连八日,以携带邹容所著之《革命军》,陈天华所著之《猛回头》二书,零星赠送军学各界至四千余部之多"④。然后乘船返湘,任教于长沙明德、经正等校,课余之暇,常向学生灌输革命学说,并"大量翻印《革命军》《猛回头》《警世钟》等书籍,散布到军商各界,扩大革命宣传。"⑤这年秋末,与宋教仁、刘揆一、陈天华等人在长沙发起成立了革命团体华兴会,黄兴为会长。在华兴会成立大会上,黄兴发表讲话,他说:

> 吾人发难,只宜采取雄据一省,与各省纷起之法。今就湘省而论,军学界革命思想日见发达,市民亦潜濡默化,且同一排满宗旨之洪会党人久已蔓延固结,惟相顾而莫敢先发。正如炸药既实,待吾辈引火线而后燃,使能联络一体,审势度时,或由会党发难,或由军学界发难,互为

---

① 《黄兴集·前言》,中华书局 2011 年版,第 2 页。
② 黄兴:《咏鹰诗》,《黄兴集》,中华书局 2011 年版,第 1 页。
③ 《黄兴集·前言》,中华书局 2011 年版,第 3 页。
④ 《黄兴集·前言》,中华书局 2011 年版,第 3 页。
⑤ 《黄兴集·前言》,中华书局 2011 年版,第 3 页。

声援,不难取湘省为根据地。然使湘省首义,他省无起而应之者,则是以一隅敌天下,仍难直捣幽燕,驱除鞑虏。故望诸同志对于本省、外省各界与有机缘者分途运动,俟有成效,再议发难与应援之策。①

黄兴在讲话中明确提出"排满""驱除鞑虏"的革命目标,而且设计的"雄据一省",建立革命根据地,然后"各省纷起"响应的革命方略,是符合当时实际情况的,也为后来的武装起义指明了战略方向。

1904年,黄兴等人决定在阴历十月初十慈禧太后七十寿辰时在长沙起义,省城外则组织岳州、衡州、宝庆、浏阳、常德五路响应,以实现黄兴所说的"雄据一省"的计划。后事泄而起义失败,黄兴等人逃往日本。

1905年7月下旬,经日本友人宫崎寅藏介绍,黄兴结识孙中山,二人畅谈革命形势,十分投机,决定将华兴会、兴中会等革命团体合并,组成中国同盟会。根据孙中山的提议,同盟会决定以"驱除鞑虏,恢复中华,创立民国,平均地权"为革命纲领。8月20日,中国同盟会在东京举行成立大会,推举孙中山为总理,黄兴为执行部庶务、居协理地位,孙中山与黄兴是同盟会的领袖人物,时人称"孙、黄",也是中国辛亥革命最重要的代表人物。孙中山长期旅居海外,进行革命宣传、向华侨募捐筹款以及武装起义的策划,而黄兴则成为同盟会领导的一系列武装起义的实际组织者和指挥者,毛泽东主席在青年时期就曾高度赞扬黄兴为革命的实干家:"湖南有黄克强,中国乃有实行的革命家。"②特别是1911年4月,黄兴领导了震惊全国的广州黄花岗起义,黄兴在投入战斗前写下绝命书:"本日驰赴阵地,誓身先士卒,努力杀贼。书此以当绝笔。"③表达了坚决推翻清王朝,身先士卒,视死如归的决心和勇气。战斗打响后,黄兴亲率敢死队,猛攻两广总督署,枪弹击断其右手食指和中指,仍然坚持战斗,最终还是失败了。这次起义虽然失败了,但却是第一次在中心大城市的起义,在全国起了极大的革命激励作用,成了半

---

① 黄兴:《在华兴会成立会上的讲话》,《黄兴集》,中华书局2011年版,第2页。

② 《毛泽东早期文稿》,湖南出版社1990年版,第514页。

③ 黄兴:《致梅培臣等书》,《黄兴集》,中华书局2011年版,第40页。

年后武昌起义的先声。

1911 年 10 月 10 日,武昌起义爆发。黄兴随即从香港赶赴武昌,临危受命,担任革命军总司令。汉口失守后,领导了汉阳保卫战,为革命赢得了宝贵时间,促进各省反清独立,最后迎来了清王朝的覆灭和中华民国南京临时政府的诞生。

1912 年 1 月 1 日,孙中山在南京举行就任中华民国临时大总统典礼。1 月 3 日,黄兴被任命为南京临时政府陆军部总长;1 月 9 日,又被任命兼南京临时政府参谋部总长。

辛亥革命后,胜利果实很快被袁世凯窃取。当时,南北对峙,由于精锐的北洋军忠于袁世凯,孙中山顾念百姓免遭战乱荼毒,于 1912 年 2 月 13 日辞去大总统,让给了袁世凯。后来,袁世凯野心日益暴露,居然想复辟帝制。1913 年初,由同盟会改组而成的国民党,在国会选举中取得胜利,国民党代理事长宋教仁准备组织内阁,袁世凯派爪牙在上海北火车站刺杀了宋教仁,引发了反对袁世凯独裁的二次革命,黄兴担任江苏讨袁军总司令。二次革命失败后,黄兴逃亡日本、美国等地,继续为反对袁世凯复辟帝制而不懈努力。最后,袁世凯虽然演出了一出帝制复辟的闹剧,但却也只做了 83 天的皇帝梦,便在革命党人的坚决抗击和人民的唾弃中宣布取消帝制,他自己也于 1916 年 6 月 6 日因病不治而亡。

黄兴,这位一生为反对封建专制统治而英勇斗争的民主革命斗士,于 1916 年 10 月 31 日在上海逝世,归葬故乡长沙岳麓山。

陈天华(1875—1905),原名显宿,字星台,湖南新化县下乐村人。5 岁随父读书,1896 年,陈天华家迁到新化县城,常以提篮叫卖谋生。后得族人周济,入资江书院读书。不久,又考入提倡新学的新化实学堂。1900 年春,得族人帮助,入读长沙岳麓书院,文章经常名列前茅。1903 年 4 月,被资送留学日本,进入东京弘文学院师范科。在东京,陈天华结识了黄兴、宋教仁、蔡锷等革命志士。陈天华积极参加留日学生的爱国运动,是拒俄义勇队的骨干,也是军国民教育会的积极分子,还自荐为"运动员",回国策动武装起义。在这年的夏、秋间,连续发表《猛回头》《警世钟》等宣传反帝、反清的著作。1904年冬至1905年11月,撰写《狮子吼》通俗革命小说,并在《民报》小说栏上连载,人们争相购阅。

1903年秋末,陈天华与黄兴、宋教仁、刘揆一等人在长沙发起成立了革命团体华兴会。陈天华在国内除了四处奔走,进行反清革命活动,还积极演说和写作宣传革命和救国的文章,后受到湘中劣绅构陷,被迫再次东渡日本,进入东京法政大学留学。1904年8月,陈天华又回国,准备参加华兴会组织的长沙起义。起义失败后,陈天华绕道江西至上海。当时,陈天华所著《猛回头》《警世钟》被查禁甚急,清政府意欲继《苏报》案之后再兴大狱,陈天华不得已,在这年年底第三次东渡日本。

自此之后,陈天华的反清革命立场更加坚定,他与宋教仁等人创办《二十世纪之支那》杂志,陈天华日夜挥笔写作,发表了一系列革命论文。

1905年,中国同盟会成立,陈天华是主要发起人之一,并被推举为同盟会会章起草人之一。同盟会著名的文告《革命方略》,即出自陈天华之手。陈天华还担任同盟会机关报《民报》撰述员,发表多篇论文和时评。

同盟会的成立,《民报》的出版,革命力量日益壮大,引起了清政府的恐慌,要求日本政府驱逐中国留日学生中的革命党人。1905年11月,日本文部省颁布文令《取缔清韩留学生规则》,日本报纸也对中国留学生进行种种诋毁和攻击。对此,8000多名中国留学生极其愤慨,坚决抗议,并决定全体罢学回国。陈天华忧愤填膺,无法自解,毅然于12月8日在东京大森海湾蹈海自杀!陈天华的死在当时起了很大的震撼作用,次年夏,陈天华的灵柩被运回湖南,长沙人民公葬他于岳麓山时,全城学生穿制服,行丧礼,"万人整队送之山陵"。与陈天华同时公葬的还有在上海投黄浦江自杀的姚宏业。禹之谟等革命党人在葬礼上慷慨激昂演说革命道理,使公葬成了抗议清王朝统治的大示威。

宋教仁(1882—1913),字遯初(亦作钝初),号渔父,湖南桃源人。自幼接受传统文化教育,1899年入桃源县漳江书院读书,师从名儒黄彝寿,并开始接触新学。目睹维新运动从兴起到失败,宋教仁痛恨满清王朝的腐败和倒行逆施,心里萌发革命思想。

1903 年春,宋教仁考入武昌文普通学堂。不久,黄兴从日本回国,到文普通学堂发表演说,痛斥清政府腐败无能,丧权辱国,提倡政治革命,宋教仁极为叹服,即与黄兴结为莫逆之交。这年秋末,宋教仁到长沙,参加筹备华兴会,并被推举为副会长。次年,华兴会谋划的长沙起义失败,宋教仁遭清政府通缉,遂逃往日本,入法政大学学习,后又入早稻田大学攻读政法。1905 年,与陈天华等人创办《二十世纪之支那》杂志。同盟会成立后,改为《民报》,为同盟会机关报。在同盟会的成立过程中,宋教仁是推动华兴会与兴中会等合并而为同盟会的核心人物之一。

1907 年,宋教仁到东北联络当地武装准备发动起义,被清政府发觉而再次逃亡日本。随即,宋教仁得知日本政府想借"间岛问题"侵夺中国领土,腐败无能的清政府却拿不出有力的证据来维护领土主权,宋教仁利用东京帝国图书馆,查阅了大量的历史文献,再结合自己在东北的实地考察,写出《间岛问题》一书,并通过中国驻日公使交给清政府。该书中提供的确凿证据以及翔实论证,使清政府在跟日本政府谈判时取得主动,日本政府不得不承认"间岛"为中国领土。

1911 年,宋教仁回到上海,担任《民立报》主笔,发表了大量揭露清政府腐败、帝国主义瓜分中国阴谋以及鼓吹西方民主政治的文章。1911 年 10 月武昌起义爆发,宋教仁与黄兴等人赶赴武汉,协助办理外交,起草了《鄂州临时约法》,这是中国资产阶级拟定的第一个有宪法性质的文件,也是其他省份制定约法以及《中华民国临时约法》的蓝本。1912 年 1 月中华民国成立后,宋教仁先后担任中华民国临时政府法制院院长以及农林总长。1912 年 8 月,在孙中山和黄兴的支持下,宋教仁将同盟会与统一共和党以及其他几个小党改组为国民党,宋教仁担任代理事长职务。宋教仁卓有成效地主持了党务工作,并派人到各省、市、区组织选举工作,国民党成为当时中国最大的政党,而且在 1913 年初国会选举中获胜。这时,以北洋军队为后盾的袁世凯意识到,通过选举产生的内阁是他独裁统治以及皇帝梦的最大障碍,他先是通过各种手段拉拢宋教仁,但宋教仁不为所动。袁世凯恼羞成怒,派刺客在上海北火车站将宋教仁刺杀,时在 1913 年 3 月 20 日,宋教仁年仅 31 岁。

杨度(1875—1931),字皙子,湖南湘潭人,是著名学者王闿运的得意门生。1894 年,杨度参加顺天乡试,考中举人。次年,参加北京会试,未中,与各省举子一道参加康有为、梁启超等人发动的"公车上书"。

1902 年,杨度赴日本入东京弘文学院速成师范班,是黄兴的同学,曾与黄兴、杨毓麟等人创办《游学译编》,发表主张民主变革的文章,回国时受到其师王闿运训斥。1903 年,杨度再次东渡日本,入弘文学院,后又转入东京法政大学,宣传反清革命。这一年,杨度创作了《湖南少年歌》,歌颂爱国主义,其中警句"若道中华国果亡,除非湖南人尽死!"震撼人心,表达了湘学人物的爱国主义炽热感情和不怕牺牲的英雄气概。

1905 年下半年,清廷派载泽、端方等五大臣出国考察宪政,杨度代笔撰写了《中国宪政大纲应吸收东西各国之长》以及《实施宪政程序》,从而博得大名,回国后俨然成为君主立宪的代言人。

辛亥革命后,杨度依附袁世凯。1915 年,杨度与孙毓筠、严复、刘师培、胡瑛、李燮和等人组织"筹安会",杨度担任理事长,为袁世凯复辟帝制出谋划策,大肆鼓吹,袁世凯对他极尽恩宠,亲赐匾额,称他为"旷代逸才"。然而,袁世凯的倒行逆施遭到全国上下的唾骂和反对,袁世凯取消帝制并暴毙后,杨度也遭到通缉和谴责,遂遁入空门,闭门学佛。后来思想发生变化,转向民主共和。晚年接触了马克思主义学说,并与李大钊等共产党人来往。1928 年,杨度秘密加入中国共产党。1931 年在上海病逝。杨度一生思想多变,但每一次变化他都是真诚的,反映了他当时的思想认识和真实情感,他的经历反映了一部分中国近代知识分子探索救国救民真理,最后找到马克思主义的艰难历程。

蔡锷(1882—1916),名艮寅,字松坡,湖南邵阳人。少年时代跟从著名维新人士樊锥学习,1895 年,年仅 13 岁的蔡锷就考中了秀才。1898 年,蔡锷考入长沙时务学堂,成为维新派领袖人物梁启超、谭嗣同、唐才常的学生。维新运动失败后,蔡锷在唐才常的资助下赴日本留学。1900 年唐才常领导自立军起义,蔡锷与十余名时务学堂学生回国参加起义,后起义失败,唐才常英勇就义,蔡锷幸免于难,再赴日本,先后入成城学校、东京士官学校学习军事。

1905 年,应湖南巡抚端方邀请,担任湖南教练处帮办,并兼武备、兵目两学堂教官。同年,广西巡抚李经羲奏调蔡锷赴桂,担任广西新军总参谋官和总教练官。

1911 年初,蔡锷又被奏调到云南,任新军 37 协协统。武昌起义爆发后,蔡锷在云南发动起义响应,于是年 11 月 1 日宣布云南独立,成立云南军政府,蔡锷被拥戴为军政府督军。南京临时政府成立时,蔡锷就曾致电孙中山与黄兴,提醒他们要警惕袁世凯。后来袁世凯野心暴露,宋教仁被刺杀,革命党发动二次革命,蔡锷积极响应,可惜二次革命很快就失败了,蔡锷也遭到袁世凯的忌恨。1915 年 10 月,蔡锷被袁世凯调进北京,一方面以高官厚禄拉拢,另一方面也是要剥夺蔡锷的实权。蔡锷一开始用巧妙的手段与袁世凯周旋,蔡锷假装沉溺酒色,不问政事,甚至在袁世凯称帝的《劝进表》上签名。1915 年 12 月 11 日,蔡锷以到天津治病为名,逃离虎口,坐轮船辗转日本、香港、越南回到昆明。12 月 25 日,云南宣布独立,组成护国军,蔡锷担任总司令。当时,护国军兵力不足一万,而袁世凯派来的北洋军兵力超过十万,护国军在蔡锷的巧妙指挥以及百姓的支持下,以少战多,屡打胜仗。后来,广西、贵州相继独立,南方各省纷纷响应,在各方力量的坚决反对和众叛亲离的窘境中,袁世凯不得不宣布取消帝制,并羞愤而死。

蔡锷由于军务繁劳,条件极其困苦,之前的喉病加重,只好赴日本就医。1916 年 11 月 8 日,蔡锷病逝于日本福冈大学医院,年仅 34 岁。

以上所述是辛亥革命时期湖南最著名的革命志士对辛亥革命的贡献。实际上,湖南和全国一样,还有千千万万的革命志士为反帝发清,推翻满清专制王朝统治,实行民主革命而奔走呼号,宣传鼓动,甚至赴汤蹈火,抛头颅洒热血。

第二节 辛亥革命时期湘学代表人物对中国近代价值观的理论贡献

辛亥革命时期的湘学代表人物,樊锥、杨毓麟、黄兴、陈天华、宋教仁、杨度、蔡锷等人,大都是革命的实干家,没有太多时间进行艰深的理论研究,但是,由于他们站在时代的思想前沿,他们的行动是在他们思想的指引下而实行的。因而,他们的思想反映了时代的潮流和时代核心价值观。同时,又由于他们有巨大的号召力和影响力,故而他们的思想和价值观对当时的社会产生了巨大的影响。

总体而言,辛亥革命时期革命志士价值观的共同特征,第一是反帝反专制,进行政治思想启蒙;第二是在当时中国衰弱落后的历史背景下,向往西方民主政治制度,从政治层面学习西方文化,有时也会触及道德伦理层面;第三是主张通过暴力革命推翻清王朝专制统治,表现出不怕流血,英勇无畏的勇武精神,这一点与维新运动改良派不同。当然,每一位革命志士的思想也有所区别,侧重点也不同,甚至还有像杨度这样走过思想弯路的人,但是,总体上他们的思想格局是在上述三个方面之内。下文分而略述之。

一、樊锥

樊锥作为从维新派走向革命的湘学人物,与维新派代表人物谭嗣同、唐才常一样,对封建专制主义进行了无情的批判,主张学习西方民主政治制度,发展近代工商业。

樊锥在思想和价值观领域最有特色的地方就是他提出"唯泰西是效"的改革观,被认为是最早提出"全盘西化"思想的人。樊锥说:

> 洗旧习,从公道,则一切繁礼细故,猥尊鄙贵,文武名场,恶例劣范,铨选档册,谬条乱章,大政鸿法,普宪均律,四民学校,风情土俗,一革从

前,搜索无剩,唯泰西者是效,用孔子纪年,除拜跪繁节,以与彼见而
道群。①

"唯泰西是效"就是提倡在所有领域全盘效法西方,全面接受西方价值观,
这种思想已经超出了维新派的政治改良观念,发 1930 年代"全盘西化"论
的先声。葛兆光先生评价樊锥说:"到了光绪二十四年(1898)也就是戊戌
变法的那年,一个叫樊锥的人在《湘报》发表《开诚篇》,提出了最早的全盘
西化论。叫'洗旧习,从公道……'"②当时,与樊锥相呼应的还有另外一个
湘学人物易鼐,也在《湘报》上发表《中国宜以弱为强说》,提出"一切制度,
悉从泰西"。

全盘西化,固然不是正确的道路,一百多年来的历史,更是证明这条道
路是行不通的。但是,在当时中国积贫积弱,濒临亡国灭种的危难时刻,尤
其是中日甲午战争中国战败的残酷现实,使一部分知识分子失去了文化自
信,全身心倾慕西方文化,提出全盘西化,全面接受西方制度、文化以及价值
观的主张,樊锥是首发其论者。

二、杨毓麟

辛亥革命时期湘籍革命志士杨毓麟,是湖南最早提出反帝、反清革命思
想的人。杨毓麟对"帝国主义"本质的揭露,以及明确提出反对"帝国主义"
的口号,不仅在湖南,就是在辛亥革命时期的全国,迄今所知也是最早的。
杨毓麟在1902 年撰写的《新湖南》一书中,明确提到"帝国主义"的产生及
其瓜分中国的险恶用心。杨毓麟说:

> 民族主义之前,固已有所谓帝国主义矣,顾其为此主义之原动力
> 者,或出于世主一人之野心,或出于武夫健将一二人之权略,而非以其
> 全国人之思想为发生之基本,非以其全国人之耳目为运动之机关,故其
> 末路往往丧败不可收拾。民族主义变而为民族帝国主义则异是。其为

---

① 《樊锥集》,中华书局 1984 年版,第 11—12 页。
② 葛兆光:《中国思想史》第二卷,复旦大学出版社 2000 年版,第 686 页。

> 此主义之原动力者,非出于政府一二人之野心也,国民生殖蕃盛之力所膨胀也;亦非出于武夫健将一二人之权略也,国民工商业发达、资本充实之所膨胀也……彼族以东亚为二十世纪工商业竞争之中心点,欲反客而为主,目营而心醉之也久矣。①

杨毓麟指出,由工商业发展、资本扩张而形成的帝国主义,是其生产力发展的必然结果。这种帝国主义必然要向外"膨胀"扩张,要瓜分世界争夺势力范围,进入 20 世纪,中国成为帝国主义争夺的中心地区。杨毓麟紧接着揭露了当时西方几个帝国主义国家对中国的瓜分野心:俄国帝国主义侵略我国东三省、内外蒙古,攘夺旅顺、大连诸湾等;英国帝国主义有九龙界线之扩张,强祖威海卫港口,划出长江流域势力范围等;德国帝国主义强租胶州湾,攫取山东全省铁道、矿山开办权;美国帝国主义则在中国攫取了湘粤铁路承办权;等等。② 杨毓麟进一步指出帝国主义侵略的本质:

> 若夫列强所以施行此帝国主义之方针,则以殖民政略为主脑,而以租界政略、铁路政略、矿产政略、传教政略、工商政略为眉目,用以组织此殖民政略,使达于周密完全之地。③

杨毓麟尖锐地指出,西方帝国主义列强从攫取租界、铁路、矿产、传教、工商等权利,发展到对中国实行殖民侵略,以传教与工商为例:"始之所谓传教者,虽有民教交哄之损失,尚无借此以掠夺要地、劫取海权之事也;政略既变,则虽仅以保护为名,而实则掠夺要地、劫取海权……始之所谓工商政略者,不过支支节节侵入内地……以工商势力圈限为其名,而以政治圈限为其实。招牌未改,而数百年之老店已盘顶于他人;堂构依然,而数十世之家居,已重典于异姓矣。"④杨毓麟指出,帝国主义列强以传教和通商为名,实际已经实施掠夺要地、劫取海权等"支支节节"的侵略行为,中华民族面临亡国

---

① 杨毓麟:《新湖南》,《杨毓麟集》,岳麓书社 2001 年版,第 41 页。
② 杨毓麟:《新湖南》,《杨毓麟集》,岳麓书社 2001 年版,第 41—42 页。
③ 杨毓麟:《新湖南》,《杨毓麟集》,岳麓书社 2001 年版,第 43 页。
④ 杨毓麟:《新湖南》,《杨毓麟集》,岳麓书社 2001 年版,第 43—44 页。

灭种的凶险境地,但是,腐败无能的清政府,不但不能保护中华民族免遭侵略,反而一再割地赔款,丧权辱国,对外卑躬屈膝,沦为帝国主义侵略中国的傀儡,对内则穷凶极恶,残酷镇压和盘剥人民。杨毓麟满怀悲愤地揭露:

> ……于是以扶植满洲政府,为兼弱攻昧之秘藏,以开放中国门户,为断腰绝脊之妙术。满洲政府为之伥,而列强为之虎;满洲政府为之囮,而列强为之罗。使吾国民援戈相逐,则借满政府之兵力以锄之,正其名以告天下曰,此盗贼之行径,野蛮之举动也;使吾国民戢翼而处,则借满政府之赔款以蠹之,正其名以告天下曰,此所以维持国际之安宁,保全外交之睦谊也。而吾国民则如中蛊毒,脏腑蚀尽,终必死亡。①

杨毓麟无比沉痛地揭露了满清政府为了维护自己的衰败统治,不惜为虎作伥,甘当帝国主义的傀儡甚至镇压人民的帮凶,因此,要想将帝国主义势力赶出中国,就必须先推翻满清傀儡政府! 杨毓麟大声疾呼:

> 吾国民不可不与盗卖主权之公敌宣战,则今日不可不与满政府宣战! ……黑暗! 黑暗!! 黑暗!!! 谁使我国民沉沦于十八重地狱者,则必曰倾宗覆社、日事淫乐之宫中圣人,城狐穴鼠、贪叨富贵之王爷、大学士也。苦痛! 苦痛!! 苦痛!!! 谁使吾国民堕落于百万由旬苦海者? 则必曰婉娈事人绸缪旦夕之野鸡政府、全无心肝不知死活之王八官场也。今日国民不摧灭此积秽之傀儡场,则为技师而舞蹈之者,环而相集也,利用傀儡场之威权而劫取吾国民之主权。故吾国民之主权可以旦夕间消灭,而傀儡场之威权,势不可以旦夕间消灭;消灭傀儡场之威权,则无以为垄断我国民主权之余地也。夫如是,则吾国民之主权与傀儡场之威权,两不相容者也。不消灭傀儡场之威权,则无以伸张吾国民之主权。且不急急消灭傀儡场之威权,待主权消灭之后,则傀儡场已同归于灰烬,而吾国民之主权万无可以复伸之一日。②

---

① 杨毓麟:《新湖南》,《杨毓麟集》,岳麓书社 2001 年版,第 44 页。

② 杨毓麟:《满洲问题》,《杨毓麟集》,岳麓书社 2001 年版,第 90 页。

杨毓麟以极大的愤慨,提出要与盗卖主权的国民公敌满清政府宣战!他痛斥"日事淫乐"的清廷最高统治者以及"城狐穴鼠"般的王公大臣是使我国民沉沦于十八重地狱的罪魁祸首,并将满清政府描绘成"傀儡场",是"野鸡政府",应该尽快被消灭。

用什么手段消灭旧政府?杨毓麟主张暴力革命:"非隆隆炸弹,不足以惊其入梦之游魂;非霍霍刀光,不足以刮其沁心之铜臭。呜呼!破坏之活剧,吾曹安得不一睹之?破坏之悬崖,吾曹安得不一临之?"①杨毓麟倡导用暴力革命推翻满清统治,他也亲身实干,一方面撰写著作文章,进行革命宣传,另一方面还亲自制造炸弹,组织暗杀活动,并奔走联络,策动武装起义。

杨毓麟对湖南在革命中的作用寄予厚望,他认为湖南有特别独立之根性,有悠久的民族主义和爱国主义传统。他说:

> 我湖南有特别独立之根性……其岸异之处,颇能自振于他省之外,自濂溪周氏,师心独往,以一人之意识,经纬成一学说,遂为两宋道学不祧之祖,胜国以来,船山王氏以其坚贞刻苦之身,进退宋儒,自立宗主。当时阳明学说遍天下,而湘学独奋然自异焉。自是学子被服其成俗,二百年来,大江南北相率为烦琐之经说,而邵阳魏默深治今文《尚书》、三家诗,门庭敞然。及今人湘潭王氏之于《公羊》,类能蹂躏数千载大儒之堂庑,而建立一帜。道咸之间,举世以谈洋务为耻,而魏默深首治之。湘阴郭嵩焘远袭船山,近接魏氏,其谈海外政艺时措之宜,能发人之所未见,冒不韪而勿惜。至于直接船山之精神者,尤莫如谭嗣同,无所依傍,浩然独往,不知宇宙之圻埒,何论世法,其爱同胞而忌仇虐,时时迸发于脑筋而不能自已。是何也?曰:独立之根性使然也。②

杨毓麟赞颂湖南历代先贤的独立创新精神,尤其推崇王船山,认为近代直承船山精神者是谭嗣同。杨毓麟推崇船山最首要的一点,就是船山的民族主

---

① 杨毓麟:《新湖南》,《杨毓麟集》,岳麓书社2001年版,第58页。
② 杨毓麟:《新湖南》,《杨毓麟集》,岳麓书社2001年版,第35页。

义思想和爱国主义精神:"王船山氏平生所著书,自经义、史论以至稗官小说,于种族之戚,家国之痛,呻吟呜咽,举笔不忘。如盲者之思视也,如痿者之思起也,如喑者之思言也,如饮食男女之欲一日不能离于其侧,朝愁暮思,梦寐以之。"①正因为湖南人有"特别独立之根性",又有悠久深厚的民族主义和爱国主义传统,故而杨毓麟提出"欲谋中国,不得不谋湖南"②,"欲新中国,必新湖南"③。如何"谋湖南"? 如何建立"新湖南"? 杨毓麟提出首先要谋求湖南独立:

> 建天心阁为独立之厅,辟湖南巡抚衙门为独立之政府,开独立之议政院,选独立之国会员,制定独立之宪法,组织独立之机关,扩张独立之主权,规划独立之地方自治制,生计、武备、教育、警察诸事以次备举。④

当然,杨毓麟提出湖南独立,并不是要分裂中国,"吾党之言独立决不在此"⑤。杨毓麟提倡的独立,意在以湖南为榜样,先建立一个独立而有地方自治权的湖南,然后推广到其余各省,使各省先独立自治,再联合而为一个独立、自由、民主、富强的新中国:"中国散为十八行省,十八行省散为千五百州县,千五百州县散为四万万人。……湖南者,中国之一部分;新湖南者,畔全体而裂去其一部者也。非能畔而裂之,则亦不能缝而完之。由吾党之说,则四万万分子,聚而为千五百分子,千五百分子,聚而为十八分子,十八分子聚而为中国。质点愈密,则团结力愈益强固。"⑥杨毓麟的意思很明确,在当时看来,全国四万万人,聚而为千五百州县,再聚而为十八行省,最后聚而为中国。国家要统一,但人人又要独立。而且,在杨毓麟看来,恰恰是每一个人充分发挥了其独立性、积极性和创造性,国家才能强大。

---

①　杨毓麟:《新湖南》,《杨毓麟集》,岳麓书社2001年版,第34页。
②　杨毓麟:《新湖南》,《杨毓麟集》,岳麓书社2001年版,第32页。
③　杨毓麟:《新湖南》,《杨毓麟集》,岳麓书社2001年版,第63页。
④　杨毓麟:《新湖南》,《杨毓麟集》,岳麓书社2001年版,第62—63页。
⑤　杨毓麟:《新湖南》,《杨毓麟集》,岳麓书社2001年版,第63页。
⑥　杨毓麟:《新湖南》,《杨毓麟集》,岳麓书社2001年版,第63页。

三、黄兴

黄兴是革命的实干家,是辛亥革命仅次于孙中山的二号领袖人物,不但宣传反清革命不遗余力,而且组织武装起义亲冒枪林弹雨,视死如归。黄兴一生光明磊落,品行高洁,尤其在维护孙中山领导地位上表现出大公无私,维护全局,毫不计较个人名位的高尚品德。在与孙中山共同创立同盟会时,黄兴提议不经选举公推孙中山为总理,后来同盟会产生分裂,有人提出罢免孙中山,改选黄兴为总理,黄兴予以拒绝,并坚决维护孙中山的威信,黄兴说:"革命为党众生死问题,而非个人名位问题,孙总理德高望重,诸君如求革命得有成功,乞勿误会,而倾心拥护。"[①]武昌起义后,袁世凯窃取胜利果实,逼孙中山退位,刺杀宋教仁,引发"二次革命",在这期间,黄兴曾与孙中山发生严重分歧,孙中山意欲进行"第三次革命",致信黄兴曰:"及今图第三次,弟欲负完全责任……弟有所求于兄者,则望兄让我干此第三次之事,限以二年为期。"[②]看来,这次孙、黄二人分歧相当严重,已经到了无法共事的地步,孙中山希望黄兴暂时退出领导位置,由孙中山一人独立领导"第三次革命"。几天后,在复黄兴书中,孙中山又重申了这个意思:"再图第三次之革命,则弟甚望兄能静养两年,俾弟一试吾法。"[③]话说到这个份上了,黄兴只好暂时离开,远走美国。当时,有同盟会老会员曾劝说黄兴另组新党,与孙中山分庭抗礼,但黄兴予以严词拒绝:"党只有国民党,领袖惟中山,其他不知也。"[④]到了美国之后,黄兴言行一致,并未另树一帜,而是以孙中山为旗帜,争取各方支持,致力于反袁斗争。

尽管黄兴一生大部分时间都在从事反清革命以及反对专制复辟,捍卫宪政民主的革命实践活动,但是在理论建设和价值观方面,黄兴也有突出的

---

① 黄兴:《复刘揆一书》,《黄兴集》,中华书局 2011 年版,第 7 页。
② 《孙中山复黄兴书》(1914 年 5 月 29 日),见《黄兴集》,中华书局 2011 年版,第 358—359 页。
③ 《孙中山复黄兴书》(1914 年 6 月 3 日),见《黄兴集》,中华书局 2011 年版,第 360 页。
④ 《黄兴集·前言》,中华书局 2011 年版,第 20 页。

贡献。而且,由于他是辛亥革命的风云人物,影响力非他人所能及,故而其对时代价值观的引领作用是巨大的。

在政治上,黄兴推崇西方的民主政治和政党政治,尤其赞扬法、美两国的政治制度。黄兴说:

> 世界大势,日趋于平民政治,吾人乃亦以平民政治为归宿。盖国家者,非一人独有之国家,乃人民共有之国家,以人民为国家之主人,起而担负国家之重任,此固理之至明,而亦情之至顺者也。①

黄兴将民主政治称为"平民政治",并指出这种"平民政治"的本质是在宪法保证下的"以人民为国家之主人"。在此基础上,黄兴又提出"人民平等""人民公仆"等概念:

> 盖共和国家,人民平等,由总统而官吏,均为人民公仆。②

"人民平等""人民公仆"这样的概念,对我们来说是何等熟悉!后来的中国共产党也特别提倡这种观念,可见中国共产党对先辈革命家思想的继往开来,也可看出黄兴思想的先进性和对人民的高度重视。

在民主政治的运行方式上,黄兴倡导政党政治。他说:

> 在今日之民国,所以不可不有政党者,因为欲产出真正之共和政治,必待政党对于政治为专门之研究。本党前身为同盟会,彼时从事革命运动,故其目的、性质、手段纯然为破坏的。今日则民国成立,建设伊始,时势已迥不同,即目的不得不改变……至本党对于民国建设事业当取如何之方针,是则不可不借鉴先进诸国。欧美各国之已成为完成之国家而能代表共和政治者,仅法、美两国。法、美两国政治之运用,需待政党之力为多,而共和之真精神亦于此发挥。我民国为数月甫经成立之国,一时国内政党勃兴。政党太多,于政策之进行不无妨碍。欲追踪法、美以收共和之美果,不可不造成伟大政党,俾对于国家政治力加研

---

① 黄兴:《〈国民〉月刊出世词》,《黄兴集》,中华书局 2011 年版,第 315 页。
② 黄兴:《在美洲中国国民党支部召开"二次革命"纪念大会上的演讲》,《黄兴集》,中华书局 2011 年版,第 368 页。

究,以得稳健之主张,发表于国民之前,使全国人心有所趋响,而后得多
数国民同情,政治进行可免障碍,国家之发达亦于此基之矣。①
黄兴在这里首先指出革命时期和建设时期的方式是不同的,民国建设的方
针,要借鉴西方发达国家,尤其是法、美两国的政党政治制度。黄兴也清醒
地指出,当时中华民国成立伊始,政党勃兴,中国的国情不宜实行多党制:
"现在中国尚处危境,不宜多党。党派林立,意见分歧,遇有重大问题发生,
各树旗鼓,民国非常危险。就现势而论,国家需有一最大之党将中国弄好,
近之数十年,远之数百年,立于不败之地。"②黄兴不愧为具有远见卓识的革
命领袖,预见到党派林立、意见纷乱的危险,他寄希望于造就一个最大的政
党把中国的事情办好,数百年立于不败之地。黄兴当时的希望自然只在国
民党。但是,国民党并未能如黄兴所期盼"将中国弄好",倒是后来成立的
中国共产党"将中国弄好"了,使中国真正独立于世界民族之林,蓬勃发展
而立于不败之地。

黄兴在政治上推崇西方的政党民主政治制度,主张从政治层面向西方
国家学习,这是辛亥革命时期革命志士的普遍共识。但是,黄兴思想的特别
之处在于,他在主张学习西方政治制度的同时,又保持清醒的头脑,能够辩
证地看待西方国家的社会制度和文化,提出了一些颇具前瞻性的社会改革
思想以及现实而辩证的道德价值观念,最主要表现在如下两个方面:

第一,黄兴敏锐发现西方资本主义贫富悬殊的危害,提倡国家社会主
义。他说:

> 我国此次革命,非但种族上革命,非但政治上革命,其结果乃是社
> 会上革命。从前专制时代,社会上受种种压制之苦,兄弟很为之悲恻。
> 大凡富贵贫贱不平之等级,皆由政治上所造的恶。今政治上既已革命,

①　黄兴:《在国民党鄂支部欢迎会上的演讲》,《黄兴集》,中华书局 2011 年版,第
288 页。
②　黄兴:《在醴陵国民党支部欢迎会上的演说》,《黄兴集外集》,湖南人民出版社 2002
年版,第 236—237 页。

我们当将眼界看宽,化除私心,将富贵贫贱各阶级一律打破,使全国人人得享完全幸福。社会主义,在世界上尚未十分发达,即如法、美二大共和国,社会上有资本家与劳动家之异。美洲之资本家,其一人之财产可敌全国之富。劳动家每因资本家之虐待,常有冲突之事,将来社会革命在所不免。兄弟愿诸君将社会革命包在政治革命之内,抱定国家社会主义,免去欧洲将来社会革命之事。提倡土地国有,使多数国民皆无空乏之虑……财产倘为少数人所垄断,则必如欧美之资本家,实足为社会上之恶。必须财产归公,不使少数人垄断。①

黄兴指出当时欧美资本家垄断社会财富,有些一个人的财产可敌全国之富,贫富差距极端悬殊,这是十足的恶,将来必然会引起社会革命。黄兴提倡土地国有,财产归公的"国家社会主义",这样就可以免去将来社会革命之事。黄兴所提出的"人人平等""同享幸福""土地国有""财产归公""消灭贫富差距"等思想,明确倡导"社会主义",这说明黄兴具有非常敏锐而超前的思想,是社会主义思潮在中国的最早宣传者之一。

第二,在伦理道德领域,黄兴推崇"孝弟(悌)忠信,礼义廉耻"等儒家道德原则,认为这些原则有很强的现实价值,而且西学在这方面有所不备。黄兴说:

民国初建,百端待理。立政必先正名,治国首重饬纪。我中华开化最古,孝弟忠信、礼义廉耻为立国之要素,即为法治之精神。②

黄兴把"孝悌忠信、礼义廉耻"八字道德视为"立国之要素"。接着,黄兴对"忠"与"孝"进行了时代的新诠释,"忠"不是忠一家一姓的君主,而是尽职尽责,忠于民族和国家,忠于人民;"孝"不仅仅是对自己的父母孝,不是"独亲其亲",而是立身任事,普济天下。比如武昌起义,全体革命志士同心同德,前赴后继,"复九世之深仇,贻五族以幸福",对民国而言是忠,而对于私

① 黄兴:《在北京社会党欢迎会上的演进》,《黄兴集》,中华书局 2011 年版,第 267—268 页。

② 黄兴:《致袁世凯等电》,《黄兴集》,中华书局 2011 年版,第 193 页。

家而言则是孝。黄兴又看到,当时民国初建,有些人出于对封建君主专制统治的憎恨,对传统的忠孝观念进行猛烈的批判,但却走向极端,社会上出现不忠不孝,不讲道德,不顾廉耻,甚至蔑视法纪的现象。黄兴认为这是十分危险的:"比来学子,每多误会共和,议论驰于极端,真理因之隐晦。循是以往,将见背父离母认为自由,逾法蔑纪视为平等,政令不行,伦理荡尽。家且不存,国于何有?"①黄兴作为一个务实的革命领袖,深深感觉到"政令不行,伦理荡尽"的危险。在道德伦理建设方面,黄兴对中国传统伦理道德和思想价值有极高的崇敬。他说:

> 德行为学问之根本。据东亚看起来,立国以中国为最古,而道德亦以中国为极完善,中国之道德且为欧西各国所不及。究之道德从何处说起? 盖有一定标准,即孝弟忠信礼义廉耻是也……凡做事能着实做去即谓之忠。古人所谓"为人谋而不忠",即此可悟忠字之确解。人莫不知爱其父母,实行其爱即成为孝。至如礼义廉耻,关于人格问题,无此四字即不成人格。凡此皆道德上之范围也。西洋学问发达,于此等道德范围未必完备,亦是缺点。②

黄兴在这里推崇的实际上是传统儒家的核心价值观。黄兴所说的德行为学问之根本,是沿用孔子思想,孔子教人首重德行。"孝弟忠信礼义廉耻",这是儒家核心价值观内容。黄兴在谈到"忠"的时候,认为"忠"就是做事能着实做去,他引用曾子"吾日三省吾身:为人谋而不忠乎? 与朋友交而不信乎? 传不习乎?"(《论语·学而》) 中的"为人谋而不忠"一语,也可以说是俗语所谓受人之托,忠人之事,无论办什么事,只要受人之托,或者是国家、社会之托,或者是自己决心要做,就"着实做去",这就是"忠"。至于孝,黄兴也是继承儒家思想,儒家讲孝首先就是孝爱父母,黄兴也是这个意思。黄兴将传统儒家的道德伦理思想与西方各国相比较,断言"中国之道德且为

---

① 黄兴:《致袁世凯等电》,《黄兴集》,中华书局 2011 年版,第 193 页。

② 黄兴:《在周南女校欢迎会上的演说》,《黄兴集外集》,湖南人民出版社 2002 年版,第225 页。

欧西各国所不及","西洋学问发达,于此等道德范围未必完备",可见黄兴对儒家伦理道德的认同和肯定。

黄兴是革命领袖,他提出的政治和道德伦理思想以辩证务实为特点,不像一般的学者可以不负实际责任地发表一些极端的言论。辛亥革命第一号领袖人物孙中山,也发表了大量推崇儒家核心价值观的言论,如孙中山提出"八德"作为中华民国的核心价值观,即"忠孝仁爱信义和平"。① 这"八德",主体内容来自传统儒家核心价值观"仁义礼智信,忠孝廉节和"。孙中山对"八德"的内容有很多论述,戴木才先生摘选了许多语录,现转录部分于下:

孙中山论"忠孝"摘录:

"还是要尽忠,不忠于君,要忠于国,要忠于民,要为四万万人去效忠。"

"我们做一件事,总要始终不渝,做到成功。如果做不成功,就是把性命去牺牲亦所不惜,这便是忠。"

"讲到孝字,我们中国尤为特长,尤其比各国进步得多。"

"现在世界中最文明的国家讲到孝字,还没有像中国讲到这么完全。"

孙中山论"仁爱"摘录:

"仁爱也是中国的好道德。"

"古时在政治一方面所讲爱的道理,有所谓'爱民如子',有所谓'仁民爱物',无论对于什么事,都是用爱字去包括。所以古人对于仁爱究竟是怎么样实行,便可以知道。"

"我们要学外国,只要学他们那样实行,把仁爱恢复起来,再去发扬光大,便是中国固有的精神。"

孙中山论"信义"摘录:

"依我看来,就信字一方面的道德,中国人实在比外国人好得多。"

---

① 见戴木才:《中国特色核心价值观的传统、现实与前景》,广西人民出版社 2011 年版,第 36 页。

"中国所讲的信义,比外国要进步得多。"

孙中山论"和平"摘录:

"爱和平就是中国人的一个大道德,中国人才是世界上最爱和平的人。"

"中国人的本性就是一个勤劳的、和平的、守法的民族,而绝不是好侵略的种族,如果他们确曾进行过战争,那只是为了自卫。"①

孙中山曾长期生活在国外,对外国人的道德水准是有切身体验的,他认为中国儒家道德在很多方面都超越外国,显得更先进,更合理。孙中山也是最高的革命领袖,如何治理好国家,如何让国民生活得幸福和谐,是他要着重考虑的。孙中山与黄兴两个旧民主主义革命的第一号和第二号领袖人物,异口同声推崇传统儒家核心价值观,并不是没有原因的,说明儒家核心价值观在政治治理以及人的德性修养和人格培养方面是有独到之处的,尤其在建立民国之后,从以"破坏"为目的的革命转变到以建设为目的的治国,就要大力提倡道德建设,而中华民族传统核心价值观正好可以提供这种道德建设的优秀资源。

四、陈天华

陈天华只活了短短的 30 岁,但却是辛亥革命时期最有影响力的革命宣传家。陈天华的代表作是《猛回头》《警世钟》《狮子吼》。《印送〈警世钟〉缘起》一文曾记述《警世钟》一书在当时国内以惊人的速度传播的情况:"本社同人,初拟将《猛回头》等书,各印送数十万册,而于《中国白话报》《小说报》则购送数百份。以资绌,仅印送《警世钟》一万部,购送《中国白话报》一百份,其余有俟。乃付印未竟,接内地各处来函,称此书已翻刻数十版,册数以百万计!"②当时一些革命志士计划印送《猛回头》等书几十万册,但计划购送《中国白话报》等则只有几百份,可见在计划中陈天华的著作影响力就

---

① 以上摘录均见戴木才:《中国特色核心价值观的传统、现实与前景》,广西人民出版社 2011 年版,第 37—38 页。

② 《陈天华集》,湖南人民出版社 1982 年版,第 96 页。

远远超过其他书报。没想到在中国内地,人们自动翻印陈天华《警世钟》等著作册数已达百万之数,远远超过了革命志士的预期,在当时可谓书籍出版的天文数字,足见陈天华著作流行之广,为人们争相阅读。陈天华在他30岁那年蹈海殉国,长沙人民为他举行声势浩大的公葬活动。几年后,毛泽东主编的《湘江评论》发表《本会总记》文章称这是"惊天动地可纪的一桩事"①,并描述具体情形:

> 陈天华、姚宏业者,一个是新化学生,一个是益阳学生,同在日本,于归途的中间,感愤国家的危亡,蹈海而死。湖南学生得报,灵柩溯湘水回来,便要求政府,葬于岳麓山。麻木不仁的湖南巡抚喻廉三,及提学使某,正想借着革命党和学生的血将他们的顶子染得更红,固执不准。这边要求无效,便采用"自由主义",于光绪三十二年四月一日,长沙省城大小学生,全体发动,分从朱张渡,小西门两处渡河。鲜明的旗子和洁白的衣服,映着火红的日光,高唱哀歌,接二连三的延长十里以外。军警呆立路旁观看,那敢张声。这次毕竟将陈、姚葬好,官府也忍气吞声,莫敢谁何。湖南的士气,在这时候,几如中狂发癫,激昂到了极点。②

陈天华的蹈海自杀,在湖南产生如此声势浩大的影响,除了人们感愤于国家危亡的苦痛,陈天华革命宣传著作家喻户晓的影响和鼓动力也是一个原因。

那么,陈天华的著作为什么有如此巨大的影响力呢?除了拥有深刻而切中时弊的思想内容,其著作的形式也是一个重要的因素。陈天华进行革命宣传,特别注重面向广大的底层劳苦大众,所以他运用通俗易懂的白话文以及民间说唱评弹的形式,将革命思想灌注于广大民众喜闻乐见的文学形式中,在当时的革命宣传中独树一帜,同时也发中国白话文运动之先声。

陈天华的《猛回头》作于1903年夏,而《警世钟》则作于同年秋,两书堪

---

① 《毛泽东早期文稿》,湖南人民出版社1990年版,第645页。

② 《毛泽东早期文稿》,湖南人民出版社1990年版,第645—646页。

称旧民主主义革命思想宣传的姊妹篇。《猛回头》运用说唱评弹的形式,介绍中国历史、地理以及世界五大洲,揭露满清统治者的残暴统治和黑暗现实。

陈天华指出,当人们觉醒了要起来推翻满清王朝时,却遭到一些人的阻挠:"便有这,无耻的,替他勤王!"①这显然就是斥责当时康有为等保皇派。接着,陈天华对"忠孝""纲常"等道德伦理思想进行了批判:

> 还有那,读书人,动言忠孝,
>
> 全不晓,忠孝字,真理大纲。

陈天华在这里并不是要完全否弃"忠孝纲常",而是呼唤真正的"忠孝纲常",所谓"忠"是要忠于国家,在当时就是认为不要忠于满清王朝。陈天华还揭露外国列强的嚣张野心以及满清王朝的懦弱与丧权:

> 俄罗斯,自北方,包我三面;
>
> 英吉利,假通商,毒计中藏;
>
> 法兰西,占广州,窥伺黔桂;
>
> 德意志,胶州领,虎视东方;
>
> 新日本,取台湾,再图福建;
>
> 美利坚,也想要,割土分疆。
>
> 这中国,哪一点,还有我分?
>
> 这朝廷,原是个,名存实亡。
>
> 替洋人,做一个,守土官长,
>
> 压制我,众汉人,拱手降洋。②

陈天华指出中国正面临被帝国主义瓜分的危险境地,而腐朽的朝廷已经名存实亡,沦为了洋人的"守土官长"。接下来,陈天华叙述了世界上那些沦为西方列强殖民地民族的悲惨历史,并揭露了帝国主义在中国犯下的种种

---

① 陈天华:《猛回头》,《陈天华集》,湖南人民出版社1982年版,第34页。

② 陈天华:《猛回头》,《陈天华集》,湖南人民出版社1982年版,第35—36页。

罪行以及中国人民的深重灾难，号召同胞起来抗争，"死中求活"，并提出从"除党见""讲公德""重武备""务实业""兴学堂""禁缠足""戒洋烟（鸦片）"等方面来改造中国的政治主张。同时，陈天华还倡导向西方学习，尽管西方列强在中国犯下累累罪行，但我们反而更加不能闭关自守，要学习他们的优长。最后，陈天华热血沸腾地号召人们奋起反抗，推翻专制统治，驱除外族列强，实现民族独立：

> 哪怕他，枪如林，炮如雨下；
>
> 哪怕他，将又广，兵又精强；
>
> 哪怕他，专制政，层层束缚；
>
> 哪怕他，天罗网，处处高张。
>
> 猛睡狮，梦中醒，向天一吼！
>
> 百兽惊，龙蛇走，魑魅逃藏。
>
> 改条约，复政权，完全独立，
>
> 雪仇耻，驱外族，复我冠裳。
>
> 到那时，齐叫道，中华万岁！
>
> 才是我，大国民，气吐眉扬。

看到这里，我们感到无比震撼，也无比自豪。民族独立，不再受外族霸凌，这是陈天华等无数革命志士的梦想，而我们现在已经生活在他们的梦想完全实现的时代，这是无数革命先烈用鲜血和生命换来的，我们没有理由不珍惜。生活在陈天华他们梦寐以求的"气吐眉扬"的时代，我们没有理由不热爱独立自主，日益强大的祖国。

在写作《猛回头》的同年秋天，陈天华又完成了《警世钟》的撰著，进一步揭露帝国主义侵略的惨祸，号召人们起来抵御外侮，救亡图存。《警世钟》一开始就警告中国正面临亡国灭种的危机：

> 我们同胞辛苦所积的银钱产业，一齐要被洋人夺去；我们同胞恩爱的妻儿老小，活活要被洋人拆散，男男女女们，父子兄弟们，夫妻儿女们，都要受那洋人的斩杀奸淫；我们同胞的生路，将从此停止；我们同胞

的后代,将永远断绝。枪林炮雨,是我们同胞的送终场;黑牢暗狱,是我们同胞的安身所。大好江山,变做了犬羊的世界;神明贵种,沦落为最下的奴才!①

这是一幅亡国灭种的惨景图。陈天华总结了造成这种状况的原因,一是满洲政府不早变法,到了戊戌年才有新机,可是又将新政推翻,把维新志士杀的杀,逐的逐。到庚子年闹出弥天大祸,才被迫搞了点皮毛新政。二是那些死保满清的官僚,为了保全自己的禄位,全然不提天下后世长治久安的政策。三是办洋务的官绅,虽然不断出洋考察,却只染了点洋派,发了点洋财,没有带进来外洋的文明,更没想到要变法图强。四是顽固派,好像很有骨气的样子,但实际上见了洋人,犹如老鼠见了猫,骨头都软了,他们害怕变法,以为变了旧政,他们衣食饭碗就不稳了,高官厚禄也做不成了。要如何救国保种? 陈天华提出十个"须知",十条"奉劝",中心意思是要救国保种,反抗外国侵略,必须推翻满清腐朽政权。陈天华倡导暴力革命,武装反抗外敌侵略,并提出"全民皆兵"思想。他说:

> 如今各国不由我分说,硬要瓜分我了,横也是瓜分,竖也是瓜分,与其不知不觉被他瓜分了,不如杀他几个……那些贼官若是帮助洋人杀我们,便先把贼官杀尽。"手执钢刀九十九,杀尽仇人方罢手!"……有人说洋人在中国的势力大得很,无处不有洋兵,我一起事,他便制住我了。不知我是主,他是客,他虽然来得多,总难得及我。在他以为深入我的腹地,我说他深入死地亦可以的。只要我全国皆兵,他就四面受敌,即有枪炮,也是寡不敌众。②

当时只有 28 岁的湖南青年陈天华,在 20 世纪初的 1903 年,就提出了"全民皆兵",用人民战争驱逐外敌,推翻旧王朝的主张,这是一种符合中国实际的军事战略思想,可以说是后来毛泽东等共产党人倡导的人民战争理论的

---

① 陈天华:《警世钟》,《陈天华集》,湖南人民出版社 1982 年版,第 60—61 页。
② 陈天华:《警世钟》,《陈天华集》,湖南人民出版社 1982 年版,第 70—71 页。

思想萌芽。

陈天华的革命宣传以反帝排满为中心,他的排满,主要是推翻满清贵族的专制统治,而不是狭隘民族主义者,他在蹈海自尽之前写的《绝命辞》中明确表示:"欲使中国不亡,惟有一刀两断,代满洲执政柄……满洲民族,许为同等之国民,以现世之文明,断无有仇杀之事。故鄙人之排满也,非如倡复仇论者所云。"①陈天华明确说排满革命只是夺取政权,而满洲民族则为同等之国民,不能仇杀满族人民。

在对待西方文化的问题上,尽管陈天华大力宣传反抗帝国主义侵略,但他又不是盲目排外,他主张向西方学习,学习他们的长处:"他们最大的长处,大约是人人有学问(把没有学问的不当人),有公德(待同种却有公德,待外种却全无公德),知爱国(爱自己的国,决不爱他人的国),一切陆军、海军(……)、政治、工艺,无不美益求美,精益求精。这些事体,中国哪一项不应该学呢? ……越恨他,越要学他。"②陈天华跟那些盲目甚至野蛮排外的人不同,主张要拒外,则要先学外人的长处,不能闭关锁国,要"文明排外"。即平时可以与外国人平等友善交往,但内心要时刻有尊严和权利观念,一旦涉及侵占国家权利,有损国家尊严的事情,就要坚决反对,不能许可。

陈天华以30岁的英年,最后激愤于国家的危难而蹈海自杀,用一种极端的方式表达对浊世的抗争,这深层的情感基础是浓厚的爱国主义。这种爱国主义情感是湖湘文化从屈原开始的精神传统,在近代表现得尤其强烈,前文所述杨毓麟在英国蹈海自尽,与陈天华同时公葬的姚宏业也在上海投江自杀,这都是爱国主义精神在湖南人身上的极端表现。陈天华在撰写的文章和著作中反复强调爱国主义的重要,即使到了生命的最后时刻,在《绝命辞》中还是念念不忘爱国:"人皆以爱国为念,刻苦向学,以救祖国。"③

① 陈天华:《绝命辞》,《陈天华集》,湖南人民出版社1982年版,第236页。
② 陈天华:《警世钟》,《陈天华集》,湖南人民出版社1982年版,第84页。
③ 陈天华:《绝命辞》,《陈天华集》,湖南人民出版社1982年版,第234页。

"坚忍奉公,力学爱国。"①所以,当时人称陈天华是"爱国根于天性之人"②。我们也可以从文化传统上说,陈天华的爱国主义根于湘学的爱国传统,这是湘学在中国近代大放异彩的精神保证。

五、宋教仁

宋教仁在辛亥革命志士中理论水平是相当高的,他既有很高的理论水平,又属于辛亥革命领导集团的重要成员,特别是后来成为国民党初创时期的主要领导人,他的思想和理论研究对中国近代核心价值观的贡献也是很大的。从总体上看,宋教仁与杨毓麟、黄兴、陈天华等湘籍革命志士一样,都以反帝、反清为革命目标,对封建专制统治以及维护这种统治的思想伦理和价值观念进行批判。在国家建设方面,他们都把眼光投向西方,向往西方的民主政治,接受和宣扬西方自由、民主、平等、博爱等价值观念。宋教仁在革命宣传方面除了与别的革命宣传家一样,揭露帝国主义的侵略嘴脸,提出要独立自强必须首先推翻满清王朝的专制腐败统治,宋教仁还有一个显著的特点就是他具有极强的现实敏感性和战略预见性。如在武昌起义之前,宋教仁有鉴于同盟会在南方各省发动的武装起义屡遭失败,于是提出著名的革命三策:

> 当发动之初,亦曾几遭失败,后竟苦心研究,规定计划三条:第一由中央入手,即于政府所在地从事运动;第二由南方重要省会入手,即于扬子江流域各重要地点,联络军警各界,各省同时大举;第三由边地入手,盖边地为人所不注意处,从事革命,布置较易,由渐而来,未为不可。三条之中,第一条最难,第三条最易,故实行之始,取其易者,此去年广州一役所由来也。③

三种革命方案,第一种最难,第三种最容易,所以一开始选择第三种方案,但

---

① 陈天华:《绝命辞》,《陈天华集》,湖南人民出版社 1982 年版,第 235 页。
② 《陈星台先生〈绝命书〉跋》,《陈天华集》,湖南人民出版社 1982 年版,第 240 页。
③ 宋教仁:《辛亥革命周年纪念会演说辞》,《宋教仁集》(上),中华书局 2011 年版,第 424 页。

多次起义都失败了。宋教仁认为应该改变革命方略,取第二种方案。他在《湖北形势地理说》中进行了详细的说明:

> 吾则谓今日之形势,以天下言之,则重在武昌……自通海以来,长江门户洞辟,航路畅行,又京汉铁路纵贯中国,而为水路交通之中心者,厥为汉口,夫汉口非武昌附属之一大商业地乎? 左有龟山之险,右有鹦渚之胜,前枕大江,北带汉水,可以扼襄、汉之肘腋,可以为荆、郢之藩垣者,厥为汉阳……且武昌襟带吴、楚,东下可以制长江之命脉,西上可以杜川、湖之门户;又渡江而北,右可以扼山南之肩背,左可以捣中原之肘腋。昔者朱元璋克武昌,遂因以荡平荆湖,混一区宇;洪秀全屡得之而不能守,终使曾、胡诸人遂成竖子之名,武昌之为天下重,顾不甚欤?①

宋教仁认为革命要采取第二种方案,即从长江流域重要省会入手,宋教仁又具体论述了以武昌为首义地点的优势,果如其言,武昌起义打响第一枪,接着"各省同时大举",清王朝被推翻,也结束了在中国延续两千多年的君主专制统治。从这里足可看出宋教仁远见卓识的革命战略预见性。

在对帝国主义侵略的现实敏感性方面,宋教仁也有过人之处。如揭露德国、俄国、英国、法国、美国、日本甚至意大利、荷兰、比利时、葡萄牙等欧洲小国,都企图在瓜分中国时分一杯羹,在号召人们起来反抗这些帝国主义国家的侵略时,宋教仁认为在当时的局势下,中国近邻俄国与日本是中国最危险的敌人。宋教仁指出沙俄"惯以贪狠狡猾之手段侵占人土地者也。"②沙俄历来巧取豪夺我国领土,达到了骇人听闻的程度,宋教仁专门撰写了《二百年来之俄患篇》一文,叙述从康熙二十八年(1689)中俄签订《尼布楚条约》,到宣统元年(1909),中俄签订《哈尔滨条约》,在220年之内,中俄签订条约达18个之多! 这些条约,有关于领土的、行政权的、司法权的、征税的、贸易的、居住的、交通的、产业的、宗教的等等诸多方面。通过全面分析历史

---

① 宋教仁:《湖北形势地理说》(一),《宋教仁集》(上),中华书局2011年版,第345页。
② 宋教仁:《西方第二之满洲问题》,《宋教仁集》(上),中华书局2011年版,第15页。

和现实情况,宋教仁得出结论曰:

> 以上所述,大端若是。要而言之,俄人此次对于蒙古、新疆之举动,其蓄意深而规划甚巨,其目的所在,要不外乎欲握蒙古、新疆之政治势力经济势力,以图展其极东政策中东政策(中亚方面)之雄略。[①]

宋教仁通过大量的历史和现实的事实,揭露俄人贪婪攫取、侵占中国领土的野心,尽管宋教仁在思想上与满清王朝势不两立,但毕竟当时满清还是执政者,故而宋教仁仍然向清政府建言献策,意欲维护中华民族的整体利益。

对于日本,宋教仁也十分警惕。虽然当时宋教仁与很多人一样到日本留学,而且也跟一些日本人建立了个人友谊,但在关乎国家命运和民族利益的问题上,宋教仁毫不犹豫地对日本侵略势力的野心进行了无情的揭露。宋教仁撰有《东亚最近二十年时局论》一文,对日本侵略势力的本性进行揭露。当时,日本国力发展,一时强大,宋教仁认为日本会成为中国最危险的敌人:

> 假同洲同种之谊,怀吞噬中原之心,日日伺吾隙,窥吾间,以数数谋我者,此则真为东亚祸源唯一之主原因。吾中国既往将来之大敌国,吾人不可不知之,且不可不记忆之也。所云为何? 则日本是已。[②]

宋教仁认为有侵略野心的日本是东亚的祸源,而且,日本对中国来说其侵略还会有一定的迷惑性,他们会以同洲同种的名义,让人丧失警惕性,宋教仁提醒国人要时时警惕,提防日本。宋教仁的观点有很强的预见性。宋教仁这篇《东亚最近二十年时局论》的文章发表于1911年2月,26年后,日本发动全面侵华战争,就应验了宋教仁的预见。

中华民国成立后,宋教仁对于如何建设国家有深入思考。1912年8月,得到孙中山和黄兴的支持,宋教仁主持组建国民党,并担任代理事长职务,他对中华民国的国体、政体、司法、经济、文化、教育等方面都有系统

---

① 宋教仁:《二百年来之俄患篇》,《宋教仁集》(上),中华书局2011年版,第183页。

② 宋教仁:《东亚最近二十年时局论》,《宋教仁集》(上),中华书局2011年版,第137页。

设计。

从价值观角度来看,宋教仁崇奉西方的自由、平等、民主、天赋人权等价值观念,在政治上则推崇民主共和政体、政党政治、责任内阁制、三权分立等西方政治制度。宋教仁还主张宪法至上,依法治国:"今者吾党对于民国,欲排除原有之恶习惯,吸引文明之新空气,求达真正共和之目的……先定宪法,后举总统,本光明正大之主张,不能因人的问题以法迁就之,亦不能因人的问题以法束缚之。吾人只求制定真正的共和宪法,产出纯粹的政党内阁,此后政治进行,先问诸法,然后问诸人。"①宋教仁所谓"原有之恶习惯"就是指以前君主专制社会的"君权至上""权大于法"的专制"人治"传统,而"文明之新空气"在这里显然是指在宪法框架下的法治。

宋教仁在探索西方国家的政治思想与政治制度时,接触到了西方社会主义思想,翻译介绍了西方各国"社会党"的历史,宋教仁曾这样翻译《共产党宣言》最后一段著名的话:"须使权力阶级战慄恐惧于共产的革命之前,盖贫民所决者,惟铁锁耳,而所得者,则全世界也。"②"万国劳动者其团结!"③这段话现今的标准翻译是:"让统治阶级在共产主义革命面前发抖吧。无产者在这个革命中失去的只是锁链。他们获得的将是整个世界。"④"全世界无产者联合起来!"⑤宋教仁对共产主义的理解当然还是非常粗浅的,但是他的译文的基本意思还是准确的。只不过,宋教仁认为共产主义陈义太高,难以实现,他真正向往的是西方资产阶级的民主政治与议会制度,他曾满怀憧憬地描述:

> 世界上的民主国家,政治的权威是集中于国会的。在国会里头,占得大多数议席的党,才是有政治权威的党……选举的竞争,是公开的,

---

① 宋教仁:《国民党交通部公宴会演说辞》,《宋教仁集》(下),中华书局 2011 年版,第487 页。
② 宋教仁:《万国社会党大会略史》,《宋教仁集》(上),中华书局 2011 年版,第 41 页。
③ 宋教仁:《万国社会党大会略史》,《宋教仁集》(上),中华书局 2011 年版,第 41 页。
④ 《马克思恩格斯选集》第 1 卷,人民出版社 2012 年版,第 435 页。
⑤ 《马克思恩格斯选集》第 1 卷,人民出版社 2012 年版,第 435 页。

> 光明正大的,用不着避甚么嫌疑,讲甚么客气的。我们要在国会里头,获得过半数以上的议席,进而在朝,就可以组成一党的责任内阁;退而在野,也可以严密的监督政府,使它有所惮而不敢妄为,应该为的,也使它有所惮而不敢不为。那么,我们的主义和政纲,就可以求其贯彻了。①

宋教仁想得很美好,他描述的实际上完全是美国等西方国家的所谓民主政治制度,宋教仁希望中华民国也实行这种制度,他对这种制度也过度美化,认为国会党争选举是"公开的,光明正大的",这也只是一种美好的幻想,实则绝难做到,反而是各种暗箱操作,丧失底线的极端撕裂与无休止地相互攻讦。而且,在刚从两千多年封建专制主义制度中走出来的中国,宋教仁的这种从西方引进的民主制度,也是难以实现的。

宋教仁的政治制度设计,对图谋复燃帝制的袁世凯来说,是极大的障碍。宋教仁也预见到危险,1913 年 2 月 1 日,也就是他遇刺前一个多月,他在国民党鄂支部欢迎会上发表演说,发出这样的警告:

> 现在接到各地的报告,我们的选举运动,是极其顺利的。袁世凯看此情形,一定忌剋得很,一定要勾心斗角,设法来破坏我们,陷害我们。我们要警惕,但是我们也不必惧怯。他不久的将来,容或有撕毁约法背叛民国的时候。我认为那个时候,正是他自掘坟墓、自取灭亡的时候。到了那个地步,我们再起来革命不迟。②

又是神预见! 宋教仁预见到袁世凯将来会撕毁约法,背叛民国,而且料定袁世凯这样干会"自掘坟墓、自取灭亡。"后来袁世凯的行动和结局,完全是照着宋教仁的预见走的。可是,善于预见,善谋国是的宋教仁,却没有预见到他自己的生命危险,竟在一个多月后的 1913 年 3 月 20 日,被袁世凯派刺客

---

① 宋教仁:《国民党鄂支部欢迎会演说辞》,《宋教仁集》(下),中华书局 2011 年版,第456 页。

② 宋教仁:《国民党鄂支部欢迎会演说辞》,《宋教仁集》(下),中华书局 2011 年版,第456—457 页。

刺杀于上海北火车站。也许宋教仁也预见到了自己的危险,只是没有料想到袁世凯竟然如此凶残毒辣。

六、蔡锷

蔡锷是一位天才的军事家,一生用强烈的爱国主义价值观,追求军事救国,而且在实践中的确力挽狂澜。在袁世凯复辟帝制时,他毅然组建护国军,数量不足一万,缺少军需给养,却对抗袁世凯的十万北洋军,还屡打胜仗,最后在全国人民的支持下,迫使袁世凯取消帝制,阻止了国家的倒退,蔡锷居功甚伟。

蔡锷在军事思想与军事实践上极有建树。就价值观而言,蔡锷也有一定的理论贡献,而且表现出重视国情现实,辩证思考的特点。

蔡锷主张学习西方民主政治制度,接受西方天赋人权、自由、平等等价值观,但认为在国家暂时衰弱的形势下,不宜过分宣扬个人的自由、平等与人权,一切都要首先服从于国家。他说:

> 天赋人权之说,只能有效于强国之人民,吾侪焉得而享受之。故欲谋人民之自由,需先谋国家之自由;欲谋个人之平等,须先谋国家之平等。国权为拥护人权之保障,故吾党主义,勿徒鹜共和之虚名,长国民凌嚣无秩序之风,反令国家衰弱也(近日平等自由之义每多误解)。苟国家能跻于强盛之林,得与各大国齐驱并驾,虽牺牲一部(分)之利益,忍受暂时之苦痛,亦所非恤。国权大张,何患人权之不伸?[①]

蔡锷在这里清醒地认识到,国权是人权的保障,如果国家在世界上没有地位,人权便根本无法得到保障。国家不能独立,何谈个人独立?国家不能与别国平等,何谈个人平等?国家都不能自由,何谈个人自由?蔡锷认为,西方"天赋人权"那一套,在当时的中国还是行不通的。所以,必须先争取中国在国际上具有自由、平等的地位,才能谈得上人民的自由与平等,只有先争取到中国的国权,才能保护人民的人权。这是非常客观现实的观念,离开

---

① 　毛注青等编:《蔡锷集》,湖南人民出版社 1983 年版,第 237 页。

具体现实的社会基础,抽象地谈自由、平等、人权,无异于纸上谈兵。从这里,也可以看到蔡锷的国权至上的爱国主义思想,他认为只要能在国际上争得平等的国权,使中国能跻身世界强盛民族之林,哪怕牺牲一部分个人利益,忍受暂时的痛苦,也是值得的。

蔡锷特别重视国家的统一和团结,在谈到中华民国的国体和政体时,蔡锷从中国是多民族国家的现实出发,为维护国家统一,防止分裂混乱,蔡锷认为中国不能搞联邦制,蔡锷支持政党政治,但作为一名军人,他反对军人入党,反对军人干政。蔡锷曾经加入统一共和党,为了身体力行自己的思想,当统一共和党与同盟会等组织联合组成国民党时,蔡锷宣布脱离统一共和党。

蔡锷对传统的道德价值观也有所崇护,他在《曾胡治兵语录》按语中说:"古人论将有五德,曰:智、信、仁、勇、严。取义至精,责望至严……曾、胡两公之所同唱者,则以为将之道,以良心、血性为前提,尤为扼要探本之论,亦即现身之说法……两公均一介书生,出身词林,一清宦,一僚吏,其于兵事一端,素未梦见。所供之役,所事之事,莫不与兵事背道而驰。乃为良心、血性二者所驱使,遂使其'可能性'发展于绝顶,武功烂然,泽被海内。"[1]虽然蔡锷在这里对曾国藩、胡林翼等湘军人物有过分美化之嫌,蔡锷提到的曾、胡以一介书生而统军,宣扬"良心"与"血性"也的确发挥了作用,这也是事实。曾、胡所重的"良心"是传统儒家道德范畴。蔡锷又特别赞赏为将要有五德:"智、信、仁、勇、严",这都是儒家核心价值观内容。曾国藩等人当初就是用儒家核心价值观武装将士的头脑,蔡锷对此深表赞同。

七、杨度

杨度一生思想多变,在中国近代知识分子中具有一定的典型性,反映了一部分知识分子探索救国救民真理的曲折艰难历程。从价值观的角度看,杨度思想的每一次变化,都是其价值观转换的体现。

---

① 毛注青等编:《蔡锷集》,湖南人民出版社 1983 年版,第 58 页。

　　杨度早年接受传统学术教育,特别是从学王闿运,深受王闿运"帝王之学"的影响。所谓"帝王之学",并不是说要自己当帝王,而是希望通过协助君主在谋略管理、识人用人等方面大展宏图,成就帝业,从而"以布衣取卿相",获取功名的"学问"。王闿运的"帝王之学"价值观在杨度心中深深扎根,对他后来人生重要时段的思想和行动产生了重大决定作用。

　　杨度1902年东渡日本,与黄兴、杨毓麟等人友善,受到革命思想影响。当时,梁启超于1900年创作了《少年中国说》,杨毓麟则在1902年撰著了《新湖南》,杨度受到激发,于1903年创作《湖南少年歌》,宣传反帝爱国思想。

　　杨度《湖南少年歌》开篇即道:

　　　　我本湖南人,唱作湖南歌。湖南少年好身手,时危却奈湖南何?湖南自古称山国,连山积翠何重叠。五岭横云一片青,衡山积雪终年白。沅湘两水清且浅,林花夹岸滩声激。洞庭浩渺通长江,春来水涨连天碧。天生水战昆明沼,惜无军舰相冲击。北渚伤心二女啼,湖边斑竹泪痕滋。不悲当日苍梧死,为哭将来民生稀。空将一片君山石,留作千年纪念碑。后又灵均遭放逐,曾向江潭葬鱼腹。世界相争国已危,国民长醉人空哭。宋玉招魂空已矣,贾生作品还相渎。亡国游魂何处归,故都捐去将谁属?爱国心长身已死,汨罗流水长呜咽……中间濂溪倡哲学,印度文明相接触……惟有船山一片心,哀号匍匐向空林。①

杨度深情地描绘了湖南的地理风貌,锦绣山川,接着叙述屈原、宋玉、贾谊、周敦颐、王船山等众多湖南古代政治家和思想家,他们创造了灿烂的湖南地域文化,贯穿着强烈的爱国主义精神。在《湖南少年歌》中,杨度谈到了对曾国藩、左宗棠、彭玉麟、罗泽南等湘军人物的评价,当时由于反清排满革命思潮高涨,很多人对以前崇拜的对象曾国藩等湘军领袖人物开始持负面评价,痛恨他们帮助清王朝镇压太平天国:"于今世事翻前案,湘军将相遭诃

---

　　① 杨度:《湖南少年歌》,《杨度集》,湖南人民出版社1986年版,第92—93页。

讪。谓彼当年起义师,不助同胞助胡满。"①杨度则为他们进行了辩护。杨度首先肯定了湘军将士勇武敢战,不怕牺牲的精神,特别是左宗棠率军收复新疆,保卫了国家领土完整,更是功勋卓著,不容否认。杨度也提到洪秀全领导的太平天国"天父天兄假西号"②,借用基督教来发动起义,绝大部分中国人特别是湖南人对此极其反感。杨度这时似乎对孔子儒家思想不甚赞同,所以说:"蚌鹬相持渔民利,湘粤纷争满人笑。粤误耶稣湘误孔,此中曲直谁能校?"③杨度认为洪秀全与曾国藩,一个误于耶教,一个误于孔学,两个人的是非曲直无法评判。但是,杨度接下来指出,在帝国主义列强肆意侵略的局势下,中国人需要湘军的那种勇武血战的精神:"欲返将来祖国魂,凭兹敢战英雄气。"④

杨度《湖南少年歌》中最脍炙人口、让人津津乐道的名言是:

> 中国如今是希腊,湖南当作斯巴达。中国将为德意志,湖南当作普鲁士。诸君诸君慎如此,莫言事急空流涕。若道中华国果亡,除非湖南人尽死。⑤

杨度在这里表达了湖南人的勇武血性以及强烈的爱国主义精神。勇武爱国是湖南人精神的一个重要特征,林语堂在其《吾国吾民》一书中曾赞扬湖南人是"古时楚国战士之后裔","勇武耐劳苦",有"可喜之特性"。《隋书·地理下》评价楚地人"劲悍决烈,盖亦天性然也"⑥。楚人性格特征的一个重要方面就是勇武爱国,屈原《国殇》描绘楚国勇士"诚既勇兮又以武,终刚强兮不可凌。身既死兮神以灵,魂魄毅兮为鬼雄。"正是这种精神的体现。杨度在《湖南少年歌》中歌颂的,正是作为"古时楚国战士之后裔"的湖南人的"可喜之特性"。

---

① 杨度:《湖南少年歌》,《杨度集》,湖南人民出版社 1986 年版,第 93 页。
② 杨度:《湖南少年歌》,《杨度集》,湖南人民出版社 1986 年版,第 93 页。
③ 杨度:《湖南少年歌》,《杨度集》,湖南人民出版社 1986 年版,第 93 页。
④ 杨度:《湖南少年歌》,《杨度集》,湖南人民出版社 1986 年版,第 95 页。
⑤ 杨度:《湖南少年歌》,《杨度集》,湖南人民出版社 1986 年版,第 95 页。
⑥ 魏徵:《隋书》,中华书局 1997 年版,第 232 页。

杨度的《湖南少年歌》表达了强烈的反帝爱国思想,但他此时尚未提出明确的政治改革目标。1906年,迫于压力的清政府宣布预备立宪,而杨度也因被出洋考察的五大臣聘请代笔撰写考察报告而博得大名,当时康有为、梁启超因清廷通缉而不可能回国参加宪政改革,杨度则俨然成了君主立宪的代言人。杨度本来心中就藏有"帝王之学"思想,这时他对清廷生出无限幻想,认为自己可以通过运作君主立宪而实现"宰相梦"。于是,杨度与主张用暴力革命手段推翻清王朝的黄兴、杨毓麟等人分道扬镳了。

杨度提出了系统的政治改革思想,在他的《金铁主义说》长文中得到充分体现。所谓"金铁主义",杨度自己的解释是:

> 金者黄金,铁者黑铁;金者金钱,铁者铁炮;金者经济,铁者军事。欲以中国为金国,为铁国,变言之即为经济国、军事国,合为经济战争国。故并采而为此名。[①]

杨度说得很明白,他所谓的"金铁主义",包含两方面内容,即经济实力和军事实力。他是在观察世界各强国的势力以及中国的实际状况而提出"金铁主义"思想的,他说:

> 今日各强国所挟以披靡世界者,有二物焉:一曰经济之势力,二曰军事之势力……盖彼等之所谓文明国者,其实质盖无一而非经济国,又无一而非军事国,合言之即经济战争国也……由此而知中国立国之道,苟不能为经济国,则必劣败与经济战争之中,而卒底于亡;苟不能为军事国,则亦必劣败于经济战争之中,而亦卒底于亡。且必兼备二者而为经济战争国。苟不能为经济战争国,则所谓经济者为无气力之经济,不能为经济之战争,所谓军事者为无意识之军事,亦不能为经济之战争,仍将劣败于经济战争之中,而卒底于亡。何也?今中国之所以劣败于各强国之下者非有他焉,即我国之经济力不如彼,军事力不如彼,而仆

---

① 杨度:《金铁主义说》,《杨度集》,湖南人民出版社1986年版,第225页。

倒于经济战争之下耳。①

杨度指出，当时世界列强就是靠经济与军事两大实力实行对外侵略扩张。那些所谓"文明国"，实际上无一不是"经济战争国"。中国以前之所以在反抗列强欺凌时总是失败，原因就是中国经济和军事实力不如彼。在杨度看来，当下的立国之道，既要为经济国，也要为军事国，也就是既要有很强的经济实力，也要有很强的军事实力，而且二者必须兼有，否则难逃灭亡的命运。也就是说，必须实现"金铁主义"，才能挽救国家和民族，免遭亡国灭种之厄。杨度在国家民族极其危难的时期，强调提升国家的经济实力与军事实力，当然是正确的，实际上从洋务运动开始，先进的中国人一直在追求这个目标，杨度的"金铁主义"思想跟前辈们的富国强兵思想是一脉相承的。

至于如何实现"金铁主义"，杨度也将目光投向西方。杨度特别重视的是政治改革，推崇西方的自由、平等、民权等价值观，反对专制，提倡君主立宪，责任政府。他说："何谓有自由人民、有责任政府？曰从法理上言之，国家之自由活动，由于人民之自由活动，以人民全体之自由活动为国家之自由活动。从政治上言之，凡其国有自由人民者，乃可称为自由国家。若夫专制政体之国，必无自由之人民。"②这里论述人民自由与国家自由的关系，人民自由，才有国家自由，而专制政体下人民是没有自由可言的。杨度又提到自由的边界法律，一切都在法律的范围内才能有自由："彼立宪国之人民，事事在于法律之下……人民自只能于公共所立法律之中自由行动，而以其余授之政府；既以其余授之政府，则自由之范围自狭矣。然狭则虽狭，而能平等。"③杨度向往立宪国家，一切以法律为准绳，自由是在法律范围内的自由，超出法律范围，那么政府就要来干涉。对比于专制国家，一切都是人治，某些特权人物拥有不受法律管辖的无限自由，而另一些人则可能被剥夺自由，造成社会的极大不平等。反观立宪国家，人人在法律的范围内行动，任

---

① 杨度：《金铁主义说》，《杨度集》，湖南人民出版社 1986 年版，第 222—223 页。
② 杨度：《金铁主义说》，《杨度集》，湖南人民出版社 1986 年版，第 233 页。
③ 杨度：《金铁主义说》，《杨度集》，湖南人民出版社 1986 年版，第 233—234 页。

何人突破法律范围就要受到政府干涉,这样人民则能得到平等。杨度无限向往和美化君主立宪,认为那样人民就能得到真正的自由与平等,这是当时很多人的共同想法。

杨度又提倡民权,并将民权与国权联系起来,提出"扩张民权、巩固国权"的主张,他说:"何谓扩张民权、巩固国权? 曰欲国民之经济发达,不可不使其生命财产之安全。使其生命财产日有危险之虞而无安全之乐,则万无经济发达之可望。"①在杨度看来,最大的民权是人民生命财产的安全,要得到国家的保护,这样才有国家的经济发达,也才有实现"金铁主义"的物质基础。至于国权,杨度说:"至于巩固国权云者,乃对于国际而言。政府所办外交之事,其为利为害无一分一毫而不直接影响于国民。"②国权就是指在国际外交以及内政事务中的国家主权,国家主权与民权有绝大的关系。杨度悲愤地指出当时国家主权丧失的惨境:

> 吾中国政府则反之,不知所谓国权者为何物,内政之事,随处受人干涉而不知愤,亦不知拒绝之。某处放一官吏,而外人干涉,谓为不宜,斯不放矣;某处辞一外人,而外人干涉,谓不可辞,斯不辞矣。此等之事,日有所闻,不可悉数。③

杨度揭露清朝政府在国际上完全没有国权可言,甚至连内政也都受到粗暴干涉,连任用官吏这样的事都要洋人点头才行。腐败的清政府何尝"不知愤",而是不敢愤;何尝不想拒绝,而是无胆拒绝。他们只求"洋人不来发怒"④,暂时保住自己对国内人民的统治地位,哪怕成了洋人控制下的小朝廷,也在所不惜。杨度与黄兴、杨毓麟、陈天华等人一样,也对满清王朝当时的状况极其不满,但是杨度要走的改革道路却是与黄兴等人完全不同的。他们在学习西方政治思想与政治制度这方面目标基本是一致的,分歧则在

---

① 杨度:《金铁主义说》,《杨度集》,湖南人民出版社 1986 年版,第 230—231 页。
② 杨度:《金铁主义说》,《杨度集》,湖南人民出版社 1986 年版,第 232 页。
③ 杨度:《金铁主义说》,《杨度集》,湖南人民出版社 1986 年版,第 232 页。
④ 杨度:《金铁主义说》,《杨度集》,湖南人民出版社 1986 年版,第 232 页。

于对待满清王朝的态度,在于是否保留君主制的形式。黄兴等人主张用暴力革命的手段推翻清政府,而杨度却反对暴力革命,主张君主立宪。

杨度的这种君主立宪思想曾经一度顽固得让他失去了清醒的政治判断力,在袁世凯逆历史潮流而欲复辟帝制时,杨度为虎作伥,协助袁世凯开历史倒车,担任为袁世凯复辟帝制谋划与鼓吹的"筹安会"理事长,接受袁世凯亲赐"旷代逸才"匾额,演出了一出滑稽的历史闹剧,杨度也落得个身败名裂,并遭受通缉的可悲下场。好在杨度经过一段时间的反思,后来又改变了自己的政治立场,转而支持革命,先是接受孙中山的领导,多次协助孙中山完成革命任务。后来又接触到中国共产党,于1928年经潘汉年介绍,周恩来批准,加入中国共产党,并在上海从事了一定时间的党的地下工作。杨度,这个在风云变幻的时代不断寻求救国救民真理的旧式知识分子,终于在晚年找到了正确的道路,为自己曲折的人生之路画上了一个光荣的句号。

结语　中华民族核心价值观凝聚过程的地域性特征及其意义

　　我国是一个地域辽阔,民族众多,发展不平衡,各地域人们思想观念与文化习俗有明显差异和区别的国家。本书通过探寻代表性地域文化之一"湘学"在中华民族传统核心价值观凝聚过程中的作用,例证性探索了地域文化和地域学术思想融合汇聚并进而凝聚成民族核心价值观的历史进程。中华民族核心价值观是在漫长的历史发展与民族融合中逐渐凝聚而成的,在这个过程中,呈现出极强的地域融合特征,对维护国家统一和民族团结,反对地域割裂与民族分裂有很强的学理依据和历史例证意义。

　　自古以来,中华民族就生活在非常广袤的土地上,不同种族的人们繁衍生息在不同的地域上,形成了丰富多彩而又各具特色的地域文化。譬如,新石器时代北方地域的仰韶文化,其形态就跟南方地域的河姆渡文化迥然不同,这就证明从新石器时代开始,不同的地域就会出现不同的文化形态。在传说历史中,炎、黄二帝时期,以蚩尤为首的部落联盟"九黎",与炎、黄二帝所属部落分处不同地域,有不同的地域文化以及不同的价值体系。先秦时期的儒家、墨家、道家、法家等思想流派也产生于不同的地域,有不同的核心价值观。宋代则出现地域学派林立的奇特学术景象,如濂学、洛学、关学、闽学、婺学、蜀学、临川学、湖湘学、永康学、永嘉学、江西学等,都以地域而名派。我国当代地域文化也有中原文化、齐鲁文化、燕赵文化、蒙古草原文化、三晋文化、关东文化、秦文化、藏文化、新疆文化、湖湘文化、巴蜀文化、吴越文化、岭南文化、台湾文化等划分。

历史上不同地域文化都有特定的核心学术宗旨以及地域共同意识,各个地域学派通过交流、冲突与融合,最后汇聚成中华文化长江大河,各地域文化的学术宗旨及其地域共同意识凝聚为中华民族核心价值观。中华民族的传统核心价值观是在漫长的历史发展过程中自然形成的,同时又得到历代统治者的提倡与强化,在历史上深入人心,为社会各阶层人们自然遵行,有强大的生命力。

从中华民族核心价值观凝聚过程的历史进程,可以看出中华民族的文化是一种博大精深、兼容并蓄的文化,她在永不停歇的发展中海纳百川,不断吸纳各种地域甚至不同民族的文化,融会贯通,各种地域以及各个民族的文化,最后都成了中华民族文化的有机组成部分。这在历史上那些汉族政权崩溃的极端时期,表现得尤为突出。我们以元朝为例来说明。建立元朝的蒙古贵族本来是极其残暴野蛮的,他们那屠城的习惯让人闻之震惊。然而,即使是这样一个残暴野蛮的"异族",在夺取政权之后,也自觉地融进中华文化中,接受和推崇儒学核心价值观。《元史》卷一百四十六《耶律楚材传》载:

> 楚材又请遣人入城,求孔子后,得五十一代孙元措,奏袭封衍圣公,付以林庙地。命收太常礼乐生,及召名儒梁陟、王万庆、赵著等,使直释九经,进讲东宫。又率大臣子孙,执经解义,俾知圣人之道。置编修所于燕京,经籍所于平阳,由是文治兴焉。①

耶律楚材是元朝统治集团中少有的对中华文化了解深透的人。在他的建议下,蒙古太宗窝阔台开始追求"文治",统治集团也开始学习儒家经典。丁未年(1247),尚未登基的忽必烈(世祖)曾召见张德辉,问及儒家思想的内容以及儒学在国家治理中的价值,张德辉详加解说,并对孔子大家赞赏:"孔子为万代王者师,有国者尊之"②。随后,张德辉与元好问一起"请世祖

---

① 脱脱等:《元史》卷一百四十六《耶律楚材传》,中华书局1997年版,第891页。
② 脱脱等:《元史》卷一百六十三《张德辉传》,中华书局1997年版,第983页。

为儒家大宗师,世祖悦而受之。"①可见,忽必烈对儒学相当崇奉。1271 年正式建立元朝时,《建国号诏》说:"建国号曰大元,盖取《易经》'乾元'之义。"②元朝的国号来自儒家群经之首《易经》中的"乾元"用语,足见元朝统治者对儒家文化的崇敬。后来,元成宗大德十一年(1307)封孔子为"大成至圣文宣王",元仁宗延祐年间复科举,诏定以朱熹《四书集注》试士子,也就是顺理成章的了。

元朝统治者是来自北方蒙古草原文化的少数民族,在打垮当时汉族政权之后,却慢慢地接受并融进了汉族以儒学为主导的伦理文化,这是一个很典型的例证,说明儒家文化有高明之处,对于治理国家是有很大作用的。从这个意义上说,蒙古人征服了汉人的政权,但汉人的传统文化却又反过来征服了蒙古人。蒙古族以前被视为"异族",其民族核心价值观与中华民族核心价值观是有差别的,蒙古族自从融进中华文化后,双方价值观融会在一起,由于儒家核心价值观相对于当时落后的少数民族而言,具有伦理的合理性和先进性,故而和宋代一样,儒家核心价值观在元朝也居于社会价值观的主导地位。

由此可见,中华民族文化是一个相当开放的系统,从历史上看就是不断融进不同地域、不同民族文化而形成的。中华民族文化正像流淌在中华大地上的长江与黄河,从遥远的源头奔流而来,经过层层叠叠的溪涧川谷,穿过巍峨广袤的高山平原,不断吸纳各个地域、各个民族的文化支流,最终汇流成了深厚宽阔的长江大河,永不停息。当今之世,中华民族已经是一个拥有 56 个民族的文化大家庭了,在这个文化大家庭中,任何民族的文化都是中华文化的有机组成部分。季羡林先生在谈到中国的国学时,曾提出"大国学"的概念,即包括国内各地域文化和 56 个民族的文化,这是一种合理而胸襟开阔的文化理念。

---

① 脱脱等:《元史》卷一百六十三《张德辉传》,中华书局 1997 年版,第 984 页。
② 脱脱等:《元史》卷七《世祖四》,中华书局 1997 年版,第 56 页。

　　由以上所述可知,中华民族核心价值观在漫长的历史凝聚发展过程中,具有显著的地域性特征,中华文化具有海纳百川、兼收并蓄的特点。中华民族大家庭中各个民族融合得非常成功,没有出现民族分裂、思想严重分化、教派严重对立甚至发生极端冲突的情况。将这种历史的认识运用到当代中华民族共同体意识的建构中,对反击当代地域割裂和民族分裂的阴谋理论,具有极强的说服力,容易得到各地域、各民族的高度认同。

　　毋庸讳言,当代中国人的地域文化观念还是相当强的,我们都为我们所处的地域有灿烂的地域文化传统而感到骄傲。与此同时,又有一个可喜的现象,就是我们虽然有地域文化观念,却又从来不会因为地域文化不同而产生不可调和的矛盾和冲突。从总体上说,我们都非常认同我们共同的民族文化,认同中华民族核心价值观。这是很重要的共识。有些国家和地区之所以长期存在种族矛盾和种族冲突,有时甚至发展到流血冲突,原因就是无法达成国家和民族文化与价值观认同(有些是宗教冲突,也是价值观问题)。我们国家是一个人口大国,民族众多,但我们能够长久享受民族团结,和平融洽的社会生活,除了国家的民族政策好,政府治理有力,还有一个重要的原因就是传统文化和传统价值的潜在力量。每一个地域的人们,既有地域文化观念,又自觉认同中华民族整体价值观,得益于传统地域文化在历史上的有机融合,以及儒家价值观仁爱和谐、民族团结、大一统等等观念的熏陶。正如习近平总书记指出的:"我国各民族之所以团结融合,多元之所以聚为一体,源自各民族文化上的兼收并蓄、经济上的相互依存、情感上的相互亲近,源自中华民族追求团结统一的内生动力。"①

---

　　①　习近平:《在全国民族团结进步表彰大会上的讲话》,人民出版社 2019 年版,第 7 页。

参考文献

孔安国传,孔颖达正义:《尚书正义》,上海古籍出版社 2007 年版。

徐元诰:《国语集解》(修订版),中华书局 2002 年版。

王弼撰,楼宇烈校释:《周易注》,中华书局 2011 年版。

《诸子集成》第三册《老子注》,中华书局 2006 年版。

《诸子集成》第一册《论语正义》,中华书局 2006 年版。

《诗经》,上海古籍出版社 2013 年版。

孙诒让:《墨子间诂》,中华书局 2006 年版。

《管子》,上海古籍出版社 2015 年版。

《左传》,上海古籍出版社 2015 年版。

杨伯峻:《春秋左传注》(修订本)(一),中华书局 1990 年版。

《诸子集成》第三册《庄子集解》,中华书局 2006 年版。

王先谦:《荀子集解》,中华书局 2006 年版。

《诸子集成》第五册《韩非子集解》,中华书局 2006 年版。

《诸子集成》第五册《商君书》,中华书局 2006 年版。

《仪礼》,上海古籍出版社 2016 年版。

司马迁:《史记》,中华书局 1997 年版。

班固:《汉书》,中华书局 1997 年版。

阎振益、钟夏:《新书校注》,中华书局 2000 年版。

《诸子集成》第七册《新语校注》,中华书局 2006 年版。

董仲舒:《春秋繁露》,中华书局 2012 年版。

《诸子集成》第七册《淮南子》,中华书局 2006 年版。

许慎撰,段玉裁注:《说文解字注》,上海古籍出版社 1988 年版。

范晔:《后汉书》,中华书局 1997 年版。

卢弼:《三国志集解》,上海古籍出版社 2009 年版。

房玄龄:《晋书》,中华书局 1997 年版。

徐震堮:《世说新语校笺》,中华书局 1984 年版。

《嵇康集注》,黄山书社 1986 年版。

《阮籍集校注》,中华书局 1987 年版。

郭象:《庄子注疏》,中华书局 2011 年版。

李延寿:《北史》,中华书局 1997 年版。

魏徵:《隋书》,中华书局 1997 年版。

刘昫等:《旧唐书》,中华书局 1997 年版。

欧阳修等:《唐书》,中华书局 1997 年版。

脱脱等:《宋史》,中华书局 1997 年版。

阮元校刻:《十三经注疏》,中华书局 1980 年影印版。

杜佑:《通典》,中华书局 2016 年版。

《王子安集注》,上海古籍出版社 1995 年版。

《樊川文集》,上海古籍出版社 1978 年版。

吴兢:《贞观政要》,中华书局 2021 年版。

《韩愈文集汇校笺注》,中华书局 2010 年版。

《柳宗元集》,中华书局 1979 年版。

《刘禹锡全集编年校注》,中华书局 2019 年版。

《佛教十三经》,中华书局 2010 年版。

司马光:《资治通鉴》,中华书局 2009 年版。

赜藏:《古尊宿语录》,中华书局 1994 年版。

《元公周先生濂溪集》,岳麓书社 2006 年版。

《张载集》,中华书局 1978 年版。

《二程集》,中华书局 2004 年版。

胡安国:《春秋传》,岳麓书社 2011 年版。

《胡宏集》,中华书局 1987 年版。

《朱子语类》,中华书局 1994 年版。

《朱熹集》,四川教育出版社 1996 年版。

朱熹:《四书章句集注》,中华书局 2012 年版。

朱熹:《楚辞集注》,上海古籍出版社 2001 年版。

《真西山集》,商务印书馆 1936 年版。

真德秀:《西山读书记》,《四库全书》第 706 册,上海古籍出版社 1987 年版。

《张栻全集》,长春出版社 1999 年版。

《陈亮集》,中华书局 1974 年版。

《曹端集》,中华书局 2003 年版。

胡铨:《澹庵文集》,文渊阁《四库全书》第 1137 册,上海古籍出版社 2003 年版。

《船山全书》,岳麓书社 2011 年版。

黄宗羲:《宋元学案》,中华书局 1986 年版。

黄宗羲:《明儒学案》,中华书局 1985 年版。

《黄宗羲全集》,浙江古籍出版社 2005 年版。

邓显鹤:《沅湘耆旧集》,岳麓书社 2007 年版。

叶适:《习学记言序目》,中华书局 1977 年版。

释道原:《景德传灯录》,中华书局 2022 年版。

罗钦顺:《困知记》,中华书局 1990 年版。

《谭嗣同全集》(增订本),中华书局 1981 年版。

《樊锥集》,中华书局 1984 年版。

《魏源全集》,岳麓书社 2011 年版。

《龚自珍诗文选》,人民文学出版社 1991 年版。

中国史学会主编:《戊戌变法》(一),上海人民出版社 2000 年版。

中国史学会主编:《戊戌变法》(二),上海人民出版社 2000 年版。

《曾国藩全集》,岳麓书社 2011 年版。

《郭嵩焘诗文集》,岳麓书社 1984 年版。

《郭嵩焘日记》,湖南人民出版社 1983 年版。

《郭嵩焘奏稿》,岳麓书社 1983 年版。

《梁启超全集》,北京出版社 1999 年版。

梁启超:《中国近三百年学术史》,东方出版社 1996 年版。

梁启超:《清代学术概论》,上海古籍出版社 1998 年版。

《王国维文学美学论著集》,北岳文艺出版社 1987 年版。

《杨毓麟集》,岳麓书社 2001 年版。

《静庵文集》,上海书店出版社 1983 年版。

《唐才常集》,中华书局 1980 年版。

《宾凤阳等上王益吾院长书》,《翼教丛编》,上海书店出版社 2002 年版。

《黄兴集》,中华书局 2011 年版。

《黄兴集外集》,湖南人民出版社 2002 年版。

《陈天华集》,湖南人民出版社 1982 年版。

《宋教仁集》,中华书局 2011 年版。

《蔡锷集》,湖南人民出版社 1983 年版。

《杨度集》,湖南人民出版社 1986 年版。

《毛泽东早期文稿》,湖南人民出版社 1990 年版。

《三松堂全集》,河南人民出版社 2000 年版。

梁漱溟:《东西文化及其哲学》,商务印书馆 1999 年版。

冯友兰:《贞元六书》,华东师范大学出版社 1996 年版。

《中国哲学的精神·冯友兰文选》,国际文化出版公司 1998 年版。

钱穆:《中国近三百年学术史》,商务印书馆 1997 年版。

牟宗三:《心体与性体》,上海古籍出版社 1999 年版。

钱基博:《近百年湖南学风》,中国人民大学出版社 2004 年版。

容肇祖:《明代思想史》,上海开明书店 1941 年版。

葛兆光:《中国思想史》,复旦大学出版社 2000 年版。

萧萐父、许苏民:《王夫之评传》,南京大学出版社 2002 年版。

伍新福主编:《湘南通史》古代卷,湖南人民出版社 2008 年版。

陈代湘主编:《湖湘学案》,湖南人民出版社 2013 年版。

邓洪波:《湖南书院史稿》,湖南教育出版社 2013 年版。

湖南省地方志编纂委员会:《湖南宗教志》,湖南人民出版社 2012 年版。

陈代湘、方红姣:《湖湘学派的起源与流衍》,中国社会科学出版社 2020 年版。

中国史学会主编:《洋务运动》(二),上海人民出版社 2000 年版。

戴木才:《中国特色核心价值观的传统、现实与前景》,广西人民出版社 2011 年版。

《中华文史论丛》第七辑(复刊号),上海古籍出版社 1978 年版。

《湘学》第二辑,湖南人民出版社 2002 年版。

《湘学》第七辑,湘潭大学出版社 2017 年版。

责任编辑：崔秀军
封面设计：汪　阳

图书在版编目（CIP）数据

湘学与中华民族传统核心价值观 ／ 陈代湘著. -- 北京 ：
人民出版社，2025. 3. -- ISBN 978 - 7 - 01 - 027214 - 6

Ⅰ. D616；G127. 64

中国国家版本馆 CIP 数据核字第 2025ZZ0855 号

湘学与中华民族传统核心价值观

XIANGXUE YU ZHONGHUA MINZU CHUANTONG HEXIN JIAZHIGUAN

陈代湘　著

人民出版社 出版发行
（100706　北京市东城区隆福寺街 99 号）

中煤（北京）印务有限公司印刷　新华书店经销

2025 年 3 月第 1 版　2025 年 3 月北京第 1 次印刷
开本：710 毫米×1000 毫米 1/16　印张：21.25
字数：294 千字

ISBN 978 - 7 - 01 - 027214 - 6　定价：89.00 元

邮购地址 100706　北京市东城区隆福寺街 99 号
人民东方图书销售中心　电话（010）65250042　65289539